SÉRIE COMENTÁRIOS BÍBLICOS

JOÃO CALVINO

Tradução: Valter Graciano Martins

Pastorais

FIEL
MINISTÉRIO

C168p Calvin, Jean, 1509-1564
　　　　　Pastorais / João Calvino ; tradução: Valter Graciano Martins – 1. reimpr. – São José dos Campos, SP: Fiel, 2018.
　　　　　383 p. – (Comentários bíblicos)
　　　　　Tradução de: Calvin's Commentaries : the second epistle of Paul the Apostle to the Corinthians and the epistles to Timothy, Titus and Philemon.
　　　　　Inclui referências bibliográficas.
　　　　　ISBN 9788599145432

　　　　　1. Bíblia. N.T. Epístolas de Paulo - Comentários. I. Título. II. Comentários bíblicos (Fiel).

CDD: 227.07

Catalogação na publicação: Mariana C. de Melo Pedrosa – CRB07/6477

Pastorais - Série Comentários Bíblicos
João Calvino
Título do Original: *Calvin's Commentaries: The Second Epistle of Paul the Apostle to the Corinthians and the Epistles to Timothy, Titus and Philemon*
Edição baseada na tradução inglesa de T. A. Smail, publicada por Wm. B. Eerdmans Publishing Company, Grand Rapids, MI, USA, 1964, e confrontada com a tradução de John Pringle, Baker Book House, Grand Rapids, MI, USA, 1998.

•

Copyright © 2009 Editora Fiel
Primeira Edição em Português

Todos os direitos em língua portuguesa reservados por Editora Fiel da Missão Evangélica Literária

Proibida a reprodução deste livro por quaisquer meios, sem a permissão escrita dos editores, salvo em breves citações, com indicação da fonte.

A versão bíblica utilizada nesta obra é uma variação da tradução feita por João Calvino

•

Diretor: Tiago J. Santos Filho
Editor-Chefe: Tiago Santos
Editor da obra: Franklin Ferreira
Tradução: Valter Graciano Martins
Revisão: Tiago Santos e Franklin Ferreira
Capa: Edvânio Silva
Diagramação: Wirley Correa e Edvânio Silva
Direção de arte: Rick Denham

ISBN impresso: 978-85-99145-43-2
ISBN e-book: 978-85-8132-052-6

FIEL Editora
Caixa Postal 1601
CEP: 12230-971
São José dos Campos, SP
PABX: (12) 3919-9999
www.editorafiel.com.br

Sumário

Prefácio à edição em português 7
1Timóteo - Dedicatória 13
          O Argumento 17

Capítulo 1   Versículos 1 a 4 21
                   Versículos 5 a 9 27
                   Versículos 10 e 11 28
                   Versículos 12 e 13 35
                   Versículos 14 a 17 40
                   Versículos 18 e 19 44
                   Versículo 20 45

Capítulo 2   Versículos 1 a 4 51
                   Versículos 5 a 7 58
                   Versículos 8 a 10 65
                   Versículos 11 a 15 70

Capítulo 3   Versículos 1 a 7 77
                   Versículos 8 a 13 90
                   Versículos 14 a 16 94

Capítulo 4   Versículos 1 a 5 101
                   Versículos 6 a 10 112
                   Versículos 11 e 12 118
                   Versículos 13 a 16 119

Capítulo 5   Versículos 1 a 4 125
                   Versículos 9 a 13 134
                   Versículo 14 a 16 141
                   Versículos 17 a 21 144
                   Versículos 22 a 25 152

Capítulo 6   Versículos 1 e 2 159
                   Versículos 3 a 5 162
                   Versículos 6 a 8 165
                   Versículos 9 e 10 166
                   Versículos 11 a 13 169
                   Versículos 14 a 16 170
                   Versículo 17 e 18 179
                   Versículos 19 a 21 180

2Timóteo - O Argumento 189

Capítulo 1	Versículos 1 e 2	193
	Versículos 3 a 5	195
	Versículos 6 a 12	199
	Versículos 13 a 18	212
Capítulo 2	Versículos 1 a 7	219
	Versículos 8 a 13	225
	Versículos 14 a 18	232
	Versículos 19 e 20	238
	Versículo 21	239
	Versículos 22 a 26	244
Capítulo 3	Versículos 1 a 7	249
	Versículo 8	253
	Versículos 9 a 12	254
	Versículos 13 a 17	259
Capítulo 4	Versículos 1 a 4	267
	Versículos 5 a 8	273
	Versículo 9	279
	Versículos 10 a 13	280
	Versículos 14 e 22	283

Tito - Dedicatória 291
       O Argumento 293

Capítulo 1	Versículos 1 a 4	295
	Versículos 5 e 6	304
	Versículos 7 a 9	310
	Versículos 10 a 12	314
	Versículos 13 a 16	318
Capítulo 2	Versículos 1 a 5	327
	Versículos 6 a 10	332
	Versículos 11 a 13	335
	Versículos 14 e 15	336
Capítulo 3	Versículos 1 a 3	345
	Versículos 4 a 7	350
	Versículos 8 e 9	358
	Versículos 10 a 15	362

Filemon - Capítulo 1

	Versículos 1 a 7	369
	Versículos 8 e 14	374
	Versículos 15 e 16	377
	Versículos 17 a 19	378
	Versículos 20 a 25	381

Prefácio à Edição em Português

Ser pastor significa conduzir o rebanho, esforçando-se por prover-lhe o alimento e por oferecer-lhe a proteção contra os perigos. Nosso Senhor Jesus Cristo utilizou esta palavra para descrever sua própria obra, sendo sempre, Ele mesmo, o sumo Pastor e Bispo sob quem os homens são chamados a pastorear "o rebanho de Deus". É preciso apascentar as ovelhas, apartar os bodes, afugentar os lobos, e postar-se alerta em relação ao salteador e ao mercenário. Ao dar pastores à sua Igreja, Cristo, através do ministério da Palavra exercido por eles, equipa todo o seu povo para os ministérios variados. Isto será de grande benefício para aqueles que exercem o seu ministério com fidelidade, assim como para aqueles que o recebem.

Um tema urgente e importante é a recuperação do ministério pastoral reformado. Uma das áreas grandemente responsáveis pelo atual enfraquecimento do testemunho evangélico tem a ver com este aspecto. Temos hoje grande necessidade de referência pastoral, e talvez até de modelos pastorais em igrejas locais. Precisamos urgentemente resgatar um entendimento bíblico aplicado ao ministério pastoral.

João Calvino é um dos principais responsáveis pela restauração do presbiterato, o que lhe custou muitas lutas. Essa ação de Calvino foi decisiva para remover o pó que, em camadas sucessivas, encobria o ministério pastoral. Para o reformador, a vida da Igreja é ordenada de cima, visto que a Cabeça dela é o Senhor Jesus Cristo. Por determinação do Pai, de uma maneira suprema e soberana, nEle está investido o poder de chamar, instituir, ordenar e governar a Igreja. E Cristo atua por intermédio do Espírito Santo, distribuindo os dons. A igreja, organizada de acordo com a mente de Cristo, consiste de oficiais e membros. Calvino encontrou as tarefas do pastor em toda a Bíblia. Especificamente, ele observou que "o ensino e o exemplo do Novo Testamento estabelecem a natureza e a obra do pastorado no chamado e no ensino dos apóstolos". Isso, afirmou ele, faz com que a determinação da obra ministerial na igreja seja um aspecto importante da teologia.

Para Calvino, onde a Palavra de Deus não é honrada, não há igreja. E a Bíblia é a Palavra de Deus inspirada e revelada em linguagem humana e confirmada ao cristão pelo testemunho interior do Espírito Santo. O Senhor Jesus Cristo, o redentor, – foco central dos escritos e pregação de João Calvino – é revelado nas Escrituras Sagradas. E, à medida que Deus revelou a si mesmo em Jesus Cristo, torna-se crucial reverenciar e interpretar, corretamente, o único meio através do qual se pode obter o pleno e definitivo acesso a Deus – as Escrituras. Pelo fato de Jesus Cristo ser conhecido somente através dos registros bíblicos, assegura-se, assim, a centralidade e a indispensabilidade das Escrituras, tanto para o teólogo quanto para os fiéis.

Calvino dedicou-se laboriosamente a comentar as Escrituras Sagradas. O seu volume de comentários nas *Pastorais* é o nosso particular interesse aqui. Lançado anteriormente em português por Edições Parácletos, este volume é reeditado pela Editora Fiel, valendo-se da esmerada tradução de Valter Graciano Martins, e acrescido agora das notas publicadas na edição da Baker Book House, que contém citações que remetem aos originais no idioma francês, para o texto bíblico latino e para alguns desenvolvimentos presentes nos sermões de Calvino. Nos comentários, o maior exegeta do século XVI recorre a seu excelente conhecimento do grego e a seu treinamento profundo na filosofia humanista. Ao transmitir-nos este legado, Calvino revela ainda a sua dívida para com os exegetas clássicos dos tempos patrísticos. A despeito de tudo isto, todo o trabalho exegético é marcado por um lado pela brevidade e, por outro, pela clareza deste "estudioso pobre e tímido", como descreveu a si mesmo. Além disso, como alguém já tem salientado, cumpre lembrar que os comentários de Calvino não foram "escritos numa torre de marfim, mas contra um contexto tumultuado".

As quatro cartas comentadas por Calvino nesse volume foram dirigidas a pessoas, enquanto que as outras cartas paulinas foram destinadas a igrejas. São quatro cartas, incontestavelmente, bastante pessoais. Além das Epístolas a Timóteo e a Tito, soma este volume o comentário sobre a única carta pertencente à correspondência privada de Paulo que se tem encontrado: Filemom. Apesar de muito breve, é um texto de grande encanto e beleza, e que tem atraído a atenção de respeitados comentadores. Muito íntima, é uma epístola que nos leva para bem perto do coração de Paulo. Ela exibe uma terna ilustração de como o evangelho opera nos corações e frutifica em boas obras.

Entretanto, ainda que à primeira vista sejam privadas e pessoais, as chamadas Epístolas Pastorais têm um significado e uma importância que vão muito além da mera referência pessoal. Em sua introdução à Primeira Epístola a Timóteo, Calvino chega a dizer: "Em minha opinião, esta epístola foi escrita mais por causa de outros do que por causa de Timóteo mesmo". Na introdução à Epístola a Tito ele infere que "esta não é tanto uma carta específica dirigida a Tito, mas uma epístola pública destinada aos cretenses". Em harmonia com a erudição bíblica moderna, ele as via como cartas públicas sobre a ordem da igreja, identificando, com clareza, o significado eclesiástico destas epístolas. Tertuliano já dissera que Paulo escreveu "duas cartas a Timóteo e uma a Tito, com respeito ao estado da Igreja (*de ecclesiastico statu*)". E um título que estas epístolas receberam fora o de Cartas Pontifícias, visto que pontifex é sacerdote, o que exerce diretiva religiosa. Não obstante a sua inadequação, tal título já chamava a atenção para o aspecto do governo eclesiástico. Tomás de Aquino, escrevendo acerca da Primeira Epístola a Timóteo, menciona-a como se fosse "uma regra pastoral que o Apóstolo deu a Timóteo". Em sua introdução à Segunda Epístola, ele escreve: "Na primeira Carta a Timóteo, são dadas instruções acerca da ordem eclesiástica; na segunda refere-se ao cuidado pastoral". Assim, estas três cartas, que formam um grupo distinto na coletânea de escritos paulinos, receberam o título que se popularizou desde a obra de Paul Anton em 1726, a saber, o de "As Epístolas Pastorais". Nas três epístolas dirigidas a jovens ministros, a supervisão do rebanho é uma preocupação constante, revelando o grande interesse apostólico pelos deveres dos que são chamados para apascentar o rebanho de Deus.

Nas Epístolas Pastorais o apóstolo faz a sua despedida final, profundamente comovedora. Nelas lançamos o nosso último olhar para o operoso apóstolo da bimilenar cristandade, prestes a pôr de lado as armas, deixar o campo de batalha e ir receber a coroa de glória do vencedor em Cristo. Mesmo vergando ao peso da solidão, e ciente da proximidade da morte, ouvimos o seu brado de vitória: "Quanto a mim, estou sendo já oferecido por libação, e o tempo da minha partida é chegado. Combati o bom combate, completei a carreira, guardei a fé. Já agora a coroa da justiça me está guardada, a qual o Senhor, reto juiz, me dará naquele Dia; e não somente a mim, mas também a todos quantos amam a sua vinda" (2Tm 4.6-8).

Devido ao seu supremo interesse ético muito prático, as Epístolas Pastorais são vitais para as igrejas e seus pastores. Elas são o manual inspirado para a ordem eclesiástica, contendo preciosas preocupações e passagens clássicas sobre a natureza da fé cristã e sua pureza. Sua suprema glória reside no fato de que elas continuamente relembram-nos que "a graça de Deus se manifestou salvadora a todos os homens, educando-nos para que, renegadas a impiedade e as paixões mundanas, vivamos, no presente século, sensata, justa e piedosamente, aguardando a bendita esperança e a manifestação da glória do nosso grande Deus e Salvador Cristo Jesus, o qual a si mesmo se deu por nós, a fim de remir-nos de toda iniquidade e purificar, para si mesmo, um povo exclusivamente seu, zeloso de boas obras" (Tt 2.11-14).

Ora, se encontramos nas Pastorais as derradeiras palavras do apóstolo de Cristo aos ministros e obreiros cristãos, coloquemo-nos, pastores e igrejas, debaixo da instrução de Paulo, e valhamo-nos da exposição tão excelentemente ministrada por João Calvino.

Pr. Gilson Santos
Igreja Batista da Graça
São José dos Campos - SP, dezembro de 2008

1 Timóteo

Dedicatória

Ao Nobilíssimo e Cristianíssimo Príncipe, Eduardo,
Duque de Somerset, Conde de Hertford, Protetor da
Inglaterra e Irlanda, Tutor Real, Saudações

A brilhante reputação, oh!, mui ilustre Príncipe, que chegou até nós, não só de todas as vossas virtudes heróicas, mas especialmente de vossa extraordinária benevolência,[1] produz uma afeição tão universal e entusiasmada a vosso respeito, nos corações de todos os homens bons, mesmo entre aqueles que nunca tiveram a honra de vos ver pessoalmente, que seguramente vos considerarão com extraordinários sentimentos de amor e reverência, e isso envolvendo todas as pessoas de espírito justo da Inglaterra. Pois a elas é dado não só atestar as boas coisas que outros devem admirar de longe, mas também beneficiar a si mesmas de todas as vantagens que um governador tão excelente venha conferir, tanto a toda a corporação humana como também a cada um de seus membros individualmente. Nem poderiam os louvores que vos celebram constantemente ser falsos ou ser procedentes de espírito bajulatório, pois os vossos feitos claramente atestam suas sinceras intenções e motivações.

A obra de um tutor é suficientemente difícil mesmo em se tra-

---

[1] "Et singulierement de ce desir Chrestien que vouz avez d'avancer la vraye religion" – " e especialmente daquele seu desejo cristão de promover a verdadeira religião".

tando de um aluno em particular e de riqueza moderada; vós, porém, fostes designado tutor não só de um Rei, mas também de um reino muito extenso. Aliás, tendes desempenhado vossa função com habilidade e sabedoria tais que o vosso sucesso tornou-se universalmente admirado. E para provar que a vossa excelência não se acha confinada a questões legais e a uma comunidade que só vise à paz, Deus concedeu a oportunidade para que a mesma seja também contemplada na guerra, a qual, sob os vossos auspícios, tem sido travada tanto com bom êxito quanto com inusitada coragem.

Não obstante, as profundas e numerosas dificuldades que tendes experimentado, as quais qualquer um pode perceber, não vos impediram de fazerdes da restauração da religião a vossa meta primordial. Essa consideração pelo evangelho é tão proveitosa ao bem-estar público de um reino quanto é próprio de um grande Príncipe. A prosperidade dos reinos só pode ser assegurada, e aqueles que os guardam só são encontrados fiéis, quando aquele sobre quem tais reinos são fundados e por quem são eles preservados – o próprio Filho de Deus – exerce soberania sobre eles. Portanto, não há outro caminho pelo qual podeis estabelecer o reino da Inglaterra, da forma a mais sólida possível, senão banindo os ídolos e assentando ali o genuíno culto que Deus prescreveu para que lho tributemos. Pois necessário se faz restaurar a genuína doutrina da piedade, a qual por longo tempo foi suprimida e oprimida[2] pelas sacrílegas tiranias do anticristo romano – e restaurá-la é deveras deixar Cristo assentado em seu próprio trono. Esse ato, que em si mesmo é mui excelente, é ainda mais digno de louvor quando nos lembramos quão poucos governantes há em nossa época que se encontram dispostos a sujeitar sua alta dignidade ao cetro de Cristo.

Foi, portanto, uma imensa vantagem para o mais nobre dos reis ter um homem de vossa estirpe no seio de sua família, e que lhe servisse de guia em sua juventude. Pois ainda que todos os homens falem de sua nobilíssima natureza, contudo fazia-se necessário um instrutor

---

2 "Opprimee et ensevelie".

de vossa estirpe, tanto para treiná-lo nos hábitos da firmeza varonil quanto para regulamentar a Igreja da Inglaterra, enquanto sua idade o impedir de desempenhar por si mesmo tal função. Não tenho dúvida de que mesmo agora ele é bem consciente de que lhe fostes dado por providência divina a fim de que pudesse um pouco mais tarde receber de vossas mãos suas responsabilidades reais em excelente condição.

Quanto a mim, pessoalmente, nem a grande distância, nem a humildade de minha condição poderiam impedir-me de congratular-me convosco em vossa extraordinária ação de promover a glória de Cristo. E já que Deus quis fazer de mim um de seus instrumentos, por cujos esforços e labores ele hoje está a restaurar ao mundo a pureza da doutrina do evangelho, por que, então, embora muitíssimo separado de vós, não haveria de expressar, tão calorosamente quanto possível, minha reverência por vós, a quem Deus, por sua singular benevolência, fez também guardião e defensor do mesmo ensino? E já que eu não tinha outra prova a oferecer como emblema de minha consideração, pensei em oferecer-vos estes meus comentários de duas das epístolas de Paulo. Tampouco escolhi ao acaso meu presente, senão que selecionei aquele que me pareceu mais adequado. Pois aqui Paulo aconselha o seu amado Timóteo com que gênero de ensino ele haveria de edificar a Igreja de Deus, que vícios e inimigos teria ele que resistir e quantos aborrecimentos teria que suportar. Ele o exorta a não ceder mesmo diante das piores dificuldades, a vencer todas as crises com coragem, a restringir, no uso de sua autoridade, a licenciosidade dos perversos, e a não conceder dádivas com o egoístico desejo de granjear o favor dos homens. Em suma, nessas duas epístolas nos é esboçado um quadro vivo do genuíno governo da Igreja.

Ora, já que em nome de vosso rei estais fazendo extenuantes esforços a fim de restaurar a Igreja na Inglaterra, a qual, juntamente com quase todas as partes do mundo cristão, foi miseravelmente corrompida pela chocante impiedade do papado, e já que tendes muitos "Timóteos" engajados nessa obra, vós e eles não poderíeis dirigir melhor os vossos esforços do que seguindo o padrão aqui preestabelecido por Paulo. Pois tudo nessas cartas é altamente relevante para a nossa própria época, e dificilmente há algo tão necessário à edificação da Igreja que não possa ser extraído delas. Minha esperança é que meu trabalho proporcione pelo menos algum auxílio; todavia prefiro deixar isso por conta da experiência, em vez de ufanar-me com excesso de palavras. Se vós, nobilíssimo Príncipe, concederdes vossa aprovação a esta obra, terei sobeja razão para sentir-me feliz, e vossa notória bondade não permitirá que eu duvide de que aceitareis de bom grado o serviço que ora presto ao vosso reino.

Que o Senhor, em cujas mãos estão os confins da terra, sustente por longo tempo a segurança e a prosperidade da Inglaterra, adorne seu excelente rei com o espírito real, lhe conceda uma ampla participação em todas as bênçãos, que vos conceda sólida prosperidade em vossa nobre carreira e que por vosso intermédio seu Nome seja mais e mais infinitamente glorificado.

Genebra, 20 de julho de 1556.

O Argumento

Primeira Epístola de Paulo a Timóteo

Em minha opinião, esta epístola foi escrita mais por causa de outros do que por causa de Timóteo mesmo; e creio que aqueles que considerarem criteriosamente a matéria concordarão comigo. Naturalmente, não nego que Paulo tencionava ensinar e aconselhar também a Timóteo; minha alegação, porém, é que a epístola contém muitos elementos que não justificariam sua inclusão caso tivesse exclusivamente Timóteo como alvo. Timóteo era jovem e não possuía ainda suficiente autoridade para refrear os homens cabeçudos que se levantavam contra ele. É evidente, à luz das palavras de Paulo, que havia naquele tempo alguns que faziam altiva exibição de si próprios e não se submetiam a ninguém, e viviam tão inchados de ostentosa ambição, que não há dúvidas da devastação que causariam à Igreja, caso alguém mais poderoso que Timóteo não interviesse. É igualmente evidente que havia muitas coisas em Éfeso que requeriam organização e que demandavam a sanção de Paulo, bem como a autoridade de seu nome. Sua intenção era aconselhar Timóteo acerca de muitas coisas, mas era também fazer uso do que lhe comunicava para ministrar conselhos também a muitas outras pessoas.

No primeiro capítulo, o apóstolo se dirige a certas pessoas ambiciosas, as quais chamavam a atenção para si mesmas, discutindo questões sem qualquer utilidade objetiva. Pode-se inferir que tais pessoas eram judeus que, movidos de pretensioso zelo pela lei, não se preocupavam com a edificação e cuidavam tão-somente de controvérsias frívolas. É uma intolerável profanação da lei de Deus deixar de extrair dela aqueles elementos que são proveitosos à edificação, e fazer mero uso dela como matéria para conversa fiada e analisá-la com o intuito de sobrecarregar a Igreja com discursos vazios de conteúdo.

Corrupções desse gênero têm prevalecido dentro do papado ao longo de muitos séculos. Pois o que era a teologia escolástica senão um imenso caos de especulações vazias e inúteis? Mesmo em nossa própria época há muitos que, a fim de exibir sua habilidade em compendiar a Palavra de Deus, se permitem jogar com ela como se fosse filosofia profana. Paulo promete apoiar Timóteo na correção desse erro e põe em realce as principais lições a serem apreendidas da lei, evidenciando que aqueles que usam a lei para estranhos fins, na verdade estão corrompendo-a.

Em seguida, para impedir que sua própria autoridade fosse exposta ao desdém, depois de confessar sua indignidade pessoal, declara, em termos sublimes, que tipo de homem veio a ser pela intervenção da graça de Deus. Finalmente, conclui o capítulo com uma solene ameaça destinada a fortalecer a Timóteo, tanto na sã doutrina quanto na sã consciência, bem como para encher de terror os demais, lembrando-os do exemplo de Himeneu e Alexandre.

No segundo capítulo, ele preceitua que se ofereçam a Deus orações públicas em favor de todos os homens, especialmente em favor dos príncipes e magistrados; e isso o leva a uma digressão na qual discute as bênçãos oriundas do governo civil. A razão que ele apresenta para que as orações sejam oferecidas em favor de todos os homens é a seguinte: Deus, ao oferecer a todos os homens o evangelho e Cristo como Mediador, mostra que Ele deseja que todos os homens sejam salvos. Isso Paulo confirma à luz de seu próprio apostolado, o qual se dirigia especificamente aos gentios. E assim ele convida a todos os homens, de todos os lugares e raças, a orarem a Deus, bem como também aproveita a oportunidade para destacar, quanta modéstia e submissão as mulheres devem revelar nas reuniões sacras da Igreja.

No terceiro capítulo, ele declara a excelência do ofício de bispo, e prossegue esboçando um quadro do genuíno bispo, enumerando as qualidades que dele são requeridas. Em seguida, ele descreve as qualidades necessárias que devem estar presentes nos diáconos, bem como nas esposas de bispos e diáconos. Para que Timóteo fosse o mais diligente e consciencioso possível na observância de todas essas instruções, ele lembra-lhe que o mesmo está envolvido no governo da Igreja, a qual é a casa de Deus e a coluna da verdade. Finalmente, ele faz menção do principal dos princípios de toda a doutrina revelada, e como esse princípio era sua articulação [*totius coelestis doctrinae praecipuum caput et quasi cardinem*], a saber: o Filho de Deus se manifestou na carne. Em comparação com isso, todas as demais coisas, as quais, percebia ele, os homens devoravam com avidez e para as quais viviam com total devoção, deviam ser consideradas como de nenhum préstimo.

Quanto ao que se segue no início do quarto capítulo, ele condena severamente o falso ensinamento acerca do matrimônio e da proibição de certos alimentos, bem como as fábulas absurdas que estão em desarmonia com o seu ensinamento. Em seguida, ele acrescenta que os únicos inimigos, dele e dos cristãos piedosos, que sustentam a doutrina do evangelho, são aqueles que não podem suportar que os homens depositem sua esperança no Deus vivo. Ao final do capítulo, ele uma vez mais fortalece a Timóteo com uma exortação.

No quinto capítulo, depois de recomendar modéstia e docilidade na administração das reprovações, ele aborda o tema das viúvas que por aquele tempo eram admitidas no serviço da Igreja. Ele proíbe a igreja de aceitarem todas as viúvas sem qualquer discriminação. Devem aceitar somente aquelas que tenham granjeado a aprovação através de toda a sua maneira de viver, que tenham atingido a idade de sessenta anos e não tenham vínculos domésticos. Dessa questão ele passa a discorrer sobre os presbíteros e como eles devem se conduzir, tanto em sua maneira de viver como quanto ao exercício da disciplina. Ele confirma esse ensinamento com um solene juramento, e uma vez mais proíbe a Timóteo de aceitar alguém precipitadamente no presbiterato [*in ordinem presbyterii*].[1] Ele o exorta a cuidar de sua saúde, tomando vinho em vez de água, e, ao final do capítulo, ele lhe diz para adiar o julgamento de pecados ocultos.

No sexto capítulo, ele ministra instruções acerca dos deveres dos servos, e prossegue proferindo veemente ataque contra os falsos mestres que mergulhavam de ponta cabeça em especulações sem fim e sem proveito algum, os quais se mostravam mais preocupados com os lucros materiais e pessoais do que com a edificação do corpo de Cristo, e destaca que a avareza é a mais mortífera das doenças. Como fizera antes, ele conclui com um solene juramento a fim de assegurar que suas instruções ministradas a Timóteo não caíssem no esquecimento. Havendo feito uma breve referência às riquezas, uma vez mais proíbe a Timóteo de se envolver em doutrinas vãs.

Não posso concordar com a inscrição grega comumente posta no final desta epístola, a qual declara que a mesma foi escrita de Laodicéia. Visto que Paulo, em sua epístola aos Colossenses diz que jamais vira os laodicenses, aqueles que apóiam o ponto de vista dessa inscrição têm de inventar outra Laodicéia na Ásia Menor, da qual não se faz menção em nenhum escrito antigo. Além do mais, quando foi para a Macedônia, Paulo deixou Timóteo em Éfeso, como suas próprias palavras o revelam. Ele escreveu esta epístola ou na estrada ou no retorno de sua viagem. Ora, Laodicéia está mais distante da Macedônia do que de Éfeso, e não é provável que Paulo, em seu retorno, fosse a Laodicéia, passando por Éfeso, visto que havia muitas razões que o levariam a visitá-la. Portanto, sinto-me inclinado a crer que ele a escreveu de algum outro lugar. O assunto, porém, não é de tanta importância que me leve a querer argumentá-lo com aqueles que pensam de maneira diferente. Apenas realço o que em minha opinião é a explicação mais provável.

---

1 "En l'estat de prestrise, c'est a dire du ministers" – "para o ofício de presbíteros, isto é, do ministério".

Capítulo 1

1. Paulo, apóstolo de Cristo Jesus segundo o mandato de Deus, nosso Salvador, e de Cristo Jesus, esperança nossa,
2. a Timóteo, meu verdadeiro filho na fé: graça, misericórdia e paz, da parte de Deus o Pai, e de Cristo Jesus nosso Senhor.
3. Como te exortei a permaneceres em Éfeso, quando de viagem para Macedônia, que ordenasses a certos homens a não ensinarem uma doutrina diferente,
4. tampouco se ocupassem de fábulas e genealogias intermináveis, que mais produzem questionamentos do que a edificação de Deus, que consiste na fé; assim o faço agora.

1. Paulus apostolus Iesu Christi secundum ordinationem Dei Salvatoris nostri, et Domini Iesu Christi spei nostrae:
2. Timotheo germano filio in fide, gratia, misericordia, pax a Deo Patre nostro, et Christo Iesu Domino Nostro.
3. Qeumadmodum rogavi te ut maneres Ephesi, quum proficiscerer in Macedoniam, volo denunties quibusdam, ne aliter doceant;
4. Neque attendant fabulis et genealogiis nunquam finiendis, quae quaestiones praebent magis quam edificationem Dei, quae in fide consistit.

1. Paulo, apóstolo. Se porventura houvera ele escrito tão-somente a Timóteo, não haveria necessidade alguma de anunciar seus títulos e reafirmar suas reivindicações ao apostolado, como o faz aqui, pois certamente Timóteo ficaria suficientemente satisfeito com o simples nome. Ele sabia que Paulo era apóstolo de Cristo, e não havia necessidade de comprovação alguma para convencê-lo, pois ele estava perfeitamente disposto a reconhecê-lo, e há muito que nutria tal sentimento. Portanto, Paulo está aqui visando a outros que não estavam tão dispostos a dar-lhe ouvidos ou tão prontos a aceitar o que ele dizia. É por causa dessas pessoas que ele declara seu apostolado, a fim de que parassem de tratar o que ele ensina como se fosse algo sem importância.

Segundo o mandato de Deus, nosso Salvador, e de Cristo Jesus. E ele também alega que seu apostolado é pelo mandato ou designação de Deus, visto que ninguém pode fazer de si próprio um apóstolo. Mas o homem a quem Deus designara é apóstolo genuíno e digno de toda honra. Ele, porém, não tem a Deus, o Pai, como a única fonte de seu apostolado, mas adiciona também o nome de Cristo. Pois, no governo da Igreja, o Pai nada faz que não seja através do Filho, de modo que todas as suas ações são assumidas juntamente com o Filho.

Ele denomina a Deus de *nosso Salvador,* título este mais comumente destinado ao Filho. E, no entanto, é um título perfeitamente apropriado ao Pai, pois foi Ele quem nos deu seu Filho, de modo que é justo destinar-lhe a glória de nossa salvação. Pois somos salvos unicamente porque o Pai nos amou de tal maneira, que foi de sua vontade redimir-nos e salvar-nos através do Filho. A Cristo Paulo denomina de *nossa esperança*, título este que pertence especificamente a ele, pois é só quando olhamos para ele que começamos a desfrutar de boa esperança, porquanto é tão-somente nele que se encontra toda a nossa salvação.

2. A Timóteo, meu verdadeiro filho. Esta qualificação comunica grande honra a Timóteo, pois Paulo o reconhece como seu filho legítimo, e deseja que outros o reconheçam como tal. De fato, ele enaltece a Timóteo como se ele fosse outro Paulo. Todavia, como seria isso consistente com o mandamento de Cristo: "A ninguém sobre a terra chameis vosso pai" [Mt 23.9], e com a própria afirmação do apóstolo: "Porque, ainda que tivésseis milhares de preceptores em Cristo, não teríeis, contudo, muitos pais"; "não havereis de estar em muito maior submissão ao Pai dos espíritos?" [1Co 4.15; Hb 12.9][1] Minha resposta é que a alegação de Paulo de ser pai, de forma alguma anula ou diminui a honra devida a Deus. Como diz o velho adágio "se uma coisa é subordinada à outra, não haverá conflito entre elas". O nome pai, aplicado à Paulo, em referência à Deus, pertence à mesma classe . Deus é o único Pai de todos no âmbito da fé, porquanto regenera a todos os crentes pela instrumentalidade de sua Palavra e pelo poder de seu Espírito, e é

---

1 Nosso autor, citando de memória, reúne as duas passagens, não com exatidão, mas de modo a comunicar o sentido de ambas.

exclusivamente ele quem confere a fé. Àqueles a quem graciosamente lhe apraz empregar como seus ministros, Ele admite que participem de sua honra, sem, contudo, que isso implique em resignar nada de Si próprio. Assim, Deus era o Pai espiritual de Timóteo, e, estritamente falando, exclusivamente ele; Paulo, porém, que fora ministro de Deus no novo nascimento de Timóteo, reivindica para si direito ao título, porém em segundo plano.

Graça, misericórdia e paz. Ao introduzir aqui a palavra *misericórdia* em segundo plano, ele se afasta de seu método usual, provavelmente em função de seu amor especial por Timóteo. Ele, porém, não está observando a ordem exata das palavras, pois coloca 'graça' em primeiro lugar, quando devia estar em segundo, uma vez que é da misericórdia que a graça emana. É em razão de ser misericordioso que Deus primeiro nos recebe em sua graça, e então prossegue nos amando. Mas é perfeitamente normal mencionar a causa e em seguida o efeito, à guisa de explicação. Já discorri sobre a *graça* e a *paz* em outro lugar.

3. Como te exortei. Ou a afirmação é deixada incompleta, ou a partícula ἵνα é redundante; em ambos os casos, porém, o significado é óbvio.[2] Primeiramente, ele lembra a Timóteo por que lhe pedia que ficasse em Éfeso. Foi com grande relutância, e só sob compulsão da necessidade, que Paulo se deixara separar de um assistente tão amado e fiel como Timóteo, a fim de que, como seu correspondente, pudesse levar a cabo os deveres que demandavam a responsabilidade que outro homem não estaria tão apto para cumprir. Isso deve ter exercido uma profunda influência em Timóteo, não só por tê-lo impedido de desperdiçar seu tempo, mas o ajudou a comportar-se de maneira excelente, além do comum.

Que ordenasses a certos homens. Ele aqui também encoraja Timóteo a opor-se aos falsos mestres que estavam adulterando a doutrina em sua pureza. Neste apelo para Timóteo cumprir seu dever em

---

2 "A construção aqui é tortuosa e elíptica. Πορευόμενος εἰς Μακεδονίαν deve ser construído entre καθὼς e παρεκάλεσα, e a prótase em καθὼς, é sem sua apódose, οὕτως, que deve ser suprida. O método mais simples e mais natural deve subentender οὕτω καὶ νῦν παρακαλῶ." — *Bloomfield*.

Éfeso, devemos notar a piedosa preocupação do apóstolo. Porque, enquanto se esforçava por estabelecer muitas novas igrejas, ele não deixava as anteriores destituídas de pastor. Indubitavelmente, como diz o escritor, "preservar o que você já conquistou requer não menos talento do que para realizar a conquista" A palavra *admoestar* compreende autoridade, pois era o propósito de Paulo revestir Timóteo com autoridade para que pudesse ele refrear a outros.

A não ensinarem uma doutrina diferente. O termo grego ἑτεροδιδασκαλεῖν, que Paulo usa aqui, é composto, e pode ser traduzido no sentido ou de "ensinar de modo diferente, fazendo uso de um novo método", ou "ensinar uma nova doutrina". A tradução de Erasmo, "seguir uma nova doutrina" (*sectari*), não me satisfaz, visto que a mesma poderia aplicar-se tanto aos ouvintes quanto aos mestres.

Se lermos "ensinar de uma forma diferente", o significado será mais amplo, pois Paulo estaria proibindo a Timóteo de permitir a introdução de novos métodos de ensino que sejam incompatíveis com o método legítimo e genuíno que lhe havia comunicado. Assim, na segunda epístola, ele não aconselha Timóteo a simplesmente conservar a substância de seu ensino, mas usa o termo ὑποτύπωσις,[3] o qual significa uma semelhança viva de seu ensino [2Tm 1.3]. Como a verdade de Deus é única, assim não há senão um só método de ensiná-la, o qual se acha livre de falsa pretensão e que prova mais saborosamente a majestade do Espírito do que as demonstrações externas de eloquência humana. Se alguém se aparta disso, ele deforma e vicia a própria doutrina; e assim, "ensinar de maneira diferente", aponta para a forma.

Se lermos "ensinar algo diferente", então a referência será à substância do próprio ensino. É digno de nota que, por nova doutrina, significa não só o ensino que está em franco conflito com a sã doutrina do evangelho, mas também tudo o que, ou corrompe a pureza do evangelho por meio de invenções novas e que acabaram de aparecer, ou o

---

3 "Il ne recommande pas simplement a Timothee de retener sa doctrine, mais il use d'un mot qui signifie le vray patron, ou vif portrait d'icelle." — "Ele não aconselha meramente a Timóteo que retenha sua doutrina, mas emprega uma palavra que denota o verdadeiro padrão ou perfil vivo dela."

obscurece por meio de especulações irreverentes. Todas as maquinações humanas são outras tantas corrupções do evangelho, e aqueles que fazem mau uso das Escrituras, como costumam fazer as pessoas ímpias, fazendo do cristianismo uma engenhosa exibição, obscurecem o evangelho. Todo ensino desse gênero é oposto à Palavra de Deus e àquela pureza da doutrina na qual Paulo ordena aos efésios a permanecerem firmes.

4. Tampouco se ocupassem de fábulas. Em minha opinião, o apóstolo quer dizer, por fábulas, não tanto as falsidades inventadas, mas principalmente aqueles contos fúteis e levianos que não têm em si nada de sólido. Uma coisa pode não ser em si mesma falsa, e, no entanto, ser fabulosa. É nesse sentido que Suetônio falou de "história fabulosa",[4] e Levi usa o verbo *fabulari*, [inventar fábulas], no sentido de palavrório tolo e irracional. Não há dúvida de que μῦθος, o termo que Paulo usa aqui, significa em grego φλυαρία, *bagatelas*, e quando ele menciona um tipo de fábula como exemplo do que tem em mente, toda dúvida se esvai. Ele inclui entre as fábulas as controvérsias sobre genealogias, não porque tudo o que se pode dizer sobre elas seja fictício, mas porque é tolice e perda de tempo.

A passagem, portanto, pode ser tomada no seguinte sentido: não devem atentar para as fábulas como se fossem do mesmo caráter e descrição das genealogias. De fato é isso precisamente o que Suetônio quis dizer por história fabulosa, a qual, mesmo entre os homens das letras, tem sido com justa razão criticada pelas pessoas de bom senso. Pois era impossível não considerar ridícula essa curiosidade que, negligenciando o conhecimento útil, passou a vida inteira investigando a genealogia de Aquiles e Ajax, e despendeu suas energias em contar os filhos de Príamo. Se tal coisa é intolerável no aprendizado em salas de aulas, onde há espaço para agradável passa-tempo, quanto mais

---

4 "Et c'est en ceste signification que Suetone, en la vie de Tibere, dit que cest empereur la s'amusoit fort a l'histoire fabuleuse." — "E neste sentido que Suetônio, em seu [livro] Vida de Tibério, diz que aquele imperador se divertia demais com história fabulosa."

intolerável será para o nosso conhecimento de Deus.⁵

E genealogias intermináveis. Ele fala de *genealogias intermináveis*,⁶ porque a fútil curiosidade não tem limites, mas continuamente passa de um labirinto a outro.

Que mais produzem questionamentos. Ele julga a doutrina por seu fruto. Tudo o que não edifica deve ser rejeitado, ainda que não tenha nenhum outro defeito; e tudo o que só serve para suscitar controvérsia deve ser duplamente condenado. Tais são todas as questões sutis nas quais os homens ambiciosos praticam suas habilidades. É mister que nos lembremos de que todas as doutrinas devem ser comprovadas mediante esta regra: aquelas que contribuem para a edificação devem ser aprovadas, mas aquelas que ocasionam motivos para controvérsias infrutíferas devem ser rejeitadas como indignas da Igreja de Deus.

Se este teste houvera sido aplicado há muitos séculos, então, ainda que a religião viesse a se corromper por muitos erros, ao menos a arte diabólica das controvérsias ferinas, a qual recebeu o endosso da teologia escolástica, não haveria prevalecido em grau tão elevado. Pois tal teologia não é outra coisa senão contendas e vãs especulações sem qualquer conteúdo de real valor. Por mais versado um homem seja nela, mais miserável o devemos considerar. Estou cônscio dos argumentos plausíveis com que ela é defendida, mas jamais descobrirão que Paulo haja falado em vão ao condenar aqui tudo quanto é da

---

5 "Aqui vemos com mais clareza que Paulo, nesta passagem, não condena meramente doutrinas que são totalmente falsas, e que contêm algumas blasfêmias, mas igualmente todas aquelas especulações inúteis que se prestam para desviar os crentes da simplicidade pura de nosso Senhor Jesus Cristo. Isto é o que Paulo inclui sob o termo "fábulas", pois ele tem em mente não só falsidades deliberadas e manifestas, mas igualmente tudo o que é destituído de qualquer utilidade, e isto está implícito na palavra que ele emprega. O que, pois, Paulo descarta nesta passagem? Todas as inquirições curiosas, todas as especulações que só servem para incomodar e estressar a mente, ou em que nada há senão um claro show ou exibição, e que não promove a salvação dos que as ouvem. É preciso que se recorde prudentemente disto, pois mais adiante se verá que a razão pela qual Paulo fala delas desta maneira é que a Palavra de Deus deve ser proveitosa [2Tm 3.16]. Todos quantos não aplicam a Palavra de Deus ao bom proveito e vantagem são desprezadores e falsificadores da sã doutrina." – *Fr. Ser.*

6 "Ἀπέραντος significa propriamente interminável. Daí haver também um sentido implícito do que é sem proveito. Deveras há quem tome isto como o ponto principal, mas eu creio não ser judicioso." — *Bloomfield.*

mesma natureza.

A edificação de Deus [*aedificationem Dei*].[7] Sutilezas desse gênero edificam os homens na soberba e na vaidade, mas não em Deus. O apóstolo fala de edificação que é segundo a piedade, seja porque Deus a aprova, seja porque ela é obediente a Deus,[8] e nisso ele inclui o amor uns pelos outros, o temor de Deus e o arrependimento, pois todos esses elementos são frutos da fé que sempre nos conduz à piedade. Sabendo que todo o culto divino é fundamentado tão-somente na fé, Paulo entendeu ser suficiente mencionar a fé da qual dependem todas as coisas.

5. Mas o intuito da admoestação é o amor que procede de coração puro, de uma consciência íntegra e de uma fé sem fingimento.
6. Desviando-se algumas pessoas dessas coisas, se perderam em falatório vão,
7. desejando passar por mestres da lei, não entendendo, porém, nem mesmo o que dizem, nem do que ousadamente asseveram.
8. Sabemos, porém, que a lei é boa, se alguém a usa legitimamente;
9. sabendo isto, que não se promulga lei para quem é justo, mas para transgressores e rebeldes, ímpios e pecadores, impuros e profanos, parricidas e matricidas, homicidas, fornicários,

5. Porro finis praecepti est charitas, ex puro corde, et conscientia bona, et fide non simulata.
6. A quibus postquam nonnulli aberrarunt, deflexerunt ad vaniloquium,
7. Volentes esse legis doctores, non intelligentes quae loquuntur, neque de quibus affirmant.
8. Scimus autem quod lex bona sit, si quis ea legitime utatur:
9. Sciens illud, quod justo non sit lex posita, sed injustis et inobsequentibus, impiis et peccatoribus, irreligiosis et profanis, parricidis et matricidis, homicidis,

---

7 "Em vez de edificar na piedade." — *Eng. Tr.*
8 Este termo, *edificar*, é suficientemente comum na Santa Escritura, porém nem todos o entendem bem. Para que seja bem entendido, devemos observar que temos aqui uma comparação que é posta diante de nossos olhos; pois devemos ser templos de Deus, porquanto Ele quer habitar em nós. Os que de maneira correta se beneficiam, isto é, na fé, no temor de Deus, na santidade de vida, lemos que são edificados; isto é, Deus os edifica como seus templos, e quer habitar neles; e também que devemos, de forma bem unida, formar um templo de Deus, pois cada um de nós é uma pedra desse templo. Assim, quando cada um de nós for bem instruído em seu dever, e quando todos nós estivermos unidos em santa irmandade, então seremos edificados em Deus. É verdade que os homens às vezes podem ser edificados no orgulho; como vemos suceder àqueles que se deleitam em suas vãs imaginações, e que estendem suas asas e se incham como sapos, crendo estar bem edificados. Ah! que mísero edifício é este! Paulo, porém, afirma expressamente que devemos ser edificados segundo Deus. Pelo quê ele mostra que, quando formos instruídos a servir a Deus, a render-lhe um culto puro, a depositar nele toda nossa confiança, esta é a edificação que devemos almejar; e toda doutrina que tiver essa tendência, é boa e santa e deve ser recebida; mas toda aquela que se lhe opõe deve ser rejeitada sem mais disputa. Não há necessidade de se fazer mais inquirição. E por que esta ou aquela deve ser rejeitada? Porque não contribui para a edificação divina." – *Fr. Ser.*

10. sodomitas, raptores de homens, mentirosos, perjuros e para tudo quanto se opõe à sã doutrina,
11. segundo o evangelho da glória do Deus bendito, do qual fui encarregado.

10. Scortatoribus, masculorum concubitoribus, plagiariis, mendacibus, perjuris, et si quid aliud est, quod sanae doctrinae adversatur;
11. Secundum Evangelium gloriae beati Dei, quod concreditum est mihi.

Esses homens sem princípio, com quem Timóteo teve de tratar, gabavam-se de ter o apoio da lei. E aqui Paulo está antecipando sua objeção e mostrando que a lei não só não lhes oferece apoio algum, mas, ao contrário, ela está em completa harmonia com o evangelho que ele lhes ensinara. A defesa deles não era diferente daquela apresentada contra nós hoje por aqueles que amam as questões sutis dos escolásticos. Dizem-nos que nossa única intenção é destruir a teologia sacra, como se fossem os únicos a nutrirem-na em seus corações. Da mesma sorte, os oponentes de Paulo falavam da lei com segundas intenções, visando excitar os ânimos contra ele. E qual é sua resposta? Para pôr fim às suas ilusões,[9] ele antecipa seu ataque e mostra claramente que sua doutrina concorda perfeitamente com a lei, e que são eles que tentam utilizar-se da lei para algum outro propósito, corrompendo-a completamente. Também hoje, quando definimos a verdadeira teologia, faz-se plenamente evidente que nós é que desejamos restaurar algo que foi miseravelmente mutilado e desfigurado por esses homens frívolos que se incham ante o fútil título de teólogos, mas que nada oferecem senão ninharias degeneradas e inexpressivas. Pelo termo *admoestação*, aqui, ele tem em mente a lei, tomando a parte pelo todo.

5. O amor que procede de coração puro. Se o objetivo e o fim da lei é que sejamos instruídos no amor que nasce da fé e de uma consciência íntegra, conclui-se, pois, que aqueles que desviam seu ensino para questões motivadas pela curiosidade são maus intérpretes da lei. Nesta passagem, não é de grande relevância se o amor é considerado como uma referência a ambas as tábuas da lei ou só à segunda. Recebemos o mandamento de amar a Deus de todo o nosso coração

---

9 "Pour demesler tout ce qu'ils entassoyent pour esblouir les yeux des simples." — "A fim de eliminar tudo aquilo eles amontoam com o propósito de cegar os olhos das pessoas simples."

e ao nosso próximo como a nós mesmos, ainda que, quando o amor é mencionado na Escritura, geralmente se restrinja mais ao amor ao próximo. Nesta passagem, não hesitaria em entender o amor como sendo tanto a Deus quanto ao próximo, se Paulo houvera mencionado unicamente a palavra amor. Visto, porém, que ele acrescenta a fé e uma consciência íntegra, a interpretação que estou para apresentar se adequa muito bem ao contexto em que ele está escrevendo. A suma da lei consiste em que devemos adorar a Deus com uma fé genuína e uma consciência pura, bem como devemos igualmente amar uns aos outros; e todo aquele que se desvia disso corrompe a lei de Deus, torcendo-a para servir a algum outro propósito alheio a ela mesma.

Aqui, porém, pode surgir uma dúvida, ou seja: Paulo, aparentemente, situa o amor antes da fé. Minha resposta é que aqueles que pensam assim estão se portando como crianças, pois o fato de o amor ser mencionado primeiro não significa que ele desfruta do primeiro lugar de honra, já que Paulo também deixa em evidência que ele procede da fé. Ora, a causa, indubitavelmente, tem prioridade sobre o efeito, e se todo o contexto for levado em conta, o que Paulo está dizendo é o seguinte: "A lei nos foi promulgada a fim de instruir-nos na fé, a qual é a mãe de uma consciência íntegra e de um amor genuíno." Daí termos que começar com a fé e não com o amor.

Há pouca distinção entre *coração puro* e *consciência íntegra*. Ambos são frutos da fé. Atos 15.9 fala de um coração puro, ao dizer que "Deus purifica os corações mediante a fé". E Pedro diz que uma consciência íntegra está fundamentada na ressurreição de Cristo [1Pe 3.21]. À luz desta passagem torna-se evidente que não pode haver amor sem o temor de Deus e a integridade de consciência. Devemos notar os termos que Paulo usa para descrever cada uma dessas virtudes.[10] Não há nada mais comum ou mais fácil do que vangloriar-se da fé e de uma consciência íntegra, porém são pouquíssimos os que comprovam por meio de seus atos que estão isentos de toda sombra de hipocrisia. Devemos no-

---

10 "Il donne a chacune vertu son epithet." — "Ele dá a cada virtude seu título."

tar especialmente como ele fala da fé *sem fingimento*, significando que é insincera qualquer profissão de fé que não se pode comprovar por uma consciência íntegra e manifestar-se no amor. Visto que a salvação do homem depende da fé, e a perfeita adoração divina consiste de fé, de uma consciência íntegra e de amor, não precisamos sentir-nos surpresos por Paulo dizer que estes elementos constituem a suma da lei.

6. Desviando-se algumas pessoas dessas coisas. Ele prossegue falando em termos de um alvo ou de um objetivo a ser alcançado, pois o verbo ἀστοχεῖν, do qual o particípio é aqui usado, significa desviar-se do alvo ou errar o alvo.[11] Esta é uma passagem digna de nota, na qual ele condena como *falatório vão*[12] todo ensino que não almeja este único propósito, e ao mesmo tempo declara que os talentos e as idéias de todos quantos almejam algum outro objetivo se desvanecem. É deveras possível que muitos admirem as questões vazias; todavia, a afirmação de Paulo permanece, a saber, que tudo quanto não edifica os homens na piedade é ματαιολογία.[13] Devemos, portanto, nos acautelar com grande diligência a fim de buscar na Palavra de Deus tão-somente aquilo que seja edificante, pois, do contrário, Ele haverá de nos punir severamente por abusarmos do devido uso de Sua Palavra.

7. Desejando passar por mestres da lei. Ele não está aqui reprovando diretamente os que publicamente atacavam o ensino da lei,

---

11 "Aqui ele faz uso de uma metáfora extraída dos que atiram com o arco; pois têm diante de si seu alvo para o qual aponta, e não atiram displicentemente, ou ao léu. Assim Paulo mostra que Deus, ao dar-nos a lei, determinou dar-nos uma via segura para que não perambulemos como vagabundos. E, de fato, não é sem razão que Moisés exorta o povo: 'Este é o caminho, andai por ele', como se quisesse dizer que os homens não sabem aonde vão até que lhes declare sua vontade; mas então eles têm uma regra infalível. Observemos criteriosamente que Deus tenciona dirigir-nos de tal maneira que não nos seja possível desviar, contanto que o tomemos por nosso Guia, visto que ele está pronto e disposto a realizar tal ofício, quando não recusarmos tal favor. Isto é o que Paulo tem em mente por esta metáfora, quando somos informados que todos quantos não têm como seu objetivo confiar na graça de Deus, para que invoquem a Deus como seu Pai, e para que esperem dele sua salvação, e, aqueles que não vivem com boa consciência e com um coração puro para com seu semelhante, são pessoas assim que vagueiam e se extraviam." – *Fr. Ser.*

12 "De vanite et mesonge." — "Por vaidade e falsidade."

13 Ματαιολογία tem referência ao interminável e fútil ζητήσεις mencionado em 1 Timóteo 1.4, e denominado κενοφωνίας em 1 Timóteo 6.20; sendo este diálogo vão e fútil, por implicação, oposto ao cumprimento dos deveres substanciais." – *Bloomfield*.

mas, antes, os que se orgulhavam de ser mestres dela. Ele diz que tais pessoas são carentes de entendimento, visto que fatigam seus cérebros inutilmente com questões procedentes da curiosidade.

Ao mesmo tempo, ele repreende sua arrogância, acrescentando *não entendendo, porém, nem mesmo o que dizem, nem do que ousadamente asseveram*. Pois ninguém é mais radical do que os mestres desses discursos bombásticos, quando fazem pronunciamentos precipitados sobre coisas das quais nada sabem. Vemos hoje com que soberba e arrogância os escolásticos da Sorbone tagarelam em torno de suas decisões. E sobre quais temas? Sobre aqueles que estão completamente fora do alcance da mente humana, e que jamais receberam a confirmação de qualquer palavra ou revelação da Escritura. Nutrem mais confiança em seu purgatório[14] imaginário do que na ressurreição dos mortos. E quanto às suas invenções acerca da intercessão dos santos, a menos que as aceitemos como evangelho, vociferam que toda a religião está sendo subvertida. E o que há para dizer sobre os imensos labirintos que construíram no tocante às hierarquias celestiais? A lista é interminável. O apóstolo declara que em todos eles se cumpre o antigo adágio: "A ignorância é atrevida!", exatamente como diz em Colossenses 2.18: "enfatuados em sua mente carnal, se intrometem naquilo de que nada sabem."

8. Sabemos, porém, que a lei é boa. O apóstolo uma vez mais antecipa alguma falsa acusação que poderiam lançar-lhe em rosto, pois sempre que resistia as pueris ostentações desses homens fúteis,

---

14 "E, no papado, quais são os artigos tidos como indubitáveis? Que anjo, ou que demônio, lhes revelou que existe um purgatório? Fabricaram-no de seu próprio cérebro, e, depois da tentativa de produzir algumas passagens das Santas Escrituras, por fim se deixaram desnortear, de modo que não podem produzir defesa em prol de seu purgatório, a não ser com base em sua antiguidade. 'Ele existe! Sempre foi crido.' Esse é o fundamento da fé, segundo os eruditos papistas. E então não devemos pôr dúvida o fato de que temos de recorrer aos santos falecidos como nossos advogados e intercessores. Ir a Deus sem termos por nossos guias a São Miguel, ou à Virgem Maria, ou a algum outro santo a quem o papa inseriu em seu calendário para a ocasião, seria de nenhuma valia. E por quê? Sobre que base? Porventura acharão em todas as Santas Escrituras uma única palavra, uma única sílaba que mostre que as criaturas, isto é, pessoas falecidas, intercedem por nós? Pois neste mundo devemos orar uns pelos outros, que é uma obrigação mútua, mas, quanto às pessoas falecidas, nem uma palavra é dita sobre elas." – *Fr. Ser.*

eles se escudavam no seguinte argumento: "E então? Queres que a lei fique sepultada e apagada da memória dos homens?" A fim de repelir essa falsa acusação, Paulo concorda que a lei é boa, mas acrescenta que ela precisa ser utilizada de forma legítima. Ele está usando, aqui, termos relacionados uns com os outros para corroborar seu argumento, pois a palavra legítimo [*legitimus*] é derivada da palavra lei [*lex*]. Ele, porém, avança ainda mais, mostrando que a lei está em plena concordância com a doutrina que ele ensina, e assim ele volta contra eles a mesma acusação.

9. Sabendo isto, que não se promulga lei para quem é justo. Não era a intenção do apóstolo expor todas as funções que a lei desempenha; ao contrário, seu argumento é dirigido *ad homines*, ou seja, àqueles de quem estava tratando. Às vezes sucede que aqueles que desejam ser considerados como os mais zelosos pela lei, comprovam, mediante sua maneira de viver, ser seus principais transgressores. O mais claro exemplo disso, em nossos próprios dias, são aqueles que defendem a justificação pelas obras e o livre-arbítrio. Estão sempre falando da perfeita santidade de vida, dos méritos e satisfação, no entanto toda a sua vida clama contra eles, testificando que são violentamente perversos e ímpios, que provocam a ira de Deus o quanto lhes é possível e atrevidamente desdenham de seus juízos. Exaltam em termos elevados a livre escolha do bem e do mal; seus feitos, porém, comprovam que não passam de escravos de Satanás, porquanto são mantidos por ele nas cadeias da masmorra mais profunda.

Com o fim de refrear a arrogante insolência de tais inimigos, Paulo os adverte, dizendo que a lei é, por assim dizer, a espada de Deus para esmagá-los, enquanto que ele e aqueles que concordam com ele não têm nenhum motivo para considerar a lei com medo ou aversão, visto que ela não é inimiga dos homens justos, ou seja, daqueles que são piedosos e que cultuam a Deus voluntariamente. Estou bem consciente de que certos eruditos extraem dessas palavras um significado mais sutil, como se Paulo estivesse escrevendo um tratado teológico sobre a natureza da lei. Argumentam que a lei nada tem a ver com os filhos de Deus que já foram regenerados pela operação do Espírito Santo, visto que ela não foi promulgada para os justos. O contexto desta passagem, porém, me leva a adotar uma explicação mais simples. Paulo está considerando como fato o ditado popular, de que as boas leis emanam dos maus costumes, e mantém que a lei de Deus foi promulgada para refrear a licenciosidade dos ímpios, pois aqueles que são bons como resultado de seu próprio arbítrio não precisam da lei para que os controlem.

Suscita-se a pergunta se há algum mortal que não pertença à categoria daqueles que são refreados pela lei. Minha resposta é que Paulo, aqui, denomina de *justos* não aqueles que são perfeitos em sentido absoluto – já que tais pessoas jamais serão encontradas! –, mas aqueles que almejam o que é bom como o alvo primordial de seus corações, de modo que seus desejos piedosos são para eles uma lei voluntária que não necessita de pressão ou delimitação externa. Sua intenção era reprimir o descaramento dos adversários que se armavam com um fingido devotamento à lei contra os piedosos, cuja vida inteira estava sempre exibindo a genuína norma da lei, uma vez que os próprios adversários se viam na mais premente necessidade da lei, e, no entanto, não revelavam profunda preocupação por ela. Esse fato se torna ainda mais evidente na próxima cláusula. Se porventura alguém não se convence de que na lista que Paulo faz dos feitos perversos há implícita uma acusação indireta contra seus adversários, pode-se ainda considerá-la como simples refutação da falsa acusação feita contra ele. Se o zelo deles pela lei não era hipócrita, mas sincero, estariam usando-o para armar-se contra todas aquelas ofensas e crimes em vez de usá-lo como pretexto de suas próprias ambições e de sua conversação simplória.

Para transgressores e rebeldes. Alguns intérpretes traduzem "transgressores", em vez de "injustos", pois o grego traz ἀνόμους, ilegal, que tem muito em comum com a segunda palavra, rebeldes. Pelo termo, *pecadores*, ele indica as pessoas devassas que vivem uma vida depravada e imoral.

Para os impuros e profanos. Essas palavras são adequadamente traduzidas por "impuros e profanos", mas não quero me indispor exaustivamente com outros em assuntos de pequena importância.

10. Raptores de homens. O termo latino *plagium* era usado pelos escritores clássicos no sentido de rapto ou sedução de escravo de outro homem, ou falsa venda de um homem livre. Aqueles que quiserem informação mais completa devem consultar as autoridades legais sobre a lei Flaviana.

Aqui Paulo menciona diferentes tipos de pecados e toca de leve em todos os tipos de transgressões. A raiz de todos eles é a obstinação e rebelião, como descrito em sua primeira frase: "transgressores e rebeldes". A expressão, "impuros e profanos", parece indicar os transgressores da primeira e segunda tábuas da lei, respectivamente. A esses ele acrescenta os impuros que levam uma vida vil e dissoluta; e visto que há três maneiras principais nas quais os homens podem injuriar seu próximo, a saber, violência, desonestidade e luxúria, ele reprova as três em sequência, como facilmente podemos ver. Em primeiro lugar, ele fala de violência na forma de homicidas e parricidas; em segundo lugar, faz menção de vergonhosas fornicações; e, por fim, faz menção de furtos e outros vícios.

E para tudo quanto se opõe à sã doutrina. Aqui ele declara que o seu evangelho, longe de contradizer a lei, é sua melhor confirmação. Diz que em sua pregação ele apoiava a sentença que o Senhor pronunciou em sua lei contra todas as coisas que são contrárias à sã doutrina. Desse fato segue-se que aqueles que se afastam do evangelho não aderem à substância da lei, senão que vão após sua sombra.

Sã doutrina é contrastada com *questões frívolas*, as quais, como diz em outro lugar, levam os mestres insensatos ao sofrimento, e, à luz dos resultados que produzem, são corretamente consideradas nocivas.[15]

---

[15] "Todos os vícios são contrários à sã doutrina. Pois qual é a vantagem de derivar-se da Palavra de Deus? É de ser ela a pastagem de nossas almas; e, em seguida, é uma medicina. Temos pão e vários tipos de alimento para a nutrição de nosso corpo; a Palavra de Deus é da mesma utilidade para nossas almas. Mas ela é mais vantajosa neste aspecto: que, quando somos dominados

11. O evangelho da glória. Ao usar o termo o evangelho da "glória", no qual Deus exibe sua glória, ele repreende duramente aqueles que se esforçavam por expô-lo à degradação. Expressamente acrescenta que fora encarregado *dele*, para que todos entendessem que esse evangelho que ele prega é o único evangelho de Deus; de modo que todas as fábulas censuradas por ele estão em franca oposição, tanto à lei quanto ao evangelho.

12. Sou grato para com aquele que me capacitou, a Cristo Jesus nosso Senhor, pois que me considerou fiel, designando-me para o seu serviço;
13. ainda que outrora fosse um blasfemo e perseguidor e injuriador; mas obtive misericórdia, pois o fiz na ignorância e na incredulidade.

12. Et gratiam habeo, qui me potentum reddidit, Christo Iesu Domino nostro, quod fidelem me judicavit, ponendo in ministerium,
13. Qui pruis eram blasphemus et persequutor, et violentus, sed et misericordiam adeptus sum, quod ignorans feci in incredulitate.

12. Sou grato para com aquele que me capacitou. Sublime é a dignidade do apostolado que Paulo havia reivindicado para si; e, recordando de sua vida pregressa, não podia de forma alguma considerar-se digno de tão sublime honra. Portanto, para evitar ser acusado de presunção, ele tem que referir-se a si mesmo, confessando sua indignidade e ainda afirmando ser apóstolo pela graça de Deus. De fato, ele avança ainda mais e se volta para as circunstâncias que pareciam depor contra sua autoridade para o seu bem, declarando que a graça

---

por nossos vícios, quando há muitas corrupções e desejos perversos, temos de purgar-nos deles; e a Palavra de Deus nos serve a diversos propósitos: para purificação, para sangria, para bebida e para dieta. Em suma, tudo o que os médicos podem aplicar ao corpo humano, para a cura de suas doenças, não vale a décima parte do que a Palavra de Deus realiza para a saúde de nossas almas. Por essa conta, Paulo, aqui, fala da sã doutrina. Pois as pessoas inquisitivas e ambiciosas vivem sempre num estado de enfermidade; não têm em si saúde; assemelham-se aos desditosos pacientes que perderam seu apetite, que mamam e lambem, mas não podem receber qualquer nutrição. Mas quando a Palavra de Deus é aplicada de uma maneira correta, há contenda; deflagra-se guerra contra todo e qualquer vício; e a Palavra de Deus os condena de tal maneira que os corações dos homens são tocados e traspassados – se humilharão e se encurvarão com sincero arrependimento e gemerão diante de Deus; e, se nada mais houver, pelo menos se convencerão de que sentirão remorso em seu interior, para que sejam exemplo a todos quantos são totalmente incorrigíveis. Este é o modo no qual o Senhor quer que sua Palavra seja aplicada a um bom uso." – *Fr. Ser.*

de Deus brilha nele com mais fulgor.

A Cristo Jesus nosso Senhor. Ao render graças a Cristo, ele remove a objeção que poderia ser atribuída contra ele, sem deixar-lhe qualquer chance de formular a pergunta se ele era ou não digno de um ofício tão honroso, pois ainda que em si mesmo não possuísse excelência de espécie alguma, era suficiente o fato de que fora escolhido por Cristo. Há muitos que usam a mesma forma de palavras para fazer uma exibição de sua humildade, mas que em nenhum existe a humildade de Paulo, pois sua intenção era não só gloriar-se ardentemente no Senhor, mas também desviar de si toda e qualquer vanglória.[16]

Designando-me para o seu serviço. Mas, pelo que ele está dando graças? É pelo fato de haver recebido um lugar no ministério, e desse fato ele deduz que fora considerado *fiel*. Cristo não recebe pessoas indiscriminadamente,[17] antes, porém, faz seleção daqueles que são apropriados, e assim reconhecemos como dignos todos aqueles a quem ele honra. Não é incompatível com isso o fato de Judas, segundo a profecia do Salmo 109.8, ser levantado por pouco tempo para em seguida rapidamente cair. Por outro lado, com Paulo foi diferente, pois obteve seu ofício com um propósito distinto e sob condições distintas, pois Cristo declarou [At 9.15] que ele haveria de ser "um vaso escolhido para ele".

Ao falar assim, Paulo parece estar fazendo da fidelidade que antecipadamente demonstrara a causa de seu chamamento. Se tal fosse o caso, então sua gratidão seria hipócrita e absurda, pois então deveria seu apostolado, não tanto a Deus, mas a seus próprios méritos. Não concordo que sua intenção fosse que ele fora escolhido para a obra apostólica em razão de sua fé ter sido conhecida de antemão por Deus,

---

16 "Mais de se demettre de toute gloire, et recognoistre a bon eseient son iudignite;" — "Mas, partir com toda glória, e reconhecer sinceramente sua própria indignidade."

17 "Christ ne fait pas comme les hommes, lesquels par ambition mettent des yens en un estat, sans regarder quay et commet;" — "Cristo não age como os homens, que, movidos por ambição, colocam pessoas em um ofício, sem considerar o quê ou o como."

porquanto Cristo não poderia ter previsto nele nada de bom exceto aquilo que o próprio Pai lhe concedera. E assim permanece sempre verdadeiro que "não fostes vós que me escolhestes a mim; pelo contrário, eu vos escolhi a vós outros e vos designei para que vades e deis fruto" [Jo 15.16]. Mas a intenção de Paulo é completamente diferente: para ele, o fato de Cristo fazer dele um apóstolo fornecia prova de sua fidelidade. Ele afirma: os que Cristo toma por apóstolos têm de confessar que foram declarados fiéis pelo decreto de Cristo. Este veredicto não repousa sobre a presciência, e, sim, sobre um testemunho dirigido aos homens, como se ele dissesse: "Dou graças a Cristo que me chamou para este ministério, e assim publicamente declarou que sancionava minha fidelidade."[18]

Paulo agora se volta para outras bênçãos de Cristo, e diz que Ele o fortaleceu ou o *capacitou*. Com isso ele quer dizer não só que no princípio fora formado pela mão divina, de uma forma tal que ficou perfeitamente qualificado para o seu ofício, mas inclui também a concessão contínua de graças. Porquanto não teria sido suficiente que uma só ocasião houvera sido declara fiel, caso Cristo não o fortalecesse com a constante comunicação de seu socorro. Portanto, ele diz que é pela graça de Cristo que fora inicialmente levantado para o apostolado e por que agora continua nele.

13. Blasfemo e perseguidor e injuriador – um blasfemo contra Deus e perseguidor e injuriador contra a Igreja. Vemos quão ingenu-

---

[18] "Eis aí o apóstolo Paulo que, sendo caluniado por muitas pessoas, como vemos que sempre há cães que ladram contra os servos de Deus, nada almejam senão mantê-los em desprezo, ou, melhor, fazem com que sua doutrina seja desprezada ou abominada. Desejando fechar as bocas de tais pessoas, Paulo diz que ele estava satisfeito de ter a autoridade e o direito de Cristo. Como se quisesse dizer: 'Os homens podem rejeitar-me, mas a mim basta ser sido tido como fiel por aquele que em si mesmo tem toda a autoridade, e que, sendo o Juiz celestial, o pronunciou. Quando ele me pôs neste ofício, declarou que me reconhecia por seu servo, e que tencionava empregar-me na proclamação de seu evangelho. Isso me basta. Que os homens maquinem e caluniem como queiram, contanto que eu tenha Cristo de meu lado; que os homens escarneçam; isso me será de nenhuma valia. Pois a decisão pronunciada pelo Senhor Jesus Cristo nunca pode ser anulada.' Assim vemos qual era a intenção de Paulo, isto é, que ele aqui não quer dizer que Cristo previu nele algo como sendo a razão pela qual o chamou para um ofício tão honroso, mas apenas que, pondo-o nele, declarou e fez evidente aos homens que tencionava fazer uso dele." – *Fr. Ser.*

amente ele confessa o que poderia ter sido atribuído contra ele em forma de censura, e quão longe estava de atenuar seus pecados. Mas, ao reconhecer espontaneamente sua indignidade pessoal, ele glorifica a imensurável graça de Deus. Não satisfeito em denominar-se de perseguidor, ele expressa sua fúria e indignação ainda mais profundamente, recordando quão injurioso havia sido contra a Igreja.

Pois o fiz na ignorância e na incredulidade. "Obtive perdão para minha incredulidade", diz ele, "a qual procedia de minha ignorância", pois a perseguição e a violência outra coisa não eram senão frutos da incredulidade.

Mas ele parece pressupor que só pode haver perdão quando há um contundente pretexto de ignorância, o que nos leva a perguntar: se uma pessoa peca conscientemente, Deus jamais a perdoará? Minha resposta é que devemos atentar para a palavra *incredulidade*,[19] pois que ela restringe a afirmação de Paulo à primeira tábua da lei. As transgressões da segunda tábua, ainda que deliberadamente, são perdoadas; mas aquele que, conscientemente, viola a primeira tábua peca contra o Espírito Santo, pois se põe diretamente em oposição a Deus. Tal pessoa não comete erro por fraqueza, mas por erguer-se em rebelião contra Deus, que revela um seguro sinal de sua reprovação.

Daqui se pode deduzir uma definição do pecado contra o Espírito Santo. Em primeiro lugar, é uma direta rebelião contra Deus, em [franca] transgressão da primeira tábua; em segundo lugar, é uma maliciosa rejeição da verdade; pois quando a verdade de Deus é rejeitada, sem malícia deliberada, o Espírito Santo não é propriamente resistido. Finalmente, *incredulidade* é aqui empregada como um termo geral; e a intenção maliciosa, que é o oposto de ignorância, é a condição qualificativa.[20]

Daí estão equivocados os que sustentam que o pecado contra

---

19 "Par incredulite, ou, n'ayant point la foy." — "Pela incredulidade, ou não ter fé."
20 "En la definition du peche contre le S. Esprit, Incredulite est le terme general; et le Propos malicieux, qui est le contraire d'ignorance, est comme ce que les Dialecticiens appellent la difference, qui restraint ce qui estoit general." — "Na definição do pecado contra o Espírito Santo, incredulidade é o termo geral, e intenção maliciosa, que é o oposto de ignorância, pode ser considerado como aquilo que os lógicos chamam a diferença, a qual limita o que era geral."

o Espírito Santo consiste na transgressão da segunda tábua; e estão igualmente equivocados os que fazem de um crime tão hediondo uma mera violência irrefletida. O pecado contra o Espírito Santo só é cometido quando os homens mortais deflagram deliberada guerra contra Deus, de tal sorte que se extingue a luz que o Espírito lhes oferecera. Essa é uma espantosa perversidade e uma monstruosa temeridade. Não há dúvida de que aqui há uma ameaça implícita com o propósito de atemorizar todos quantos uma vez foram iluminados, para que não se voltassem contra a verdade que já haviam confessado, pois semelhante queda seria fatal. Se foi devido à ignorância que Deus perdoara a Paulo suas blasfêmias, os que blasfemam consciente e deliberadamente não devem esperar o perdão.

Poder-se-ia conjeturar, porém, que o que Paulo diz está fora de propósito, visto que não pode haver incredulidade que não envolva também ignorância, porquanto a incredulidade é sempre cega. Minha resposta é que entre os incrédulos há aqueles que são tão cegos que se extraviam do que é certo, movidos por suas falsas concepções; enquanto que outros, ainda que sejam demasiadamente cegos, a malícia é um fator decisivo. Embora Paulo também possuísse má disposição, em alguma medida, em seu caso houve certo zelo irrefletido que o arrebatara, de tal modo que chegou a acreditar estar agindo corretamente. Por isso ele não se constituía em deliberado inimigo de Cristo, senão que foi meramente movido por equívoco e ignorância. Em contrapartida, os fariseus que falsamente acusavam a Cristo, e, movidos por má consciência, não estavam totalmente isentos de erro e ignorância, senão que seus motivos eram a ambição e uma perversa indisposição contra a sã doutrina; em suma, uma furiosa rebelião contra Deus, de sorte que, maliciosa e deliberadamente, e não por ignorância, se voltaram contra Cristo.[21]

---

21 "Deve merecer nossa consideração se uma grande porção deste hábil argumento não poderia ter sido evitado por meio de uma diferente colocação da passagem. 'Que outrora fui um blasfemo e um perseguidor e um opressor (pois o fiz movido pela ignorância e incredulidade), porém obtive misericórdia, e a graça de nosso Senhor foi ricamente abundante, com fé e amor que estão em Cristo Jesus'." — *Ed.*

14. E a graça de nosso Senhor transbordou excessivamente com fé e amor que há em Cristo Jesus.

15. Fiel é a palavra, e digna de toda aceitação, que Cristo Jesus veio ao mundo para salvar os pecadores, dos quais eu sou o principal.

16. Por essa mesma causa obtive misericórdia, para que, em mim, o principal, evidenciasse Jesus Cristo toda a sua longanimidade, e servisse eu de exemplo a quantos hão de crer nele para a vida eterna.

17. Ora, ao Rei eterno, incorruptível, invisível, o Deus único, seja a honra e a glória para sempre e sempre. Amém.

14. Exuberavit autem supra modum gratia Domini nostri, cum fide et dilectione, quae est in Christo Iesu.

15. Fidelus sermo, et dignus omnino qui accipiatur, quod Christus Iesus venit in mundum, ut peccatores salvos faceret, quorum primus sum ego.

16. Verum ideo misericordiam sum adeptus, ut in me primo ostenderet Iesus Christus omnen clementiam, in exemplar iis, qui credituri essent in ipso in vitam aeternam.

17. Regi autem saeculorum immortali, invisibili, soli sapienti Deo, honor et gloria in saecula saeculorum. Amen.

14. E a graça de nosso Senhor transbordou excessivamente. Uma vez mais ele glorifica a graça divina em seu favor, não só com o intuito de remover a indisposição e testificar de sua própria gratidão, mas também para defender-se contra as calúnias de seus inimigos maliciosos, cujo propósito era denegrir seu apostolado. Pois quando diz que a graça "transbordou", aliás, "transbordou excessivamente", sua intenção é demonstrar que a lembrança do passado fora apagada, e ele de tal forma absolvido, que prática e absolutamente não estava em desvantagem em relação a qualquer outro homem em favor de quem a graça de Deus se manifestou, mesmo que fossem melhores que ele.

Com fé e amor. É possível tomar ambas as palavras como uma referência a Deus, de modo que o sentido seria que Deus se revelou fiel e deu demonstração de seu amor em Cristo, ao conceder ao apóstolo sua graça. Prefiro, porém, uma interpretação mais simples, à luz da qual a fé e o amor são sinais ou testemunhos da graça que ele já mencionara, para que não imaginassem que ele se vangloriava desnecessariamente ou sem justa razão. A fé é o oposto da incredulidade na qual anteriormente vivera, e o amor em Cristo é o oposto da crueldade que uma vez demonstrara para com os crentes; como se ele quisesse dizer que Deus o havia transformado de tal maneira que agora era um homem diferente e novo. E assim, por meio de seus sinais e efeitos, ele enaltece a excelência da graça a ele conferida, a qual haveria de obliterar todas as lembranças de sua vida pregressa.

15. Fiel é a palavra. Não satisfeito em haver defendido seu ministério da infâmia e das acusações injustas, ele agora usa em seu favor as acusações que seus inimigos poderiam lançar contra ele para reprová-lo. Demonstra ainda que foi proveitoso para a Igreja que ele tivesse sido o gênero de homem que fora antes de ser chamado para o apostolado, porque, ao conferir-lhe um penhor de sua graça, Cristo chamou a todos os pecadores a uma maravilhosa expectativa de obterem [também] eles o perdão divino. Ao ser Paulo transformado de um animal feroz e selvagem em um ministro e pastor, Cristo exibiu nele um extraordinário exemplo de sua graça, a qual transmitiria a todos os homens uma segura confiança de que o acesso à salvação a ninguém é vetado, por mais graves e ultrajantes sejam seus pecados.

Primeiramente, Paulo faz uma afirmação geral de que *Cristo Jesus veio ao mundo para salvar os pecadores*, introduzindo-a como um prefácio, segundo seu costume ao tratar de assuntos de suprema importância. Na doutrina de nossa religião, este é deveras o ponto primordial, ou seja: visto que por nós mesmos estamos perdidos, devemos ir a Cristo a fim de receber de suas mãos a nossa salvação.[22] Pois ainda que Deus o Pai, mil vezes, nos ofereça a salvação em Cristo, e Cristo mesmo nos proclame sua própria obra salvífica, todavia não nos desvencilhamos da incerteza, ou, de algum modo, não cessamos de perguntar em nosso íntimo se realmente é verdade. Portanto, quando em nossa mente surge alguma dúvida sobre o perdão dos pecados, devemos aprender a repeli-la, usando como nosso escudo o fato de que ele é verdadeiro e seguro, e, portanto, deve ser recebido sem qualquer contestação ou hesitação.

Salvar os pecadores. O vocábulo "pecadores" é enfático. Mesmo aqueles que reconhecem que a obra de Cristo é salvar, admitem que é muito difícil crer que essa salvação pertença a pecadores. Nossa men-

---

22 "Sinon d'autant que les honames disputent tousjours, et sont en doute en eux — mesmes touehant leur salut." — "Visto, porém, que os homens estão sempre disputando, e em si mesmos nutrem dúvida sobre sua salvação."

te sempre se inclina a fixar-se em nossa própria dignidade; e assim que essa dignidade se concretiza, nossa confiança fracassa. Por isso, quanto mais uma pessoa sente o peso de seus pecados, mais deve, com a maior coragem, recorrer a Cristo, confiando no que aqui é ensinado, ou seja, que ele veio para trazer salvação, não aos justos, e, sim, aos pecadores. Também merece atenção que neste versículo Paulo baseia o que disse acerca de si próprio nesta verdade geral sobre a obra de Cristo, de modo que, o que acaba de dizer sobre si próprio, não pareça absurdo por ser algo inusitado.

Dos quais eu sou o principal. Não devemos imaginar que o apóstolo esteja, aqui, expressando uma falsa modéstia.[23] Sua intenção era fazer confissão de que ele era não apenas humilde, mas expressar também uma verdade que fluísse do âmago de seu ser.

Mas é possível que alguém pergunte por que ele se considera o principal [*primus*] dos pecadores, sendo que seu mal foi unicamente em relação à sua ignorância da sã doutrina, e quanto aos demais aspectos do viver era ele irrepreensível aos olhos humanos. Nessas palavras, porém, somos advertidos sobre quão grave e sério é o pecado da incredulidade aos olhos de Deus, especialmente quando seguido de obstinação e desenfreada crueldade. É fácil para os homens dissimularem tudo o que Paulo confessou acerca de si próprio em decorrência de zelo irrefletido; mas Deus dá um valor tão elevado à obediência proveniente da fé, que não o deixa considerar como pecado de pouca monta a incredulidade obstinadamente renitente.[24]

---

23 "Il se faut bien donner garde de cuider que l'Apostre ait ainsi parle par une faeon de nmodestie, et non pas qu'il se pensast en son coeur." — "Devemos guardar-nos contra o pensamento de que o apóstolo falou assim movido de modéstia, e que em seu coração não pensava assim."

24 "Se considerarmos qual é o principal serviço que Deus demanda e aceita, saberemos qual é o significado de dizer que a humildade é o maior sacrifício que ele aprova [1Sm 15.22]. E que é a razão pela qual diz-se que a fé pode ser considerada como sendo a mãe de todas as virtudes; ela é a fundamento e fonte delas; e, senão por isso, todas as virtudes que são visíveis, e que são valorizadas pelos homens, são destituídas de sólido valor; são tantos vícios que Deus condena. Depois de enaltecer em alto e bom som um homem, e colocá-lo na categoria dos anjos, ele será rejeitado por Deus, com toda sua excelente reputação, a menos que possua aquela obediência de fé. Assim será fútil os homens dizerem: 'não tive a intenção; essa era minha opinião'; porque, não suprimindo sua boa intenção e sua reputação, têm de ser condenados diante de Deus como rebel-

Observemos com muita atenção o ensino desta passagem, ou seja, que um homem, que aos olhos do mundo pode ser não só irrepreensível, mas também extraordinariamente de excelentes virtudes e de uma vida merecedora de elogios, pode, não obstante, ser considerado um dos maiores pecadores por causa de sua oposição à doutrina do evangelho e à obstinação de sua incredulidade. Daqui podemos facilmente entender o valor que aos olhos de Deus têm todas as exibições pomposas dos hipócritas, enquanto, obstinadamente, resistem a Cristo.

16. Para que, em mim, o principal, evidenciasse Jesus Cristo toda a sua longanimidade. Ao dizer, "o principal" [*primo*], aqui, Paulo está uma vez mais dizendo que ele é o principal dos pecadores, de modo que o termo tem o mesmo sentido de principalmente,[25] ou acima de todos. Ele quer dizer que desde o início Deus exibiu este exemplo de sua graça para que a mesma fosse contemplada clara e amplamente, de modo tal que ninguém alimentasse dúvida de que o único modo de se obter o perdão é indo a Cristo pela fé. Toda a nossa falta de confiança é removida quando vemos em Paulo um tipo visível daquela graça que buscamos.

17. Ora, ao Rei eterno. Seu entusiasmo prorrompe nesta exclamação, já que não lhe era possível encontrar palavras adequadas para expressar sua gratidão. Essas explosões súbitas brotam de Paulo principalmente quando a imensidão do tema o subjuga e o faz interromper o que estava dizendo. Pois o que haveria de mais grandioso do que a conversão de Paulo? Ao mesmo tempo, ele admoesta a todos nós, à luz de seu exemplo pessoal, para que jamais visualizemos a graça demonstrada no chamamento[26] divino sem mergulharmos em assombrosa admiração.

---

des. Isto, à primeira vista, pareceria duro de digerir. E por quê? Porque vemos como os homens sempre tentam escapar da mão divina, e recorrem a muitos meios indiretos. E, quando podem, lançam mão deste paliativo: 'Eu pretendia fazer o que era certo, e por que não aceitam minha boa intenção?' Quando se pode alegar isso, cremos que é suficiente, mas tal paliativo será de nenhum valor diante de Deus." – *Fr. Ser.*

25 "Qu'il estoit le premier ou le principal de tous les pecheurs." — "Que ele era o primeiro, ou o principal de todos os pecadores."

26 "Nostre vocation, c'est a dire, la grace que Dieu nous a faite en nous appellant." — "Nossa vocação, isto é, a graça que Deus tem exibido em chamar-nos."

Incorruptível, invisível, o Deus único. Esse sublime louvor dirigido à graça de Deus absorve[27] toda a memória de sua vida anterior. Que infinita amplidão é a glória de Deus! Os atributos aqui atribuídos a Deus, ainda que sempre lhe pertencessem, não obstante se adequam perfeitamente bem ao presente contexto. Ele denomina Deus de Rei eterno, ou Rei das eras, o qual jamais muda [*incorruptível*]. Denomina-o de *invisível*, visto que ele habita em luz inacessível, como o expressa por último, ou seja: o *Deus único, o único sábio*, visto que ele considera insensatez, e condena como vaidade, toda a sabedoria humana. Tudo isso se harmoniza com sua conclusão em Romanos 11.33: "Ó profundidade da riqueza, tanto da sabedoria como do conhecimento de Deus! Quão insondáveis são os seus juízos, e quão inescrutáveis, os seus caminhos!" Seu intuito é levar-nos a contemplar a imensa e incompreensível sabedoria de Deus com uma reverência tal que, caso suas obras inundem nossas mentes, devemos ainda sentir-nos arrebatados pela perplexidade.

Há certa dúvida se com o termo "único" ele quis reivindicar toda a glória exclusivamente para Deus ou intitulá-lo único sábio ou único Deus. O segundo sentido parece-me o melhor, pois se adequa bem ao seu presente tema, pondo em realce como o entendimento humano deve curvar-se diante do conselho secreto de Deus. Não que eu negue que o apóstolo esteja dizendo que Deus é o único digno de toda glória; pois, enquanto ele espalha fagulhas de sua glória diante de suas criaturas, ela ainda permanece sua em toda a plenitude e inteireza. Ambas as interpretações, porém, evidenciam plenamente que não há glória real senão em Deus.

18. Este encargo confio a ti, meu filho Timóteo, segundo as profecias que foram dadas a teu respeito, para que, movido por elas, combatas o bom combate,

19. mantendo a fé e uma consciência íntegra, porquanto alguns, tendo-se desviado delas, vieram a naufragar na fé.

18. Hoc praeceptum commendo tibi, fili Timothee, secundum praecedentes super te prophetias, ut milites in illis bonam militiam;

19. Habens fidem et bonam conscientiam; a qua aversi quidam circa fidem naufragium fecerunt:

---

27 "De la grace de Dieu sur lay."

20. Dentre os quais se contam Himeneu e Alexandre, os quais entreguei a Satanás, para que aprendam a não mais blasfemar.	20. Ex quibus sunt Hymenaeus et Alexander, quos tradidi Satanae, ut discant non maledicere.

18. Este encargo confio a ti. Tudo o que disse acerca de sua própria pessoa e posição, realmente é uma digressão do tema principal. Visto ser sua intenção revestir Timóteo com autoridade [*instruere auctoritate*], ele tinha antes de estabelecer sua própria autoridade suprema e refutar os conceitos daqueles que se opunham a ela. Havendo então comprovado que seu apostolado não deve ser ofuscado em sua reputação, por haver uma vez lutado contra o reino de Cristo, e havendo removido tal objeção, volta novamente ao tema principal de sua exortação. O encargo, aqui, é aquele que ele menciona no início.

Meu filho Timóteo. Ao chamar Timóteo de *filho*, o apóstolo revela não só sua intensa afeição pessoal por ele, mas também o recomenda a outros. Com o fim de encorajá-lo ainda mais, ele lembra-lhe a espécie de testemunho que havia recebido do Espírito de Deus. Porquanto foi uma imensa fonte de segurança para ele saber que seu ministério recebera a aprovação divina, que ele fora chamado mediante revelação divina mesmo antes que fosse eleito pelo sufrágio humano. "Se é vergonhoso não viver de acordo com as especulações humanas, quanto mais [vergonhoso é] invalidar, até onde vai o nosso poder de fazê-lo, os juízos divinos."

Devemos antes entender a que *profecias* ele se refere aqui. Há quem pense que Paulo fora instruído mediante revelação especial a conferir ofício a Timóteo [*ut Timotheo munus iniungeret*]. Concordo com isso, porém acrescento que outros tiveram participação nessas revelações, pois não foi sem razão que Paulo fez uso do plural. Por conseguinte, podemos deduzir dessas palavras que diversas profecias foram ministradas em relação a Timóteo com o fim de recomendá-lo à Igreja.[28] Sendo ainda muito jovem, é possível que sua idade lhe granjeasse algum descaso por parte da Igreja, e talvez Paulo se tenha exposto a críticas por promover

---

28 "Pour le recommender a l'Eglise, et luy donner authorite." — "A fim de recomendá-lo à Igreja e outorgar-lhe autoridade."

jovens prematuramente ao ofício de presbítero. Além do mais, Deus o designara para uma obra imensa e difícil; pois ele não era um ministro ordinário, senão que ocupava um lugar secundário somente em relação aos apóstolos, e que amiúde representava Paulo em sua ausência. Portanto necessitava de um testemunho especial para provar que seu ofício não lhe fora conferido pelos homens de uma forma precipitada, senão que fora escolhido por Deus mesmo para o desempenho de tal ofício. Ser honrado com a aprovação de profetas não era, naquele tempo, uma ocorrência ordinária; visto, porém, que Timóteo se constituía num caso especial, Deus não queria que ele fosse admitido ao ofício por meio dos homens, sem ser antes aprovado por sua própria voz. Não era da vontade divina que ele entrasse no exercício de seu ministério enquanto não fosse chamado através do pronunciamento dos profetas. O mesmo ocorreu a Paulo e a Barnabé quando foram ordenados como mestres destinados aos gentios. Esse foi um processo novo e extraordinário, e era a única forma pela qual podiam escapar da acusação de inovação precipitada.

Alguns, provavelmente, objetarão: "Se Deus, pela instrumentalidade de seus profetas, pronunciara o tipo de ministro que Timóteo seria, que objetivo teria em admoestá-lo demonstrar que era tal pessoa? Porventura podia ele tornar falsas as profecias pronunciadas por Deus?" Minha resposta é que o resultado só podia ser aquele que Deus prometera; no ínterim, porém, era o dever de Timóteo não entregar-se à indolência e inatividade, e, sim, demonstrar por meio de sua obediência ser um vigoroso e dedicado instrumento da providência divina. É por isso que Paulo, desejando estimulá-lo a um zelo mais intenso, tem boas razões para lembrar-lhe as profecias por meio das quais Deus se comprometera e dera garantias à Igreja no tocante a Timóteo; dessa forma foi ele lembrado da razão por que fora chamado.

Por isso acrescenta, *movido por elas, combatas o bom combate*, significando com isso que Timóteo, confiando na aprovação que Deus lhe concedera, deve lutar bravamente. Que outra coisa há que nos proporcione maior alegria do que saber que estamos fazendo o que devemos fazer pela expressa determinação divina? Essa é a nossa armadura e a nossa defesa, e, com seu auxílio, jamais fracassaremos. Com o termo, "combate", ele afirma indiretamente que devemos manter um combate, e isso se aplica universalmente a todos os crentes, mas especificamente aos mestres cristãos, de quem se pode afirmar que são líderes e porta-estandartes no exército divino. É como se dissesse: "Ainda que não possas exercer teu ministério sem combater, lembra-te de que és equipado com os oráculos de Deus, e que estás munido da segura esperança de vitória, e assim possas renovar tua coragem." *Bom* combate é aquele que se faz glorioso e proveitoso, e no qual lutamos sob os auspícios do próprio Deus.

19. Mantendo a fé e uma consciência íntegra. Tomo a palavra "fé" num sentido geral, ou seja, de ensino sadio. É nesse sentido que ele usa o termo mais adiante, quando fala de "o mistério da fé" [3.9]. Essas são deveras as principais coisas requeridas de um mestre, ou seja: que se mantenha firme na verdade pura do evangelho e que seja um ministro de consciência íntegra e zelo equilibrado. Onde esses dois elementos se fazem presentes, o resto se seguirá dos mesmos.

Porquanto alguns, tendo-se desviado delas. O apóstolo mostra quão necessário se faz que uma consciência íntegra acompanhe a fé, pois o castigo de uma má consciência consiste no desvio do caminho do dever. Aqueles que não servem a Deus com uma mente pura e honesta, mas se entregam às más disposições, ainda que tenham começado com uma mente equilibrada, no fim perdem-na completamente.

Esta passagem deve receber cuidadosa ponderação. Sabemos que o tesouro da sã doutrina é inestimável, e nada há para se temer mais do que o risco de perdê-lo. Aqui, porém, Paulo nos diz que a única forma de conservá-lo é conservando-o com uma boa consciência. Por que é que tantos rejeitam o evangelho e se precipitam no seio de seitas ímpias ou se envolvem em erros monstruosos? É porque Deus pune os hipócritas com esse gênero de cegueira, justamente como, em contrapartida, um sincero temor de Deus nos injeta vigor para perseverarmos.

Desse fato podemos aprender duas lições. Primeiramente, os mestres e ministros do evangelho, e através deles toda a Igreja, são advertidos sobre como muitos deles devem sentir repulsa por uma falsa e hipócrita profissão da verdadeira doutrina, visto ser tal conduta castigada com extrema severidade. Em segundo lugar, esta passagem remove aquela dificuldade que perturba a tantos, quando eles se deparam com alguns que uma vez professaram a Cristo e seu evangelho, não só retornando às suas superstições anteriores, mas, pior ainda, se deixam fascinar por erros monstruosos. Com tais exemplos, Deus está publicamente vindicando a honra do evangelho e publicamente declarando que não pode suportar que o mesmo seja profanado. Isso é algo que se pode aprender da experiência da própria época; todos os erros que têm surgido na Igreja Cristã, desde seus primórdios, emanam dessa fonte: a cobiça e o egoísmo às vezes têm extinguido o genuíno temor de Deus. Daí a má consciência ser a mãe de todas as heresias, e hoje nos deparamos com um vasto número de pessoas que jamais abraçaram a fé com honestidade e sinceridade, que se precipitam como bestas brutas na sandice dos epicureus, e assim a sua hipocrisia se torna exposta. E não só isso, mas também que o menosprezo por Deus se espalha por toda parte e as vidas licenciosas e depravadas de quase todas as classes humanas revelam que não resta no mundo senão uma minguada porção de integridade, de modo que há boas razões para temer-se que a luz que ficou acesa tão prontamente se apague, e que Deus conserve num limitadíssimo número de pessoas o sadio entendimento do evangelho.

Vieram a naufragar na fé. A metáfora extraída do naufrágio é muito oportuna, pois sugere que, se desejarmos alcançar o porto com nossa fé intacta, então devemos fazer da boa consciência o timoneiro de nossa trajetória, pois de outra sorte corremos o risco de naufragarmos; a fé pode afundar-se no abismo de uma má consciência, como um remoinho num mar tormentoso.[29]

---

29 "O que é a vida humana, e o que é todo o seu curso? Uma navegação. Somos não só viajantes, no dizer da Escritura [1Pe 2.11], mas não temos solidez. Os que viajam por terra, ou a pé, ou no dorso do cavalo, ainda têm sua estrada segura e firme; mas, no mundo, em vez de estarmos a pé ou no dorso do cavalo, estamos, por assim dizer, no mar, e não temos algo sólido onde pôr o pé. Somos como pessoas que se acham num barco, e que estão sempre com a metade do pé já na morte; e o barco é uma sorte de sepultura, porque vêem a água que os cerca pronta para engoli-

20. Dentre os quais se contam Himeneu e Alexandre. Paulo fará novamente menção do primeiro desses dois homens na segunda epístola, e aí se faz evidente qual o gênero de naufrágio ocorreu, pois ele dizia que a ressurreição dos mortos era algo que pertencia ao passado. É possível que Alexandre também tenha se apaixonado por esse erro tão absurdo. Ao percebermos que nem mesmo um dos companheiros de Paulo escapou de perecer numa queda tão medonha, porventura nos sentiremos surpresos se hoje Satanás, com seus multiformes encantamentos, seja capaz de iludir os homens?

Ele menciona ambos esses homens a Timóteo como pessoas bem conhecidas dele. Não tenho dúvida de que esse é o mesmo Alexandre de quem Lucas faz menção em Atos 19.33, como sendo o homem que tentou, sem êxito, reprimir o tumulto em Éfeso. Ele era natural de Éfeso, e, como já dissemos, esta epístola foi escrita primordialmente em benefício dos efésios. Agora já sabemos qual foi o fim de Alexandre; e daqui devemos aprender a conservar a possessão de nossa fé através de uma boa consciência, para que a retenhamos até ao fim.

Os quais entreguei a Satanás. Como realçamos em conexão com 1 Coríntios 5.5, há quem considere esta frase como uma indicação da aplicação de algum castigo inusitado, e o conecta com os δυνάμις, "poderes", que Paulo menciona em 12.28 da mesma epístola. Como os apóstolos foram dotados com o dom de cura em testemunho da graça e favor de Deus para com os santos, assim foram armados contra os ímpios e rebeldes com poder tanto para entregá-los ao diabo para que fossem atormentados como também para aplicar sobre eles algum outro castigo. Pedro nos deu um exemplo do exercício desse poder ao tratar com Ananias e Safira [At 5.1]; e Paulo, ao tratar com o mágico Barjesus [At 13.6].

-los. Assim se dá conosco, enquanto vivemos aqui embaixo. Porque, de um lado, há a fragilidade que nos gruda, a qual é mais fluída do que água; e então tudo o que nos cerca é como água, a qual flui de todos os lados, enquanto a cada minuto surgem ventos, tempestades, tormentas. Portanto, aprendamos que nossa vida é apenas um tipo de navegação, a qual fazemos por água, e que nos expomos, ao mesmo tempo, a muitos ventos e tormentas. E, se é assim, o que será de nós quando não tivermos um bom barco e um bom piloto?" – *Fr. Ser.*

Contudo prefiro interpretar esta frase no sentido de *excomunhão*, pois o ponto de vista que assevera que o homem incestuoso de Corinto recebeu algum outro gênero de castigo não é comprovado através de algum argumento consistente. E se foi por excomunhão que Paulo o entregou a Satanás, por que não deveria a mesma expressão ter o mesmo significado aqui? Visto que é na Igreja que Cristo mantém a sede de seu reino, do lado de fora da Igreja outra coisa não existe senão o domínio de Satanás. Portanto, aquele que é eliminado da Igreja, necessariamente cai, por algum tempo, sob a tirania de Satanás, até que se reconcilie com a Igreja e retorne a Cristo. Faço a seguinte exceção: em razão da enormidade da ofensa, é provável que Paulo tenha pronunciado perpétua excomunhão contra aqueles dois homens; todavia, sobre isso não me aventuro a fazer uma asseveração específica.

Qual, porém, é o significado da última cláusula, *para que aprendam a não mais blasfemar?* A pessoa que é expulsa da Igreja assume maior liberdade de ação para si, visto que ela não mais está sob a restrição de disciplina ordinária, e pode portar-se com maior insolência. Minha resposta é que não importa o grau de perversidade a que se entreguem, as portas permanecerão fechadas para eles, a fim de que, por meio de seu exemplo, o rebanho não seja prejudicado. Porque o maior dano que os homens perversos podem causar é quando se infiltram no rebanho sob o pretexto de confessar a mesma fé. Portanto, o poder de fazer dano é tirado deles quando são marcados por infâmia pública, de sorte que ninguém seja tão simplório que ignore o fato de serem eles irreligiosos e detestáveis, e assim sejam banidos por todos de sua sociedade. Às vezes sucede que, sendo atingidos por tal estigma de infortúnio, eles mesmos se convertem de seus maus caminhos. Portanto, ainda que a excomunhão às vezes torne os homens ainda piores, nem sempre é de todo ineficaz para dominar sua impetuosidade.

Capítulo 2

1. Portanto, exorto, antes de tudo, que se usem súplicas, orações, intercessões, ações de graças em favor de todos os homens,
2. em favor dos reis e de todos os que se encontram em posição de destaque, para que vivamos vida tranquila e mansa, com toda piedade e respeito.
3. Isto é bom e aceitável aos olhos de Deus, nosso Salvador,
4. o qual deseja que todos os homens sejam salvos e cheguem ao pleno conhecimento da verdade.

1. Adbortor igitur, ut ante omnia fiant deprecationes, obsecrationes, interpellationes, gratiarum actiones pro omnibus hominibus,
2. Pro regibus et omnibus in eminentia constitutis, ut placidam et quietam vitam degamus cum omni pietate et honestate.
3. Hoc enim bonum et acceptum coram Salvatore nostro Deo,
4. Qui omnes homines vult salvos fieri, et ad agnitionem veritatis venire.

1. Portanto, exorto, antes de tudo. Os exercícios religiosos que o apóstolo aqui ordena fortalecem e mantêm em nós o culto sincero e o temor de Deus, bem como nutrem a consciência íntegra de que falamos anteriormente. O termo *antes de tudo* é então perfeitamente apropriado, visto que essas exortações se deduzem naturalmente do encargo que ele pusera sobre Timóteo.

Antes de tudo, que se usem súplicas. Primeiramente, ele trata da oração pública e de sua regulamentação, a saber: que ela deve ser feita não só em favor dos crentes, mas em favor de todo o gênero humano. É possível que alguém argumente: "Por que devemos preocupar-nos com o bem-estar dos incrédulos, já que não mantêm nenhuma relação conosco? Não é suficiente que nós, que somos irmãos, oremos uns pelos outros e encomendemos a Deus toda a Igreja? Os estranhos não significam nada para nós." Paulo se põe contra essa perversa perspectiva, e diz aos efésios que incluíssem em suas orações todos os homens, e não as restringissem somente ao corpo da Igreja.

Admito que não entendo plenamente a diferença entre os três ou quatro tipos de oração de que Paulo faz menção. É pueril a opinião expressa por Agostinho, a qual torce as palavras de Paulo para adequarem-se ao uso cerimonial de sua própria época. O ponto de vista mais simples é preferível, a saber: que *súplicas* são solicitações para sermos libertados do mal; *orações* são solicitações por algo que nos seja proveitoso; e *intercessões* são nossos lamentos postos diante de Deus em razão das injúrias que temos suportado. Eu mesmo, contudo, não entro em distinções sutis desse gênero; ao contrário, deduzo um tipo diferente de distinção.

Προσευχαὶ é o termo grego geral para todo e qualquer tipo de oração, e δεήσεις denota essas formas de oração nas quais se faz alguma solicitação específica. Portanto, essas duas palavras se relacionam como o gênero e a espécie. Ἐντεύξεις é o termo usual de Paulo para as orações que oferecemos em favor uns dos outros, e o termo usado em latim é *intercessiones, intercessões*. Platão, contudo, em seu segundo diálogo intitulado Alcibíades, usa a palavra de forma diferenciada para denotar uma petição definida, expressa por uma pessoa em seu próprio favor. Em cada inscrição do livro, bem como em muitas passagens, ele mostra claramente que προσευχὴ é um termo geral.[1]

Todavia, para não nos determos desproporcionalmente por mais tempo numa questão que não é de grande relevância, Paulo, em minha opinião, está simplesmente dizendo que sempre que as orações públi-

---

1 "Δεήσεις, se atentarmos para sua implicação etimológica, ἀπὸ τοῦ δεῖσθαι, se deriva de 'estar em falta', e é uma petição por οὗ δεόμεθα, 'o que temos falta'. É mui corretamente definido por Gregório Nazianzo, em sua décima quinta Ode: Δέησιν οἴου τὴν αἴτησιν ἐνδεῶν: 'considerar que, quando você está em falta de algo, sua petição é δέησις.' Se atentarmos outra vez para o uso costumeiro da palavra, ela significa 'uma petição por um benefício'. Minha opinião é que os vários nomes expressam uma e a mesma coisa, vista sob vários aspectos. Nossas orações são chamadas δεήσεις, porquanto por meio delas declaramos a Deus nossa *necessidade*; pois δέεσθαι significa 'estar em necessidade'. Elas são προσευχαὶ, quando contêm nossos desejos. Elas são αἰτήματα, quando expressam petições e desejos. Elas são ἐντεύξεις, quando Deus nos permite que nos aproximemos dele, não com timidez, mas de uma maneira familiar; pois ἐντεύξις é uma conversação e convívio familiares." — *Witsius, sobre "a oração do Senhor".*

cas forem oferecidas, as petições e as súplicas devem ser formuladas em favor de todos os homens, mesmo daqueles que presentemente não mantêm nenhum relacionamento conosco. O amontoado de termos não é supérfluo; Pois, a meu ver, Paulo, intencionalmente, junta esses três termos com o mesmo propósito, ou seja, com o fim de recomendar, com o maior empenho possível, e pedir com a máxima veemência, que se façam orações intensas e constantes.

Sobre o significado de *ações de graças* não há nada de obscuro, pois ele não só nos incita a orar a Deus pela salvação dos incrédulos, mas também a render graças por sua prosperidade e bem-estar. A portentosa benevolência que Deus nos demonstra dia a dia, ao fazer "seu sol nascer sobre bons e maus", é digna de todo o nosso louvor; e o amor devido ao nosso próximo deve estender-se aos que dele são indignos.

2. Em favor dos reis. Ele faz expressa menção dos reis e de outros magistrados porque os cristãos têm muito mais razão de odiá-los do que todos os demais. Todos os magistrados daquele tempo eram ajuramentados inimigos de Cristo, de modo que se poderia concluir que eles não deviam orar em favor de pessoas que viviam devotando toda a sua energia e riquezas em oposição ao reino de Cristo, enquanto que, para os cristãos, a extensão desse reino, e de todas as coisas, é a mais desejável. O apóstolo resolve essa dificuldade e expressamente ordena que orações sejam oferecidas em favor deles. A depravação humana não é razão para não se ter em alto apreço as instituições divinas no mundo. Portanto, visto que Deus designou magistrados e príncipes para a preservação do gênero humano, e por mais que fracassem na execução da designação divina, não devemos, por tal motivo, cessar de ter prazer naquilo que pertence a Deus e desejar que seja preservado. Eis a razão por que os crentes, em qualquer país em que vivam, devem não só obedecer às leis e ao comando dos magistrados, mas também, em suas orações, devem defender seu bem-estar diante de Deus. Disse Jeremias aos israelitas: "Orai pela paz da Babilônia, porque, em sua paz, tereis paz" [Jr 29.7]. Eis o ensino universal da Escritura: que aspiremos o estado contínuo e pacífico das autoridades deste mundo, pois elas foram ordenadas por Deus.

Para que vivamos vida tranquila e mansa. Ele acrescenta mais uma persuasão, ao mostrar como isso será proveitoso a nós próprios e ao enumerar as vantagens geradas por um governo bem regulamentado. A primeira é uma vida tranquila, porquanto os magistrados se encontram bem armados com espada para a manutenção da paz. A menos que restrinjam o atrevimento dos homens perversos, o mundo inteiro se encherá de ladrões e assassinos. Portanto, a forma correta de conservar a paz consiste em que a cada pessoa seja dado o que é propriamente seu, e que a violência dos poderosos seja refreada.

Com toda piedade e respeito. A segunda vantagem consiste na preservação da *piedade*, ou seja, quando os magistrados se diligenciam em promover a religião, em manter o culto divino e em requerer reverência pelas coisas sacras. A terceira vantagem consiste na preocupação pela *seriedade* pública: pois o benefício advindo dos magistrados consiste em que impeçam os homens de se entregarem a impurezas bestiais ou a vergonhosa devassidão, bem como a preservar a modéstia e a moderação. Se esses três requisitos forem suprimidos, que gênero de vida será deixado à sociedade humana? Portanto, se porventura nos preocupamos com a tranquilidade pública, com a piedade ou com a decência, lembremo-nos de que o nosso dever é diligenciarmo-nos em favor daqueles por cuja instrumentalidade obtemos tão relevantes benefícios.

Disso concluímos que os fanáticos que lutam pela supressão dos magistrados são privados de toda humanidade e promovem unicamente o barbarismo impiedoso. Que grande diferença há entre Paulo que declara que, por amor à preservação da justiça e da decência, bem como da promoção da religião, devemos orar em favor dos reis, e aqueles que dizem que não só o poder real, mas também todo e qualquer governo, são contrários à religião. O que Paulo afirma tem o Espírito Santo como Autor; consequentemente, o conceito dos fanáticos não tem outro autor senão o diabo.

Se porventura suscitar-se a pergunta se devemos ou não orar em favor dos reis de cujo governo não recebemos tais benefícios, minha resposta é que devemos orar por eles, sim, para que, sob as diretrizes do Espírito Santo, comecem a conceder-nos essas bênçãos, com as quais até agora não foram capazes de prover-nos. Portanto, devemos não só orar por aqueles que já são dignos, mas também pedir a Deus que converta os maus em bons governantes. Devemos manter sempre este princípio: que os magistrados são designados por Deus para a proteção da religião, da paz e da decência públicas, precisamente como a terra foi ordenada para produzir o alimento.² Por conseguinte, quando oramos pelo pão de cada dia, pedimos a Deus que faça a terra fértil, ministrando-lhe sua bênção, assim devemos considerar os magistrados como meios ordinários que Deus, em sua providência, ordenou para conceder-nos as demais bênçãos. A isso deve-se acrescentar que, se somos privados daquelas bênçãos que Paulo atribui como dever dos magistrados no-las fornecer, a culpa é nossa. É a ira de Deus que faz com que os magistrados nos sejam inúteis, da mesma forma que faz com que a terra seja estéril. Portanto, devemos orar pela remoção dos castigos que nos sobrevêm em virtude de nossos pecados pessoais.

Em contrapartida, os magistrados e todos quantos desempenham algum ofício na magistratura são aqui lembrados de seu dever. Não basta que restrinjam a injustiça, dando a cada um o que é devidamente seu, e mantenham a paz, se não são igualmente zelosos em promover a religião e em regulamentar os costumes pelo uso de uma disciplina construtiva. A exortação de Davi, para que [os magistrados] "beijem o Filho" [Sl 2.12], e a profecia de Isaías, para que sejam pais da Igreja, é de grande relevância. Portanto, não terão motivo para se congratularem, caso negligenciem sua assistência na manutenção do culto divino.

3. Isso é bom e aceitável. Havendo demonstrado que o mandamento que ele promulgara é excelente, agora apela para um argumento mais enérgico, a saber, que isso é agradável a Deus. Pois quando sabe-

---

2 "Ne plus ne moins que la terre est destinee a produire ce qui est propre pour nostre nourriture." — "Nem mais nem menos do que a terra se destina a produzir o que é próprio para nossa nutrição."

mos que essa é a vontade de Deus, cumpri-la é a melhor de todas as demais razões. Pelo termo, "bom", ele tem em mente o que é certo e lícito; e, visto que a vontade de Deus é a regra pela qual devemos regulamentar todos os nossos deveres, ele prova que ela é *justa*, porque é aceitável a Deus.

Esta passagem merece detida atenção, pois dela podemos extrair o princípio geral de que a única norma genuína para agir bem e com propriedade é acatar e esperar na vontade de Deus, e não empreender nada senão aquilo que ele aprova. E essa é também a regra da oração piedosa, a saber: que tomemos a Deus por nosso líder, de modo que todas as nossas orações sejam regulamentadas por sua vontade e comando. Se essa regra não houvera sido suprimida, as orações dos papistas, hoje, não seriam tão saturadas de corrupções. Pois, como poderão provar que detêm a autoridade divina para se dedicarem à intercessão dos santos falecidos, ou eles mesmos praticarem a intercessão em favor dos mortos? Em suma, em toda a sua forma de orar, o que poderão apresentar que seja do agrado de Deus?

4. O qual deseja que todos os homens sejam salvos. Daqui se deduz uma confirmação do segundo argumento, o fato de que Deus *deseja que todos os homens sejam salvos*. Pois, que seria mais razoável do que todas as nossas orações se conformarem a este decreto divino?

E cheguem ao pleno conhecimento da verdade. Concluindo, ele demonstra que Deus tem no coração a salvação de todos os homens, porquanto ele chama a todos os homens para o conhecimento de sua verdade. Este é um argumento que parte de um efeito observado em direção à sua causa. Pois se "o evangelho é o poder de Deus para a salvação de todo aquele que crê" [Rm 1.16], então é justo que todos aqueles a quem o evangelho é proclamado sejam convidados a nutrir a esperança da vida eterna. Em suma, visto que a vocação [do evangelho] é uma prova concreta da eleição secreta, então Deus admite à posse da salvação aqueles a quem ele concedeu a bênção de participarem de seu evangelho, já que o evangelho nos revela a justiça de Deus que garante o ingresso na vida.

À luz desse fato, fica em evidência a pueril ilusão daqueles que crêem que esta passagem contradiz a predestinação. Argumentam: "Se Deus quer que todos os homens, sem distinção alguma, sejam salvos, então não pode ser verdade que, mediante seu eterno conselho, alguns hajam sido predestinados para a salvação e outros, para a perdição." Poderia haver alguma base para tal argumento, se nesta passagem Paulo estivesse preocupado com indivíduos; e mesmo que assim fosse, ainda teríamos uma boa resposta. Porque, ainda que a vontade de Deus não deva ser julgada à luz de seus decretos secretos, quando Ele no-los revela por meio de sinais externos, contudo não significa que ele não haja determinado secretamente, em seu íntimo, o que se propõe fazer com cada pessoa individualmente.

Mas não acrescentarei a este tema nada mais, visto o assunto não ser relevante ao presente contexto, pois a intenção do apóstolo, aqui, é simplesmente dizer que nenhuma nação da terra e nenhuma classe social são excluídas da salvação, visto que Deus quer oferecer o evangelho a todos sem exceção. Visto que a pregação do evangelho traz vida, o apóstolo corretamente conclui que Deus considera a todos os homens como sendo igualmente dignos de participar da salvação. Ele, porém, está falando de classes, e não de indivíduos; e sua única preocupação é incluir em seu número príncipes e nações estrangeiras. A vontade de Deus é que eles também participem do ensinamento do evangelho; isso é por demais óbvio à luz das passagens já citadas e de outras afins. Não é sem razão que se disse: "Pede-me, e eu te darei as nações por herança, e as extremidades da terra por tua possessão" [Sl 2.8, 10].

A intenção de Paulo era mostrar que devemos ter em consideração, não que tipo de homens são os príncipes, mas, antes, o que Deus queria o que fossem. Há um dever de amor que se preocupa com a salvação de todos aqueles a quem Deus estende seu chamamento e testifica acerca desse amor através das orações piedosas.

É nessa mesma conexão que ele chama Deus *nosso Salvador*, pois de qual fonte obtemos a salvação senão da imerecida generosidade divina? O mesmo Deus que já nos conduziu à sua salvação pode, ao mesmo tempo, estender a mesma graça também a eles. Aquele que já nos atraiu a si pode uni-los também a nós. O apóstolo considera como um argumento indiscutível o fato de Deus agir assim entre todas as classes e todas as nações, porque isso foi predito pelos profetas.

5. Porquanto há um só Deus, e também um só Mediador entre Deus e os homens, Cristo Jesus, homem,	**5.** Unus enim Deus, unus et Mediator Dei et hominum, homo Christus Iesus,
6. o qual a si mesmo se deu em resgate por todos: testemunho que se deve prestar em tempos oportunos.	**6.** Qui dedit semetipsum pretium redemtionis pro omnibus, (*ut esset*) testimonium temporibus suis,
7. Para isso fui designado pregador e apóstolo (falo a verdade em Cristo, não minto), mestre dos gentios, na fé e na verdade.	**7.** In quod positus sum praeco et Apostolus: veritatem dico in Christo, non menitor, Doctor Gentium in fide et veritate.

5. Porquanto há um só Deus. À primeira vista, este argumento parece fraco, ou seja: visto que Deus é um, ele deseja que todos os homens sejam salvos; mas há no fato uma transição de Deus para o homem que torna o argumento válido. Crisóstomo e muitos outros forçam o seguinte significado: não há tantos deuses como os idólatras imaginam. Quanto a mim, porém, creio que a intenção de Paulo era diferente, a saber, que há aqui uma comparação implícita entre o único Deus e o único mundo com suas diversas nações, e desta comparação surge uma perspectiva de ambos em relação um ao outro. E assim ele diz em Romanos 3.29: "É porventura Deus somente dos judeus? Não o é também dos gentios? Sim, também dos gentios." Portanto, qualquer que fosse a diversidade entre os homens, naquele tempo, pelo fato de muitas classes e nações serem estranhas à fé, Paulo lembra aos crentes a existência da unicidade de Deus, para que soubessem que existe um vínculo entre eles e todos os homens, visto que há um só Deus sobre todos, para que soubessem que aqueles que se encontram sob o governo do mesmo Deus não são excluídos para sempre da esperança de salvação.

E também um só Mediador entre Deus e os homens. Sua intenção, aqui, tem a mesma conotação daquilo que ele prossegue afirmando que há *um só Mediador*. Pois como há um só Deus, o Criador e Pai de todos, assim, declara o apóstolo, há um só Mediador,³ através de quem se nos abre acesso para Deus, e este Mediador não é oferecido a uma só nação, ou a umas poucas pessoas de uma classe específica, mas a todos, pois o benefício do sacrifício, por meio do qual ele fez expiação por nossos pecados, se aplica a todos. Visto que, naquele tempo, grande parte do mundo se encontrava alienada de Deus, o apóstolo explicitamente menciona o Mediador através de quem os que estavam longe agora ficaram perto.

O termo universal, "todos", deve sempre referir-se a classes de pessoas, mas nunca a indivíduos. É como se ele quisesse dizer: "Não só os judeus, mas também os gentios; não só as pessoas de classe humilde, mas também os príncipes foram redimidos pela morte de Cristo." Portanto, visto que sua intenção é que a morte do Mediador seja um benefício comum destinado a todos, aqueles que mantêm um ponto de vista que exclui alguns da esperança de salvação lhe fazem injúria.

Cristo Jesus, homem. Ao denominá-lo de homem, o apóstolo não está negando que Cristo seja igualmente Deus; visto, porém, que seu propósito, aqui, é atrair a atenção para o vínculo que nos liga a Deus, ele menciona a natureza humana de Cristo em vez de mencionar a divina, e esse fato deve ser atentamente observado. Pois a razão pela qual, desde o princípio, os homens têm se apartado cada vez mais de Deus, inventando para si um mediador após outro, é que foram dominados pela errônea noção de que Deus estava muitíssimo distante deles, e assim não sabiam onde buscar socorro. Paulo remedia esse mal, mostrando que Deus se encontra presente conosco, pois que desceu até

---

3 "Lemos que Cristo é o único Mediador no mesmo sentido em que lemos que há um só Deus. Como há um só Criador do homem, assim há um só Mediador de todos os que morrem antes de sua vinda, bem como aqueles que viram seu dia. Eles tinham Cristo por seu Mediador ou algum outro; não podiam ter algum outro, porque só há um. Também poderiam ter tido outro Criador além de Deus, como outro Mediador além do homem Cristo Jesus. Com respeito à antiguidade de sua mediação, desde a fundação do mundo, ele nos representou quando anda como Mediador 'no meio dos sete castiçais de ouro', com 'cabelos brancos como a lã', o caráter da idade [Ap 1.14]; como Deus é assim descrito com respeito à sua eternidade [Dn 7.9]. Não há senão um só Deus desde a eternidade; senão um só Mediador, cuja mediação tem a mesma data da fundação do mundo, e corre paralelo com ela." – *Charnock*.

nós para que não tivéssemos que buscá-lo para além das nuvens. Aqui ele está dizendo a mesma coisa, como em Hebreus 4.15: "Porque não temos sumo sacerdote que não se compadeça de nossas fraquezas, antes foi ele tentado em todas as coisas."

E se ficasse impresso nos corações de todos os homens que o Filho de Deus nos estende a mão de irmão, e que está unido a nós por participar de nossa natureza, quem não escolheria andar nessa vereda plana em vez de vaguear por trilhos irregulares e íngremes? Por conseguinte, sempre que orarmos a Deus, se porventura a lembrança de sua sublime e inacessível majestade obscurecer de medo nosso espírito, lembremo-nos também de que o homem *Cristo* gentilmente nos convida e nos toma em sua mão, de modo que o Pai, de quem tínhamos medo e tremíamos, se nos tornou favorável e amigável. Eis a única chave capaz de reabrir-nos a porta do reino do céu, de modo que agora podemos comparecer confiantes na presença de Deus.

Portanto, ao longo de todos os tempos, Satanás tem tentado transtornar essa confiança com o fim de extraviar os homens. Não digo nada sobre como antes da vinda de Cristo ele distraía os homens de muitas e variadas formas, inventando outros meios de se alcançar a Deus. Desde o princípio da Igreja Cristã, porém, até ao tempo quando Cristo acabara de surgir como um penhor infinitamente valioso da graça divina, e quando sua deleitosa e amorável palavra, "vinde a mim todos os que estais cansados" etc. [Mt 11.28], ainda ressoava por toda a terra, já havia alguns enganadores vis que apresentavam em seu lugar anjos mediadores, como se pode facilmente deduzir de Colossenses 2.1-18. E essa corrupção que Satanás, naquele tempo, inventara em secreto levou a cabo de tal forma, durante o papado, que dificilmente uma pessoa entre mil reconhecia a Cristo como Mediador, mesmo nominalmente – e se o *nome* era desconhecido, ainda mais o era a *realidade*.

E agora, ao levantar Deus mestres íntegros e piedosos, cuja preocupação tem sido restaurar e trazer de volta ao espírito humano aqueles grandes e mui notórios princípios de nossa fé, os sofistas da Igreja de Roma recorrem a toda sorte de inventos com o fim de obscurecer algo que é tão óbvio. Em primeiro lugar, o nome se lhes afigura tão odioso que, se alguém menciona a mediação de Cristo sem mencionar a dos santos, cai imediatamente sob suspeita de heresia. E já que eles não ousam rejeitar sumariamente o que Paulo diz aqui, então se evadem com um comentário pueril de que ele é chamado "um só mediador", e não "o único mediador", como se Paulo houvera feito menção de Deus como um entre uma grande multidão de deuses, porquanto ambas as afirmações de que há um só Deus e um só mediador estão estreitamente entrelaçadas. Dessa forma, aqueles que fazem de Cristo um entre muitos devem apresentar a mesma interpretação também em relação a Deus. Acaso se atreveriam a destruir a glória de Cristo, se não fossem impelidos por sua cega fúria e cinismo?

Há outros que se imaginam mais engenhosos, fazendo de Cristo o único *Mediador da redenção*, enquanto que denominam os santos de *mediadores da intercessão*. O contexto desta passagem revela a insensatez de tal interpretação, visto que Paulo, aqui, está implicitamente tratando da oração. O Espírito Santo nos impele a orarmos em favor de todos, porquanto nosso único Mediador concita a todos a virem a Ele, visto que Ele, por intermédio de sua morte, reconcilia todos com o Pai. Não obstante, aqueles que, com sacrilégio tão ultrajante, despojam a Cristo de sua honra, desejam ainda ser considerados *cristãos*!

Ainda se objeta que aqui parece haver contradição, porque nesta passagem Paulo nos concita a intercedermos por outros, enquanto que em Romanos 8.34 ele diz que a obra de intercessão pertence tão-somente a Cristo. Minha resposta é que as intercessões pelas quais os santos auxiliam uns aos outros não se conflitam com o fato de que todos eles têm um só Intercessor, porquanto ninguém é ouvido, seja em seu próprio favor ou em favor de outrem, a menos que confie em Cristo como seu Advogado. Nossas intercessões recíprocas, longe de denegrirem a intercessão única de Cristo, na verdade dependem completamente dela.

É possível imaginar-se que atingir harmonia entre nós e os papistas é algo muito fácil, se eles apenas subordinassem à intercessão de Cristo tudo quanto atribuem aos santos. Não é tão fácil assim, pois a razão pela qual transferem o ofício da intercessão para os santos é porque imaginam que de outra forma ficariam privados de um advogado. Comumente se crê entre eles que necessitamos de um intercessor, visto que, por nós mesmos, somos indignos de comparecer perante a face de Deus. Ao fazerem tal afirmação, estão privando a Cristo da honra que lhe pertence. É uma chocante blasfêmia atribuir aos santos a dignidade de granjear-nos o favor divino. Todos os profetas, apóstolos e mártires, bem como os próprios anjos, muito longe estão de reivindicar para si tais prerrogativas, uma vez que eles também necessitam, como nós, da mesma intercessão.

Não passa de mera ficção de suas imaginações que os mortos intercedam pelos vivos, e basear nossas orações em tal conjectura é desviar completamente de Deus nossa confiança e nossas orações. Paulo estabelece a fé baseada na Palavra de Deus [Rm 10.17] como a forma correta para se invocar a Deus. Estamos, pois, certíssimos em rejeitar as coisas imaginárias que a mente humana engendra à parte da Palavra de Deus.

Não nos detendo no assunto mais do que a exposição da passagem requer, podemos sumariá-lo, dizendo que aqueles que têm aprendido da obra de Cristo ficarão satisfeitos somente com Ele, enquanto que aqueles que não conhecem tanto a Deus quanto a Cristo criarão mediadores segundo sua imaginação alienada de Deus. Daqui concluo que o ensino dos papistas, que obscurece e quase que sepulta a mediação de Cristo, e introduz mediadores fictícios sem qualquer autoridade bíblica, está impregnado de desconfiança e de temeridade perversa.

6. O qual a si mesmo se deu.[4] A menção que se faz da redenção

---

4 "Ele deu-se a si mesmo, ἀντίλυτρον ὑπὲρ, 'um resgate por' todos. Se isso não implica a noção de vicário, eu questiono muito se a linguagem pode expressá-lo. Λύτρον é um resgate que comunica um sentido vicário, em sua acepção mais comum e autorizada. Ἀντὶ, que equivale *em lugar de*, certifica e corrobora ainda mais a idéia. (Ἀντὶ, Mt 2.22.) Por esta palavra, a Septuaginta traduziu a palavra תחת, (*tăhhăth*). E que תחת denota a substituição de um, em lugar de outro, nenhum estudante da linguagem sacra se aventura a negar. (Vejam-se Gn 22.13; 2Sm 18.33; 2Rs 10.24.) Ὑπὲρ,

nesta passagem não é supérflua, pois há uma relação inevitável entre a morte sacrificial de Cristo e sua intercessão contínua [Rm 8.34]. São as duas partes de seu ofício sacerdotal, pois quando Cristo é chamado Sacerdote [Hb 7.17], o significado é que, por meio de sua morte, ele fez, uma vez por todas, expiação por nossos pecados, a fim de reconciliar-nos com Deus; e agora, havendo entrado no santuário celestial, comparece à presença do Pai em nosso favor, para que, em seu Nome, sejamos ouvidos. Aqui surge mais uma exibição da sacrílega perversidade dos papistas, fazendo eles dos santos falecidos os associados de Cristo neste ofício, e assim transferindo para eles a glória de seu singular sacerdócio. Ao ler a última parte de Hebreus 4 e o início de Hebreus 5, o leitor encontrará a confirmação de minha asseveração, a saber, que a intercessão pela qual o favor divino nos é granjeado se fundamenta no sacrifício – coisa que também se faz evidente à luz de todo o sistema do antigo sacerdócio. Portanto, segue-se que nenhuma parte de sua obra intercessória se pode transferir de Cristo para outrem sem despojá-lo de seu título – Sacerdote.

Além do mais, ao chamar Cristo ἀντίλυτρον, "resgate",[5] Paulo exclui todas as demais satisfações. Não ignoro o argumento sutil apresentado pelos papistas, pelo qual falsamente alegam que o preço de nossa

---

que é traduzido como *por*, e denota uma substituição de um no lugar de outro; isto, adicionado a todos, traduz a expressão como determinante e enfático para o propósito como as palavras possivelmente podem ser. Assim escreve Clemente Romano: Τὸ αἷμα αὐτοῦ ἔδωκεν ὑπὲρ ἡμῶν Ἰησοῦς Χριστὸς ὁ Κύριος ἡμῶν, χαὶ τὴν σάρχα ὑπερ τῆς σάρχος ἡμῶν, χαὶ τὴν ψυχὴν ὑπὲρ τῶν ψυχῶν ἡμῶν. 'Jesus Cristo, nosso Senhor, deu seu sangue por nós, e sua carne por nossa carne, e sua alma por nossa alma.' (Efésios 1 e Coríntios) Exatamente para o mesmo propósito, Justino o Mártir se expressa: 'Ele deu seu próprio Filho em resgate (ὑπὲρ) por nós, o santo pelos transgressores, o inocente pelos pecadores, o justo pelos injustos, o imortal pelos mortais.'" – Hervey's *Theron and Aspasio*.

5 "Quand il l'appelle Rancon, ou, Pris de redemption." — "Quando ele o chama o Resgate ou Preço de nossa redenção." — "Cristo veio entregar sua vida como λύτρον. Ora, λύτρον denota propriamente o resgate pago, a fim de libertar alguém da morte, ou seu equivalente, cativeiro, ou da punição em geral. Tem-se provado satisfatoriamente que entre os judeus e os gentios, respectivamente, vítimas peculiares eram aceitas como resgate pela vida de um ofensor, e expiação por sua ofensa. O ἀντίλυτρον desta passagem é um termo mais estranho do que o λύτρον de Mateus 20.28, e é bem explicado por Hesych que diz, ἀντίδοτον, implicando a substituição, em sofrer punição, de uma pessoa por outra. Vejam-se 1 Coríntios 15.3; 2 Coríntios 5.21, Tito 2.14; 1 Pedro 1.18." – *Bloomfield*.

redenção, pago por Cristo em sua morte, nos é aplicado no batismo, de tal modo que o pecado original é destruído; não obstante, depois disso, somos reconciliados com Deus por meio de satisfações [humanas]. Dessa forma, limitam a um curto período de tempo e a uma só classe de pessoas um benefício que é universal e perpétuo. Um tratado deste tema, porém, pode-se encontrar nas *Institutas*.

Testemunho que se deve prestar em tempos oportunos. Isto é, para que esta graça seja publicada no tempo determinado. A frase "a todos" pode suscitar a seguinte pergunta: Por que Deus escolheu um povo especial, se era seu propósito revelar-se como um Pai reconciliado com todos, sem distinção, e se havia uma só redenção em Cristo na qual todos seriam participantes? Ele responde essa pergunta, mostrando que o tempo certo[6] para essa revelação da graça foi designado pelo conselho de Deus. Não nos assusta que no inverno as árvores sejam estéreis, os campos cobertos de neve e as campinas enrijecidas pelo frio; e que, ao sabor do ar cálido e aprazível da primavera, o que parecia morto rejuvenesce uma vez mais, porque Deus assim ordenou a sucessão das estações. Por que, pois, não admitiríamos que sua providência exerça a mesma autoridade em outras coisas? Acusaremos a Deus de ser instável e variável, justamente porque, no tempo determinado, ele introduz o que sempre prefixou e estabeleceu em seu secreto conselho?

Ainda que aos olhos do mundo a revelação de Cristo como Redentor de judeus e gentios, sem qualquer distinção, seja algo súbito e inesperado, não devemos concluir que o tenha decretado subitamente, senão que, ao contrário, todos os nossos pensamentos estão subordinados à sequência de sua imensurável providência. O resultado será que não haverá nada que proceda dele que não nos pareça ter vindo no tempo aprazado. A admoestação para que se proceda assim ocorre com frequência nos escritos de Paulo, especialmente em conexão com a vocação dos gentios, a qual, naquele tempo, deixava a muitos em perplexidade e confusão mental, por ser uma novidade

---

6 Le temps propre et la droite saison." — "O tempo oportuno e a estação própria."

inaudita e chocante. Os que se sentem insatisfeitos com esta resposta, de que Deus ordenou a sucessão dos tempos através de sua própria e secreta sabedoria, um dia descobrirão que, enquanto acreditavam estar Deus inativo, na verdade ele estava mui ocupado preparando o inferno para os curiosos!

7. Para isso fui designado pregador e apóstolo. Para que não se conclua que o apóstolo esteja fazendo asseverações precipitadas sobre um assunto que não compreendia satisfatoriamente, como é o caso de muitos, ele declara que Deus o designara para conduzir os gentios à participação do evangelho, os quais, outrora, viviam alheios ao reino de Deus. Seu apostolado aos gentios era uma evidência segura de que Deus os estava chamando, e que essa é a razão por que ele se preocupava tanto em defendê-lo e asseverá-lo, visto que tantos tinham grande dificuldade em aceitá-lo.

Falo a verdade em Cristo, não minto. Ele acrescenta um juramento ou um protesto para realçar que este é um assunto de grande relevância – dizendo que ele labora *na fé e na verdade*, como mestre dos gentios. Esses dois termos denotam uma consciência íntegra, mas também deve repousar sobre uma tranquila certeza da vontade de Deus. Seu intuito era dizer que ele pregava o evangelho aos gentios, não só com um coração sincero, mas também com uma consciência íntegra e destemida, porque tudo o que fazia, ele o fazia em obediência à ordenação divina.

8. Desejo, pois, que os homens orem em todo lugar, erguendo mãos santas, sem ira e sem animosidade.

9. Semelhantemente, que as mulheres se adornem com vestuário modesto, com pudor e sobriedade; não com cabelos trançados, ou com ouro, ou pérolas, ou com vestuário dispendioso;

10. mas com boas obras (como convém às mulheres que professam a piedade).

8. Volo igitur orare viros in omni loco, sustollentes puras manus, absque ira et disceptatione.

9. Consimiliter et mulieres in amictu decoro cum verecundia et temperantia ornare semetipsas, non tortis crinibus, aut auro, aut margaritis, aut vestitu sumptuoso;

10. Sed, quod decet mulieres porfitentes pietatem, per bona opera.

8. Desejo, pois, que os homens orem. Isso se deduz do que esteve justamente afirmando. Como vimos em Gálatas 4.5, para invocarmos a Deus corretamente é mister que nos adornemos com "o Espírito de adoção". Por conseguinte, havendo feito uma exposição da graça de Cristo em favor de todos os homens, e havendo mencionado sua própria designação para ser apóstolo dos gentios, para que juntamente com os judeus desfrutassem das mesmas bênçãos da redenção, ele convoca todos os homens para que orem da mesma forma. Pois a fé nos guia a fim de invocarmos a Deus. Em Romanos 15.9, o apóstolo também comprova a vocação dos gentios, ao citar estes textos bíblicos: "Louvem-te os povos, ó Deus, louvem-te os povos todos" [Sl 67.5]. "Louvai ao Senhor, vós, todos os gentios; louvai-o, todos os povos" [Sl 117.1]. "Glorificar-te-ei, pois, entre os gentios, ó Senhor, e cantarei louvores ao teu nome" [Sl 18.49]. "Celebrar-te-ei, pois, entre as nações, ó Senhor, e cantarei louvores ao teu nome" [2Sm 22.50]. O argumento é procedente em ambos os casos: da fé para a oração e da oração para a fé; da causa para o efeito e do efeito para a causa. Deve-se notar esse fato, porquanto ele nos lembra que Deus se nos revela pela instrumentalidade de sua Palavra, a fim de que possamos invocá-lo, pois esse é o principal exercício da fé.

Em todo lugar. A frase contém o mesmo significado de 1 Coríntios: "Com todos os que em todo lugar invocam o nome de nosso Senhor Jesus Cristo, Senhor deles e nosso" [1Co 1.2], de sorte que agora não haja qualquer diferença entre gentios e judeus, entre gregos e bárbaros, porquanto Deus se fez o Pai comum de todos eles, e a profecia de Malaquias se cumpre em Cristo, a saber: que sacrifícios puros sejam oferecidos a Deus, não só na Judéia, mas também em toda a terra [Ml 1.11].

Erguendo mãos santas. É o mesmo que dissesse: "Desde que tenham uma consciência íntegra, não há nada que impeça todas as nações, em todo lugar, de invocarem a Deus." Ele, porém, usa um sinal externo em lugar da realidade interna, pois nossas mãos apontam para um coração puro. Da mesma forma Isaías, ao atacar a crueldade dos judeus, repreende-os por levantarem a Deus mãos manchadas de sangue [Is 1.15]. Além do mais, tal costume havia sido praticado no culto, em todos os tempos, pois é algo inerente a nós, que quando buscamos a Deus olhamos para cima, e tal hábito tem sido tão arraigado, que mesmo os idólatras, ainda que façam deuses em imagens de madeira e de pedra, todavia conservam o costume de erguer as mãos para céu. Aprendamos, pois, que essa prática está em harmonia com a genuína piedade, contanto que a verdade que ela representa também a acompanhe. Primeiramente, sabendo que Deus deve ser buscado no céu, não devemos formar qualquer concepção dele que seja terrena e carnal, bem como devemos descartar as afeições carnais, de tal sorte que nada impeça nossos corações de se elevarem acima deste mundo. Os idólatras e hipócritas, quando erguem suas mãos em oração, são como asnos, porque, ainda que mediante o sinal externo confessem que suas mentes se elevam ao alto, os idólatras as mantêm fixas na madeira ou na pedra, como se Deus estivesse circunscrito nessas coisas; e os hipócritas se encontram emaranhados em suas vãs concepções, ou em seus perversos pensamentos, e, portanto, se encontram presos à terra. Portanto, ao mostrarem um sinal não verídico, que se encontra em seus corações,[7] dão testemunho contra si mesmos.

Sem ira. Há quem entenda isso no sentido de um arroubo de indignação, como quando a consciência luta consigo mesma e, por assim dizer, censura a Deus, o que geralmente sucede quando a adversidade faz pressão sobre nós. Então ficamos descontentes por Deus não vir imediatamente em nosso socorro, e assim nos vemos dominados pela impaciência. Nossa fé é também abalada por muitos e diferentes assaltos; e quando o socorro divino não nos é perceptível, somos assaltados pela dúvida se Deus na verdade cuida de nós e quer que sejamos salvos, e assim por diante.

Aqueles que assumem tal ponto de vista pensam que a palavra *animosidade*, aqui, significa confusão de uma mente dominada pela dúvida. Portanto, segundo eles, o significado seria este: devemos orar

---

7 "En monstrant une contenance contraire a ce qui est en le coeur." — "Por exibir uma aparência oposta ao que está em seu coração."

com a consciência tranquila e confiança inabalável. Outros, como Crisóstomo, pensam que Paulo pretendia dizer, aqui, que nossas mentes devem estar em paz tanto com Deus quanto com os homens, e consequentemente esteja livre de toda e qualquer influência perturbadora, pois nada impede mais a oração sincera do que intrigas e desavenças. Essa é razão por que Cristo também ordena: se alguém tem alguma questão com seu irmão, então deve reconciliar-se com ele antes que traga sua oferta ao altar [Mt 5.24].

Em minha opinião, ambas essas interpretações são perfeitamente compatíveis, mas quando considero o contexto da presente passagem, não tenho dúvida de que Paulo tinha em mente as animosidades que procediam do ódio que os judeus sentiam em ter os gentios em pé de igualdade com eles; e, portanto, suscitara-se uma controvérsia sobre a realidade de seu chamamento, e chegaram ao extremo de os rejeitar e os excluir da participação na graça. Por isso Paulo desejava que as dissensões desse gênero fossem evitadas, para que todos os filhos de Deus, de qualquer raça ou nação, orassem juntos como um só coração. Entretanto, não há razão por que não devamos deduzir algum ensino geral dessa situação específica.

9. Semelhantemente, as mulheres. Do modo como ordenara aos homens que erguessem mãos puras, ele agora ministra instruções sobre a maneira como as mulheres devem preparar-se para orarem corretamente. Parece haver um contraste implícito entre as virtudes aqui recomendadas e os ritos externos purificantes do judaísmo. Pois ele afirma que não existe lugar profano, e que em todos os lugares, tanto homens quanto mulheres, podem ter acesso à presença de Deus, contanto que seus vícios não lhes obstruam os passos.

Além do mais, aproveitando a oportunidade, era sua intenção corrigir um vício ao qual as mulheres são quase sempre propensas. É possível que em Éfeso, cidade de grande riqueza e de famosos mercados, esse vício fosse especialmente prevalecente. Esse vício consistia na excessiva preocupação e avidez sobre vestes. O desejo de Paulo é que o modo de vestir delas fosse regulamentado pela simplicidade e moderação, pois o luxo e a extravagância vêm do desejo de se exibir, atitude essa que só pode originar-se da vaidade ou da devassidão. E assim temos que buscar uma norma que conduza à moderação, porque, uma vez que o modo de se vestir não é um assunto de muita importância (como outras coisas externas), é difícil estabelecer um certo limite permissível. Os magistrados podem, aliás, fazer leis mediante as quais os desejos extravagantes sejam até certo ponto restringidos; mas os mestres piedosos, cuja tarefa consiste em orientar as consciências humanas, devem ter sempre em mente o propósito quanto ao controle de tais usos lícitos. Isso pelo menos deverá estar além de toda e qualquer discussão, a saber: deve-se reprovar toda e qualquer confecção de roupas que seja incompatível com a simplicidade e moderação.

É mister, porém, que tomemos como ponto de partida a disposição interior, visto que não haverá castidade alguma onde a devassidão reine no coração e quando a ambição domina o íntimo; do contrário, não haverá modéstia na vestimenta externa. Visto, porém, que os hipócritas geralmente ocultam suas intenções perversas, lançando mão de quaisquer pretextos que possam, somos compelidos a trazer a público suas disposições secretas. Seria por demais errôneo negar a conveniência da simplicidade às mulheres honradas e castas como sendo sua especial e perpétua característica de distinção, ou que da mesma forma todos os homens devessem manter-se dentro dos limites da moderação; tudo quanto se opõe a isso não tem como ser defendido. Paulo ataca nominalmente certos tipos de excesso, tais como cabelo trançado, jóias e sinetes de ouro – não que as jóias de ouro sejam completamente proibidas, e, sim, sempre que delas se exiba algum brilho, tendem a trazer consigo todos os males que já mencionei, os quais são provenientes da ambição ou da ausência de castidade.

10. Como convém às mulheres. Sem dúvida, as vestes de uma mulher honrada e piedosa devem ser diferentes das de uma meretriz. Eis as marcas de distinção de que Paulo fala aqui; porquanto, se a piedade há de atestar-se pelas boas obras, então ela também deve fazer-se visível na castidade e nas roupas decorosas.

11. A mulher aprenda em quietude com toda sujeição.	11. Mulier in quiete discat, cum omni subjectione.
12. Não permito, porém, que uma mulher ensine, nem que exerça autoridade sobre o homem; esteja, porém, quieta.	12. Docere autem muliere non permitto, neque auctoritatem sibi sumere in virum, sed quietam esse.
13. Pois Adão foi formado primeiro, depois Eva;	13. Adam enim creatus fuit prior, deinde Eva.
14. E Adão não foi seduzido, e, sim, a mulher, a qual, sendo seduzida, caiu em transgressão.	14. Et Adam no fuit deceptus; sed mulier decepta transgressionis rea fuit.
15. Mas ela será salva através da maternidade, se perseverar na fé, no amor e na santificação, com toda sobriedade.	15. Servabitur autem per generationem, si manserit in fide, et caritate, et sanctificatione, cum temperantia.

11. A mulher aprenda em quietude. Havendo tratado do vestuário, ele agora passa a falar da modéstia que as mulheres devem demonstrar nas santas assembléias. E, antes de tudo, ele as convida a aprenderem em quietude; pois o termo *quietude* significa *silêncio*, para que não presumissem falar em público, idéia que imediatamente torna mais explícita, proibindo-as de ensinar.

12. Não permito, porém, que uma mulher ensine. Paulo não está falando das mulheres em seu dever de instruir sua família; está apenas excluindo-as do ofício do sacro magistério [*a munere docendi*], o qual Deus confiou exclusivamente aos homens. Esse é um tema que já introduzimos em relação a 1 Coríntios. Se porventura alguém desafiar esta disposição, citando o caso de Débora [Jz 4.4] e de outras mulheres sobre quem lemos que Deus, em determinado tempo, as designou para governar o povo, a resposta óbvia é que os atos extraordinários de Deus não anulam as regras ordinárias, às quais ele quer que nos sujeitemos. Por conseguinte, se em determinado tempo as mulheres exerceram o ofício de profetisas e mestras, e foram levadas a agir assim pelo Espírito de Deus, Aquele que está acima da lei pode proceder assim; sendo, porém, um caso extraordinário,[8] não se conflita com a norma constante e costumeira.

Ele prossegue mencionando algo estritamente relacionado com o

---

8 "Pource que e'est un cas particulier et extraordinaire." — "Porque é um caso peculiar e extraordinário."

ofício do magistério sagrado – *nem que exerça autoridade sobre o homem*. A razão por que as mulheres são impedidas de ensinar consiste em que tal coisa não é compatível com o seu *status*, que é serem elas submissas aos homens, quando a função de ensinar subentende autoridade e *status* superior. É possível que o argumento não aparente força, visto que, pode-se objetar, que mesmo os profetas e mestres são sujeitos aos reis e aos magistrados. Minha resposta é que não há absurdo algum no fato de um homem mandar e ser mandado ao mesmo tempo em relações distintas. Mas isso não se aplica no caso das mulheres que, por natureza (isto é, pela lei ordinária de Deus), nascem para a obediência, porquanto todos os homens sábios sempre rejeitaram o governo feminino (γυναικοκρατία), como sendo uma monstruosidade contrária à ordem natural. E assim, para uma mulher usurpar o direito de ensinar seria o mesmo que confundir a terra e o céu. É por isso que ele lhes ordena a permanecerem dentro dos limites de sua condição feminina.[9]

13. Pois Adão foi formado primeiro. Ele apresenta duas razões por que as mulheres devem estar submissas aos homens, a saber: porque Deus impôs tal condição, como lei, desde o princípio; e também porque ele a infligiu sobre as mulheres à guisa de punição. Portanto ele ensina que, mesmo que a raça humana houvera permanecido em sua integridade original, a verdadeira ordem da natureza prescrita por Deus permaneceria, a saber: que a mulher seja submissa ao homem. E não vale como objeção dizer que Adão, ao cair de sua integridade original, privou-se de sua autoridade, pois em meio às ruínas que resultaram do pecado permanecem alguns resquícios da bênção divina, porquanto não seria direito que a mulher, por meio de seu pecado, restabelecesse sua posição.[10]

Todavia, o argumento de Paulo, de que a mulher está sujeita porque ela foi criada por último, não aparenta muita força, pois João

---

9 "Il commande donc qu'elles demeurent en silence; c'est a dire, qu'elles se contiennent dedans leurs limites, et la condition de leur sexe." — "Ele, pois, lhes ordena a que ficassem em silêncio; isto é, manter-se dentro de seus limites e da condição de seu sexo."

10 "Que la femme par son peche amendast son condition."

Batista veio antes de Cristo quanto ao tempo, e, no entanto, o primeiro era inferior ao segundo. Paulo, porém, ainda que não explique todas as circunstâncias relatadas por Moisés em Gênesis, não obstante pretendia que seus leitores as levassem em conta. O ensino de Moisés consiste em que a mulher foi criada por último para ser uma espécie de apêndice ao homem, sob a expressa condição de que ela estivesse disposta a obedecê-lo [Gn 2.21]. Por isso, visto que Deus não criou duas 'cabeças' em igual condição, senão que acrescentou ao homem uma auxiliadora menor, o apóstolo está certo em lembrar-nos da ordem de sua criação, na qual a eterna e inviolável determinação divina é claramente exibida.

14. E Adão não foi seduzido. Ele está se referindo à punição infligida sobre a mulher: "Multiplicarei sobremodo os sofrimentos da tua gravidez; em meio a dores darás à luz filhos; o teu desejo será para o teu marido, e ele te governará" [Gn 3.16].[11] Uma vez que o conselho que ela dera fora fatal, era justo que ela aprendesse a depender do poder e da vontade de outrem. Já que ela seduzira o homem a desviar-se do mandamento de Deus, era justo que se visse privada de toda a sua liberdade e estivesse sujeita ao jugo. Além do mais, o apóstolo não baseia seu argumento simplesmente ou meramente na *causa* da transgressão, mas na *sentença* pronunciada por Deus sobre ela.

Não obstante, pode-se concluir que haja contradição envolvida na afirmação, tanto que a submissão da mulher era o castigo por sua transgressão, como também que a mesma lhe foi imposta desde a criação, pois desse fato seguir-se-á que ela foi destinada à servidão mesmo antes de pecar. Minha resposta é que não há razão para deduzir-se que a obediência não lhe teria sido uma condição natural desde o princípio, enquanto que a servidão foi uma última condição resultante de seu pecado, de modo que a submissão se tornou menos voluntária do que a que tivera antes.

Ademais, alguns têm encontrado nesta passagem justificativa

---

11 "Et ta volonte sera sujete a la sienne." — "E te sujeitarás à sua vontade."

para o ponto de visto de que Adão não caiu por seu próprio erro, senão que apenas foi vencido pelas fascinações de sua esposa. Acreditam que somente a mulher foi enganada pela astúcia da serpente, ao crer que ela e seu esposo seriam como deuses. Mas Adão não ficou tão persuadido, e provou o fruto só para satisfazer o capricho de sua esposa. Tal ponto de vista, porém, é fácil de se refutar, porque, se Adão não houvera crido na mentira de Satanás, Deus não o teria repreendido, dizendo: "Eis que o homem é como um de nós" [Gn 3.22]. Há outros argumentos que deixo de mencionar, porque não há necessidade de se fazer extensa refutação de um erro, quando o mesmo repousa sobre a mera conjectura. Com essas palavras Paulo não quer dizer que Adão não fora envolvido na mesma ilusão diabólica,[12] senão que a causa e fonte de sua transgressão vieram de Eva.

15. Mas ela será salva. A debilidade de sua natureza feminina torna a mulher mais tímida e arredia, e o que Paulo tem afirmado presume-se que perturba e confunde até mesmo os espíritos mais viris. E assim o apóstolo modifica o que dissera, adicionando uma consolação; pois o Espírito de Deus não nos acusa nem nos repreende com o fim de cobrir-nos de humilhação e em seguida triunfar-se sobre nós. Ao contrário, ao humilharmo-nos em sua presença, uma vez mais nos põe de pé. Isso, como já disse, poderia reduzir as mulheres ao desespero, ouvindo elas que toda a ruína da raça humana lhes é atribuída.[13] Então, que juízo divino será esse que lhes sobrevirá? – pergunta essa que torna todas ainda mais debilitadas diante da ininterrupta consciência de que sua submissão é um emblema sempre presente da ira divina. Daí Paulo, procurando confortá-las e tornar-lhes sua condição suportável, lembra-lhes que, embora sofram o castigo temporário, a esperança da salvação permanece diante de seus olhos. O efeito positivo desta consolação é duplo e merece nota. Primeiramente, ao colocar diante delas

---

12 "Qu'il ne donna lien a aucune persuasion du diable." — "Que ele não cedeu a nenhuma persuasão do diabo."
13 "C'estoit une chose pour descourager les femmes, et les mettre en desespoir." — "Era conveniente desencorajar as mulheres e reduzi-las ao desespero."

a esperança da salvação, são preservadas do desespero e do medo ante a lembrança de sua culpa; e, em segundo lugar, acostumam-se a suportar com moderação e serenidade a imposição de viverem em servidão a seus esposos, de modo a submeter-se-lhes voluntariamente, ao recordarem que a obediência desse gênero é igualmente saudável a elas e agradável a Deus. Se esta passagem for torcida para apoiar a justificação pelas obras, como os papistas costumam fazer, a solução é fácil. Visto que o apóstolo não esteja tratando, aqui, da causa da salvação, suas palavras não podem e não devem ser usadas para apontar o caminho pelo qual Deus nos guia àquela salvação que ele, por sua graça, nos destinou.

Através da maternidade. É possível que críticos mordazes achem ridículo que um apóstolo de Cristo não só exorte as mulheres a que dêem atenção à maternidade, mas ainda lance isso sobre elas como uma piedosa e santa obra, indo ainda mais longe dizendo que, com isso, elas poderão obter a salvação. Vemos também a maneira como ele repreende os hipócritas que queriam parecer mais santos do que os demais homens, os quais difamavam do leito conjugal. Mas não é difícil responder a esses ímpios zombadores. Pois, em primeiro lugar, o apóstolo está tratando aqui, não meramente de se dar à luz filhos, e, sim, dos muitos e severos sofrimentos que tinham que suportar, tanto em dar à luz filhos quanto em criá-los. Em segundo lugar, seja o que for que os hipócritas ou os sábios do mundo pensem, Deus se deleita mais com a mulher que considera a condição que ele lhe destinou como uma vocação e se sujeita a ela, não recusando o fastio por alimento, a indisposição, as dificuldades, ou, ainda pior, a temível angústia associada ao parto, ou algo mais que entenda ser seu dever, do que se ela fosse realizar algo que exibisse suas grandes e heróicas virtudes, mas que, ao mesmo tempo, se recusasse a aceitar a vocação a ela concedida por Deus. A isso podemos adicionar que nenhuma consolação podia ser mais apropriada ou mais eficaz do que demonstrar que na punição propriamente dita estão os meios (por assim dizer) de assegurar-se a salvação.

Se perseverar na fé. A Vulgata traduz, "em dar à luz filhos, *se porventura continuarem na fé*", e esta cláusula era geralmente considerada como uma referência a filhos. Mas Paulo usa uma única palavra para "dar à luz filhos" – τεκνογονία. E assim a fé deve aplicar-se à mulher. O fato de o substantivo ser singular e o verbo, plural, não implica dificuldade alguma, pois quando um substantivo indeterminado se refere a toda uma classe, ele tem a mesma função de um substantivo coletivo, de modo que a mudança de número no verbo é facilmente admissível.

Ademais, para evitar-se a insinuação de que toda virtude feminina está envolvida pelos deveres do matrimônio, ele imediatamente acrescenta uma lista de grandes virtudes pelas quais as mulheres piedosas devem sobressair-se, para que se distingam das mulheres irreligiosas. Mesmo o dar à luz só é um ato de obediência agradável a Deus quando procede da *fé* e do *amor*. A estes ele adiciona a *santificação*, a qual inclui toda aquela pureza de vida que convém às mulheres cristãs. Finalmente vem o *bom senso*, o qual ele mencionou um pouco antes, ao tratar do vestuário, mas agora a estende a outras partes da vida.

Capítulo 3

1. Fiel é a palavra, se um homem aspira o ofício de bispo, excelente obra deseja.
2. O bispo, portanto, deve ser irrepreensível, marido de uma só esposa, brando, temperante, organizado, propenso à hospitalidade, apto para ensinar;
3. não dado a muito vinho, não violento, mas gentil; não contencioso, não amante do dinheiro;
4. alguém que governe bem sua própria casa, criando seus filhos em submissão, com todo respeito
5. (se um homem, porém, não sabe governar sua própria casa, como irá cuidar ele da igreja de Deus?);
6. não seja neófito, para não suceder que se ensoberbeça e incorra na condenação do diabo.
7. Além do mais, deve desfrutar do bom testemunho dos de fora, a fim de não cair no opróbrio e no laço do diabo.

1. Certus sermo, si quis episcopatum appetit, praeclarum opus desiderat.
2. Oportet ergo Episcopum irreprehensibilem esse, unius uxoris maritum, sobrium, temperantem, compositum, *(vel, honestum,)* hospitalem, aptum ad docendum.
3. Non vinolentum, *(vel, ferocem,)* non percussorem, non turpiter lucri cupidum, sed aequum, alienum a pugnis, alienum ab avaritia.
4. Qui domui suae bene praesit, qui filios habeat in subjectione, cum omni reverentia.
5. Quodsi quis propriae domui praeesse non novit, ecclesiam Dei quomodo curabit?
6. Non novicium, ne inflatus in condemnationem incidat diaboli.
7. Oportet autem illum et bonum testimonium habere ab extraneis, ne in probum incidat et laqueum diaboli.

1. Fiel é a palavra. Não concordo com Crisóstomo que acreditava ser esta frase parte da seção anterior. Paulo, segundo seu costume, usa essa expressão à guisa de prefácio a uma afirmação importante, e o tema anterior não carece de expressão tão forte. O que o apóstolo está para declarar agora é muito mais sério, portanto tomemos a frase como um prefácio destinado a indicar a importância do assunto a seguir, porquanto o apóstolo está agora começando uma nova abordagem acerca da designação de pastores e que forma de governo seria estabelecida para a Igreja.

Se um homem aspira o ofício de bispo.[1] Havendo acabado de excluir as mulheres do ofício *docente* [na Igreja], ele agora aproveita a oportunidade para falar desse ofício propriamente dito. Sua intenção é primeiramente pôr em evidência que tinha boas razões para excluir as mulheres do exercício de um dever que exigia tanto; e, em segundo lugar, para evitar-se a insinuação de que, excluindo somente as mulheres, todos os homens, indiscriminadamente, podiam prontamente ser admitidos; e, em terceiro lugar, porque era indispensável que Timóteo e os demais fossem advertidos a se precaverem no ato da eleição dos bispos. Portanto, em conexão com a passagem anterior, em minha opinião, é como se Paulo dissesse: não é só uma questão de as mulheres não serem apropriadas para [o desempenho de] tal ofício, mas nem mesmo os homens devem ser admitidos para o seu exercício sem qualquer critério.

Excelente obra deseja. Portanto, ele afirma que essa não é uma obra comum que qualquer pessoa ousasse empreender. Ao usar a palavra καλόν para descrevê-la, não tenho dúvida de que ele está fazendo alusão ao antigo provérbio, recorrentemente citado por Platão, δύσκολα τὰ καλά, significando que as coisas que são excelentes são igualmente árduas e difíceis. E assim ele conecta dificuldade com excelência, ou melhor, argumenta que o ofício de bispo não pertence a todo e qualquer homem, visto ser o mesmo algo valiosíssimo.

Creio que o pensamento de Paulo é agora suficientemente claro, ainda que nenhum dos comentaristas, até onde pude perceber, o tenha compreendido. O sentido geral consiste em que é indispensável que tal discriminação seja exercida na admissão dos bispos, visto ser o mesmo um ofício laborioso e difícil; e os que o aspiram devem ponderar prudentemente se são capazes de suportar uma responsabilidade tão pesada. A ignorância é sempre precipitada, e um discreto discernimento das coisas faz um homem modesto. A razão por que homens destituídos de habilidade e de sabedoria às vezes aspiram temerariamente assumir

---

1 "Ou, Si aucun a affection d'estre evesque." — "Ou, se alguém sente o desejo de ser bispo."

as rédeas do governo é porque tentam fazê-lo com os olho vendados. Quintiliano observou que, enquanto os ignorantes falam com ousado desembaraço, os oradores mais excelentes, pasmos, tremem.

A fim de conter tal ousadia na busca do ofício episcopal, Paulo primeiramente afirma que ele não é uma profissão rendosa, e, sim, uma *obra*; e, em seguida, que este ofício não é qualquer gênero de obra, e, sim, que é uma excelente obra, e, portanto, espinhosa e saturada de dificuldades, como na verdade o é. Porquanto, representar o Filho de Deus [*sustinere personam Filii Dei*] não é algo de pouca monta, diante da gigantesca tarefa de erigir e expandir o reino de Deus, de cuidar da salvação das almas, as quais o Senhor mesmo condescendeu comprar com seu próprio sangue, e de governar a Igreja que é a herança de Deus. Não é minha presente intenção, porém, pregar um sermão, e Paulo voltará a este tema no próximo capítulo.

Aqui suscita-se a pergunta se é lícito, em quaisquer circunstâncias, buscar o ofício episcopal. Porquanto, é aparentemente absurdo que os desejos humanos antecipem a vocação divina. Ainda, porém, que Paulo censure o desejo temerário, ele parece admitir uma aspiração restrita e modesta por esse ofício. Minha opinião pessoal é que, se a ambição egoísta, em geral, deve ser condenada, ela é ainda mais repreensível em relação ao episcopado. O apóstolo, porém, está falando, aqui, de um desejo piedoso que os homens consagrados possuem, ou seja, aplicar seu conhecimento da doutrina para a edificação da Igreja. Pois se fosse completamente errôneo buscar o ofício docente [*docendi munus*], que problema haveria em os homens gastarem sua juventude no estudo da Sagrada Escritura a fim de preparar-se para o exercício do mesmo? E que outra coisa são as escolas teológicas senão berçários de pastores?

Portanto, aqueles que têm sido assim instruídos, não só podem, mas também devem, fazer um espontâneo oferecimento a Deus, de si próprios e de seu trabalho, mesmo antes de serem eles admitidos a algum ofício eclesiástico; contanto que não forcem seu ingresso, nem sequer sejam movidos por seu próprio desejo a se iniciarem como bispos; senão simplesmente que se disponham a aceitar o ofício, caso se solicite sua participação. E se porventura suceder, de acordo com a ordem prescrita da Igreja [*legitimo ordine*], que não sejam chamados, então saibam que Deus assim o quis, e que não levem a mal se porventura se haja preferido a outrem em vez deles. Aqueles cujo desejo era servir exclusivamente a Deus, sem pensar em si próprios, serão influenciados dessa forma, e no devido tempo demonstrarão uma modéstia tal que de forma alguma sentirão ciúmes caso outros forem preferidos a eles por serem mais dignos.

Se porventura alguém objetar que o governo da Igreja é tão difícil que infundirá terror nos homens de são juízo, em lugar de encantá-los, respondo que os homens piedosos o desejam, não porque tenham alguma confiança em sua própria iniciativa e virtude, mas porque confiam no auxílio divino, o qual é a nossa suficiência, no dizer de Paulo [2Co 3.5].

É mister que notemos igualmente qual é a intenção de Paulo aqui, ao falar do ofício de bispo, especialmente diante do fato de que as gerações antigas foram desviadas do verdadeiro sentido pelos costumes de suas épocas. Enquanto Paulo inclui na designação – "bispo" – todos os pastores, eles entendem que bispo é alguém que foi eleito de cada colégio presbiterial para presidir sobre seus irmãos. Tenhamos em mente, portanto, que esta palavra significa o mesmo que ministro, pastor ou presbítero.[2]

---

2 "Saibamos que o Espírito Santo, falando dos que são ordenados ministros da Palavra de Deus, e que são eleitos para o governo da Igreja, os chama pastores. E por que? Porque Deus quer que sejamos um rebanho de ovelhas, para que sejamos guiados por Ele, ouçamos sua voz, sigamos sua orientação e vivamos em paz. Visto, pois, que a Igreja é comparada a um rebanho, os que têm o encargo de guiar a Igreja pela Palavra de Deus são chamados pastores. E, assim, a palavra *pastor* significa ancião, não quanto à idade, mas em relação ao ofício; como, em todos os tempos, os que governam foram chamados anciãos, inclusive entre as nações pagãs. Agora o Espírito Santo tem retido esta metáfora, dando o título *ancião* aos que são escolhidos para proclamar a Palavra de Deus. De igual modo, ele os chama *bispos*, por serem pessoas que velam sobre o rebanho para mostrar que ele não é de uma classe desacompanhada de empenho ativo, quando um homem é chamado a esse ofício, e que não deve fazer dele um ídolo, mas deve saber que é enviado para granjear a salvação das almas, e deve tudo fazer, e vigiar, e labutar com esse propósito. Vemos, pois, a razão destas palavras; e visto que o Espírito Santo as deu a nós, devemos retê-las, contanto que sejam aplicadas a um bom e santo uso." – *Fr. Ser.*

2. O bispo, portanto, deve ser irrepreensível. A partícula, "portanto", confirma a explicação que acabo de dar, pois à luz da dignidade do ofício infere-se que ele não demanda nenhum homem comum, senão alguém dotado de dons excepcionais.³ Se a tradução correta fosse "uma boa obra", tal como figura na tradução comum, ou "uma obra digna", seguindo Erasmo, então a inferência à próxima afirmação não seria tão adequada.

Ele quer que o bispo seja irrepreensível,⁴ ou, como expôs em Tito 1.7, ἀνέγκλητον. O significado de ambos os termos consiste em que o bispo não deve ser estigmatizado por nenhuma infâmia que leve sua autoridade ao descrédito. Certamente que não se encontrará nenhum homem que seja eximido de toda e qualquer mancha; mas, uma coisa é ser culpado de faltas comuns que não ferem a reputação de um homem, visto que os homens mais excelentes participam delas; e outra, completamente distinta, é ter um nome carregado de infâmia e manchado por alguma nódoa escandalosa. Portanto, para que os bispos não se vejam privados de autoridade, Paulo ordena que se faça uma seleção daqueles que desfrutem de excelente reputação e sejam eximidos de qualquer nódoa extraordinária. Além do mais, ele não está meramente influenciando a Timóteo sobre que tipo de homens deva ele escolher, senão que lembra a todos os que aspiram o ofício, que examinem atentamente sua própria vida.

Marido de uma só esposa. É um absurdo pueril interpretar isto como significando *pastor de uma só igreja*. Outra interpretação mais geralmente aceita é que o bispo não deve ter casado mais de uma vez; e, portanto, uma vez que sua esposa tenha morrido, ele então não se-

---

3 "Et non pas le premier qui se pourroit presenter." — "E não o primeiro que possa oferecer-se."

4 Ἀνεπίληπτον — "Este é propriamente um termo antagônico, significando 'alguém que não deixa seu adversário apoderar-se dele'; mas às vezes (como aqui) é aplicado metaforicamente a alguém que não dá a outrem razão para acusá-lo. Assim Tucídides, v. 17, ἀνεπίληπτον εἶναι. 'Tal (diz um célebre escritor) é a perfeita pureza de nossa religião, tal a inocência e virtude que ela demanda, que aquele que se entrega a ela tem de ser um homem muito bom.' E quando consideramos ainda maior requisito em um mestre de religião (que deva ser um exemplo para outrem), e refletimos sobre a injúria que se faz à religião da parte dos falsos mestres, quanta razão ali transparecerá que esse alguém deve ser, no dizer do apóstolo, imaculado." – *Bloomfield*.

ria mais um homem casado. Mas tanto aqui como no primeiro capítulo de Tito, as palavras de Paulo equivalem "que *é* marido", não "que *foi* marido"; e, finalmente, no capítulo cinco, quando trata expressamente das viúvas, ele usa no tempo passado o particípio que aqui está no tempo presente. Além disso, se essa fosse sua intenção, ter-se-ia contraditado ao que diz em 1 Coríntios 7.35, que não desejava pôr um laço desse gênero às suas consciências.

A única exegese correta é a de Crisóstomo, que o considera como uma expressa proibição de poligamia[5] na vida de um bispo, numa época quando ela era quase legal entre os judeus. Tal coisa se originou em parte de uma perversa imitação dos antigos pais – pois liam que Abraão, Jacó, Davi e outros foram casados com mais de uma esposa, concomitantemente, e assim criam que lhes era permitido proceder da mesma forma –, e em parte ela era uma corrupção aprendida dos povos circunvizinhos, porquanto os homens orientais nunca observaram o matrimônio conscienciosa e fielmente. Mas ainda que isso fosse assim, a poligamia certamente era muito prevalecente entre os judeus,[6] e era oportuno que Paulo insistisse em que um bispo deveria ser uma pessoa isenta de tal nódoa. E, no entanto, não discordo inteiramente daqueles que pensam que aqui o Espírito Santo estava impondo-lhes vigilância contra a diabólica superstição surgida em torno deste assunto pouco depois; como se dissesse: "Os bispos não devem ser compelidos ao celibato, porque o matrimônio é um estado sublimemente apropriado à vida de todos os crentes." Isso não demandaria que devessem casar-se, mas simplesmente enaltece o matrimônio como sendo ele de forma alguma incompatível com a dignidade de seu ofício.

Minha interpretação pessoal é mais simples e melhor fundamentada, a saber, que Paulo está proibindo aos bispos a prática da poligamia

---

5 "Qu'il condamne en l'Evesque d'avoir deux femmes ensemble vivantes." — "Que ele condena num bispo ter ele duas esposas vivendo ao mesmo tempo."

6 "La polygamie estoit une chose toute commune entre les Juifs." — "A poligamia era uma coisa muitíssimo comum entre os judeus."

por ser ela o estigma de um homem impudico que não observa a fidelidade conjugal. Aqui poder-se-ia objetar que o que é pecaminoso a todos os homens não deveria ser condenado só no caso dos bispos. A resposta não é difícil. O fato de que ela é expressamente proibida aos bispos não significa que seja livremente permitida a outros, porquanto não pode haver dúvida de que em cada caso Paulo condenaria algo que fosse contrário à eterna lei de Deus. Porquanto o decreto divino é imutável: "Serão uma só carne" [Gn 2.24]. Mas ele poderia, até certo ponto, tolerar em outros aquilo que nos bispos era excessivamente desditoso e impossível de se tolerar.

Tampouco se estabelece aqui uma lei para o futuro, ou seja, que o bispo que tenha uma esposa não pode casar-se com uma segunda ou com uma terceira, senão que Paulo está excluindo do episcopado os que foram no passado culpados de um escândalo desse gênero. Por conseguinte, o que já foi feito uma vez, e não se pode corrigir, deve ser tolerado, mas somente entre as pessoas comuns. Pois, qual era o remédio? Que aqueles que, dentro do judaísmo, haviam caído se divorciassem de sua segunda ou terceira esposa? Tal divórcio não ficaria isento de injustiça. Daí ele deixar em silêncio algo que era errôneo, com esta exceção: que ninguém, desfigurado por tal nódoa, seja um bispo.

Temperante. A palavra traduzida por Erasmo é "vigilante" (*vigilantem*). O termo grego νηφάλεος[7] contém ambos os significados; portanto, que os leitores façam sua escolha. Decidi traduzir σώφρονα por temperante em vez de sóbrio, pois temperança tem uma referência mais ampla que sobriedade. Uma pessoa organizada [ordeira] é alguém que se porta decente e honestamente.

---

7 "Νηφάλιον, "vigilante ou circunspecto". Nesse sentido a palavra ocorre nos escritores recentes; por exemplo, Phavorinus. A força da palavra é bem expressa pela Peschita, Siríaca, "mente sempre vigilante". Em vez de νηφάλιον (a redação de muitos entre os melhores Manuscritos e em todas as edições antigas), Beza introduziu νηφάλεον mas sem qualquer razão suficiente; e a primeira foi corretamente restaurada por Wetstein Griesbach, Matthaei, Tittnhann e Vater. Aqui, pois, temos uma qualidade sugerida pelo próprio termo ἐπίσχοπος, que implica superintendência vigilante." – *Bloomfield*.

Propenso à hospitalidade.⁸ Essa hospitalidade era praticada em referência a estranhos, e era uma prática muito comum na Igreja Primitiva, porquanto era vexatório para as pessoas honestas, especialmente para os que eram bem conhecidos, hospedar-se em estalagens. Em nossos dias as coisas são diferentes, e, no entanto, por diversas razões, tal atitude será sempre uma virtude muitíssimo necessária num bispo. Além disso, naquele tempo de cruel perseguição aos crentes, para muitos era inevitável ter de mudar de residência subitamente, e os lares dos bispos tinham de ser refúgio para os exilados. Nesses tempos, a necessidade compelia os membros da Igreja a darem uns aos outros socorro mútuo, o que envolvia a hospitalidade. Se os bispos não abrissem caminho aos outros, no cumprimento do dever da hospitalidade, muitos teriam seguido seu exemplo, negligenciando a prática dessa benevolência, e assim os exilados pobres teriam sido deixados em desespero.⁹

Apto para ensinar. A docência é mencionada com maior ênfase na carta a Tito, e aqui a habilidade para ensinar é tocada apenas de leve. Não é suficiente que uma pessoa seja eminente no conhecimento profundo, se não é acompanhada do talento para ensinar. Há muitos que, seja por causa da pronúncia defeituosa, ou devido à habilidade mental insuficiente, ou porque não estejam suficientemente em contato com as pessoas comuns, acabam guardando seu conhecimento fechado em seu íntimo. Tais pessoas, como diz a frase, devem cantar para si próprias e para as musas – que vão e façam qualquer outra coisa.¹⁰ Os que são

---

8 "Recueillant volontiers les estrangers;" – "De bom grado, recebendo em casa estranhos."

9 "Que cada um saiba que as virtudes que aqui são requeridas em todos os ministros da Palavra de Deus visam a dar um exemplo ao rebanho. É altamente próprio que cada um saiba que, quando lemos que os ministros devem ser sábios, temperantes e de bom comportamento moral, para que outros se conformem ao seu exemplo; pois essas coisas são ditas não só para três ou quatro, mas para todos em geral. Este é o modo como o exemplo dos homens deve ser-nos proveitoso, na medida em que se conduzirem com propriedade, segundo a vontade de Deus. E se divergirem mesmo que seja por bem pouco, não devemos ceder-lhes tal autoridade para não segui-los por essa conta; mas devemos atentar bem para o que Paulo diz: que devemos seguir os homens na medida em que se conformarem inteiramente à pura Palavra de Deus e forem imitadores de Jesus Cristo, guiando-nos na vereda reta." – *Fr. Ser.*

10 "Il faut que tels s'employent a autre chose." – "Tais pessoas devem ser empregadas em algo mais."

incumbidos de governar o povo devem ser qualificados para o ensino. E o que se exige aqui não é propriamente uma língua leviana, porquanto nos deparamos com muitos cuja livre fluência nada contém que sirva para edificar. Paulo está, antes, recomendando sabedoria no traquejo de aplicar a Palavra de Deus visando à edificação de seu povo.

É digno de nota o fato de que os papistas sustentam que neste ponto as regras de Paulo não se aplicam a eles. Não entrarei em todos os detalhes; mas, neste ponto, que sorte de preocupação eles mostram no tocante ao que Paulo diz? Para eles, o dom da docência é algo completamente supérfluo, o qual rejeitam como sendo vil e ordinário, ainda que, para Paulo, fosse uma preocupação especial e o principal cuidado dos bispos. Todos eles sabem quão longe estava da intenção de Paulo de poderem eles assumir o título de bispo e vangloriar-se de ser um manequim que nunca fala, senão que só aparecem em público vestidos de vestes teatrais. Como se uma mitra chifruda, um anel ricamente engastado de jóias, uma cruz de prata e outras bagatelas mais, acompanhados de uma exibição ociosa constituíssem o governo espiritual de uma igreja, a qual de fato não pode separar-se do ensino mais que a um homem é possível separar-se de sua alma.

3. Não dado a muito vinho. Com o termo πάροινον[11] os gregos descreviam não apenas a embriaguez, mas qualquer tipo de descontrole ao beber vinho. Beber com excesso não é só indecoroso num pastor, mas geralmente resulta em muitas coisas ainda piores, tais como rixas, atitudes néscias, ausência de castidade e outras que não carecem de menção.

Não amante do dinheiro.[12] A antítese seguinte mostra que Paulo vai ainda mais longe, porque, assim como ele contrasta um agressor

---

11 "Alguns expositores, antigos e modernos, tomam isto como equivalente a ὑβριστὴν ou αὐθάδη; o que é, de fato, apoiado por três vícios nesta cláusula, opondo-se a três virtudes na seguinte. Mas, considerando que temos em 1 Timóteo 3.8 a expressão μὴ οἴνῳ προσέχοντας usada para os diáconos, aqui pelo menos o sentido físico deve ser excluído; e, segundo o mesmo princípio da exegese correta, deve vir primeiro. Na palavra πάροινος, παρά significa "além de", denotando excesso. Assim, a expressão em Habacuque 2.5, "ele transgride por vinho". *Bloomfield*.

12 "Ne convoiteux de gain deshonneste." — "Não ávido por ganho desonroso."

com alguém que é manso, e uma pessoa que deseja lucros desonestos, com alguém destituído de cobiça, assim ele contrasta um τῷ παροίνῳ bebedor de vinho, com alguém que é manso e bondoso. A interpretação de Crisóstomo é correta, a saber, que os homens inclinados à embriaguez e à violência devem ser excluídos do ofício episcopal. Mas, quanto à sua opinião de que um agressor significa alguém que agride com sua língua, isto é, que se entrega a calúnias ou a acusações injuriosas, não me é possível concordar. Não me sinto convencido por seu argumento de que não é de muita relevância se um bispo é ou não um homem que fere com as mãos, pois creio que, aqui, Paulo está repreendendo de uma forma geral a ferocidade militar comum entre os soldados, mas que é completamente imprópria nos servos de Cristo. É notório quão ridículo é estar mais disposto a dar um murro ou puxar a espada do que apaziguar as rixas de outras pessoas pelo exercício da autoridade responsável. Portanto, com o termo "violento" Paulo quer dizer aqueles que fazem muitas ameaças e que são de temperamento belicoso.

Todas as pessoas cobiçosas são amantes do dinheiro. Pois toda avareza traz sobre si essa vileza de que o apóstolo está falando. "Aquele que quer ficar rico, também quer ficar rico depressa", disse Juvenal.[13] O resultado é que todos os cobiçosos, ainda que sua cobiça não se manifeste francamente, devotam-se a adquirir lucros desonestos e ilícitos. Com esse vício ele contrasta o desinteresse pelo dinheiro, já que não existe outro meio de corrigir-se. Repito que, aquele que não suportar a pobreza paciente e voluntariamente, inevitavelmente se tornará uma vítima da vil e sórdida cobiça.

Com o violento ele contrasta aquele que é *gentil; não contencioso.* Pessoa mansa ou amável é o oposto de pessoa que se entrega ao vinho, e é uma palavra usada por quem sabia como suportar as injúrias pacificamente e com moderação, que perdoava muito, que engolia insultos, que não se amedrontava quando se fazia necessário ser corajosamente severo, nem rigorosamente cobrava tudo o que lhe era

---

13 "Dives fieri qui vult, Et cito vult fieri." — *Juvenal.*

devido. A pessoa que é inimiga de contendas é aquela que foge das demandas e rixas, como ele mesmo escreve: "Os servos do Senhor não devem ser contenciosos" [2Tm 2.24].

4. Alguém que governe bem sua própria casa. Paulo não está a exigir de um bispo que o mesmo seja inexperiente na vida humana ordinária;[14] antes, porém, que seja um bom e provado chefe de família. Porquanto, seja qual for a admiração comumente direcionada para o celibato e para uma vida filosófica e completamente desligada do viver comum, contudo os homens sábios e precavidos estão convencidos, pela própria experiência, de que aqueles que conhecem a vida comum e são bem práticos nos deveres que as relações humanas impõem, estão melhor preparados e adaptados para governar a Igreja. No próximo versículo ele explica isso, dizendo que aquele que não sabe como governar sua própria família não está apto para governar a Igreja de Deus. Ora, esse é na verdade o caso de muitos bispos e de quase todos os que vivem por muito tempo uma vida ociosa e solitária[15] à semelhança de animais em covis e cavernas; pois são como selvagens e destituídos de toda humanidade.

Criando seus filhos em submissão, com todo respeito. Mas o homem que aqui conquista a aprovação do apóstolo não é aquele que é engenhoso e profundamente instruído nos assuntos domésticos, mas aquele que aprendeu a governar sua família com saudável disciplina. Sua referência é especialmente aos *filhos*, de quem se espera, saibam refletir a disposição de seu pai. Por conseguinte, seria uma imensa desgraça para um bispo que tenha filhos que levam vida dissoluta e escandalosa. Das viúvas ele trata mais adiante; aqui, porém, como já disse, ele toca de leve na principal parte da vida familiar.

No primeiro capítulo de Tito [1.6], ele mostra o que pretende ao usar a palavra *respeito*. Pois havendo dito que os filhos de um bispo não devem ser rebeldes e desobedientes, imediatamente adiciona que

---

14 "Que l'Evesque ne sache que c'est de vivre au Monde." — "Que o bispo não saiba o que é viver no mundo."
15 "C'est a dire, de la moinerie." — "Isto é, do monacato."

não devem ser passíveis de repreensão por dissolução ou intemperança. Sua intenção é, em suma, que seu comportamento seja regulado em toda a castidade, modéstia e seriedade.

5. Se um homem, porém, não sabe governar sua própria casa.[16] O argumento procede do menor para o maior, e é sobejamente evidente que um homem que não é apto para governar sua própria família será plenamente incapaz de governar todo um povo. Além disso, o fato dele, obviamente, ser destituído das qualidades necessárias, que autoridade pode um homem ter no seio de um povo quando sua própria vida familiar o faz desprezível?

6. Não seja neófito. Naquele tempo, muitos homens de extraordinária habilidade e cultura estavam sendo conduzidos à fé. Paulo, porém, proíbe que se façam bispos aos que recentemente tenham professado a Cristo. E ele mostra quão danoso seria tal expediente. Pois é evidente que os neófitos geralmente são fúteis e dominados pela ostentação, de modo que a arrogância e a ambição facilmente os levam a se desertarem. O que Paulo diz aqui, podemos confirmar evocando nossa própria experiência; pois os neófitos não são simplesmente ousados e impetuosos, mas também inchados de néscia confiança em si próprios, como se fossem capazes de fazer o que nunca experimentaram. Portanto, não é sem razão que sejam eles excluídos da honra do

---

16 "A casa de um crente deve assemelhar-se a uma pequena igreja. Os pagãos que não sabiam o que é uma igreja, diziam que uma casa é apenas uma imagem e figura de qualquer governo público. Um pobre homem, vivendo com sua esposa, filhos e servos, deve ser em sua casa como um governante público; mas os cristãos devem ir além disso. Cada pai de uma família deve saber que Deus o designou para tal lugar, para que saiba como governar sua esposa, filhos e servos; de modo que Deus seja honrado no meio deles e todos lhe prestem homenagem. Paulo fala de filhos; e por que? Porque aquele que deseja cumprir seu dever como pastor de uma igreja deve ser como um pai para todos os crentes. Ora, suponhamos que um homem não possa governar dois ou três filhos que tem na casa. São seus próprios filhos, e contudo ele não consegue mantê-los em sujeição; são surdos a tudo o que ele lhes diz. Como, pois, ele será apto a governar os que se acham à distância, e que se pode dizer lhe são desconhecidos, que inclusive recusam tornar-se mais sábios e acreditam que não têm necessidade de ser instruídos? Como será apto a manter os homens em temor quando sua própria esposa não se lhe sujeita? Portanto, não achemos estranho caso se requeira de todos os pastores que sejam bons pais de uma família e saibam o que significa governar bem seus próprios filhos. Não basta condenar os filhos, mas devemos condenar seus pais, quando permitem que seus filhos sejam piores que os demais." – Fr. Ser.

episcopado, até que, com o passar do tempo, suas noções extravagantes tenham sido subjugadas.

Incorra na condenação do diabo pode ser interpretado de três formas. Enquanto que alguns pensam que Διαβόλου significa Satanás, outros crêem que significa caluniadores. Sinto-me inclinado para o primeiro ponto de vista, pois o termo latino *indicium* raramente significa calúnia. Uma vez mais, porém, é possível entender a condenação de Satanás no sentido ativo ou passivo. Crisóstomo a toma passivamente, e concordo com ele. Há uma antítese elegante que realça a enormidade do caso: "Para não suceder que aquele que é posto sobre a Igreja de Deus, movido de orgulho, caia na mesma condenação em que caiu o diabo." Não obstante, não descarto o significado ativo, a saber, que tal homem dará ao diabo ocasião para condená-lo. A tradução de Crisóstomo, porém, se aproxima mais da verdade.[17]

7. Deve desfrutar do bom testemunho dos de fora. Parece muito difícil imaginar que um crente piedoso deva ter, como testemunhas de sua integridade, a incrédulos que estão mais solícitos em forjar mentiras contra ele. O apóstolo, porém, quer dizer que, no que concerne ao comportamento externo, mesmo os incrédulos devem esforçar-se por reconhecer que ele [o bispo] é uma boa pessoa. Pois ainda que sem causa caluniem todos os filhos de Deus, todavia não podem afirmar que alguém seja perverso quando na verdade leva uma vida boa e inofensiva na presença de todos. Essa é a sorte de reconhecimento de retidão que Paulo está a referir-se aqui.

O motivo ele adiciona aqui, *a fim de não cair no opróbrio e no laço do diabo*, o que ele explica assim: não suceda que, estando ex-

---

17 "As palavras εἰς κρῖμα ἐμπέσῃ τοῦ Διαβόλου são, pela maioria dos expositores antigos e modernos, entendida no sentido de cair na mesma condenação e punição que o diabo caiu movido pelo orgulho, o que é sustentado pela autoridade da Peschita Siríaca. Diversos expositores eminentes, desde Lutero e Erasmo para cá, tomam τοῦ Διαβόλου no sentido de 'caluniador', ou inimigo a difamar o evangelho, sendo o substantivo, dizem eles, usado genericamente para aqueles que buscam ocasião para caluniar os cristãos; mas, como observa Calvino, 'raramente sucede que 'juízo' significa calúnia'. Além do mais, a expressão Διάβολος deveria então ser tomada no sentido de condenação justa." – *Bloomfield*.

posto à infâmia, comece a endurecer seu coração e se entregue mais livremente a todos os tipos de perversidade, o que, aliás, equivaleria a colocar-se voluntariamente nos laços do diabo. Pois que esperança restaria para alguém que peca sem qualquer sinal de pudor?

8. Semelhantemente, que os diáconos sejam honestos, não de língua dobre, não dados a muito vinho, não cobiçosos de torpe ganância;	8. Diaconos similiter graves, non bilingues, non multo vino deditos, non turpiter lucri cupidos:
9. mantendo o mistério da fé numa consciência íntegra.	9. Habentes mysterium fidei in pura conscientia.
10. E que sejam antes provados; depois sirvam como diáconos, se forem irrepreensíveis.	10. Et hi probentur primum; deinde ministrent ubi irreprehensibiles comperti fuerint.
11. Da mesma sorte, que as mulheres sejam respeitáveis, não caluniadoras, mas temperantes, fiéis em todas as coisas.	11. Uxores similiter graves, non calumniatrices, sobrias, fideles in omnibus.
12. Que os diáconos sejam maridos de uma só esposa, que governem bem a seus filhos e suas próprias casas.	12. Diaconi sint unius uxoris mariti, qui honeste praesint liberis et domibus suis.
13. Porque os que servirem bem como diáconos, granjearão para si uma boa posição e grande ousadia na fé em Cristo Jesus.	13. Nam qui bene ministraverint gradum sibi bonum (vel, honestum) acquirunt, et multam libertatem in fide, quae est in Christo Iesu.

8. Semelhantemente, que os diáconos. As diferentes interpretações não devem ocasionar-nos alguma dúvida. Indubitavelmente, o apóstolo está se referindo a homens que eram investidos de algum ofício público na Igreja, e isso refuta o ponto de vista daqueles que pensam que, pelo termo *diáconos* ele quer dizer servos domésticos. Tampouco há fundamento para o outro ponto de vista de que ele, aqui, está se referindo a presbíteros inferiores aos bispos, pois é evidente, à luz de outras passagens, que o título *bispo* era comum a todos os presbíteros.[18] Isso é algo que é obrigado a ser universalmente reconhecido, e é comprovado específica e claramente pelo texto de Tito 1. A conclusão é que pelo termo *diácono* devemos entender aqueles ofi-

---

18 "Que le nom d'Evesque estoit commun a tons prestres. et qu'entre prestre et evesque il n'y a nulle difference." — "Que o termo *bispo* era comum a todos os presbíteros, e que não há diferença entre presbítero e bispo."

ciais mencionados por Lucas em Atos 6.3, ou seja, a quem é confiado o cuidado dos pobres. Mas se alguém desejar informar-se mais sobre esse ofício, sugiro que recorra às minhas *Institutas*.

Honestos, não de língua dobre. As quatro principais qualidades que Paulo requer deles são bastante conhecidas, contudo é mister que se note cuidadosamente que ele os admoesta a não terem uma *língua dobre*, pois essa é uma falta difícil de se evitar nesse gênero de obra, e, no entanto, mais que qualquer outro, deve estar ausente dela.

9. Mantendo o mistério da fé. É como se dissesse: "Conservando pura a doutrina da religião, e isso de todo o coração e com sincero temor a Deus", ou, que "sendo ricamente instruídos na fé, que não sejam ignorantes de nada que seja necessário a um cristão conhecer." Ele aplica à suma da doutrina cristã o dignificante título "o mistério da fé", visto que, através do evangelho, Deus revela a homens mortais uma sabedoria que os anjos celestiais contemplam com admiração, de modo que não causa espanto se a mesma afigurar-se demasiadamente profunda para a capacidade humana.

Lembremo-nos, pois, de que ela deve ser abraçada com a mais estrita reverência; e visto que, por nossa própria iniciativa e capacidade, jamais poderíamos aspirar tais grandezas, humildemente peçamos a Deus que no-las torne possíveis mediante a revelação do Espírito. E quando vemos os ímpios, quer ridicularizando a fé, quer tratando-a com indiferença, reconheçamos que é devido a graça de Deus que as coisas que para outros são ocultas, estão em nossos corações e diante de nossos olhos, no dizer de Moisés [Dt 30.14].

Por conseguinte, ele quer que os diáconos sejam bem instruídos no "mistério da fé", porque, embora não desempenhem o ofício docente, seria completo absurdo que exercessem um ofício público na Igreja [*publicam in Ecclesia personam sustinere*] e fossem completamente ignorantes na fé cristã, especialmente porque frequentemente ministram conselhos e conforto a outros, caso não queiram negligenciar seus deveres. Ele adiciona ainda: *numa consciência íntegra*, a qual se estende por toda a sua vida, mas tem especial referência ao seu conhecimento de como servir a Deus.

10. E que sejam antes provados. Ele quer que aqueles que são escolhidos para o ofício de diáconos sejam homens experientes, cuja integridade tenha sido comprovada, justamente como no caso dos bispos. Daqui se torna óbvio que ser *irrepreensível* significa ser livre de qualquer vício notório. E esse processo de comprovação não é algo que dure apenas uma hora, mas consiste de um longo período de prova. Numa palavra, a designação de diáconos não deve consistir de uma escolha precipitada e fortuita de alguém que se encontra à mão, senão que a escolha deve ter por base homens que se recomendem por sua anterior maneira de viver, de tal forma que, depois de serem submetidos a um interrogatório, sejam investigados profundamente antes que sejam declarados aptos.

11. Da mesma sorte, que as mulheres. Sua referência aqui é às esposas tanto dos bispos quanto dos diáconos, pois elas devem ser auxiliadoras de seus esposos no desempenho de seus ofícios, coisa que só podem fazer se o seu comportamento for superior ao das demais pessoas.

12. Que os diáconos sejam. Havendo mencionado as mulheres, uma vez mais Paulo estabelece para os diáconos o que já havia requerido dos bispos, a saber, que cada um viva contente com uma só esposa; seja um exemplo de castidade e vida familiar honrada e que conservem seus filhos, bem como toda a sua família, em santa disciplina. Esta passagem claramente refuta os pontos de vista daqueles que tomam esta seção como que tratando dos servos domésticos.[19]

13. Os que servirem bem. Diante da prática de se escolherem presbíteros dentre os diáconos, a qual foi introduzida no primeiro e segundo séculos depois da era apostólica, esta passagem passou a ser considerada como a referir-se à transição de um *status* a outro mais elevado, como se o apóstolo estivesse vocacionando aqueles que ha-

---

19 "Des serviteurs domestiques, et non pas des diacres de l'Eglise." — "Aos servos domésticos, e não aos diáconos da Igreja."

viam sido diáconos fiéis para o exercício do ofício de presbíteros. A meu ver, sem negar que o diaconato possa às vezes ser o berçário donde os presbíteros são escolhidos, todavia prefiro uma explicação mais simples das palavras de Paulo, ou seja, que aqueles que se desincumbiam bem desse ministério eram dignos de não pouca honra, pois não é uma tarefa servil, e, sim, um ofício de muita preeminência. Ao expressar-se assim, ele realça quão proveitoso é para a Igreja que esse ofício seja desempenhado por homens criteriosamente escolhidos, pois o santo desempenho desses deveres granjeia estima e reverência.

Entretanto, quão absurdo é o fato de os papistas, em sua designação de diáconos, ignorarem as instruções de Paulo. Primeiramente, para que designam diáconos senão para que levem o cálice em procissão e para impressionar os ignorantes com todas as sortes de exibições ridículas? Aliás, nem mesmo observam isso, pois sequer constituiu um diácono nestes últimos quinhentos anos, a não ser com a intenção de os promover ao sacerdócio quase que imediatamente. Que cínica hipocrisia é vangloriar-se de avançar para um posto de mais proeminência a homens que ministram bem como diáconos, quando, na verdade, jamais cumpriram um único dever do diaconato.

Grande ousadia na fé. O apóstolo tem boas razões para acrescentar esse detalhe; pois nada tende mais a produzir ousadia do que uma boa consciência e uma vida livre de maldade e reprimenda; assim como, em contrapartida, uma má consciência inevitavelmente traz consigo a timidez. Pois ainda que tais pessoas às vezes se gloriam de sua liberdade, esta não é uma liberdade completa ou durável, e não desfruta de nenhum fundamento sólido. Portanto, ele descreve o tipo de liberdade que tem em mente. *Na fé em Cristo Jesus*, diz ele, significando aquela liberdade que lhes permita servir a Cristo com maior ousadia. Da mesma forma, aqueles que têm fracassado em seus deveres têm também sua boca fechada e suas mãos atadas, e são incapazes de fazer tudo satisfatoriamente, de modo a não ser possível injetar-lhes qualquer confiança, nem tampouco outorgar-lhes qualquer autoridade.

14. Escrevo-te essas coisas, esperando ir ver-te em breve;

15. mas, se eu tardar, que saibas como os homens devem portar-se na casa de Deus, que é a igreja do Deus vivo, a coluna e o fundamento da verdade.

16. E, sem dúvida alguma, grande é o mistério da piedade: Deus se manifestou na carne, foi justificado no espírito, contemplado pelos anjos, proclamado entre os gentios, crido no mundo, recebido na glória.

14. Haec tibi scribo, sperans brevi ad te venire.

15. Quodsi tardavero, ut videas quomodo oporteat in domo Dei versari, quae est Ecclesia Dei viventis, columna et firmamentum veritatis.

16. Et sine controversia magnum est pietatis mysterium; Deus manife*status* est in carne, justificatus in Spiritu, visus Angelis, praedicatus, Gentibus, fidem obtinuit in mundo receptus est in gloria.

14. Escrevo-te essas coisas. Ele injeta em Timóteo a esperança de sua vinda, em parte para encorajá-lo e em parte para reprimir a obstinação daqueles que, em sua ausência, se portavam com demasiada indolência. Todavia, essa não é uma promessa fictícia, nem visa a atemorizá-los pelo uso de falsa dissimulação, porquanto ele esperava de fato poder ir, como é provável que tenha ido, já que escreveu esta epístola quando de viagem pela Frígia, como Lucas relata em Atos 18.23. Mas isso deve servir-nos de prova como ele, com ardente solicitude, velava pelas igrejas, visto que não podia tolerar mesmo o menor atraso em remediar a presença de um mal. E, todavia, imediatamente prossegue acrescentando que sua carta era escrita para ministrar instruções a Timóteo, se porventura ocorresse de delongar a viagem além do tempo previsto.

15. Como os homens devem portar-se na casa de Deus. Nessas palavras, ele enaltece a importância e a dignidade do ofício pastoral, pois os pastores[20] são como que despenseiros a quem Deus tem confiado a incumbência de governar sua casa. Se um homem é responsável por uma grande família, então deve ele trabalhar dia e noite com grande diligência para que nada saia errado em função de algum descuido, inexperiência ou negligência. Se tal cuidado é indispensável em relação a meros seres humanos, quanto mais em relação ao Criador deles.

Na casa de Deus. Há boas razões para Deus chamar a Igreja de

---

20 "Les Evesques, e'est a dire, pasteurs de l'Eglise." — "Bispos, isto é, pastores da Igreja."

sua casa, pois Ele não só nos tem recebido como seus filhos mediante a graça da adoção, mas também, Ele mesmo, habita pessoalmente entre nós.

Ao ser denominada *coluna e fundamento da verdade*, tal dignidade atribuída à Igreja não é algo ordinário. Ora, que termos mais sublimes poderia ele ter usado para descrevê-la? Porquanto não existe nada mais venerável e santo do que aquela verdade que abrange tanto a glória de Deus quanto a salvação do homem. Fossem todos os louvores que os admiradores esbanjam em referência à filosofia pagã, reunidos num montão, o que seria isso comparado com a excelência dessa sabedoria celestial, a única que leva o título de a luz e a verdade e a instrução para a vida e o caminho e o reino de Deus? Esta verdade, porém, só é preservada no mundo através do ministério da Igreja. Daí, que peso de responsabilidade repousa sobre os pastores, a quem se tem confiado o encargo de um tesouro tão inestimável! Quão cínicas são as bagatelas que os papistas inferem das palavras de Paulo, de que todos os seus absurdos devam ser considerados oráculos de Deus, visto que são colunas da verdade e, portanto, infalíveis!

Em primeiro lugar, porém, temos de examinar por que Paulo honra a Igreja com um título tão proeminente. Evidentemente, ele desejava, ao realçar aos pastores a grandeza de seu ofício, lembrá-los com que fidelidade, diligência e reverência devem desempenhá-lo, e ao mesmo tempo quão terrível é a retribuição que os aguarda, caso, por sua culpa, esta verdade, que é a imagem da glória de Deus, a luz do mundo e a salvação dos homens, seja prejudicada. Certamente, esse pensamento deve imbuir os pastores da gradiosidade de sua tarefa; não para desencorajá-los, mas para compeli-los a uma vigilância mais intensa.

Daqui se torna fácil deduzir o sentido que tinham as palavras de Paulo. A Igreja é a coluna da verdade porque, através de seu ministério, a verdade é preservada e difundida. Deus mesmo não desce do céu para nós, nem diariamente nos envia mensageiros angelicais para que publiquem sua verdade, senão que usa as atividades dos pastores, a quem destinou para esse propósito. Ou, expondo-o de maneira mais simples: não é a Igreja a mãe de todos os crentes, visto que ela os conduz ao novo nascimento pela Palavra de Deus, educa e nutre toda a sua vida, os fortalece e finalmente os guia à plenitude de sua perfeição? A Igreja é chamada coluna da verdade pela mesma razão, pois o ofício de ministrar a doutrina que Deus pôs em suas mãos é o único meio para a preservação da verdade, a qual não pode desaparecer da memória dos homens.

Em consequência, essa recomendação se aplica ao ministério da Palavra, pois se ela for removida, a verdade de Deus desvanecerá. Não é que ela seja menos infalível se os homens não lhe prestam seu apoio, como alguns papistas ociosamente alegam. É chocante blasfêmia afirmar que a Palavra de Deus é falível até que obtenha da parte dos homens uma certeza emprestada. O sentido que Paulo dá é o mesmo de Romanos 10.17: "E assim, a fé vem pelo ouvir, e o ouvir, pela palavra de Deus." Sem ouvir a pregação não pode haver fé. Portanto, em relação aos homens, a Igreja mantém a verdade porque, por meio da pregação, a Igreja a proclama, a conserva pura e íntegra, a transmite à posteridade. Se não houver ensino público do evangelho, se não houver ministros piedosos que, por sua pregação, resgatem a verdade das trevas e do esquecimento, as falsidades, os erros, as imposturas, as superstições e a corrupção de toda sorte assumirão imediatamente o controle. Em suma, o silêncio da Igreja significa o afastamento e a supressão da verdade. Não há nada absolutamente forçado nesta exposição da passagem.

Agora que descobrimos a intenção de Paulo, voltemo-nos para os papistas. Seu primeiro erro é o de transferir este enaltecimento da Igreja para si mesmos, porquanto eles se cobrem com plumas emprestadas. Presumindo que a Igreja fosse exaltada acima do terceiro céu, tal coisa não tem nada a ver com eles. Pois se a Igreja é a coluna da verdade, segue-se que ela não está entre eles, onde a verdade não só se encontra sepultada, mas também horrivelmente destruída e pisoteada. Paulo não reconhece a existência da Igreja exceto onde a verdade de Deus é exaltada e esclarecida. No papado não há qualquer evidência de tal procedimento, senão unicamente desolação e ruína.

Não se encontra entre eles a genuína marca da Igreja. A fonte de sua ilusão consiste em que não ponderam que o essencial é que a verdade de Deus seja mantida pela pura proclamação do evangelho, e que seu apoio não depende das faculdades e emoções humanas, e, sim, em algo muito mais exaltado, o qual não deve dissociar-se da Palavra de Deus em sua pureza.

16. Grande é o mistério da piedade. Aqui temos uma maior expansão de seu louvor. Para impedir que a verdade de Deus seja estimada abaixo de seu real valor, em decorrência da ingratidão humana, o apóstolo declara seu genuíno valor, dizendo que o segredo da piedade é imensurável, visto que ele não trata de temas triviais, e, sim, da revelação do Filho de Deus, em quem estão ocultos todos os tesouros da sabedoria [Cl 2.3]. À luz da imensidão dessas coisas, os pastores devem entender a importância de seu ofício e devotar-se a ele com a mais profunda consciência e reverência.

Deus se manifestou na carne. A Vulgata exclui a palavra "Deus" e relaciona o que se segue com o mistério; mas isso é devido à falta de perícia e conformidade, como se verá claramente à luz de uma leitura atenciosa; e ainda que ela conte com o apoio de Erasmo, este destrói a autoridade de sua própria tradução, de modo que a mesma dispensa qualquer refutação de minha parte. Todos os manuscritos gregos, indubitavelmente, concordam com a tradução: "Deus se manifestou em carne." Mas, mesmo presumindo que Paulo não houvesse expressamente escrito a palavra Deus, quem quer que considere todo o assunto com cuidado concordará que se deve pôr a palavra Cristo. No que me toca, não tenho dificuldade alguma em seguir o texto grego aceito. É óbvia sua razão para denominar a manifestação de Cristo, a qual agora passa a descrever, de "grande mistério", porque esta é a altura, a largura, o comprimento e a profundidade da sabedoria que ele menciona em Efésios 3.18, e pelo que nossas faculdades são inevitavelmente subjugadas.

Examinemos agora as diferentes cláusulas deste versículo em sua ordem. A descrição mais adequada da pessoa de Cristo está contida nas palavras "Deus se manifestou em carne". Em primeiro lugar, temos aqui uma afirmação distinta de ambas as naturezas, pois o apóstolo declara que Cristo é ao mesmo tempo verdadeiro Deus e verdadeiro homem. Em segundo lugar, ele põe em evidência a distinção entre as duas naturezas, pois primeiramente o denomina de Deus, e em seguida declara sua manifestação em carne. E, em terceiro lugar, ele assevera a unidade de sua Pessoa, ao declarar que ela era uma e a mesma Pessoa que era Deus e que se manifestou em carne.

Nesta única frase, a fé genuína e ortodoxa é poderosamente armada contra Ário, Marcion, Nestório e Êutico. Há forte ênfase no contraste das duas palavras: Deus e carne. A diferença entre Deus e o homem é imensa, e, todavia, em Cristo vemos a glória infinita de Deus unida à nossa carne poluída, de tal sorte que ambas se tornaram uma só [*videmus in Christo coniunctam cum hac nostra carnis putredine, ut unum efficiant*].[21]

Justificado no espírito. Como o Filho de Deus a si mesmo se esvaziou ao tomar para si nossa carne [Fp 2.7], assim também ma-

---

21 "Pela palavra *carne*, Paulo declara que Cristo era verdadeiro homem, e que se vestiu de nossa natureza; mas, ao mesmo tempo, pela palavra *manifestado* ele mostra que havia duas naturezas. Não devemos imaginar um Jesus Cristo que seja Deus e outro Jesus Cristo que seja homem; mas devemos saber que ele mesmo é, respectivamente, Deus e homem. Distingamos suas duas naturezas, para que saibamos que este é o Filho de Deus que é nosso irmão. Ora, eu disse que Deus permite que as antigas heresias, com as quais a Igreja foi atribulada, revivam em nosso tempo, a fim de excitar-nos a uma atividade mais intensa. Mas, em contrapartida, observemos que o diabo é constrangido a fazer o máximo empenho para subverter este artigo da fé, porque ele percebe claramente que ele é o fundamento de nossa salvação. Pois se não temos aquele *mistério* de que fala Paulo, o que será de nós? Somos todos filhos de Adão, e por isso somos malditos; estamos no poço da morte; em suma, somos inimigos mortais de Deus, e assim nada há em nós senão condenação e morte, até que saibamos que Deus já veio buscar-nos, e que, visto que não poderíamos subir a ele, então desceu a nós. Até que tenhamos tal conhecimento, não passamos de seres miseráveis. Por esta razão, o diabo quis, o quanto pudesse, destruir esse conhecimento, ou, melhor, misturá-lo com suas mentiras, de modo a que a pervertesse. Em contrapartida, quando vemos que há em Deus tal majestade, como ousaríamos aproximar-nos dele, visto estarmos tão saturados de miséria? Devemos, pois, recorrer a esta união da majestade de Deus com a natureza humana. E assim, em cada aspecto, *até que tenhamos conhecido a majestade divina que se encontra em Jesus Cristo*, e nossa fraqueza humana que ele tomou para si, é impossível termos qualquer esperança, ou sermos capazes de recorrer à bondade de Deus, ou de ter a ousadia de invocá-lo e de nos volvermos para ele. Em suma, [sem Cristo] estamos inteiramente excluídos do reino celestial, cujo portão está fechado para nós e não podemos nem mesmo nos aproximarmos dele por nenhuma [outra] via de acesso." – *Fr. Ser.*

nifestou-se nEle um poder espiritual que testificou que Ele era Deus. Esta passagem tem sido interpretada de diferentes formas, mas fico satisfeito em explicar a intenção do apóstolo como a entendo sem adicionar nada mais. Em primeiro lugar, a justificação, aqui, significa um reconhecimento do poder divino, como no Salmo 19.9, onde se diz que os juízos de Deus são justificados, ou seja, maravilhosa e completamente perfeitos.[22] Note-se também o Salmo 51.4, onde se diz que Deus é justificado, significando que o louvor de sua justiça se exibe claramente. Assim também em Mateus 11.19 e Lucas 7.35, onde Cristo diz que a sabedoria é justificada por seus filhos, significando que neles o valor da sabedoria se evidencia. Além do mais, em Lucas 7.29 se diz que os publicanos justificavam a Deus, significando que na devida reverência e gratidão reconheciam a graça de Deus que discerniam em Cristo. Portanto, o que lemos aqui tem o mesmo sentido se Paulo dissesse que aquele que se manifestou vestido de carne humana foi declarado ao mesmo tempo ser o Filho de Deus, de modo que a fragilidade da carne de forma alguma denegriu sua glória.

À palavra "Espírito" ele inclui tudo o que em Cristo era divino e superior ao homem; e isso ele o faz por duas razões. Primeira, visto que Cristo fora humilhado na carne, Paulo agora contrasta o Espírito com a carne, ao exibir nitidamente sua glória. Segundo, a glória, digna do unigênito Filho de Deus, que João afirma ter visto em Cristo [Jo 1.14], não consistia de uma manifestação externa ou de esplendor terreno, senão que era quase totalmente espiritual. A mesma forma de expressão é usada no primeiro capítulo de Romanos [1.3]: "o qual, segundo a carne, veio da descendência de Abraão e foi designado Filho de Deus com poder, segundo o Espírito"; mas com esta diferença, ou seja, que nesta passagem ele menciona uma manifestação especial de sua glória, a saber, a ressurreição.

---

22 "Quando ele diz: são justificados juntamente, o significado é que todos são justos, do maior ao menor, sem uma única exceção. Por esta recomendação, ele distingue a lei de Deus das doutrinas dos homens; pois não se pode achar nela nenhuma mancha ou falha, senão que em todos os pontos ela é absolutamente perfeita." – Comentário ao *Livro dos Salmos*, de Calvino, volume 1.

Contemplado pelos anjos, proclamado entre os gentios. Todas essas afirmações são maravilhosas e espantosas, ou seja: que Deus se dignou conferir aos gentios – o que até então havia sido vago e incerto ante a cegueira de suas mentes – a revelação de seu Filho, que estivera oculto dos próprios anjos celestiais! Pois, dizer que ele foi visto pelos anjos significa que essa foi uma visão que, por sua novidade e excelência, atraiu a atenção dos anjos. Quão singular e extraordinária foi a vocação dos gentios é algo que já explicamos na exposição de Efésios 2. Nem causa estranheza que a mesma tenha atraído a visão dos anjos, porque, ainda que tivessem conhecimento da redenção da humanidade, afinal não sabiam como seria ela realizada, e teria sido oculta deles com o fim de que a grandeza da benevolência divina pudesse ser contemplada por eles com admiração mais intensa.

Crido no mundo. É espantoso, acima de tudo, que Deus haja concedido igual participação de sua revelação aos gentios profanos e aos anjos que eram a eterna herança de seu reino. Mas essa poderosa eficácia do evangelho proclamado pelo qual Cristo venceu todos os obstáculos e introduziu à obediência da fé os que pareciam completamente incapazes de ser subjugados, não era de forma alguma um milagre comum. Certamente, nada parecia ser mais improvável, de tão completamente fechada e selada que estava a entrada. Não obstante, por meio de uma vitória quase incrível, a fé venceu.

Finalmente, o apóstolo diz que Ele foi *recebido na glória*, ou seja, depois desta vida mortal e miserável. Portanto, quer no mundo, pela obediência de fé, quer na pessoa de Cristo, uma maravilhosa mudança se operou, pois Ele foi exaltado do execrável estado de servo à gloriosa destra do Pai, para que todo joelho se dobre diante dEle.

Capítulo 4

1. Mas o Espírito expressamente diz que nos últimos tempos alguns apostatarão da fé, dando ouvidos a espíritos sedutores e a doutrinas de demônios,
2. pela hipocrisia dos homens que falam mentiras, tendo a consciência marcada com ferrete;
3. proibindo casamento e ordenando abstinência de alimentos, os quais Deus criou para serem recebidos com ações de graças por aqueles que crêem e conhecem a verdade.
4. Pois toda a criação de Deus é boa, e nada deve ser rejeitado, caso seja recebida com ações de graças;
5. porque, pela palavra de Deus e pela oração, é santificado.

1. Spiritus autem clare dicit, quod in posterioribus temporibus desciscent quidam a fide, attendentes spiritibus impostoribus, et doctrinis daemoniorum.
2. In hypocrisi falsiloquorum, cautério notatam habentium conscientiam;
3. Prohibentium matrimonia contrahere, jubentium abstinere a cibis, quos Deus creavit ad percipiendum cum gratiarum actione fidelibus, et qui congnoverunt veritatem.
4. Quod omnis creatura Dei bona, et nihil rejiciendum quod cum gratiarum actione sumatur:
5. Sanctificatur enim per sermonem Dei et precationem.

1. Mas o Espírito expressamente diz. O apóstolo tem transmitido a Timóteo conselhos criteriosos sobre muitos temas, e agora mostra por que tal cuidado era necessário, visto ser sensato tomar medidas contra um perigo que o Espírito Santo declara estar chegando, a saber, que viriam falsos mestres oferecendo suas próprias invenções fúteis como se as mesmas fossem o ensino da fé, e que, ao transformar a santidade em observâncias externas, obscureceriam aquele culto espiritual devido a Deus, o qual é o único legítimo. E nesse ponto tem-se realmente travado constante batalha entre os servos de Deus e os homens tais como os descritos por Paulo aqui. Pois, visto que os homens são naturalmente inclinados à hipocrisia, Satanás facilmente os persuade, dizendo que Deus pode ser corretamente cultuado através de cerimônias, disciplinas e coisas externas. Realmente, sem necessidade de mestre, quase todos têm esta convicção profundamente arraigada em seus corações. Afinal, a astúcia de Satanás é adicionada para completar o erro, e o resultado é que em todas as épocas tem existido impostores que recomendam o falso culto, através do qual a verdadeira piedade é levada à ruína. Afinal, essa praga traz outra em seu comboio, pela qual usa a compulsão para sobrecarregar os homens em relação a questões que são indiferentes. Pois o mundo facilmente permite a proibição de coisas que Deus tem declarado lícitas, a fim de que seja permitido transgredir as leis de Deus impunemente.

Aqui, pois, Paulo adverte não só a igreja de Éfeso através de Timóteo, mas também a todas as igrejas, em todos os lugares, contra os falsos mestres que, introduzindo o falso culto e emaranhando as consciências com novas leis, adulteram o verdadeiro culto divino e corrompem a genuína doutrina da fé. Eis o propósito real desta passagem, o qual devemos especialmente conservar em nossas mentes.

Além do mais, para que todos recebessem o que ele está para dizer, com atenção mais apurada, primeiramente declara que essa é uma profecia do Espírito Santo, inequívoca e perfeitamente luminosa. Naturalmente, não há razão para se duvidar que tudo quanto o apóstolo diz é também inspirado pelo Espírito; mas ainda que devamos ouvi-lo sempre como o próprio instrumento de Cristo, todavia aqui, num assunto de imensa relevância, ele particularmente desejava declarar explicitamente que nada prescreveu que não fosse pela operação do Espírito de profecia. Por conseguinte, mediante esta solene certeza, ele nos recomenda esta profecia; e não satisfeito ainda, acrescenta que ela é clara e isenta de toda e qualquer ambiguidade.

Nos últimos tempos. Naquele tempo, ninguém poderia esperar que, com a meridiana luz do evangelho, fosse possível que alguém caísse. Mas isso é precisamente o que Pedro diz [2Pe 3.3], ou seja, que assim como falsos mestres uma vez perturbaram o povo de Israel, também perturbarão sempre a Igreja de Cristo. É como se Paulo dissesse: "Agora o ensino do evangelho floresce, mas não passará muito tempo sem que

Satanás tente sufocar a boa semente com as ervas daninhas."[1]

Tal advertência era útil no próprio tempo de Paulo, para que os pastores e os demais prestassem cuidadosa atenção à sã doutrina e se guardassem de ser enganados. Ela não nos é menos útil hoje quando vemos tudo acontecer segundo a expressa profecia do Espírito. Notemos especialmente a grande solicitude de Deus por sua Igreja, prevenindo-a em tempo hábil sobre os perigos que se aproximam. Satanás possui muitos artifícios pelos quais nos conduz ao erro e nos assalta com estratagemas extraordinários; Deus, porém, nos fornece uma armadura eficaz, porquanto nós mesmos não pretendemos deixar-nos enganar. Não temos, pois, razão alguma para queixar-nos de que as trevas são mais fortes que a luz, ou que a verdade é vencida pela falsidade; antes, porém, quando somos desviados do correto caminho da salvação, estamos recebendo o castigo por nossa própria displicência e indolência.

Mas aqueles que condescendem com seus próprios erros, alegam que dificilmente é possível decidir que gênero de pessoa Paulo está descrevendo aqui. Como se houvesse qualquer propósito na mente do Espírito para pronunciar esta profecia e publicá-la com tanta antecedência. Pois se não houvesse nenhuma indicação infalível do que era pretendido por ela, a presente advertência seria tanto supérflua quanto ridícula. Não ousamos, porém, concluir que o Espírito de Deus nos assuste sem causa, ou que, quando preanuncia algum perigo, também não nos mostre como precaver-nos dele. As próprias palavras de Paulo são por si mesmas plenamente suficientes para refutar essa falsa censura, pois ele põe o seu dedo naquele mal, contra o qual nos adverte para que o evitemos. Ele não fala simplesmente, em termos gerais, sobre os falsos profetas, senão que também nos dá um expresso exemplo do falso ensino, ensino esse que, ao fazer a piedade consistir de exercícios externos, perverte e profana o culto espiritual de Deus, segundo afirmei acima.

Alguns apostatarão da fé. Não fica muito claro se ele está falando dos mestres ou dos ouvintes, mas prefiro tomá-lo como uma aplicação

---

1 "A force d'yvroye et mauvaises herbes." — "Por meio de cizânia e ervas perniciosas."

aos últimos, visto que prossegue tratando dos mestres quando os chama de *espíritos sedutores*. É mais enfático dizer que não só haverá quem divulgue os ensinos ímpios e corrompa a pureza da fé, mas também dizer que não faltarão alunos que sejam atraídos para suas seitas. E quando uma mentira aumenta sua influência, ela avoluma as dificuldades.

Mas ele não está falando de um erro trivial, e, sim, de um mal terrível, a apostasia *da fé*, embora à primeira vista não pareceria ser tão mal assim à luz do ensino que ele menciona. Pois como é possível ser a fé completamente subvertida pela proibição de certos alimentos ou do matrimônio? Devemos, porém, levar em conta uma razão mais ampla, ou seja, que aqui os homens estão inventando um culto divino pervertido para a satisfação de seu ego; e ao ousarem proibir o uso de coisas saudáveis que Deus permitiu, estão alegando que são os mestres de suas próprias consciências. E tão logo a pureza do culto é pervertida, não permanece nada íntegro e saudável, e a fé é completamente subvertida.

Por isso, ainda que os papistas debochem de nós, ao criticarmos suas leis tirânicas acerca de observâncias externas, temos consciência de que estamos lidando com um assunto seríssimo e importantíssimo; porque, assim que o culto divino é contaminado com tais corrupções, a doutrina da fé é também subvertida. A controvérsia não é acerca de carne e peixe, ou acerca das cores preto ou cinza, acerca de quarta-feira ou sexta-feira, e, sim, acerca das más superstições dos homens que desejam obter o favor divino por meio de tais futilidades e pela invenção de um culto carnal, fabricando para si ídolos no lugar de Deus. Quem ousaria negar que fazer isso é apostatar da fé?

Espíritos sedutores. Ele está se referindo a profetas ou mestres, aplicando-lhes esse título porque se vangloriavam de possuir o Espírito, e ao procederem assim estavam causando impressão sobre o povo. Em geral, é deveras verdade que todas as classes de pessoas falam da inspiração de *um* espírito, mas não o mesmo espírito que inspira a todos. Pois às vezes Satanás passa por espírito mentiroso na boca dos falsos profetas, com o fim de iludir os incrédulos que merecem ser enganados [1Rs 22.21-23]. Mas todos quantos atribuem a Cristo a devida honra falam pelo Espírito de Deus, no dizer de Paulo [1Co 12.3].

Esse modo de expressar-se teve sua origem na reivindicação feita pelos servos de Deus, a saber, que todos os seus pronunciamentos públicos lhes vieram por revelação do Espírito; e, visto que eram os instrumentos do Espírito, lhes foi atribuído o nome do Espírito. Mais tarde, porém, os ministros de Satanás, através de uma falsa imitação, como fazem os macacos, começaram a fazer a mesma reivindicação em seu favor, e da mesma forma falsamente assumiram o mesmo nome. Eis a razão por que João diz: "provai os espíritos, se realmente procedem de Deus" [1Jo 4.1].

Além do mais, Paulo explica o que quis dizer, acrescentando *e doutrinas de demônios*, o que equivale dizer "atentando para os falsos profetas e suas doutrinas diabólicas". Uma vez mais digamos que isso não constitui um erro de somenos importância ou algo que deva ser dissimulado, quando as consciências dos homens são constrangidas por invenções humanas, ao mesmo tempo em que o culto divino é pervertido.

2. Pela hipocrisia, falam mentiras. Se esta frase for considerada como uma referência aos demônios, então falar mentiras será uma referência aos seres humanos que falam falsamente pela inspiração do diabo. Mas é possível substituí-la por "através da hipocrisia dos homens que falam mentiras". Evocando um exemplo particular, ele diz que falam mentiras hipocritamente, e *são marcados com ferretes em sua consciência*. E devemos observar que essas duas coisas se relacionam intimamente, e que a primeira flui da segunda. As más consciências que são marcadas com o ferrete de seus maus feitos lançam mão da hipocrisia como um refúgio seguro, a saber, engendram pretensões hipócritas com o fim de embaralhar os olhos de Deus. Aliás, esse é o mesmo expediente usado por aqueles que tentam agradar a Deus com ilusórias observâncias externas.

E assim, a palavra *hipocrisia* deve ser entendida em relação ao presente contexto. Ela deve ser considerada primeiramente em relação à doutrina, e significando que gênero de doutrina é esse que substitui o culto espiritual de Deus por gesticulações corporais, e assim adultera sua genuína pureza, e então inclui todos os métodos inventados pelos homens para apaziguar a Deus ou obter seu favor. Seu significado pode ser assim resumido: em primeiro lugar, que todos os que introduzem uma santidade forjada estão agindo em imitação ao diabo, porquanto Deus jamais é adorado corretamente através de meros ritos externos. Os verdadeiros adoradores "o adorarão em espírito e em verdade" [Jo 4.24]. E, em segundo lugar, que esse culto externo é uma medicina inútil por meio do qual os hipócritas tentam mitigar suas dores, ou, melhor, um curativo sob o qual as más consciências ocultam suas feridas sem qualquer valia, a não ser para agravar ainda mais sua própria ruína.

3. Proibindo casamento. Havendo descrito a falsa doutrinação em termos gerais, ele agora toma nota de dois exemplos específicos dela[2] – a proibição do matrimônio e de certos alimentos. Tal atitude tem sua origem na hipocrisia que abandona a genuína santidade e então sai em busca de algo mais à guisa de dissimulação. Pois aqueles que não se abstêm da soberba, do ódio, da avareza, da crueldade e de coisas afins, tentam adquirir justiça por seus próprios esforços, abstendo-se daquelas coisas que Deus deixou para o nosso livre uso. A única razão por que as consciências são sobrecarregadas por tais leis é porque a perfeição está sendo buscada à parte da lei de Deus. Isso é feito pelos hipócritas que, procurando transgredir impunemente aquela justiça interior que a lei requer, tentam ocultar sua perversidade interior por meio de observâncias externas, com as quais se encobrem como com véus.

Isso se constituía numa clara profecia do perigo que não seria difícil de observar, se os homens atentassem para o Espírito Santo que fez registrar uma advertência tão distinta. Não obstante, perce-

---

2 "Apres avoir mis le terme general, a scavoir Doctrines des diables, et puis une espece, a seavoir hypoerisie; maintenant ail met deux poinets par. tieuliers de ceste hypocrisies." — "Depois de haver empregado o termo geral, isto é, doutrinas de demônios, e em seguida haver mencionado uma classe, isto é, a hipocrisia, ele menciona dois exemplos individuais dessa hipocrisia."

bemos que as trevas de Satanás geralmente prevaleciam, de tal sorte que a clara luz dessa perfeita e memorável predição não deixou de cumprir-se. Não muito depois da morte dos apóstolos levantaram-se os encratitas – que derivaram seu nome do termo grego, continência –, os tatianistas,[3] os cataristas, Montano com sua seita e finalmente os maniqueus, que sentiam extrema aversão por carne como alimento e pelo matrimônio, e condenavam a ambos como sendo profanos. Ainda que tenham sido repudiados pela Igreja em razão de sua arrogância em pretenderem obrigar os demais a sujeitarem-se a seus pontos de vista, não obstante tornou-se evidente que, mesmo aqueles que os resistiram, cederam aos seus erros. Esses de quem estou falando agora não tiveram intenção de impor uma nova lei aos cristãos, contudo atribuíam mais importância a observâncias supersticiosas, como abstinência do matrimônio e de carne como alimento.

Tal é a característica do mundo, sempre imaginando que Deus pode ser cultuado de uma forma carnal, como se Ele mesmo fosse carnal. A situação se tornou gradualmente pior, até que um estado de tirania se fez prevalecente, ao ponto de o matrimônio não mais ser lícito aos sacerdotes ou monges, ou que em todos, ou em certos dias não poderem comer carne. Por conseguinte, temos boas razões para hoje crer que essa profecia se aplica aos papistas, visto que obrigam o celibato e a abstinência de alimentos mais rigorosamente do que a obediência a qualquer dos mandamentos de Deus. Acreditam que podem escapar da acusação de torcer as palavras de Paulo, fazendo-as aplicar-se aos tatianistas, aos maniqueus ou a grupos afins, como se os tatianistas não pudessem tê-la evitado da mesma forma, voltando as censuras de Pau-

---

3 "Tatiano, assírio de nascimento, e discípulo de Justino Mártir, teve grande número de seguidores, que foram, depois dele, chamados tatianistas, mas, não obstante, eram mais frequentemente distinguidos de outras seitas por nomes relativos às suas maneiras austeras. Porque, como rejeitavam com uma sorte de horror todos os confortos e conveniências de vida, e se abstinham do vinho com uma obstinação tão rigorosa, a ponto de nada usarem além de água, inclusive na celebração da Cela do Senhor, como maceravam seus corpos com jejuns contínuos e viviam uma vida severa de celibato e abstinência, assim foram chamados encratitas (temperantes), hidroparastates (bebedores de água) e apotaetitas (renunciadores)." — *Moshezn's* História da Igreja.

lo contra os catafrinenses e contra Montano, o autor dessa seita; ou como se os catafrinenses não pudessem facilmente fazê-la retroceder contra os encratistas como culpados em seu lugar. Aqui, porém, Paulo não está preocupado com pessoas, e, sim, com os pontos de vista que elas defendiam; e mesmo que surgisse uma centena de seitas diferentes, todas elas laborando sob a mesma hipocrisia em exigir a abstinência de alimentos, todas estariam incorrendo na mesma condenação.

Portanto, é inútil o que fazem os papistas ao indicarem os antigos hereges como sendo eles os únicos alvos da condenação paulina. É mister que vejamos bem se porventura não são igualmente culpados. Alegam que são distintos dos encratistas e maniqueus, porquanto não proíbem de forma absoluta o matrimônio e alimentos, senão que obrigam a abstinência de carne somente em certos dias, e exigem um voto de celibato somente aos monges, sacerdotes e freiras. Mas essa é uma desculpa completamente frívola, porquanto fazem a santidade consistir dessas coisas e estabelecem um culto falso e espúrio a Deus, bem como escravizam as consciências humanas com uma compulsão da qual devem estar totalmente livres.

No quinto livro de Eusébio[4] há um fragmento dos escritos de Apolônio no qual, entre outras coisas, repreende Montano por ser o primeiro a dissolver o matrimônio e a estabelecer regras para o jejum. Ele não diz que Montano proibia universalmente o matrimônio ou certos alimentos. É suficiente impor às consciências humanas uma obrigação de se fazer essas coisas e cultuar a Deus através de sua observância. Proibir coisas que são de livre uso, seja em termos universais, seja em casos especiais,

---

4 "Apolônio se dedicou a refutar, em uma obra que ele mesmo escreveu, a heresia dos frígios (conforme a chamamos), que ainda continua a prevalecer na Frigia. Apolônio fez isso corrigindo as falsas predições no que eles disseram e descrevendo a vida daqueles que eram seus fundadores. Ouçam o que ele diz, em suas próprias palavras, a respeito de Montano: "Quem é esse novo mestre? Suas obras e suas doutrinas demonstram com suficiência. Ele ensinou a dissolução do casamento, impôs leis de jejum, chamou de Jerusalém a Pepuza e Timium, pequenas localidades da Frigia, a fim de reunir ali homens de todos os lugares; estabeleceu coletores de dinheiro e criou seu método de receber presentes sob o nome de ofertas. Ele pagava salários a todos os que pregavam a sua doutrina, de modo que ela crescesse por meio de excesso e imoderação".— *Clare's Trans. of Eusebius*, Eccl. Hist., Book V., ch. xviii.

é sempre uma tirania diabólica. Mas isso se tornará ainda mais óbvio à medida que certos tipos de alimentos aparecem na próxima cláusula.

Os quais Deus criou. É mister que notemos bem a razão apresentada por que devemos viver contentes com a liberdade que Deus nos concedeu no uso dos alimentos. É porque Deus os criou para esse fim. Eles proporcionam o maior contentamento a todos os piedosos, por saberem que todos os tipos de alimentos que comem lhes são postos nas mãos pelo Senhor, para que desfrutem deles de modo puro e legítimo. Como é possível que os homens excluam o que Deus graciosamente concedeu? Podem, porventura, criar alimentos? Ou podem, porventura, invalidar a criação de Deus? Lembremo-nos sempre de que Aquele que criou é também o mesmo que nos faz desfrutar de sua criação, e é inútil que os homens tentem proibir o que Deus criou para o nosso uso.

Para serem recebidos com ações de graças. Deus criou o alimento *para ser recebido*, ou seja, para o nosso usufruto. Ele, porém, acrescenta *com ações de graças*, pois o único pagamento com que podemos retribuir a Deus por sua liberalidade para conosco é dando testemunho de nossa gratidão. E assim, ele expõe a uma maior execração os perversos legalistas que, mediante novas e precipitadas sanções, obstruíam o sacrifício de louvor que Deus especialmente requer que lhe ofereçamos. Além do mais, não é possível haver ações de graças sem sobriedade e moderação, e não é possível haver genuíno reconhecimento da benevolência divina por parte de alguém que impiamente a insulta.

Por aqueles que crêem. E daí? Não é verdade que Deus faz o seu sol nascer diariamente sobre os bons e os maus [Mt 5.45], e não produz a terra, em obediência à sua ordenação, pão para os santos, e não são os piores dos homens também alimentados pela beneficência divina? Na verdade existe aquela bênção geral que Davi descreve no Salmo 104.14, mas aqui o tema de Paulo é acerca do uso lícito e de quão assegurados dele vivemos aos olhos de Deus. Isso é algo do qual os perversos não podem participar, em razão de sua consciência impura que a tudo contamina, como o próprio apóstolo expressa em Tito 1.15. Aliás, estritamente falando, Deus destinou exclusivamente a seus filhos o mundo inteiro e a tudo o que nele existe; por essa razão são também chamados os herdeiros do mundo. Pois no princípio Adão foi nomeado senhor de todas as coisas sob a condição de permanecer em obediência a Deus. E assim sua rebelião contra Deus privou a ele e à sua posteridade desse direito que lhes fora concedido. Visto, porém, que todas as coisas se acham sujeitas a Cristo, nossos direitos, através de sua benevolência, nos são plenamente restaurados, mas somente através da fé. Portanto, tudo de que os incrédulos desfrutam pode ser considerado como sendo propriedade de outrem, a quem enganam e de quem roubam.

E conhecem a verdade. Nesta última cláusula ele define os crentes como sendo aqueles que são detentores do conhecimento da sã doutrina, porquanto não pode haver fé senão aquela procedente da Palavra de Deus, para que não concluamos falsamente que a fé é uma opinião confusa, como fazem os papistas.

4. Pois toda a criação de Deus é boa. Como deve o alimento ser utilizado é algo que em parte depende da natureza do alimento, e em parte do caráter da pessoa que dele se nutre. O apóstolo faz referência a ambos os aspectos. Quanto à natureza do alimento, ele declara que ele é puro, porquanto Deus o criou e seu uso nos é santificado mediante a fé e a oração. O caráter bom das coisas criadas que ele menciona se relaciona com os homens; não com seus corpos ou sua saúde, mas com suas consciências. Faço esta observação com o fim de desencorajar as especulações curiosas que não têm qualquer referência ao propósito desta passagem, pois a intenção de Paulo é, numa palavra, que tudo o que nos vem das mãos de Deus é puro e incorruptível diante de seus olhos e se destinam ao nosso uso, para que o comamos livremente, com uma consciência em paz.

Se porventura objetar-se que sob o regime da lei muitos animais foram uma vez declarados imundos, e que o fruto da árvore do conhecimento do bem e do mal trouxe morte aos homens, a resposta é que as criaturas são qualificadas como sendo *puras*, não precisamente porque são obras de Deus, mas porque ele no-las dá com sua bênção. Devemos sempre atentar para o desígnio divino, tanto no que ordena quanto no que proíbe.

5. Pela palavra de Deus e pela oração é santificada. Esse é um reforço da cláusula anterior – ser "recebido com ações de graças". É um argumento com base no oposto, pois santo e profano são opostos entre si. Devemos agora indagar qual o gênero de santificação de todas as coisas boas que sustentam nossa presente vida Paulo tinha em mente. Ele declara que ela consiste da Palavra de Deus e da oração, no entanto devemos também notar que a fé é indispensável para se entender a Palavra a fim de que ela nos seja proveitosa. Pois ainda que Deus mesmo é quem santifica todas as coisas pelo Espírito de sua boca, todavia só recebemos a bênção mediante o exercício da fé. A isso acrescenta-se a oração, pois não só pedimos por nosso pão cotidiano de acordo com o mandamento de Cristo, mas também oferecemos ações de graças pela generosidade divina.

O ensino de Paulo tem por base o princípio de que não há possessão legítima de qualquer coisa boa, a menos que nossa consciência testemunhe que tal possessão é nossa por direito. Quem dentre nós ousaria reivindicar para si sequer um grão de trigo, não fôssemos convencidos pela Palavra de Deus de que a terra é nossa por herança? O bom senso de fato testifica que as riquezas da terra são naturalmente destinadas ao nosso uso, visto, porém, que o nosso domínio sobre o mundo nos foi tirado em Adão, toda e qualquer dádiva divina em que tocamos é contaminada por nossa corrupção; e ela, em contrapartida, nos é impura até que Deus graciosamente venha em nosso socorro e, unindo-nos ao Corpo de seu Filho, nos constitua de novo senhores da terra, para que nós mesmos desfrutemos legalmente de toda riqueza que ele nos proporciona.

Paulo, portanto, tem boas razões para relacionar o gozo legítimo com a Palavra, somente pela qual nós reconquistamos o que havíamos perdido em Adão. Pois devemos reconhecer a Deus como nosso Pai antes de nos tornarmos seus herdeiros, e a Cristo como nossa Cabeça antes que as coisas que lhe pertencem se tornem nossas. Daqui se pode inferir que o uso de todos os dons divinos é impuro, a menos que seja acompanhado do conhecimento genuíno e da invocação do nome de Deus; e que é uma maneira bestial comermos sem orar, ao nos acercarmos da mesa, ou, quando saciados, nos retirarmos sem qualquer consciência de Deus.

E se tal santificação é requerida para o pão comum, o qual, à nossa semelhança, está sujeito à deterioração, o que dizermos dos sacramentos espirituais? É mister que observemos aqui a distinção existente entre a bênção da mesa sacramental e da mesa comum. Abençoamos o alimento que comemos para a nutrição de nosso corpo a fim de o recebermos legitimamente e sem qualquer impureza; mas consagramos o pão e o vinho na Ceia do Senhor, de uma forma muitíssimo mais solene, para que sejam nossos penhores do corpo e do sangue de Cristo.

6. Se conscientizares os irmãos acerca dessas coisas, serás um bom ministro de Cristo Jesus, nutrido com as palavras da fé e da boa doutrina que tens seguido até agora.	6. Haec suggerens fratribus, bonus eris Iesu Christi minister, innutritus sermonibus fidei, et bonae doctrinae quam sequutus es.
7. Mas rejeita as fábulas profanas de mulheres idosas. E exercita-te pessoalmente na piedade;	7. Profanas autem et aniles fabulas devita, quin potius exerce te ipsum ad pietatem.
8. pois o exercício físico é pouco proveitoso; mas a piedade para tudo é proveitosa, tendo a promessa da vida presente e da que há de vir.	8. Nam corporalis exercitatio paululum habet utilitatis; at pietas ad omnia utilis est, ut quae promissiones habeat vitae praesentis et futurae.
9. Fiel é a palavra e digna de toda aceitação.	9. Fidelis sermo, dignusque qui modis omnibus approbetur.
10. Porque para esse fim labutamos e nos esforçamos, porquanto temos nossa esperança depositada no Deus vivente, que é o Salvador de todos os homens, especialmente daqueles que crêem.	10. Nam in hoc et laboramus, et probris afficimur, quod spem fixam habemus in Deo vivente, qui servator est omnium hominum, maxime fidelium.

6. Se conscientizares os irmãos. E assim ele exorta a Timóteo a constantemente lembrar a Igreja dessas coisas, e mais tarde o reitera segunda e terceira vez, porquanto são coisas que devem ser lembradas com frequência. É mister que notemos bem o contraste implícito na maneira como ele opõe a doutrina que recomenda, não a doutrinas falsas ou ímpias, mas a frivolidades inúteis e que não produzem edificação alguma. Ao dizer a Timóteo que mantivesse a doutrina [apostólica], Paulo desejava que tais frivolidades fossem sepultadas em perene esquecimento.

Serás um bom ministro. Os homens frequentemente põem diante de si algum outro ideal que não tem nada a ver com a aprovação de si mesmos por parte de Cristo; muitos estão à procura de aplausos para suas habilidades, sua eloquência ou seu conhecimento profundo, e essa é a razão por que deixam de prestar atenção às necessidades básicas que comumente não produzem a desejada admiração popular. Paulo, porém, recomendou a Timóteo que vivesse satisfeito com esta única coisa, a saber: que fosse um fiel ministro de Cristo. E com certeza devemos considerar essa qualidade como o mais honroso título, do que sermos mil vezes laureados com a sutileza dos títulos beatíficos e de doutores. Lembremo-nos, pois, de que a honra mais excelente que pode sobrevir a um pastor piedoso é ser ele considerado um bom ministro de Cristo, de tal modo que, durante todo o seu ministério, não tenha ele outro alvo além desse. Pois aqueles que tiverem alguma outra ambição podem ser bem sucedidos em granjear a aprovação humana, mas não conseguirão agradar a Deus. E assim, para não sermos privados de tão imensa bênção, aprendamos a não buscar nada mais e a não pensar em nada mais importante e sim, a pensar em tudo como sendo comparativamente sem valor diante desta bênção.

Nutrido. Visto que o verbo está na voz média, em grego, poderia ser também traduzido ativamente, "alimentando"; visto, porém, não haver nenhum objeto seguindo o verbo, parece-me que tal tradução seria um tanto forçada. Prefiro tomar o particípio no sentido passivo, como uma confirmação do que o apóstolo estivera justamente dizendo sobre a educação de Timóteo. É como se dissesse: "Tendo sido corretamente instruído na fé desde tua infância, e tendo sido, por assim dizer, amamentado na sã doutrina com o leite de tua mãe, e mesmo agora ainda tens mantido contínuo progresso nela, esforça-te para que, mediante um ministério fiel, proves que és ainda o mesmo." Esta interpretação também realça o sentido radical do termo ἐντρεφόμενος.

Com as palavras da fé e da boa doutrina. *Fé* significa, aqui, a suma da doutrina cristã; e a cláusula, *boa doutrina*, é adicionada para explicar mais claramente a natureza desta fé.[5] Ele quer dizer que, por mais plausíveis que sejam as outras doutrinas, elas não são absolutamente proveitosas.

A cláusula *que tens seguido* indica sua perseverança. Muitos, que desde sua infância simplesmente aprenderam sobre Cristo, com o passar do tempo apostataram; Paulo, porém, diz que Timóteo não se incluía em seu número.

7. Exercita-te pessoalmente na piedade.[6] Havendo-o instruído na mesma doutrina que ele devia ensinar, ele agora o adverte quanto a que sorte de exemplo ele teria que dar a outros, e diz-lhe que se dedicasse à piedade. Pois ao dizer: "exercita-te", sua intenção era expressar que essa é a ocupação específica de Timóteo, sua principal solicitude e sua primordial atividade. É como se dissesse: "Não há razão por que deves cansar-te com outros afazeres sem qualquer objetividade. Farás algo de maior valor se com todo o teu zelo e habilidade se te devotares exclusivamente à piedade somente." Com o termo "piedade" ele quer dizer o culto espiritual de Deus que se encontra unicamente na consciência íntegra; e isso se torna ainda mais evidente no que se segue, ao

---

5 "C'est pour mieux exposer et declarer le mot precedent." — "É para o propósito de explanar mais clara e plenamente a palavra precedente."

6 "Aquele que deseja ser fielmente empregado no serviço de Deus deve não só evitar, no dizer de Paulo, as mentiras e superstições que tendem a envenenar as almas, mas devem evitar as fábulas profanas, isto é, sutilezas que não pode edificar, e que não contêm instrução que é saudável para a salvação das almas. Eis aqui uma passagem que bem merece ser considerada; pois vemos que essa era uma parte das corrupções que entravam no mundo, e que, mesmo hoje, prevalece no papado. De fato haverá doutrinas absurdas no mais elevado grau, e erros mui fúteis e aviltantes. Sabemos que a idolatria é tão grosseira e flagrante entre eles como sempre existiu entre os pagãos, que todo o culto divino é corrompido e, em suma, que nada há que não seja espúrio. Tais erros devem ser tidos por nós em aversão; mas há um mal que é ainda mais sagaz, e que é desconhecido entre o povo comum. Pois embora a doutrina dos papistas não fossem falsas como na realidade é, ainda que não fosse perversa, contudo é 'profana', como Paulo a denomina aqui. E por quê? Eles têm questões que debatem sobre coisas nas quais não há nenhum proveito. Se um homem viesse a conhecer todas as questões que são debatidas nas escolas de teologia do papado, nada haveria senão vento. Entretanto, dão-se o máximo empenho sobre estas matérias, e nunca conseguem terminar; pois apresentam questões que não podem ser respondidas senão por meio de adivinhação; e ainda que um homem desejasse perscrutar os segredos de Deus, sobre os quais nada lemos na Santa Escritura, porventura ele não mergulharia num abismo? Ora, os papistas têm tido o orgulho e audácia de desejar penetrar tais matérias, as quais devem continuar sendo-nos desconhecidas. E assim se deu que Deus subtraiu sua verdade, quando o mundo assim a corrompeu." – *Fr. Ser.*

contrastar piedade com exercício físico.

8. Pois o exercício físico é pouco proveitoso. Pelo exercício físico o apóstolo não se refere ao esporte da caça, ou da corrida, ou proceder a uma escavação, ou de luta corporal, ou de algum trabalho manual; ao contrário, ele está falando de ações externas empreendidas em função da religião, a saber, vigílias, jejuns prolongados, prostração em terra e atos afins. Ele não está aqui censurando a observância supersticiosa dessas coisas, pois a seguir ele as condena totalmente, ao escrever para os Colossenses [2.21]. Aqui, porém, ele apenas desdenha delas e afirma que são de pouco proveito. Portanto, mesmo que o coração seja puro e o motivo justo, Paulo não encontra nada nas ações externas que seja de algum valor real.

Eis aqui uma advertência indispensável, pois o mundo sempre revela forte tendência para cultuar a Deus por meio de observâncias externas, o que pode ser fatal. Mesmo deixando a noção perversa de que há méritos nelas, nossa natureza sempre nos dispõe fortemente a pensar que a vida ascética é de grande valor, como se fosse uma parte notável da santificação cristã. Não existe prova mais clara disso do que o fato de logo depois Paulo emitir esse mandamento, um tipo fútil de exercício corporal conquistou a admiração imoderada de toda a terra. De tal monasticismo surgiu a mais excelente disciplina da antiga igreja, pelo menos aquela parte dela que foi mais altamente estimada pela opinião popular. Se os antigos monges não tivessem crido haver alguma perfeição divina ou angelical em suas austeras regras de vida, jamais a teriam praticado com tanto ardor. Da mesma forma, se os pastores não tivessem indevidamente supervalorizado as práticas então observadas como meio de se mortificar a carne, jamais as teriam requerido de maneira tão estrita. Todavia Paulo expressa o contrário, ou seja: mesmo que um homem se haja fatigado com muitos e prolongados exercícios, o proveito será pouco e insignificante; porque não passam de rudimentos de uma disciplina pueril.

Mas a piedade para tudo é proveitosa. Significa que ao homem que possui piedade nada falta, mesmo que não tenha a pequena assistência que essas práticas ascéticas podem oferecer. A piedade é o ponto de partida, o meio e o fim do viver cristão; e onde ela é completa, não existe lacuna alguma. Cristo não seguiu um modo ascético de vida como João Batista, e, no entanto, não lhe era absolutamente inferior, nem um mínimo sequer. Portanto, a conclusão é que devemos concentrar-nos exclusivamente sobre a piedade, pois quando a tivermos alcançado, Deus não requererá de nós nada mais; e devemos prestar atenção nos exercícios corporais só até onde eles não obstruam nem retardem a prática da piedade.

Tendo a promessa. É um conforto muitíssimo profundo saber que Deus não deseja que ao piedoso falte alguma coisa. Havendo decretado que nossa perfeição estaria radicada na piedade, ele agora faz provisão para que a mesma encontre sua concretização na genuína felicidade. E já que ela, nesta vida, é a fonte da felicidade, ele estende a esta vida, também, as promessas da graça divina, a qual só pode trazer-nos felicidade e sem a qual seremos os mais miseráveis dos homens. Pois Deus declara que mesmo nesta vida ele nos será por Pai.

Devemos, porém, lembrar de fazer distinção entre as bênçãos da vida presente e as da vida futura. Pois neste mundo Deus nos abençoa de maneira que só desfrutamos de uma mera prelibação de sua benevolência, e através dessa prelibação somos atraídos a desejar as bênçãos celestiais para que nelas sejamos plenamente saciados. Eis a razão por que as bênçãos da presente vida são não só mescladas, mas também destruídas por muitas aflições, pois não é bom que tenhamos abundância aqui e a seguir suceda que ela nos conduza à incontinência. Além do mais, para que não suceda de alguém tentar extrair desta passagem uma doutrina dos méritos, devemos observar que a piedade inclui não só uma consciência íntegra em relação ao homem e reverência em relação a Deus, mas também fé e oração.

9. Fiel é a palavra. O apóstolo agora apresenta, na conclusão de seu argumento, algo que já havia dito duas vezes, e sem qualquer propósito aparente, porquanto imediatamente prossegue tratando de argumentos de teor contrário. Ele tem boas razões para asseverar este ponto com tanta energia, pois é um paradoxo fortemente oposto à nossa experiência na carne sustentar que Deus neste mundo supre a seu povo de tudo quanto se requer para uma vida abençoada e feliz, uma vez que tão recorrentemente ele se vê em carência de todas as coisas e deveras se considera esquecido de Deus. Por conseguinte, não satisfeito com simplesmente enunciar esta doutrina, ele repele todos os ataques contra ela e admoesta os crentes a abrirem a porta da graça de Deus, a qual nossa incredulidade havia fechado. Pois, indubitavelmente, se estivéssemos mais dispostos a receber as bênçãos divinas,[7] Deus também nos contemplaria com mais liberalidade.

10. Porque para esse fim labutamos. O apóstolo, aqui, antecipa uma objeção, considerando a possível pergunta se os crentes, pressionados como são por todo gênero de aflição, porventura não são os mais miseráveis dos homens. Portanto, a fim de mostrar que a condição real deles não deve ser julgada pelos aspectos externos, o apóstolo os distingue de outros, quer em relação à causa, quer em relação ao resultado de seus sofrimentos. Daqui segue-se que, ao serem atribulados pela adversidade, nada perdem das promessas que ele mencionou. A conclusão é que os crentes não são miseráveis em suas aflições, porque uma consciência íntegra os sustenta e um fim abençoado e alegre os aguarda.

Ora, visto que a felicidade de sua vida presente consiste de duas partes principais, a saber, honras e confortos, ele contrasta com estes, *labores* e *reprimendas*, significando pelos primeiros todos os tipos de desconfortos e perturbações, tais como pobreza, frio, nudez, fome, exílio, espólios, prisões, açoites e outras perseguições.

Temos nossa esperança depositada no Deus vivente. Este conforto aponta para a razão por que sofremos. Pois quando sofremos por causa da justiça, longe de sermos miseráveis, nossos sofrimentos são, ao contrário, bons motivos para ações de graças. Além disso, nossas aflições

---

7 "Si les benefices de Dieu trouvoyent entree a nous, et que nous fussion disposez a les recevoir." — "Se os benefícios de Deus achar admissão em nós e se estivéssemos dispostos a recebê-los."

são acompanhadas pela esperança no Deus vivente – de fato, a esperança é o fundamento, e a esperança jamais confunde [Rm 5.5]. Daqui segue-se que tudo quanto sucede aos piedosos deve ser considerado lucro.

Que é o Salvador.[8] O segundo conforto depende do primeiro, pois o livramento de que ele fala é, por assim dizer, o fruto da esperança. O raciocínio aqui parte do menor para o maior. Pois aqui, σωτὴρ[9] é um termo geral, significando alguém que guarda e preserva. Seu argumento consiste no fato de que a benevolência divina se estende a todos os homens. E se não há um sequer sem a experiência de participar da benevolência divina, quanto mais aquela benevolência que os piedosos experimentarão e que esperam nela! Deus não cuidará deles de forma especial? Não derramará sobre eles sua bondade muito mais liberalmente? Em suma, não os guardará a salvo, em todos os aspectos, até ao fim?

11. Ordena e ensina essas coisas.	11. Praecipe haec et doce.
12. Que ninguém despreze a tua juventude; sê, porém, um exemplo para os que crêem, na palavra, no procedimento, no amor, na fé, na pureza.	12. Nemo tuam juventutem despiciat; sed esto exemplar fidelium, in sermone, in conversatione, in caritate, in spiritu, in fide, in castitate.

---

8 "A palavra *salvador* não é tomada aqui naquele sentido próprio e estrito, com respeito à salvação eterna que Deus promete a seus eleitos, mas é tomada por alguém que livra e protege. Assim vemos que mesmo os incrédulos são protegidos por Deus, como lemos [Mt 5.46] que 'ele faz seu sol brilhar sobre bons e maus'; e vemos que todos são alimentados por sua bondade, que todos são livrados de muitos perigos. Neste sentido, ele é chamado 'o Salvador dos homens', não com respeito à salvação espiritual de suas almas, mas porque ele sustenta todas as suas criaturas. Desta maneira, pois, nosso Senhor é o Salvador de todos os homens, isto é, sua bondade se estende aos mais perversos que se lhe são alienados e que não merecem ter qualquer relacionamento com ele, que deveriam ser extirpados do número das criaturas de Deus e destruídos; e no entanto vemos como Deus até então lhes estende sua graça; pois a vida que ele lhes dá testifica de sua bondade. Visto, pois, que Deus exibe tal favor aos que lhe são estranhos, o que nos fará, nós que somos membros de sua família? Não significa que somos melhores ou mais excelentes que aqueles a quem vemos destituídos dele, mas tudo o que procede de sua mercê e livre graça, a saber, que ele se reconcilia conosco pela mediação de nosso Senhor Jesus Cristo, visto que ele nos tem chamado ao conhecimento do evangelho, e então nos confirma e sela sua liberalidade para conosco, de modo que devemos convencer-nos de que ele nos reconhece como seus filhos. Visto, pois, vermos que ele nutre os que lhe são estranhos, vamos e escondamo-nos sob suas asas; pois, tendo nos tomado sob sua proteção, ele declarou que se mostrará ser nosso Pai." – *Fr. Ser.*

9 "Le mot Grec que nous traduisons *Sauveur*." — "A palavra grega que traduzimos por *Salvador.*"

13. Até à minha chegada, aplica-te à leitura, à exortação, à pregação.

14. Não negligencies o dom que há em ti, o qual te foi dado mediante profecia, com a imposição das mãos do presbitério.

15. Sê diligente nessas coisas; dedica-te totalmente a elas; que o teu progresso seja a todos manifesto.

16. Tem cuidado de ti mesmo e do teu ensino. Persevera nessas coisas; porque, fazendo assim, te salvarás tanto a ti mesmo quanto aos que te ouvem.

13. Donec venio, attende lectioni, exhortationi, doctrinae.

14. Ne donum, quod in te est, negligas, quod tibi datum est per prophetiam cum impositione manuum presbyterii.

15. Haec cura, in his esto; ut profectus tuus in omnibus manifestus fiat.

16. Attende tibi ipsi et doctrinae, permane in his; hoc enim si feceris, et te ipsum servabis, et eos qui te audiunt.

11. Ordena e ensina essas coisas. O que o apóstolo quer dizer é que o seu ensino é de tal natureza que ninguém deve jamais cansar-se dele, ainda que fosse para ouvi-lo o dia todo. Naturalmente que há outras coisas que têm de ser ensinadas, mas ele põe a ênfase sobre "essas coisas" porque tem certeza de que são de grande importância, de tal sorte que não é suficiente anotá-las de forma breve e superficial. Elas são, ao contrário, dignas de constante reiteração, porquanto não há limites para serem inculcadas. Portanto, faz parte do dever de um pastor sábio considerar que coisas são mais essenciais e perseverar nelas. Não há razão para temer-se que tal coisa se tornará exaustiva, pois os que pertencem a Deus se alegrarão em ouvir mais e mais aquelas coisas que precisam ser reiteradas com frequência.

12. Que ninguém despreze a tua juventude. O que ele diz aplica-se não só a Timóteo, mas igualmente a todos. No que diz respeito aos demais, ele não quer que a idade de Timóteo os iniba de reverenciá-lo o quanto merece, contanto que se conduza em outros aspectos como ministro de Cristo. Ao mesmo tempo, ele admoesta o próprio Timóteo a suprir o que lhe falta em função da idade, mediante a seriedade de seu comportamento, como se quisesse dizer: "Sê prudente para que conquistes, pela seriedade de teu comportamento, muito respeito para a tua juventude, a qual, de outro modo, tenderia a granjear-te desprezo e a não deixar nenhum resquício de tua autoridade." E assim descobrimos que Timóteo era ainda jovem, embora mantivesse uma eminente posição entre os muitos pastores, e assim vemos que é debalde estimar o valor de uma pessoa segundo o número de seus anos.

Sê, porém, um exemplo para os que crêem.[10] A seguir lhes informa sobre quais são os verdadeiros ornamentos: não as distinções externas, como o bastão episcopal, os anéis, os mantos ou ninharias de crianças; ao contrário, a sã doutrina e a santidade de vida. Ao dizer *na palavra, no procedimento*, em suma significa: na palavra, nos atos e em toda a tua vida.

As virtudes mencionadas a seguir são partes do comportamento piedoso, a saber, *amor, espírito, fé* e *pureza*. Pelo termo *espírito* entendo ser o zelo fervoroso por Deus, mas não faço objeção em ser ele interpretado de uma forma mais geral. *Pureza* não é apenas oposição à concupiscência, mas significa também completa pureza de vida. Daqui aprendemos quão tolo e ridícula são as queixas de pessoas, por não receberem honras, quando na verdade não há nada nelas que seja digno de honra, senão que, ao contrário, se expõem ao desdém em razão de sua ignorância, ante o exemplo de suas vidas imundas, sua leviandade e outros erros afins. A única maneira de se conquistar o respeito é pelas virtudes excelentes, as quais nos protegerão contra o menosprezo.

13. Aplica-te à leitura. O apóstolo sabia quão diligente era Timóteo, no entanto lhe recomenda que perseverasse na leitura das Escrituras. Ora, como é possível que os pastores ensinem a outrem se eles mesmos não forem capazes de aprender? E se um homem tão excelente é admoestado a estudar a fim de progredir diariamente, não seria maior a nossa necessidade em atender a tal conselho? Ai da indo-

---

10 "Sê mui cuidadoso em viver uma vida santa e irrepreensível. Que tua preocupação seja dar um bom exemplo aos que devem ser instruídos por ti, em sobriedade, temperança, justiça e um devido domínio da língua. Que não se diga que pregas o que não praticas; pois deves estar certo de que os pecadores perversos que não quiserem ouvir bons conselhos se empenharão em ocultar seu pecado por um mau exemplo. Os exemplos às vezes são bons onde os preceitos são de pouca força. Sábio e ditoso instrutor é aquele que pode dizer com sinceridade, em algum grau, segundo o apóstolo, quando dirigir-se de maneira solene a seus ouvintes: 'aquelas coisas que tens aprendido e recebido e ouvido e visto em mim.' Religião séria é aquela que ministra o pão da vida de maneira prática." – *Abraham Taylor*.

lência dos que não examinam atentamente os oráculos do Espírito, dia e noite,[11] com o fim de aprender neles como desempenhar seu ofício.

Até à minha chegada. A referência que ele faz à sua própria chegada adiciona peso à sua admoestação; pois embora Paulo esperasse ir logo, ele não queria que Timóteo permanecesse ocioso naquele ínterim, mesmo que por pouco tempo. Quanto mais diligência devemos nós demonstrar na elaboração de planos que preencham toda a nossa vida!

À exortação, à pregação. Além disso, para que Timóteo não pensasse que uma leitura displicente bastava, o apóstolo mostra que o que ele lê deve também ensinar, e lhe informa que era seu dever atentar diligentemente para o ensino e exortação, como se estivesse advertindo-o a aprender a fim de comunicar a outrem o que havia aprendido. É mister que atentemos para a ordem, a saber: ele menciona leitura antes de ensino e exortação, porquanto a Escritura é a fonte de toda a sabedoria, e os pastores terão de extrair dela tudo o que eles expõem diante de seu rebanho.

14. Não negligencies o dom que há em ti. Ele exorta Timóteo a fazer uso da graça com que fora dotado para a edificação da Igreja. Deus não quer que os talentos que ele mesmo concede a uma pessoa, com o fim de proporcionar crescimento, sejam perdidos ou sepultados na terra sem qualquer utilidade. Ser *negligente* com um dom, pelo prisma da indolência e indiferença, é deixar de fazer uso dele; de modo que, pela falta de uso, enferruja-se e degenera-se. Por conseguinte, cada um de nós deve considerar que habilidade possui, a fim de fazer pleno uso dela.

Ele diz que a graça havia sido *concedida* a Timóteo *mediante profecia*. Como seria isso? Foi porque, como já dissemos, o Espírito Santo,

---

11 Nosso autor tinha diante de seus olhos o conselho do poeta: —
"Vos exemplaria Graeca
Nocturna versate manu, versate diurna."
"Examina os modelos gregos noite e dia."
Sempre foi um fator proeminente no caráter de um bom homem que "seu deleite esteja na lei do Senhor e em sua lei medita dia e noite" [Sl 1.2]. Quanto mais devemos nós esperar razoavelmente que o servo de Cristo, que fala ao povo no Nome de seu Mestre, e cujo ofício é "mostrar-lhes aquilo que está escrito na Escritura da verdade" [Dn 10.21], lerá devocional e laboriosamente os oráculos de Deus! — *Ed.*

mediante revelação, designara Timóteo para que fosse admitido à ordem de pastor. Portanto, ele não fora eleito da maneira usual, pelo critério humano, senão que, antes de tudo, fora nomeado pelo Espírito Santo.

Diz ainda que o dom fora conferido *com a imposição das mãos*, significando que, juntamente com o seu ministério, ele recebera os dons necessários para desempenhá-lo. Era prática usual dos apóstolos ordenar ministros pela imposição das mãos. Já apresentei uma breve explanação da origem e significado dessa cerimônia, e o restante pode ser encontrado em minhas *Institutas*.

Os que entendem *presbitério*, nesta passagem, como sendo um termo coletivo, significando "colégio de presbíteros ou anciãos",[12] em minha opinião estão certos, ainda que, havendo considerado o assunto, concorde que outra explicação se adequa bem – a saber, é o nome de um ofício. Pela cerimônia da imposição das mãos o apóstolo indica o ato de ordenação ao presbiterato, querendo ele dizer que Timóteo, havendo sido chamado para o ministério, pela voz dos profetas, e a ele ordenado através de um rito solene, foi ao mesmo tempo investido pelo Espírito Santo com graça para o desempenho de seu ofício. Daqui deduzimos que a cerimônia não era vazia de sentido, visto que Deus, através do Espírito Santo, concretizou essa consagração que os homens simbolizaram pela imposição das mãos.

15. Sê diligente nessas coisas.[13] Quanto maior for a dificuldade em ministrar fielmente à Igreja, mais solícito deve ser o pastor em aplicar todas as suas faculdades nesse ministério; não apenas por um curto tempo, mas com inesgotável perseverança.[14] Paulo lembra a Timóteo que, nesta obra, não há espaço para indolência ou frouxidão, pois ela requer o máximo empenho e assiduidade.

Que o teu progresso seja a todos manifesto. O que o apóstolo

---

12 Pour l'assemblee des prestres, c'est a dire, des pasteurs et anciens de l'Eglise." — "Para a assembléia de presbíteros, isto é, dos pastores e anciãos da Igreja."

13 "Ταῦτα μελέτα, significando 'Exercita-te nestas coisas, faz delas tua perene preocupação e estudo'; tanto esta como a frase seguinte (ἐν τούτοις ἴσθι,) sendo, nos melhores escritores, usada para a atenção diligente." – *Bloomfield*.

14 "Mais perseverant jusqu'au bout." — "Mas perseverando até o fim."

tem em mente é que Timóteo devia trabalhar de tal maneira que, através dele, a Igreja fosse mais e mais edificada e solidificada, e que os resultados correspondessem ao seu labor visível. Essa não é uma realização de apenas um dia, de modo que devesse esforçar-se para que seu progresso fosse percebido diariamente. Há quem considere isso como uma referência ao progresso pessoal de Timóteo, mas creio que o apóstolo descreve o efeito de seu ministério.

A todos. A cláusula pode ser masculina ou neutra, de modo que ambos os significados são possíveis: "que todos os homens vejam o progresso que flui de teus labores"; ou: "que em todos os aspectos e de todas as formas, o progresso venha à lume." Prefiro este último.

16. Tem cuidado de ti mesmo e do teu ensino. Um bom pastor deve ser criterioso acerca de duas coisas: ser diligente em seu ensino e conservar sua integridade pessoal.[15] Não basta que ele amolde sua vida de acordo com o que é recomendável e tome cuidado para não dar mau exemplo, se não acrescentar à vida santa uma diligência contínua no ensino. E o ensino será de pouco valor se não houver uma correspondente retidão e santidade de vida. Por conseguinte, Paulo tem razões de sobra para intimar Timóteo a dar atenção tanto à sua pessoa em particular quanto à sua doutrinação para o proveito geral da Igreja. Uma vez mais, ele recomenda-lhe constância, para que jamais se prostre exausto, porque muitas coisas sucedem que podem desviar-nos da trajetória retilínea, se não estivermos solidamente firmados para suportá-las.

Porque, fazendo assim. O zelo dos pastores será profundamente solidificado quando forem informados de que tanto sua própria salvação quanto a de seu povo dependem de sua séria e solícita devoção ao seu ofício. Entretanto, visto que o ensino que contém sólida edificação geralmente não produz exibição bombástica, Paulo o adverte a preocupar-se com o que é proveitoso; como se quisesse dizer: "Os homens que buscam glória, então que se alimentem de sua própria ambição e se congratulem com sua própria engenhosidade; tu, porém, contenta-te

---

15 "Et de se garder pur de tous vices." — "E guardar-se puro de todos os vícios."

em devotar-te exclusivamente à salvação de ti mesmo e de teu povo."

Eis um conselho que se aplica bem a todo o corpo da Igreja, ou seja, que ninguém se enfade daquela simplicidade que vivifica as almas para a vida e as preserva robustas. Nem se deve causar estranheza que Paulo atribua a Timóteo a obra de salvar a Igreja, porquanto todos os que são conquistados para Deus são salvos, e é por meio da pregação do evangelho que somos unidos a Cristo. E assim, como a infidelidade ou negligência de um pastor é fatal à Igreja, também é justo que sua salvação seja atribuída à sua fidelidade e diligência. É deveras verdade que é unicamente Deus quem salva, e que nem mesmo uma ínfima porção de sua glória é transferida para os homens. Mas a glória de Deus não é de forma alguma ofuscada em usar Ele o labor humano para outorgar a salvação.

Por conseguinte, nossa salvação é dom de Deus, visto que ela emana exclusivamente dEle e é efetuada unicamente por seu poder, de modo que Ele é o seu único Autor. Mas esse fato não exclui o ministério humano, tampouco nega que tal ministério possa ser o meio de salvação, porquanto é desse ministério, segundo Paulo diz em outra parte, que depende o bem-estar da Igreja [Ef 4.11]. Esse ministério é por natureza inteiramente obra de Deus, pois é Deus quem modela os homens para que sejam bons pastores e os guia por intermédio de seu Espírito e abençoa seu trabalho para que o mesmo não venha ser infrutífero. Se um bom pastor é nesse sentido a salvação daqueles que o ouvem, que os maus e indiferentes saibam que sua ruína será atribuída aos que têm responsabilidade sobre eles. Pois assim como a salvação de seu rebanho é a coroa do pastor, assim também todos os que perecem serão requeridos das mãos dos pastores displicentes.

Diz-se que um pastor *salva a si mesmo* quando ele obedece sua vocação, cumprindo fielmente o ofício a ele confiado, não só porque assim evita o terrível juízo com o qual o Senhor ameaça pela boca de Ezequiel, "seu sangue o requererei de tuas mãos" [33.8], mas porque é costumeiro falar dos crentes como que conquistando sua salvação permanecendo[16] no curso de sua salvação. Já falei dessa forma de expressão em meu comentário ao segundo capítulo de Filipenses [2.12].

---

16 "Quand is cheminent et perseverent."

Capítulo 5

1. Não repreendas asperamente ao homem idoso: exorta-o como a pai; aos mais jovens, como a irmãos;
2. às mulheres idosas, como a mães; às mais jovens, como a irmãs, com toda pureza.
3. Honra as viúvas que são de fato viúvas.
4. Mas se alguma viúva tem filhos ou netos, que aprendam primeiro a exercer a piedade para com sua própria família e a retribuir a seus próprios pais; pois isso é bom e aceitável aos olhos de Deus.

1. Seniorem ne aspere objurges sed hortare ut patrem, juniores ut fratres;
2. Mulieres natu grandiores, ut matres; juniores, ut sorores, cum omni castitate.
3. Viduas honora, quae vere sunt viduae.
4. Porro si qua vidua liberos aut nepotes habet, discunt primum erga propriam domum pietatem colere, et mutuum rependere progenitoribus; hoc enim bonum et acceptum est coram Deo.

1. Não repreendas asperamente ao homem idoso. O apóstolo agora recomenda a Timóteo polidez e moderação ao corrigir os erros. Correção é uma medicina que sempre traz alguma amargura, o que é, portanto, desagradável. Além disso, visto que Timóteo era jovem, o uso de severidade por parte dele teria sido algo intolerável, não fosse a mesma dosada.

Exorta-o como a pai. E assim Paulo lhe ordenou que reprovasse as pessoas mais velhas como se elas fossem seus próprios pais; e de fato ele recorre a um termo mais brando – *exorta-o*. É impossível não pensarmos em nosso pai e em nossa mãe sem sentir profundo respeito; e em relação a eles, a veemência áspera deve ceder lugar à brandura. Todavia, é preciso notar que o apóstolo não tencionava dizer que Timóteo poupasse os idosos e fosse indulgente para com eles, de tal sorte que pudessem pecar impunemente sem receber qualquer gênero de correção. Ele apenas quis dizer que a idade deles requer boa dose de respeito, a fim de que, com isso, se submetam mais pacientemente à admoestação.

Aos mais jovens, como a irmãos. Além do mais, o apóstolo desejava que se mostrasse moderação até mesmo para com os mais jovens, ainda que não no mesmo grau. Pois o vinagre deve ser sempre misturado com azeite, mas com esta diferença: enquanto se deve demonstrar reverência para com as pessoas de mais idade, em relação aos da mesma idade o trato deve ser fraterno e gentil. E assim ele ensina que os pastores levem em conta não só o que o seu ofício requer, mas também, com especial prudência, o que a idade dos diferentes indivíduos requer, porquanto o mesmo tratamento não se adequa a todas as pessoas. Portanto, mantenhamos bem nitidamente conosco que, se os atores no palco observam o decoro, o mesmo não deve ser negligenciado pelos pastores em sua sublime posição.

2. Às mais jovens, como a irmãs, com toda pureza. A frase *com toda pureza* se refere às mulheres jovens, pois, em sua idade, deve-se temer toda e qualquer insinuação suspeita. Todavia, Paulo não proíbe a Timóteo de agir maliciosa ou desrespeitosamente em relação às mulheres jovens, visto que tal proibição seria de todo supérflua; mas ele apenas lhe diz que se revestisse de prudência para não dar às pessoas ocasião de criticá-lo. Com essa finalidade, o apóstolo exige aquela casta seriedade em todo o seu trato e conversação com outrem, e pudesse, assim, conversar com os jovens de forma muito espontânea sem alguma necessidade de observação desfavorável.

3. Honra as viúvas que são de fato viúvas. O termo *honra*, nesta passagem, não significa deferência, e, sim, aquele cuidado especial que os bispos[1] deviam ter para com as viúvas na Igreja primitiva. As viúvas eram tomadas sob a proteção da Igreja para que fossem sustentadas das verbas destinadas à comunidade. É como se o apóstolo quisesse dizer: "Ao selecionares as viúvas para que estejam sob os teus cuidados e sob os cuidados dos diáconos, deves atentar bem para as que

---

1 "Les Pasteurs et Evesques." — "Pastores e bispos."

são *de fato viúvas*."² Mais adiante explicaremos o significado desta cláusula; aqui, porém, é preciso que notemos bem a razão por que Paulo não admite viúvas, a não ser que sejam totalmente sozinhas e sem filhos, pois era em tais circunstâncias que elas se dedicavam à Igreja, renunciando assim a todos os interesses pessoais de uma vida familiar e se desvencilhando de tudo quanto pudesse embaraçar-lhes no desempenho de seus deveres. Portanto Paulo está certo em proibir a recepção de mães de famílias que porventura se encontrassem sobrecarregadas com diferentes tipos de responsabilidades. Ao denominá-las de "verdadeiramente viúvas", sua alusão é ao termo grego χήρα derivado de ἀπὸ τοῦ χηροῦσθαι, de um verbo que significa ser excluído ou destituído.

4. Mas se alguma viúva tem filhos ou netos. Esta passagem é explicada de diferentes formas. A ambiguidade surge do fato de que a segunda cláusula pode referir-se tanto às viúvas quanto a seus filhos. É verdade que o verbo *aprender* é plural e a palavra viúva, singular; mesmo assim ela pode ser o sujeito do verbo, visto que a mudança de número é completamente normal quando o sujeito se refere não a um indivíduo, e, sim, a uma classe. Os que pensam que a referência é às viúvas, a explicam assim: "Que elas aprendam, pelo piedoso governo de sua família, a passar para seus filhos aquela boa educação que elas

---

2 "Do que os Pais e os comentaristas gregos nos informam, transparece que tais pessoas eram mantidas dos recursos da Igreja; e do que segue deixa claro que preenchiam um ofício; sendo o nome χήραι tanto alguém do ofício como διάχονες, ainda que a natureza exata de seus deveres não fosse determinada. Que as pessoas que possuíssem tal ofício, instruíam as jovens nos princípios da fé cristã, é bem indubitável; mas afirmar que elas eram, como alguns afirmam, 'o mesmo que diaconisas', é contudo um ponto questionável. Parece que não eram exatamente diaconisas; mas que, uma vez tendo sido assim, durante a vida de seus esposos, não eram removidas desse ofício. Do contrário, pareceria que seus deveres eram diferentes daqueles das diaconisas; e se fôssemos chamá-las por tal título que designasse seus deveres primordiais, poderíamos chamá-las 'catequistas femininas'. Que estas diferem das diaconisas é certo à luz do testemunho oposto de Epifânio. Contudo, poderiam ocasionalmente *assisti-las* em seu dever de visitantes aos enfermos. Seja como for, a existência de uma ordem como a χήραι não requer um testemunho muito forte da história eclesiástica; visto que, à luz da vida extremamente retirada das mulheres gregas e de outras partes do Oriente, e sua quase total separação dos demais sexos, *necessitariam* muito da assistência de uma pessoa assim, que pudesse ou convertê-las à fé cristã, ou ainda as instruísse nas doutrinas e deveres." – *Bloomfield*.

mesmas receberam de seus antecessores". Assim o fez Crisóstomo e alguns outros. Entretanto, há quem pense que o sentido mais simples é considerar filhos e netos como o sujeito, e, segundo esse ponto de vista, Paulo quer que eles aprendam que suas mães ou suas avós viúvas são pessoas em favor de quem devem revelar carinhosa solicitude. Pois nada é mais natural do que ἀντιπελαργία, a retribuição feita pela afeição filial a um pai ou mãe, e essa afeição não deve ser excluída da Igreja. Portanto, em vez de a Igreja ter de levar esse fardo, que os filhos assumam tal tarefa.

Esses são os pontos de vista dos comentaristas, mas devo perguntar aos meus leitores se minha interpretação pessoal não se adequa melhor ao contexto, ou seja: Que aprendam a portar-se de uma maneira piedosa no lar. Como a dizer: Seria uma boa preparação treinar-se para o culto divino, pondo em prática deveres domésticos piedosos em relação a seus próprios familiares. Já que Paulo percebia que os próprios direitos da natureza estavam sendo violados em nome da religião,[3] para corrigir tal desvio ele ministrou instruções neste sentido: que as viúvas se preparassem para o culto divino através da aprendizagem doméstica.

A exercer a piedade para com sua própria família. Quase todos os comentaristas tomam o verbo εὐσεβεῖν num sentido ativo, visto ser o mesmo seguido de um acusativo; isso, porém, não é um argumento final, visto que, para os gregos, é plenamente normal omitir a preposição quando está subentendida. E é compatível com o contexto explicar o sentido da seguinte forma: ao cultivar a piedade humana, elas treinam a si próprias no culto divino, para que não suceda que uma devoção néscia e fútil suprima seus sentimentos humanos naturais. Uma vez mais, que as viúvas aprendam a retribuir o que devem a seus sucessores através da educação que devem ministrar a seus próprios rebentos.

Isso é bom e aceitável aos olhos de Deus. É universalmente aceito que não demonstrar gratidão em relação aos pais é algo não-natural,

---

[3] C'est a dire, qu'on oublivit l'amour que nature enseigne." — "Isto é, que esqueciam o amor que a natureza ensina."

pois as afeições naturais a exigem. E que a afeição aos pais é o segundo degrau da piedade, não só é uma convicção universal e natural, senão que as próprias cegonhas, com o seu exemplo, nos ensinam a gratidão. E essa é a etimologia da palavra ἀντιπελαργία.[4] Mas não satisfeito com isso, Paulo declara que Deus a ordenou, como a dizer: "Não há razão para que alguém conclua que essa é uma opinião oriunda da convicção humana, visto que Deus mesmo a ordenou."

5. Ora, aquela que é deveras viúva e desolada põe sua esperança somente em Deus e persevera em súplicas e orações noite e dia.
6. Mas aquela que se entrega aos prazeres, embora viva, está morta.
7. Ordena também essas coisas, a fim de que sejam irrepreensíveis.
8. Mas se alguém não supre os seus próprios, especialmente sua própria casa, tem negado a fé e é pior que o incrédulo.

5. Porro quae vere vidua est ac desolata, sperat in Deo, et perseverat in orationibus et obsecrationibus noctu et die.
6. Quae autem in deliciis versatur, vivens mortua est.
7. Et haec praecipe, ut irreprehensibiles sint.
8. Quod si quis suis et maxime familiaribus non providet, fidem abnegavit, et est infideli deterior.

5. Aquela que é deveras viúva. Aqui o apóstolo revela sua intenção mais explicitamente do que antes, explicando que realmente viúvas são aquelas que vivem vidas solitárias e são destituídas de filhos. Ele diz que tais pessoas põem *sua esperança somente em Deus*. Não que todas elas façam isso, ou que somente elas o façam, pois conhecemos muitas viúvas, destituídas de filhos e de parentes, que são

---

4 "Esta palavra se compõe de ἀντὶ ('em vez de', ou 'por sua vez') e πελαργὸς, 'cegonha'. A cegonha é uma ave migratória, e é mencionada, juntamente com o grou e a andorinha, como conhecedora do tempo designado [Jr 8.7]. Seu nome, no hebraico, significa *misericórdia*, ou *compaixão*; e seu nome em inglês, tomado (ao menos indiretamente) do grego στοργὴ, significando afeição natural. Isto concorda com nosso conhecimento de seu caráter, que é notável pela ternura, especialmente nas aves jovens para com as idosas. Não é incomum ver várias aves idosas que ficam cansadas e fragilizadas com o vôo longo, às vezes sustentadas no dorso das jovens; e os camponeses (da Jutlândia [na Dinamarca]) falam dela, como bem se sabe, que são cuidadosamente postas em seus antigos ninhos e nutridas pelas jovens que foram criadas na primavera anterior. A cegonha há muito tem sido o emblema peculiar do dever filial."
"A cegonha é o emblema da verdadeira piedade,
Porque, quando a idade chega e a torna idosa,
Inapta para voar, a jovem agradecida toma
Sua mãe em seu dorso, prove-lhe alimento,
Retribuindo-lhe assim o terno cuidado daquela
Que antes era apta a voar." – *Beaumont*.

arrogantes e impudicas, completamente ímpias no coração e na vida; e, por outro lado, não há nada que impeça às pessoas que têm muitos filhos de depositarem sua esperança em Deus, tais como Jó, Jacó e Davi. Não fosse por essa esperança, ter muitos filhos seria uma maldição, enquanto que em vários lugares da Escritura tal coisa se conta entre as maiores bênçãos divinas.

Mas quando Paulo, aqui, diz que as viúvas esperam em Deus, ele o diz no mesmo sentido de 1 Coríntios 7.32, onde afirma que as solteiras se esforçam tão-somente por agradar a Deus, significando que suas afeições, ao contrário das pessoas casadas, não se acham divididas. Isso significa que não existe nada entre elas que as distraia da dedicação exclusiva a Deus, pois não encontram nada neste mundo em que depositem sua confiança. Ao fazer tal afirmação, ele as recomenda, pois quando os recursos humanos e muitos outros refúgios lhes faltam, é o dever da Igreja estender sua mão e ampará-las. E assim a condição de uma viúva destituída de filho e desolada implora pelo socorro pastoral.

Persevera em súplicas. Eis aqui sua segunda razão para recomendar as viúvas, ou seja, para que se devotem continuamente à oração. Daqui se deduz que elas devem ser socorridas e sustentadas pelos bens da Igreja. Por meio dessas duas qualificações, porém, ele está também distinguindo entre o digno e o indigno, pois essas palavras são quase equivalentes a uma ordem para que se receba somente aquelas mulheres que não esperam qualquer socorro humano, mas que dependem única e exclusivamente de Deus e que se desvencilharam de outras preocupações e ocupações a fim de devotarem-se à oração. Outras não são qualificadas nem úteis à Igreja. Além do mais, essa assiduidade em oração demanda liberdade de outras preocupações, e aquelas que se ocupam em ordenar os afazeres domésticos contam com menos liberdade e lazer. Aliás, todos nós somos convocados a orar sem cessar, todavia cabe-nos considerar as demandas que são postas diante de cada pessoa de conformidade com a situação de sua vida, antes que exijamos dela o afastamento e a independência de outras preocupações e se dedique exclusivamente à oração.

O que Paulo enaltece nas viúvas, Lucas aplica a Ana, filha de Fanuel [Lc 2.36]; mas a mesma coisa não seria possível aplicar-se a todas, visto que sua maneira de viver é diferente. Haverá sempre mulheres levianas, caricaturas em vez de imitadoras de Ana, que irão de altar em altar, sem nada fazer senão gemer e suspirar até ao meio-dia. Fazem disso uma desculpa para se livrarem de todos os deveres domésticos; e, ao voltarem para casa, se não encontram tudo em perfeita ordem como gostam, perturbam toda a família com suas tolas reclamações, e às vezes chegam a esbravejar. Lembremo-nos, pois, de que há boas razões pelas quais o lazer para as orações diárias é um privilégio especial das viúvas e daquelas que são destituídas de filhos, pois são livres das coisas que mui naturalmente impedem de fazer a mesma coisa aquelas que administram a família.

Esta passagem não fornece aprovação aos monges e monjas a que, por amor a uma vida fácil, vendam suas murmurações ou seus gemidos. Tais foram outrora os *euquites* ou *salianos*; e os monges e sacerdotes de Roma não são diferentes, exceto que os *euquites* pensavam que, com suas contínuas orações, podiam tornar-se piedosos e santos; enquanto que os monges imaginam que com menos assiduidade poderão santificar a outros também. Paulo não estava pensando em nada disso; ele só pretendia realçar que têm muito mais liberdade para a oração as viúvas que não têm nada que as embarace.

6. Mas aquela que se entrega aos prazeres. Havendo descrito as genuínas viúvas, Paulo agora as contrasta com outras que não devem ser aceitas. O particípio grego que ele usa, σπαταλῶσα, significa uma pessoa que se entrega e se deixa levar a uma vida leviana e devassa. Portanto, em minha opinião, Paulo está criticando as que usavam mal sua viuvez da seguinte forma: levando uma vida de prazeres e ociosidade, se desfaziam dos empecilhos do matrimônio e se viam livres de toda importunação. Pois nos deparamos com muitas cuja preocupação é exclusivamente com sua própria liberdade e conveniência, e se deixam levar pela excessiva leviandade.

Embora viva, está morta. Paulo declara que esse tipo de mulher, *mesmo viva, está morta*. Há comentaristas que vêem aqui uma referência à sua incredulidade, com o que não concordo. A meu ver, o significado mais consistente é este: uma mulher está morta quando o seu viver é sem proveito e sem qualquer objetividade. Pois que propósito há em vivermos, exceto para que os nossos feitos produzam fruto? Ou, alternativamente, podemos pôr a ênfase na palavra *viva*. Aquelas que procuram uma vida *fácil* estão sempre a citar o provérbio: "A vida não consiste em apenas viver, mas em viver bem."[5] Portanto, o significado então seria: "Se porventura pensam em ser felizes e em fazer o que lhes agrade, e que a única vida digna de se viver é inventar lazer e prazer, então, ao que me toca, estão mortas." Alguns podem chegar à conclusão de que tal interpretação é por demais ingênua, e por isso ele apenas quis mencioná-la de passagem e sem muito empenho. Eis um fato incontestável: ao declarar que tais mulheres estão mortas, Paulo está condenando a ociosidade.

7. Ordena também essas coisas. O apóstolo dá a entender que não está simplesmente ordenando o que Timóteo devia fazer, mas que as próprias mulheres deviam ser diligentemente admoestadas a não cederem a erros desse gênero. É dever de um pastor não só pôr-se contra as práticas perversas e egoístas daqueles que procedem de maneira inconveniente, mas também, pelo seu ensino e contínuas admoestações, precaver-se contra todos esses perigos, quanto estiver em seu poder fazê-lo.

A fim de que sejam irrepreensíveis. A prudência e consistência exigiam que as viúvas não fossem recebidas a menos que se revelassem dignas, mas era justo que se apresentasse alguma razão para a recusa, e era até mesmo necessário alertar de antemão a Igreja no caso de mulheres indignas lhe serem trazidas ou elas mesmas se apresentassem. Paulo ainda recomenda esse tipo de instrução em razão de sua utilidade, como a dizer que tal instrução não devia ser de forma alguma menosprezada por ser comum, visto que a mesma é diretamente

---

5 Non est vivere, sed valere vita.

voltada para uma vida saudável e perfeita. Ora, não há na escola de Deus lição que deva ser mais prudentemente aprendida do que o estudo de uma vida santa e perfeita. Em suma, a instrução moral é muito mais importante do que as especulações ingênuas, as quais são de nenhum uso óbvio ou prático, à luz do que o texto diz, "Toda Escritura é útil a fim de que o homem de Deus seja perfeito etc" [2Tm 3.16-17].

8. Mas se alguém não supre os seus próprios. Erasmo traduziu a frase como se fosse do gênero feminino: "Mas se alguma mulher não supre..."; creio, porém, que a idéia aqui não passa de uma afirmação de caráter geral. Ainda quando Paulo esteja tratando de algum tópico inteiramente específico, ele costumava basear seu argumento nos princípios gerais e extrair das conclusões específicas uma doutrina aplicável universalmente. E essa afirmação tem mais sentido quando aplicada tanto a homens quanto a mulheres.

Tem negado a fé.[6] Ele diz que aqueles que não cuidam dos seus, e especialmente de sua própria casa, têm *negado a fé*; e com muita razão, pois não é possível haver reverência para com Deus quando uma pessoa se desvencilha de todo e qualquer sentimento de humanidade. A fé que nos transforma em filhos de Deus jamais permitirá que ajamos, num mínimo grau, abaixo dos próprios seres brutos. Tal desumanidade é franco desprezo por Deus e negação da fé.

Não totalmente satisfeito com isso, Paulo avança mais e diz que, aquele que negligencia seus familiares *é pior que o incrédulo*. Tal afirmação é veraz por duas razões. Quanto mais uma pessoa progride no conhecimento de Deus, menos justificativas ela tem. Portanto, os que fecham seus olhos contra a meridiana luz divina são piores que os incrédulos. Em segundo lugar, esse é um tipo de obrigação que a própria natureza ensina, pois são στοργαὶ φυσικαί, a saber, afeições naturais. E se sob as diretrizes da natureza os incrédulos se inclinam a amar os seus, o que diremos daqueles que não se deixam comover por tais sentimentos? Não é verdade que ultrapassam até mesmo os ímpios

---

6 "Ou, il a renonce' a la foy." — "Ou, ele renunciou a fé."

em sua brutalidade? Se porventura alguém objetar que entre os incrédulos há muitos pais cruéis e brutais, a explicação é simples, porque Paulo está falando aqui somente daqueles pais que, sob o impulso da própria natureza, cuidam de sua prole. Se alguém passa disso, então que seja tido como um perfeito desnaturado.

Pergunta-se por que o apóstolo dá preferência aos membros da família e não aos próprios filhos. A resposta é que quando ele fala de "dos seus" e "especialmente dos da própria casa", ele usa ambas as expressões para incluir filhos e netos. Pois ainda que os filhos tenham sido dados em adoção, tenham sido transferidos a outra família mediante o matrimônio, ou de alguma outra maneira que tenham de deixar a casa paterna, todavia o direito natural não é completamente anulado, e as obrigações dos mais velhos de governam os mais jovens, conforme estabelecido por Deus, ou pelo menos para cuidar deles segundo suas necessidades, jamais são removidas. Em relação aos filhos que se encontram no lar, as obrigações são ainda mais sérias; seus pais devem cuidar deles, seja porque possuem o seu próprio sangue, ou porque são parte da família que lhes foi confiada.

9. Não seja inscrita senão viúva que tenha ao menos sessenta anos, tenha sido esposa de um só homem

10. e tenha o testemunho das boas obras; se criou filhos, se ofereceu hospitalidade a estranhos, se lavou os pés aos santos, se socorreu os aflitos, se diligentemente seguiu o caminho das boas obras.

11. Rejeita, porém, as viúvas mais jovens; porque, quando se tornam levianas contra Cristo, querem casar-se,

12. tendo já sua condenação por haverem rejeitado sua primeira fé.

13. E, além disso, aprendem também a ser ociosas, indo de casa em casa; e não apenas ociosas, mas também tagarelas e intrigantes, falando o que não devem.

9. Vidua deligatur non minor annis sexaginta, quae fuerit inius viri uxor.

10. In operibus bonis habens testimonium, si liberos educavit, si fuit hospitalis, si sanctorum pedes lavit, si afflictis subministravit, si in omni bono opere fuit assidua.

11. Porro juniores viduas rejice; quum enim lascivire coeperint adversus Christum, nubere volunt;

12. Habentes condemnationem, quod primam fidem rejecerint.

13. Simul autem et otiosae discunt circuire domos; nec solum otiosae, verum etiam garrulae et curiosae, loquentes quae non oportet.

9. Não seja inscrita senão viúva.[7] O apóstolo realça uma vez mais que as viúvas deviam ser recebidas aos cuidados da Igreja; e o faz de uma forma ainda mais explícita e detalhada que antes.

Que tenha ao menos sessenta anos. Inicialmente, ele diz que deveriam ter sessenta anos de idade, pois já que iriam ser sustentadas pelos bens públicos, era conveniente que tivessem atingido a velhice. E havia outra razão ainda mais forte, a saber, visto que se dedicavam ao ministério da Igreja, era intolerável a idéia de que ainda poderiam casar-se. Eram recebidas sob a condição de que a Igreja as socorresse em sua pobreza, e que elas, por sua vez, se dedicassem à assistência aos pobres, até ao ponto em que sua saúde o permitisse. E assim era mantida uma mútua obrigação entre elas e a Igreja. Não era justo que aquelas que fossem ainda fortes e estivessem no pleno vigor da vida sobrecarregassem as outras e ainda houvesse razão plausível para temer-se de que mudassem seu modo de pensar e se inclinassem a casar-se novamente. Por essas duas razões, o apóstolo não queria que as que tivessem menos de sessenta anos fossem recebidas.

Tenha sido esposa de um só homem. O risco de uma mulher com a idade de sessenta anos vir ainda a casar-se era suficientemente remoto, especialmente se em toda a sua vida houvesse conhecido um só homem. O fato de uma mulher haver alcançado tal idade, e sentir-se satisfeita com uma só união, podia considerar-se uma espécie de garantia de sua continência e castidade. Não que o apóstolo desaprovasse o segundo matrimônio ou que lançasse algum tipo de estigma sobre aquelas que se casavam duas vezes; ao contrário, ele encoraja as viúvas mais jovens a se casarem novamente; o que ele queria era prudentemente evitar a imposição de uma castidade forçada sobre as mulheres que se sentiam carentes de esposos. Ele volta a este tema mais adiante.

10. Tenha o testemunho das boas obras. As qualificações que seguem, em parte se relacionam com a honra e em parte com o trabalho.

---

7 "Quelles vefues on doit recevoir a estre entretenues aux depens de l'Eglise." — "Que as viúvas devam ser recebidas, ser sustentadas às custas da Igreja."

Pois não há dúvida de que as associações de viúvas eram respeitáveis e altamente confiáveis, de modo que Paulo só admitia aquelas mulheres que contavam com o atestado de toda a sua vida pregressa. As associações não se destinavam ao lazer ou à inatividade indolente, mas ao socorro dos pobres e enfermos, até que as mulheres se cansassem e tivessem aposentadoria decente e descanso merecido. Portanto, para que estivessem mais bem preparadas para o exercício de tal ofício, ele quer que tenham longa experiência dos deveres que são oriundos dele, tais como o labor e diligência na educação dos filhos, a hospitalidade, a assistência aos pobres e outras obras caritativas.

Pode-se formular a seguinte pergunta: Se porventura todas as mulheres forem estéreis, serão rejeitadas somente porque jamais poderão gerar filhos? Eis a resposta: O que Paulo está condenando aqui não é a esterilidade, e, sim, a irresponsabilidade das mães que se recusavam a perseverar no labor de educar seus filhos, e com isso demonstravam que eram incapazes de ser humanas em benefício dos estranhos. Ao mesmo tempo, ele realça esse fato como uma justa retribuição às matronas piedosas, as quais não se poupavam para que oportunamente fossem, em sua velhice, recebidas no seio da Igreja.

Com a expressão *lavou os pés*, o apóstolo lança mão de uma sinédoque para expressar todos os serviços geralmente prestados aos santos, pois naquele tempo era costume lavar os pés a um irmão.[8] Uma tarefa desse gênero poderia aparentar humilhação e um quase servilismo. No entanto ele a menciona como uma característica das mulheres que são diligentes, e que tal tarefa longe estava de ser-lhes fastidiosa. O que vem a seguir tem a ver com a liberalidade; e ele o expõe em termos mais gerais, dizendo *se diligentemente seguiu o caminho das boas obras*, porquanto, aqui, ele está falando de atos de benevolência.

11. Rejeita, porém, as viúvas mais jovens. Sua intenção não era propriamente que fossem excomungadas da Igreja ou fossem expostas

---

8 "Esta observação era usualmente ministrada por, ou sob a superintendência da senhora casa; e, sendo particularmente uma gratidão oriental, se destinava a designar, geralmente, atenção bondosa para com os hóspedes." – *Bloomfield*.

a algum tipo de desdita, mas somente que fossem excluídas da ordem dignificante das viúvas acerca da qual esteve tratando. Se o Espírito de Deus, falando pela instrumentalidade de Paulo, havia determinado que nenhuma mulher de menos de sessenta anos fosse digna de pertencer a tal ordem, uma vez que nessa idade corria-se o risco de não se manter o estado de não casada, que terrível insolência foi, em período posterior, impor-se a regra de celibato perpétuo às jovens em pleno vigor de sua juventude. Paulo, repito, não permite a abstenção do matrimônio até que cheguem à extrema velhice e fora do risco de incontinência. Mais tarde reduziram a idade em que as virgens poriam o véu, a saber, quarenta anos, e logo a seguir, trinta anos, até que, finalmente, começaram a aceitar todas livremente, sem restrição de idade. Insistem que a continência é muito mais fácil para as virgens que nunca tiveram experiência matrimonial do que para as viúvas. Não terão êxito, porém, em evitar o perigo contra o qual Paulo está aqui nos prevenindo e ordenando que nos precavêssemos. Portanto, é imprudente e deveras cruel armar um laço às mulheres ainda muito jovens, para quem o matrimônio é o estado preferível.

Porque, quando se tornam levianas contra Cristo. Com a expressão mulheres levianas contra Cristo, o apóstolo quer dizer aquelas que, esquecendo a condição de vida à qual foram chamadas, se entregam a frivolidades inconvenientes. Pois devem restringir-se segundo a mesma modéstia exemplificada pelas senhoras respeitáveis. E assim, uma maneira de viver mais sensual e menos disciplinada é equivalente à leviandade contra Cristo, a quem haviam prometido fidelidade. Como Paulo havia presenciado muitos exemplos desse gênero, então, como antídoto contra tal enfermidade, ele estabelece que nenhuma mulher fosse aceita, cuja idade ainda a induzisse a aspirar o matrimônio.

Portanto, quantos males monstruosos se cometem dentro do papado, provenientes do celibato compulsório para as freiras! Quantas barreiras elas têm de romper deliberadamente! E assim, ainda que à primeira vista pareça aceitável, todavia deveriam ter aprendido, mediante inúmeras e terríveis experiências, a aplicar o conselho de Paulo. Ao contrário, estão muito longe de fazer isso; daí provocarem a cada dia, vezes sem fim, a ira divina com a sua obstinação. E não estou me reportando apenas às freiras, pois o papado obriga tanto os sacerdotes quanto igualmente os monges a observarem o mesmo celibato perpétuo. Todavia, vergonhosas luxúrias prorrompem de tal forma entre eles, que dificilmente um em dez se conserva casto. E nos mosteiros, a fornicação geral é o menor dos males. Se inclinassem seus corações a ouvir a Deus falando pelos lábios de Paulo, imediatamente recorreriam a esse antídoto que o apóstolo prescreve; mas tão profundo é o seu orgulho, que furiosamente perseguem àqueles que lho trazem à memória.

Há quem junte a frase "contra Cristo" ao verbo 'casar'; mas ainda que faça pouca diferença ao significado, é preferível a primeira tradução mencionada.

12. Tendo já sua condenação por haverem rejeitado sua primeira fé. Há quem pense que esta cláusula significa "merecer reprovação"; quanto a mim, porém, a entendo como sendo algo muito mais sério, ou seja: que Paulo as está apavorando com uma condenação para a morte eterna. É como se ele as estivesse reprovando, dizendo que essa excelente ordem que propõe uni-las a Cristo era, na verdade, a mesma causa de sua condenação. E acrescenta a razão – que haviam rejeitado sumariamente a fé cristã na qual foram batizadas. Sei que alguns interpretam isso de forma diferenciada, significando que, ao se casarem, estão destruindo a promessa que fizeram à Igreja, visto que haviam prometido viver sem segundas núpcias o resto de suas vidas. Essa, porém, é uma explicação muito pobre. Ora, por que, neste caso, ele falaria de sua primeira fé?

Portanto, Paulo as enfrenta com muito mais veemência e enfatiza a seriedade de sua ofensa, não só pelo fato de trazerem ignomínia sobre Cristo e a Igreja, apartando-se da forma de vida que um dia abraçaram, mas por terem elas quebrado sua primeira fé por meio de uma rebelião perversa. Geralmente sucede que, quando uma pessoa transgride uma vez os limites da modéstia, ela prossegue a envolver-se cada vez mais em todo gênero de infelizes concupiscências. Ele as culpa por sua frivolidade, o que era em extremo desgraçado aos olhos dos santos, e por suas concupiscências passíveis de reprovação. Tal coisa as levaria a se precipitarem de ponta cabeça, mais e mais, até que finalmente viessem a rejeitar o cristianismo. Tal ampliação é extremamente apropriada, pois o que poderia ser mais absurdo do que, ao promover seu próprio desejo, dar ocasião à sua própria negação de Cristo?

É absurda a tentativa dos papistas de encontrar nesta passagem apoio para o voto do celibato perene. Admitindo que era costume obter das viúvas um compromisso em termos explícitos, tal coisa não os ajudaria em nada. Pois é preciso que consideremos o propósito existente por trás de tal compromisso. A razão pela qual as viúvas prometiam permanecer na condição de vida solitária não era porque assim poderiam viver uma vida mais santa do que no estado matrimonial, mas porque não poderiam devotar-se ao mesmo tempo a seus esposos e à Igreja. Sob o papado, porém, elas fazem um voto de celibato perene como se o mesmo fosse por natureza uma virtude aceitável aos olhos de Deus. Em segundo lugar, as viúvas renunciavam sua liberdade de se casarem naquela idade quando lhes havia passado a condição de contraírem novo matrimônio. Pois tinham de ter no mínimo sessenta anos; e, ao viverem contentes com a vida solitária, estariam apresentando evidência de sua castidade. Mas agora os votos de celibato são feitos entre os papistas antes dessa idade e ainda quando o ardor da juventude está em seu estágio mais forte.

Ora, desaprovamos essa tirânica regra de celibato por duas razões primordiais. Primeiramente, porque pretendem, por meio de tal voto, granjear méritos diante de Deus; e, em segundo lugar, porque, ao fazerem seu voto impensadamente, precipitam suas almas na ruína. Nenhum defeito é possível encontrar na antiga instituição descrita nesta passagem. Elas não faziam um voto direto de castidade, como se o estado matrimonial fosse menos agradável a Deus, mas simplesmente porque o ofício para o qual eram escolhidas o requeria; nem renunciavam sua liberdade de casar-se novamente, até chegar ao tempo em que o matrimônio fosse algo absurdo e impróprio, por mais livres fossem elas. Em suma, essas viúvas eram tão diferentes das freiras como o era a profetisa Ana de Cláudia, a virgem vestal.[9]

13. E, além disso, aprendem também a ser ociosas. Não há nada mais decente numa mulher do que cuidar ela de sua casa; de tal sorte que entre os antigos uma tartaruga[10] tornou-se o símbolo de uma boa e nobre mãe de família. Muitas mulheres, porém, sofrem do vício contrário. Nada lhes agrada mais do que a liberdade de correr de um lado a outro, especialmente quando se vêem livres das preocupações domésticas e não têm nada que fazer em casa.

Mas também tagarelas e intrigantes. Além disso, essas viúvas, sob o pretexto do respeito devido ao *status* público que elas mantinham, desfrutavam de acesso mais fácil a muitas pessoas. Faziam de tal oportunidade, que lhes era concedida pela benevolência da Igreja, mau uso para fins de ociosidade; e então, como geralmente sucede, a ociosidade levava à curiosidade, que é a mãe da tagarelice. Revela-se mui veraz a máxima de Horácio: "Foge de uma pessoa curiosa, porque comumente fala demais."[11] "Não se pode pôr confiança em nenhuma pessoa curiosa", diz Plutarco, "pois assim que tiver ouvido tudo, não terá descanso enquanto não desembuchar." Esse é especialmente o caso de mulheres que são por natureza inclinadas a falar demais, e que não conseguem guardar segredo. E assim Paulo está certo em associar à ociosidade, a curiosidade e a tagarelice.

---

9 "A Rome on appeloit Vestales les vierges consacrees a une deesse nommee Vesta (comme qui diroit aujourd'huy lês nonnains de saincte Claire) et ceste Claude en estoit une qui a este fort renomnmee." — "Em Roma davam o nome de Vestais às virgens consagradas a uma deusa chamada Vesta (como se disséssemos, em nossos dias, as monjas de Santa Clara) e que Cláudia era uma delas, que era muitíssimo célebre."

10 "Une tortue ou limace." — "Uma tartaruga ou um caracol."

11 "Percunctatorem fugito; lam garrulus idem est." — *Hor.*

14. Quero, pois, que as viúvas mais jovens se casem, gerem filhos, governem a casa e não dêem ao adversário ocasião de maldizer;

15. pois algumas já se desviaram, indo após Satanás.

16. Se algum homem ou mulher crente tem viúvas [na família], socorra-as, e não sobrecarregue a igreja, para que esta possa socorrer as que são deveras viúvas.

14. Volo igitur juniores nubere, líberos gignere, domum administrare, nullam occasionem dare adversario, ut habeat maledicendi causam.

15. Nonnullae enim jam deflexerunt post Satanam.

16. Quodsi quis fidelis, aut si qua fidelis habet viduas, suppeditet illis, et non oneretur Ecclesia, ut iis, quae vere viduae sunt, suppetat.

14. Quero, pois, que as viúvas mais jovens se casem. Os escarnecedores se riem desta instrução de Paulo. Dizem eles: "Como se houvesse necessidade de estimular ainda mais um desejo que, por si só, já é demasiadamente forte; pois quem não sabe que quase todas as viúvas possuem um impulso natural para o matrimônio?" Em contrapartida, os fanáticos considerariam este ensino de Paulo sobre o matrimônio algo completamente inconveniente para um apóstolo de Cristo. Mas quando tudo é visto pelos diversos prismas, os homens sensatos concordarão que o que Paulo ensina aqui é plenamente salutar e necessário. Por um lado, a viuvez propicia mais chance à licenciosidade; e, por outro, sempre há enganadores hipócritas que acreditam que a santificação consiste no celibato, como se o mesmo fosse a perfeição angelical, e que, ou condenam totalmente o matrimônio, ou lançam escárnio sobre ele como se contivesse o sabor da poluição carnal. Há poucos, tanto entre os homens quanto entre as mulheres, que se apegam à sua vocação. Quão raramente se encontra um homem que voluntariamente queira assumir a responsabilidade de governar uma esposa, porquanto essa é sempre uma obrigação que envolve inúmeras vexações! Quão relutantemente uma mulher, em contrapartida, se submete ao jugo do matrimônio.

E assim, quando Paulo ordena que as jovens se casem, ele não as convida aos deleites nupciais; e quando lhes diz que gerem filhos, não está encorajando-as a se mergulharem na luxúria; ao contrário, diante da fragilidade de sua natureza feminina e das tentações de sua idade, ele as aconselha a contrair um matrimônio casto; e, ao procederem assim, que se submetam às consequências que o matrimônio impõe. Ele procedeu assim especialmente para evitar alguma insinuação de que agia de forma arrogante, excluindo-as do círculo das viúvas; pois sua intenção era que suas vidas fossem aceitáveis a Deus, caso cuidassem de seus lares ou se permanecessem viúvas. Pois Deus não leva em conta as noções supersticiosas dos homens, porém valoriza acima de qualquer outra coisa a obediência com que aceitamos nosso chamado, em vez de permitir que sejamos levados por nossas próprias inclinações.

Uma vez consoladas dessa forma, as viúvas não tinham razão de queixar-se de injúrias ou sentir-se ofendidas por serem excluídas desse tipo de honra. Porquanto foram informadas que, no estado do matrimônio, não agradariam menos a Deus, visto que estariam obedecendo à sua vocação. Ao dizer, *gerem filhos*, o apóstolo sintetiza numa só frase todos os aborrecimentos envolvidos na educação da prole; também na frase *governando a casa*, ele inclui todos os deveres de uma dona-de-casa.

E não dêem ao adversário ocasião. Assim como o esposo é a proteção de sua esposa, também a viuvez se expõe a muitas suspeitas sinistras. Que propósito pode haver em armar desnecessariamente os inimigos do evangelho com armas ofensivas? No entanto é difícil para uma viúva na flor da idade agir de forma tão decente que os homens perversos fiquem sem motivos para enlamear seu bom nome; portanto, se porventura desejarem fazer algo edificante a fim de fechar a boca dos difamadores, então que escolham o estado de vida que desperte menos suspeita. Suponho que a referência, aqui, é aos adversários comuns do evangelho, e não aos inimigos de alguma mulher em particular, porquanto Paulo está falando em termos gerais.[12]

---

12 "Ponderemos bem sobre esta doutrina de Paulo; porque, embora ele trate aqui de viúvas em particular, contudo todos nós somos admoestados a que, a fim de cumprirmos bem nosso dever para com Deus, não basta que nossa consciência seja pura e clara, e que andemos sem qualquer indisposição; mas é preciso igualmente adicionar tal prudência, que os inimigos tenham suas

15. Pois algumas já se desviaram. Não há nada tão santo que impossibilite que dele proceda algum mal em decorrência da perversidade humana. Não obstante, os elementos essenciais devem permanecer fixos, seja qual for o resultado, mesmo que o céu venha abaixo. Mas há outros sobre os quais podemos decidir livremente; e, à luz da experiência, às vezes é prudente interromper algo que costuma ser plenamente aceitável, como é o presente caso. Não era necessário, afinal, que as mulheres ainda jovens fossem admitidas na categoria das viúvas; a experiência tem demonstrado que tal coisa se constituía numa prática perigosa e nociva, de modo que Paulo está certo em querer que se tenha cuidado para que no futuro não ocorram semelhantes casos.

E se a rebeldia de algumas mulheres era suficiente para persuadir Paulo a estabelecer uma regra geral para remediar a situação, quantas razões plausíveis teriam os papistas hoje para abolirem sua imunda prática do celibato, se de alguma forma se preocupassem com aquilo que edifica! Preferem, antes, estrangular os milhões de almas com os cruéis laços de uma regra ímpia e diabólica do que cortar um único nó; e isso revela qual a diferença existente entre sua selvagem crueldade e o santo zelo de Paulo.

Indo após Satanás. A expressão é digna de nota, porque ninguém pode afastar-se de Cristo, mesmo na espessura de um fio de cabelo, sem seguir a Satanás, visto ser ele o senhor de todos os que não pertencem a Cristo. Por isso somos advertidos sobre quão fatal é alguém desviar-se da senda direita, porque tal desvio nos faz escravos de Satanás em vez de filhos de Deus, e nos arranca de debaixo do governo de Cristo para colocar-nos sob o domínio de Satanás.[13]

---

bocas fechadas quando quiserem caluniar-nos, para que sua impudência seja notória e para que estejamos sempre prontos a dar conta do que temos feito, e para que eles não tenham disposição de blasfemar o Nome de Deus e de sua Palavra, porque não haverá em nós qualquer aparência de mal. De fato, não podemos evitar a difamação; mas que sempre atentemos para isto: que não demos nenhuma ocasião, de nossa parte, ou de nossa imprudência." – *Fr. Ser.*

[13] "Visto que o evangelho nos é pregado, é Jesus Cristo que sustenta seu cetro e nos mostra que quer ser nosso Rei e tomar-nos por seu povo. Quando tivermos assim feito profissão do

16. Se algum homem ou mulher crente tem viúvas. Visto suceder que certos indivíduos geralmente têm prazer em lançar seus problemas sobre toda a Igreja, o apóstolo expressamente lhes ordena que se guardem de tal costume. Ele diz que os crentes devem cuidar das viúvas que lhes estejam relacionadas; pois no caso das viúvas que haviam renunciado suas relações conjugais com incrédulos, era justo que fossem sustentadas pela Igreja. E se é errôneo que homens se poupem e permitam que a Igreja seja sobrecarregada com despesas, é possível deduzir desse fato quão pior é o sacrilégio dos que, mediante fraude e roubo, profanam o que uma vez foi dedicado à Igreja.

17. Os anciãos que governam bem sejam considerados dignos de duplicada honra, especialmente os que trabalham na palavra e no ensino.

18. Pois diz a Escritura: Não amordaces o boi quando debulha o grão. E, o trabalhador é digno de seu salário. Não aceites acusação contra um ancião;

19. só aceites pela boca de duas ou três testemunhas.

20. Aos que pecarem, reprova-os na presença de todos, para que os demais também tenham temor.

21. Ordeno-te na presença de Deus, do Senhor Jesus Cristo e dos anjos eleitos, que observes essas coisas sem prevenção, nada fazendo por parcialidade.

17. Presbyteri, qui bene praesunt, duplici honore digni habeantur; maxime qui laborant in verbo et doctrina.

18. Dicit enim scriptura: Non obligabis os bovi trituranti, (Deut. XXV:4) et, Dignus est operarius mercede sua, (Matt. X:10).

19. Adversus presbyterum accusationem ne admittas, nisi sub duobus aut tribus testibus.

20. Peccantes coram omnibus argue, ut et caeteri timorem habeant.

21. Contestor coram Deo, et Domino Iesu Christo, et electis angelis, ut haec custodias absque praecipitatione judicii, nihil faciens, alteram in partem declinando.

---

evangelho, se não perseverarmos até o fim, se suceder de nos depravarmos de alguma forma, não só recusaremos viver em obediência ao Filho de Deus, mas daremos a Satanás todo o domínio sobre nós, e então ele se assenhoreará desse domínio e estaremos a seu serviço a despeito de nossa relutância. Se isto é terrível e absolutamente chocante, não devemos ser mais advertidos do que temos sido para que nos ocultemos sob as asas de nosso Deus e nos deixemos governar por ele, até que ele nos renove pelo Espírito Santo, de tal maneira, que não sejamos tão levianos e insensatos como temos sido. Para tal propósito, consideremos que devemos ter nosso Senhor Jesus Cristo por guia; pois se quisermos ser realmente o povo de Deus, o dito do profeta deve cumprir-se em nós: que o povo caminharia, e Davi, seu rei, iria adiante dele. Tenhamos sempre sua doutrina diante de nossos olhos, e o sigamos passo a passo, ouvindo sua voz como a voz de nosso bom Pastor [Jo 10.4]." – *Fr. Ser.*

17. Os anciãos.[14] Para se manter a boa ordem da Igreja é absolutamente necessário que os presbíteros não sejam negligenciados; ao contrário, que sejam remunerados com duplicada honra. Pois que atitude poderia ser mais insensível do que não haver preocupação alguma com aqueles que tomam sobre si a responsabilidade de toda a Igreja? O termo πρεσβύτερος, aqui, descreve não uma *idade*, e, sim, um *ofício*.

Não faço objeção à interpretação que Crisóstomo faz de *duplicada honra*, como que significando apoio e reverência, e qualquer um que o desejar pode segui-lo. A meu ver, porém, parece mais razoável que haja aqui uma comparação entre presbíteros e viúvas. Paulo inicialmente ordenou que as viúvas fossem mantidas em honra; os presbíteros, porém, são mais dignos de honra do que elas; e, em comparação a elas, eles são merecedores de duplicada honra. Mas, a fim de esclarecer que não recomenda a impostura, ele acrescenta *que presidem bem*, ou seja, desempenham seu ofício fiel e diligentemente. Pois ainda que uma pessoa obtenha uma posição cem vezes consecutivamente, e se vanglorie do título, a menos que também cumpra os deveres do ofício, o tal não tem o direito de solicitar que seja sustentado às expensas da Igreja. Em suma, o que o apóstolo tem em mente é que a honra se deve não ao título, e, sim, à obra realizada por aqueles que são designados para o ofício.

Mas ele dá prioridade aos *que labutam na palavra e no ensino*, ou seja, aqueles que são diligentes no ensino da Palavra. Pois essas duas expressões têm o mesmo sentido, ou seja, a pregação da Palavra. Procurando, porém, evitar um mal-entendido de que, com o termo Palavra, o apóstolo se referia a um estudo inútil e especulativo dela, ele acrescenta *ensino*.[15]

---

14 "Les prestres ou anciens." — "Presbíteros ou anciãos."
15 "Ele mostra que podemos fazer muitas outras coisas, e podemos alegar que não tivemos lazer; mas, mesmo assim, devemos considerar principalmente para o que Deus nos chama. Os que desejarem ser reconhecidos como pastores devem devotar-se especialmente a essa palavra. E como? Para estudá-la secretamente em seu gabinete? De modo algum! Mas para a instrução geral da Igreja. Eis a razão por que Paulo decidiu acrescentar o termo *doutrina*. Seria plenamente suficiente dizer *palavra*; mas ele mostra que não devemos especular privativamente o que cremos

À luz desta passagem podemos inferir que há dois tipos de presbíteros, visto que nem todos são ordenados para a docência. O significado cristalino das palavras está no fato de que havia alguns que governavam bem e de forma honrosa, no entanto não eram detentores da função pedagógica. Elegiam-se homens solícitos e bem preparados, os quais, juntamente com os pastores num concílio comum, e investidos com a autoridade delegada pela Igreja, se destinavam a ministrar a disciplina e a agir como censores com vistas à disciplina moral. Ambrósio lamenta que tal costume tenha caído em desuso em decorrência de descuido, ou, melhor, em decorrência do orgulho dos mestres que queriam para si um poder indivisível.

Volvendo-nos para Paulo, ele ordena que se providencie subsistência especialmente para os pastores que se encontram engajados no magistério sacro. Pois a ingratidão do mundo é de tal vulto, que pouquíssimos se preocupam de fato com o sustento dos ministros da Palavra; e Satanás se aproveita desse lapso para desprover a Igreja do magistério sacro, apavorando a muitos com o medo da pobreza e da fome, de modo a indispô-los a levar tal carga.[16]

18. Não amordaces o boi. Esse é um preceito 'político', uma recomendação geral de equidade, [17] conforme já discutimos na exposição de 1 Coríntios. Pois se somos proibidos de insensibilidade em relação

---

ser próprio, mas que, quando tivermos estudado, que outros obtenham proveito juntamente conosco, e que a instrução seja comum para toda a Igreja. Esta é a verdadeira marca que distingue propriamente entre os pastores a quem Deus aprova e deseja que sejam sustentados em sua Igreja, e aqueles que reivindicam esse título e honra, e no entanto são excluídos e rejeitados por ele e pelo Espírito Santo." – *Fr. Ser.*

16 "Nesta passagem, Paulo não olhava para si mesmo, mas falava pela autoridade de Deus, a fim de que a Igreja não fosse destituída de pessoas que ensinassem fielmente. Pois o diabo, desde o princípio, usa a trapaça de tentar causar fome nos bons pastores, para que eles deixassem de trabalhar, e para que fossem bem poucos os que se engajam na pregação da Palavra de Deus. Não vejamos a recomendação aqui contida como que oriunda de um homem mortal, mas ouçamos Deus falando, e saibamos que não há acepção de pessoas, mas que, sabendo o que era proveitoso a toda a Igreja, e percebendo que muitos eram frios e indiferentes sobre este tema, ele estabeleceu uma regra que, aqueles cujo dever é proclamar o evangelho, sejam sustentados; como vemos que Paulo fala disso em outras passagens, e trata do assunto mui plenamente na Primeira Epístola aos Coríntios, ainda que igualmente o menciona na Epístola aos Gálatas." – *Fr. Ser.*

17 "Equite et humanite."

aos seres irracionais, muito mais benevolência se requer de nós em relação aos nossos iguais. Sua tese consiste em que não se deve fazer um uso pervertido dos labores que outras pessoas empreendem em seu próprio benefício. Na atualidade, a prática de pisar o grão é desconhecida em muitas partes da França, onde se usam manguais para debulhar o grão. A prática de pisar o grão só é conhecida na Provença. Mas isso nada tem a ver com o sentido desta passagem, pois o mesmo se pode dizer do boi que puxa o arado.

O trabalhador é digno de seu salário. Ele não cita isso como sendo uma passagem da Escritura, mas simplesmente como um dito proverbial, cujo sentido comum é transmitido a todos. Assim também, quando Cristo disse a mesma coisa a seus apóstolos [Mt 10.10], ele estava expressando algo que o consenso universal reconhecia como verdadeiro. Segue-se, pois, que aqueles que permitem que os seus animais passem fome – para não dizer nada de seres humanos –, os quais usam no rude trabalho da agricultura, visando a seus próprios interesses, são cruéis e lançam no esquecimento todos os princípios da equidade. Quão mais intolerável é a ingratidão daqueles que se recusam em prover a seus pastores de sua subsistência, cuja retribuição, de conformidade com o seu real merecimento, é totalmente impossível.

19. Não aceites acusação contra um ancião. Havendo ministrado instruções sobre o sustento pastoral, ele agora instrui Timóteo a não permitir que os pastores se exponham a ataques caluniosos, ou que sejam atingidos por acusações sem fundamento e sem provas. É aparentemente absurdo que o apóstolo lance mão de uma lei que se aplica a todo o gênero humano, como se a mesma se aplicasse específica e exclusivamente aos presbíteros. Porquanto Deus requer, em todos os casos, que a justiça seja estabelecida "por boca de duas ou três testemunhas" [Dt 17.6; Mt 18.16]. Por que, pois, o apóstolo evoca essa lei em proteção exclusivamente dos presbíteros, como se fosse um privilégio peculiar a eles ter sua inocência protegida contra as falsas acusações?

Minha resposta consiste em que é indispensável o uso de tal

antídoto para salvaguardar os pastores da malícia dos homens.[18] Porquanto ninguém é mais exposto a calúnias e insultos do que os mestres piedosos. E isso provém não só das dificuldades de seus deveres, os quais são às vezes tão volumosos que, ou vão a pique, ou cambaleiam, ou param hesitantes, ou dão um passa em falso, de maneira que os perversos encontram muitas ocasiões de deparar-se com algum defeito neles; mas também que, mesmo quando executam corretamente todos os seus deveres, e não cometem nem sequer um erro mínimo, jamais conseguem evitar mil e uma críticas. E esta é deveras a astúcia de Satanás: alienar os homens de seus ministros, para que gradualmente levem o seu ensino ao desprezo. De forma que não só fazem mal às pessoas inocentes, cuja reputação é imerecidamente injuriada, mas a autoridade da santa doutrina de Deus é também diminuída.

E é com isso que Satanás, como já disse, principalmente se ocupa em realizar, pois o dito de Platão, de que "as multidões são maliciosas e invejam aqueles que estão acima delas", não só se aplica neste caso, mas também que, quanto mais sinceramente se esforça um pastor por expandir o reino de Cristo, é ele mais sobrecarregado de malevolência e mais ferozes são os ataques que o transformam em desditoso alvo. E não só isso, mas assim que se lança alguma acusação contra os ministros da Palavra, é ela crida com tanta certeza e firmeza, como se a mesma já fosse algo comprovado. Tal sucede não só porque um elevado padrão de integridade é requerido deles, mas também porque Satanás faz com que muitas pessoas, na verdade quase todas, sejam tão crédulas que, sem qualquer investigação, pressurosamente condenam seus pastores, cujo bom nome deveriam esforçar-se por a defender.

E assim Paulo tem boas razões para prevenir [a Igreja] contra tão grande injustiça, dizendo que os presbíteros não devem ser entregues à malícia dos homens maus até que todos sejam persuadidos pelo testemunho legal. E de fato não devemos ficar pasmos de que

---

18 "Que les docteurs ou pasteurs fideles." — "Que os fiéis mestres ou pastores."

sejam eles alvo de muitos inimigos, já que seu dever é reprovar os erros de todos os homens, opor-se a todos os desejos perversos e a refrear, através de sua severidade, a todos quantos percebem que caminham por veredas tortuosas. Quais seriam, pois, os resultados, caso atentássemos indiscriminadamente para todas as calúnias que são divulgadas contra eles?

20. Aos que pecarem, reprova-os na presença de todos.[19] Sempre que se toma alguma medida em proteção dos homens bons, os maus a torcem para salvar-se da condenação. E assim Paulo, aqui, modifica o que havia dito acerca das acusações injustas, de modo que ninguém pudesse, sob tal pretexto, escapar à punição devida ao seu pecado. E certamente podemos ver com quantos e diferentes privilégios o papado protege seu clero para que, ainda que viva a mais escandalosa das vidas, ele prossiga ainda imune de toda e qualquer acusação.[20] Com toda certeza, se tomassem em consideração todas as precauções que foram recompiladas por Graciano[21] (*Caus.* ii, 4 & 7), não haveria perigo algum de que se lhes obrigassem a prestar contas de suas vidas. Onde encontrar as setenta e duas testemunhas que exige a repugnante bula do papa Silvestre para condenar um bispo? Além do mais, uma vez que todos os leigos estão proibidos de apresentar qualquer acusação, e o clero inferior está proibido de molestar os seus superiores, quem os impedirá de rir-se impunemente de todos os juízos atribuídos contra eles?

Portanto, convém observar mais cuidadosamente a moderada instrução de Paulo, para que as línguas insolentes sejam refreadas de

---

19 "Repren publiquement." "Repreende publicamente."
20 "Combien que la vie de leurs moines et prestres soit la plus meschante et desbordee qu'on scauroit dire." — "Embora a vida de seus monges e sacerdotes seja a mais perversa e dissoluta que é possível descrever."
21 "Graciano, um beneditino do século XII, era natural de Chiusi, e foi o autor de uma obra famosa, intitulada 'Decretais', ou 'Concordantia Discordantium Canonum', na qual ele diligenciou por conciliar aqueles cânones que pareciam auto-contraditórios. Ele, contudo, foi culpado de alguns erros, os quais Antonio Agustin [arcebispo de Tarragona] tentou corrigir em sua obra intitulada 'De emendatione Gratiani' [1578]. As 'Decretais' de Graciano formam uma das principais partes da lei canônica." – *Gorton's Biog. Dict.*

difamar os presbíteros com acusações falsas, e também para que todo aquele que se comporta mal seja severamente corrigido. Porquanto entendo que tal exigência se refere aos presbíteros, para que os que vivem uma vida dissoluta sejam repreendidos publicamente.

Para que os demais também tenham temor. Para quê? Para que os demais, vendo que nem mesmo os que são superiores em posição e dignidade são poupados, se considerem advertidos por tal exemplo e temam ainda mais. Pois assim como os presbíteros apontam o caminho para outros mediante o exemplo de sua vida honrada, também, se cometerem algum delito, é justo que uma disciplina severa seja exercida contra eles para que sirva de exemplo a todos. E por que se mostraria mais indulgência a homens cujos erros são muito mais prejudiciais do que os de outros homens? Que se tenha em mente que Paulo, aqui, fala de crimes ou pecados notórios que provocam escândalos públicos; pois se algum presbítero comete um erro, não dessa categoria, é evidentemente mais preferível que ele seja admoestado privativamente, do que acusado publicamente.

21. Ordeno-te na presença de Deus. Paulo introduziu este solene apelo devido ao fato de que essa era uma questão não só da mais séria importância, mas também da mais extrema dificuldade. Não há nada mais difícil do que pronunciar juízo com total imparcialidade, de modo a evitar a demonstração de favoritismo injusto, ou dar margem a suspeitas, ou deixar-se influenciar por notícias desfavoráveis, ou ser excessivamente radical, e em toda causa nada considerar senão a matéria em mãos. Só quando fechamos nossos olhos a considerações pessoais[22] é que podemos pronunciar um juízo equitativo.

Lembremo-nos, pois, de que nesta advertência dirigida a Timóteo todos os pastores estão inclusos, e que por meio dela Timóteo está sendo protegido contra todos os desejos perversos que normalmente trazem tribulação até mesmo ao melhor dos homens. Por isso ele põe Timóteo na presença de Deus, para que ele soubesse que estaria exer-

---

22 "Et qu'on regarde seulement le faict." — "E quando nada buscamos senão o fato."

cendo seu ofício com tanta consciência e prudência como se estivesse desempenhando-o na própria presença de Deus e de seus anjos.

Do Senhor Jesus Cristo. Havendo feito menção de Deus, ele também adiciona Cristo, pois é a ele que o Pai delegou todo o poder para julgar [Jo 5.22], e ante cujo tribunal teremos de um dia comparecer.

E dos anjos eleitos. Ele adiciona a Cristo os anjos, não porque estes sejam juízes, mas como testemunhas futuras, quer da displicência, da imprudência, da ambição, quer das más intenções. Estão presentes como espectadores, pois a eles foi dado o encargo de cuidar da Igreja. E de fato o homem que não se deixa abalar à vista de sua displicência e indolência, com a consciência de que o governo da Igreja é conduzido sob os olhares de Deus e de seus anjos, deve ser pior que o estúpido e possui um coração mais duro que a pedra. E quando se acrescenta um apelo tão solene, deve-se redobrar o nosso temor e a nossa expectação. Ele denomina os anjos de *eleitos*,[23] não só para distingui-los dos anjos réprobos, mas também para realçar sua excelência, a fim de que o seu testemunho desperte em nós a mais profunda reverência.

Sem prevenção.[24] Προκρίμα significa literalmente *prejuízo* [*proejudicium*] – um juízo premeditado. Seu significado, porém, denota, antes, a excessiva pressa[25] que temos em demonstrar, em pronunciamento

---

23 "Observemos que ele deseja distingui-los dos que se rebelavam. Pois os demônios não foram criados perversos e maliciosos como ora são, inimigos de todo bem, e falso e maldito em sua natureza. Foram anjos de Deus, porém não foram eleitos à perseverança, e por isso apostataram. Assim Deus reservou o que escolhera dentre os anjos. E por isso já temos um espelho de nossa eleição divina com vistas ao céu, pela livre graça antes mesmo de virmos a este mundo. Ora, se vemos a graça de Deus exibida inclusive nos anjos, o que será de nós? Pois todo gênero humano se perdeu e se arruinou em Adão, e somos malditos e, como a Escritura nos informa, nascidos "filhos da ira" [Ef 2.3]. O que aconteceria se Deus não nos escolhesse por mera bondade, visto que, desde o ventre de nossa mãe [Sl 51.5] somos corruptos e alienados dele? Esta graciosa eleição deve prevalecer, a fim de separar-nos dos réprobos que permanecem em sua perdição. Devemos, pois, observar detidamente esta passagem, na qual Paulo, ao falar dos anjos, mostra que sua elevada categoria procede do fato de que foram escolhidos e eleitos por Deus. E, assim, por uma razão ainda mais estranha, fomos separados de todas as demais criaturas visíveis, simplesmente porque Deus nos separa por sua mercê." – *Fr. Ser.*

24 "Sans jugement precupite, ou, sans preferer l'un a l'autre." — "Sem juízo apressado, ou, sem preterir um ao outro."

25 Une trop soudaine hastivete." — "Uma pressa por demais súbita."

precipitado, nosso julgamento de uma matéria sobre a qual não ponderamos bem, ou nossa imoderada parcialidade em defender pessoas mais do que devíamos, ou em preferir alguém porque concluímos que ele é melhor que outros. Isso é sempre desastroso nas decisões de um juiz. Portanto, o que Paulo está condenando aqui é a ausência, ou de abalizada precaução ou de respeito humano.

E a matéria seguinte tem mais ou menos o mesmo propósito, a saber: que não deve existir parcialidade nem para um lado nem para o outro. É praticamente impossível exagerar a dificuldade daqueles que exercem o ofício de juizes, de se evitar que sejam influenciados pelas várias e fortes pressões que lhes são desferidas para levá-los à parcialidade. Ao invés de κατὰ πρόσκλισιν. Alguns manuscritos trazem κατὰ πρόσκλησιν,[26] mas a outra redação é melhor.

22. A ninguém imponhas precipitadamente as mãos, nem sejas partícipe dos pecados de outrem. Conserva-te a ti mesmo puro.
23. Não continues a beber somente água, mas usa um pouco de vinho por causa do teu estômago e de tuas frequentes enfermidades.
24. Os pecados de alguns são notórios e levam ao tribunal, ao passo que em outros só mais tarde se manifestam.
25. Semelhantemente, também as boas obras antecipadamente se evidenciam e, quando assim não sucede, não podem ocultar-se.

22. Manus cito ne cui imponas; neque communices peccatis alienis; temetipsum purum custodi.
23. Ne posthac bibas aquam; sed paululo vino utere propter stomachum tuum, et crebras tuas infirmitates.
24. Quorundam hominum peccata ante manifestata sunt, festinantia ad judicium, in quibusdam vero etiam subsequuntur.
25. Similiter et bona opera ante manifesta sunt; et quae secus habent latere nequeunt.

22. A ninguém imponhas precipitadamente as mãos. Não pode haver dúvida alguma de que o apóstolo desejava salvaguardar Timóteo da má vontade e evitar as muitas queixas que continuamente surgem contra os piedosos servos de Cristo que se recusam a aquiescer com as ambiciosas petições que continuamente se lhes fazem. Alguns os

---

26 "Κατὰ πρόσκλισιν, 'através de parcialidade' ou indevido favor. Assim Clemente, em sua Epístola aos Coríntios, traz κατὰ προσχλίσεις ('através de parcialidades'). A palavra propriamente significa um aprendizado para ou sobre." – *Bloomfield*.

acusam de severidade, outros de inveja; alguns até mesmo protestam, alegando que são cruéis se não aceitam imediatamente aos que se ufanam de possuir algumas qualidades recomendáveis. Isso é o que experimentamos fartamente em nossos próprios dias. Paulo aconselha Timóteo a não apartar-se da precaução judiciosa e a não deixar-se levar por um entusiasmo imaturo. Não que Timóteo necessitasse de tal exortação, mas porque Paulo queria, no uso de sua autoridade, refrear aos que poderiam estar trazendo dificuldades a Timóteo.

A imposição de mãos é equivalente à ordenação.[27] Ele usa o sinal em lugar da coisa significada, e o proíbe de admitir precipitadamente a alguém que ainda não passou por rigoroso exame. Existem aqueles que, movidos pelo desejo de novidade, buscam ordenar alguém pouquíssimo conhecido, justamente pelo fato de o mesmo apresentar uma ou duas qualificações reconhecidas e de caráter recomendável. É dever de um bispo sábio e prudente resistir a essa atitude impetuoso, da mesma forma como Paulo ordena aqui a Timóteo.

Nem sejas partícipe dos pecados de outrem. Sua intenção era que o bispo que consente com um ato ilícito de ordenação traz sobre si a mesma culpa de seus impetuosos fomentadores. Há quem o explique da seguinte forma: "Se for admitido alguém que seja indigno, quaisquer erros que porventura mais tarde vier a cometer, serão também envolvidos na ignomínia, ou pelo menos em parte dela, aqueles que o admitiram." Creio que a seguinte explicação é mais simples: "Ainda que outros se lancem em tal precipitação, não te associes a eles, para que não sejas partícipe de sua culpa", porquanto, às vezes sucede que, mesmo quando nosso juízo pessoal é sólido, nos deixamos levar pela insensatez e estupidez de outros.[28]

---

27 "Laquelle on appelle Ordination ou Consecration." — "O que é chamado Ordenação ou Consagração."
28 "A quem o apóstolo fala? É somente aos ministros que pregam a doutrina do evangelho? É somente aos magistrados e aos que têm a espada e a administração do governo civil? Não, mas a todos os cristãos, grandes e pequenos. Então lemos que não devemos ser participantes dos pecados de outrem. E de que maneira? Reprovando-os [Ef 5.11]. E assim aquele que tenta enganar seu semelhante e fecha seus olhos quando percebe que Deus está ofendido, e especialmente aquele

Conserva-te a ti mesmo puro. Entendo que isto se refere ao mesmo tema, como se o apóstolo quisesse dizer: "Se outros cometem algum erro, vê bem para que não sejas também enredado em seu contágio, dando o teu assentimento e aprovação. Se não podes impedi-los de contaminar-se, ao menos te mantenhas afastado de suas deliberações, para que, pessoalmente, te conserves incontaminado." Se porventura alguém preferir uma explicação mais geral, que fique livre para pensar como quiser; minha interpretação pessoal, porém, a meu ver, se adequa melhor ao contexto.

23. Não continues a beber somente água. Visto que esta afirmação interrompe o fio do pensamento, há quem suspeite que Paulo não a escreveu. Já observamos que Paulo nem sempre é cuidadoso com a ordem ou arranjo de sua matéria; e não é absolutamente incomum para ele misturar afirmações de diferentes temas sem observar qualquer ordem. Também é possível que o que era originalmente uma nota na margem tenha sido introduzido na passagem por um erro de transcrição. Mas não há razão para se ocupar em demasia com esta questão, se ponderarmos naquilo que eu já disse, ou seja, que era hábito de Paulo às vezes misturar diferentes temas.

O que ele diz equivale ao seguinte: que Timóteo deve formar o hábito de beber um pouco de vinho por questões de saúde. Ele absolutamente não o proíbe de usar água, mas simplesmente lhe diz que não fizesse dela sua bebida habitual. Isso é o que o verbo ὑδροποτεῖν significa.

Mas, por que ele não o aconselha simplesmente a beber vinho? É possível que, ao falar de 'um pouco' de vinho, sua intenção fosse pro-

---

que consente nele será ainda mais culpado. Pensemos seriamente que teremos uma dura conta a prestar a Deus, se porventura andarmos no meio das corrupções do mundo, a ponto de aparentar que os aprovamos. E tanto mais devemos meditar sobre esta doutrina, quando virmos que há tal ousadia em pecar, que o costume chega a transformar-se em lei. Que um homem seja convencido de que está cometendo erro, mas, quando se acha entre muitos companheiros, chega a pensar que está escusado. 'Entre os lobos devemos uivar", se dirá. Agora vemos que os pecados de outrem não nos escusarão na presença de Deus, e ainda que o mundo inteiro peque conosco, não deixaremos de estar envolvidos na mesma condenação. Pensemos bem nisso!" – *Fr. Ser.*

teger [Timóteo] contra a intemperança, o que não era de se temer no tocante a um homem da envergadura de Timóteo. Minha explicação é que isso foi expresso nesses termos com o fim de remover as calúnias dos ímpios que de outra forma teriam prontamente lançado seus escárnios sobre o conselho apostólico, sob este ou outro pretexto: "Que sorte de filosofia é essa que encoraja uma pessoa a beber vinho? Esse é mesmo o caminho que leva ao céu?" Para enfrentar escárnios desse gênero, Paulo declara que tal provisão só visa aos casos de necessidade, e ao mesmo tempo recomenda moderação.

É evidente que Timóteo era tão frugal e austero em seus hábitos pessoais, que nem mesmo se preocupava com sua própria saúde. É indubitável que seu motivo para agir assim não era nem a ambição nem a superstição. Daqui inferimos que ele estava não só longe de entregar-se às gulodices e aos luxos, mas também se prontificava mais ainda para a obra do Senhor, e assim se privava até mesmo de seu alimento ordinário. Sua abstinência, portanto, não tinha por base sua inclinação natural, e, sim, seu zelo pelo cultivo da continência.

Quão poucos há em nossos dias que carecem da abstinência de água; em contrapartida, quantos carecem de ser refreados em seu uso imoderado do vinho! É também evidente que necessário se nos faz, mesmo quando queremos agir corretamente, rogar ao Senhor que nos dê o Espírito de sabedoria para nos instruir no caminho da moderação. Timóteo, aliás, tinha intenções corretas, visto, porém, ser ele repreendido pelo Espírito de Deus, daqui aprendemos que sua excessiva austeridade se converteu em erro. Ao mesmo tempo, o apóstolo enuncia uma regra geral, a saber: embora sejamos temperantes quanto à comida e bebida, cada um de nós deve precaver-se no que respeita à sua saúde, não em função de uma vida longa, mas para que, enquanto vivermos, sejamos úteis e agradáveis a Deus e ao nosso próximo.

E se a excessiva abstinência é censurável quando produz ou promove doenças, quanto mais se deve evitar a superstição! Que juízo formaremos da obstinação dos cartúsios,[29] os quais prefeririam antes morrer a provar uma pequeníssima porção de carne, mesmo em necessidade extrema? E se aqueles que vivem frugal e sobriamente são intimados a não prejudicar sua saúde com excessiva austeridade, quão desastroso castigo aguarda os intemperantes que desperdiçam suas energias na glutonaria. Tais pessoas necessitam não meramente de admoestação, mas, como bestas irracionais, têm de ser privadas de sua forragem.

24. Os pecados de alguns são notórios. Nada é mais desgastante para os fiéis ministros da Igreja do que não encontrar um meio de corrigir os males, e serem obrigados a suportar os hipócritas, cuja perversidade se faz notória, e a se sentirem incapazes de excluir da Igreja os muitos que se constituem em peste nociva, ou mesmo impedi-los de espalhar sua peçonha através de suas artes secretas.[30] E assim Paulo consola a Timóteo com esse lenitivo, ou seja, que algum dia, quando aprouver a Deus, tais homens serão citados publicamente. Dessa forma o apóstolo o confirma na paciência, pois ele deveria tranquilamente aguardar o tempo certo, o qual Deus, em sua sabedoria, preordenou.

Há outro tipo de conduta vil que aflige dolorosamente os bons e santos pastores, a saber: depois de terem conscientemente desempenhado seus deveres, ainda são provocados por críticas inúmeras e injustas; são objetos da má vontade e descobrem que as ações que deveriam merecer louvor são na verdade vituperadas. Paulo trata disso

---

29 "No ano de 1084, institui-se a famosa ordem dos cartusianos, assim chamados por causa de Chartreux, um sinistro e selvagem ponto de rodeio próximo a Grenoble, em Dauphine, cercado por montanhas estéreis e rochas escarpadas. O fundador dessa sociedade monástica, excedendo a todos os demais em extravagância austeridade em suas maneiras e disciplina, foi Bruno, natural de Köln, e cônego da catedral de Rheims, na França. Este zeloso eclesiástico, que não tinha o poder de reformar, nem paciência para suportar as maneiras dissolutas de seu arcebispo, Manasse, retirou-se de sua igreja, com seis de seus companheiros e, tendo obtido a permissão de Hugo, bispo de Grenoble, fixou sua residência no miserável deserto supramencionado. Ele adotou a princípio a regra de São Benedito, à qual adicionou considerável número de preceitos severos e rigorosos. Seus sucessores, contudo, foram ainda mais longe e impuseram aos cartusianos novas leis, muito mais intoleráveis do que as de seu fundador – leis que inculcavam os mais elevados graus de austeridade que a mais lúgubre imaginação poderia inventar." – *Mosheim's Eccl. Hist.*

30 "Par moyens secrets, et comme par dessous terre." — "Mediante artes secretas e ocultas."

também, ao dizer a Timóteo que há algumas boas obras que só virão à luz muito depois. Por conseguinte, se o louvor a elas devido é, por assim dizer, sepultado nas profundezas da terra, em virtude da ingratidão humana, também isso deve ser suportado pacientemente até que chegue o tempo de sua manifestação.

Mas ele provê mais de um antídoto para esses males. Às vezes fracassamos na escolha dos ministros, pois os homens indignos penetram pela astúcia, enquanto que os homens certos nos são desconhecidos; ou, ainda que o nosso juízo seja correto, não podemos obrigar os outros a aceitarem o nosso juízo, de modo que os melhores homens são rejeitados, a despeito de todos os nossos esforços, e os maus se introduzem com astúcia ou vencem pela força. Em tais circunstâncias, o estado da Igreja, e a nossa própria situação, inevitavelmente geram em nós uma profunda ansiedade. Paulo faz vigoroso esforço por remover, ou pelo menos atenuar, essa causa de ofensa. Sua intenção pode ser sumariada assim: "As coisas que não podem ser imediatamente corrigidas, pelo menos devem ser suportadas; devemos sofrer e gemer até que chegue o tempo de aplicar o antídoto; e não devemos usar a força para extirpar as doenças, mas esperar que estejam maduras ou se exponham à vista. Por outro lado, quando a virtude não conquista a devida recompensa, devemos aguardar o tempo pleno da revelação, tolerar a estupidez do mundo e quedar-nos tranquilamente em meio às trevas, até que raie a aurora."

E levam ao tribunal. Havendo assim explicado brevemente o seu significado geral, volto-me para as palavras propriamente ditas. Quando ele diz que *os pecados de alguns são notórios*, sua intenção é que são logo descobertos e vêm ao conhecimento dos homens, por assim dizer, antecipadamente. Ele diz a mesma coisa, de uma forma diferente, quando acrescenta que eles correm ou se apressam para o seu juízo. Vemos muitas pessoas que se lançam precipitadamente [no pecado] e de sua própria iniciativa trazem condenação sobre si próprias, ainda que o mundo inteiro queira salvá-las. Sempre que tal coisa acontecer, lembremo-nos de que os réprobos são impelidos para sua própria ruína pela secreta instigação da providência divina.

Ao passo que em outros só mais tarde se manifestam. Não posso aceitar a tradução de Erasmo que traz: "Alguns deles seguem depois." Ainda que ela pareça adequar-se melhor à construção grega, o sentido exige que entendamos a preposição ᵀᴹn, pois a mudança de caso não destrói o contraste. Ele havia dito que os pecados de alguns se apressam celeremente para o seu juízo, e agora acrescenta o reverso, dizendo que os pecados em alguns só depois são descobertos. Mas em vez do genitivo, 'de outros', ele usa o dativo, 'em outros'. Sua intenção, seja como for, é que embora alguns pecados dos homens sejam ocultos mais do que gostaríamos, e vêm a luz só mais tarde, todavia não ficam ocultos para sempre; eles terão o seu próprio tempo. Se a tradução de Erasmo for preferida, o significado deve permanecer o mesmo, a saber: que embora a vingança de Deus não se apresse, ela vem lentamente depois.

25. Semelhantemente, também as boas obras. Quer dizer que às vezes a piedade e outras virtudes granjeiam os louvores humanos rápida e oportunamente, de modo que as pessoas boas são tidas em elevada honra. Mas se tal não acontece, o Senhor não permitirá que a inocência e a retidão sejam oprimidas para sempre. Às vezes ficam na obscuridade, envoltas por nuvens de caluniosas acusações, mas afinal a promessa [divina] se cumprirá [Dn 12.3; Mt 13.43]. Deus os fará resplandecer como a aurora. Mas carecemos de um espírito tranquilo a fim de suportar, pois somos seres humanos, e é preciso que observemos sempre as limitações de nosso conhecimento, e não os ultrapassemos, pois tal gesto seria usurpar as prerrogativas divinas.

Capítulo 6

1. A todos quantos são servos debaixo de jugo, considerem seus próprios senhores dignos de toda honra, para que o nome de Deus e a doutrina não sejam blasfemados.
2. E os que têm senhores crentes, não os desprezem, porque são irmãos; antes os sirvam melhor, porque eles, que participam do benefício, são crentes e amados. Ensina essas coisas e exorta.

1. Quicunque sub jugo sunt servi, suos dominos omni honore dignos existiment; ut ne Dei nomen et doctrina blasphemetur.
2. Qui autem fideles habent dominos, ne despiciant eò quòd fratres sunt; sed magis serviant, quod fideles sint et dilecti, et beneficentiae participes. Haec doce, et exhortare.

Parece que, nos primeiros dias do evangelho, os escravos alimentavam forte expectativa, como se algum sinal de sua emancipação houvera se manifestado, posto que em muitas passagens Paulo tenta restringir tal desejo. E é evidente que a escravidão era uma condição tal que não é de estranhar que fosse algo excessivamente odioso. Ora, geralmente sucede que os homens lançam mão com toda firmeza de tudo quanto tenha a mais leve aparência de ser de algum proveito para a carne. Portanto, quando informaram que os homens são todos irmãos, imediatamente chegaram à conclusão de que era algo sem sentido que fossem eles escravos de irmãos. Mas, na hipótese de nada disso nunca lhes ter passado pela mente, os homens desprezíveis sempre têm necessidade de consolação para aplacar a amargura de suas aflições. Além disso, era uma tarefa penosa persuadi-los a oferecer seus pescoços, voluntária e alegremente, a um jugo tão rude. Esse é o alvo do ensino de Paulo aqui.

1. A todos quantos são servos debaixo de jugo. Em virtude da falsa persuasão de sua própria excelência, acalentada por cada indivíduo, não existe um sequer que de bom grado permita que outros exerçam domínio sobre ele. Os que não podem evitar as circunstâncias, relutantemente obedecem aos que se encontram acima deles; interiormente, porém, se aborrecem e se enfurecem, porquanto sua conclusão é que sofrem injúria. O apóstolo, com uma única palavra, põe um termo final a todas as disputas desse gênero, requerendo submissão voluntária por parte de todos aqueles que estão debaixo de jugo. O que ele tem em mente é que não devem perguntar se merecem tal porção ou uma melhor; deve ser suficiente o fato de que se encontram sujeitos a tal condição.

Ao ordenar-lhes *considerem seus próprios senhores dignos de toda honra*, a quem eles servem, o apóstolo requer deles não apenas fidelidade e diligência na execução de seus deveres, mas também que considerassem com sincero respeito a seus senhores como pessoas colocadas numa posição mais elevada que eles. Nenhum homem de bom grado entrega o que é devido a um príncipe ou a um senhor, a menos que respeite a eminência à qual Deus os tem elevado, e desse modo os honre como alguém sujeito a eles. Pois ainda que geralmente sejam indignos, a própria autoridade com que Deus os investiu lhes dá sempre o direito a tal honra. Além disso, nenhum homem voluntariamente presta serviço e obediência a seu senhor, a menos que creia que deva proceder assim. Por conseguinte, a submissão começa com esta honra da qual Paulo deseja que os governantes sejam considerados dignos.

Para que o nome de Deus e a doutrina não sejam blasfemados. Somos sempre mais inventivos do que deveríamos ser quando saímos em busca de nosso próprio proveito. Portanto, os escravos que têm senhores incrédulos sempre têm na ponta da língua a objeção de que é errôneo que os que servem ao diabo governem sobre os filhos de Deus. Paulo, porém, usa o mesmo argumento a fim de alcançar a conclusão oposta, a saber: que devem obedecer aos senhores incrédulos a fim de que o nome de Deus e do evangelho não seja difamado – como se o Deus a quem adoramos estivesse incitando-nos à rebelião; como se o evangelho estivesse gerando obstinados e desobedientes, quando nosso dever é o de nos sujeitarmos a outrem.

2. E os que têm senhores crentes. A designação de irmão poderia indicar que aqui se estabelece a igualdade e abole o domínio. Paulo, porém, argumenta que, ao contrário, os escravos devem submeter-se ainda mais voluntariamente a seus senhores, porque os reconhecem como filhos de Deus, e estão ligados a eles por laços de amor fraternal e são com eles partícipes da mesma graça.[1] Não é uma honra insignificante que Deus os haja feito iguais aos senhores deste mundo naquilo que mais importa, pois participamos com eles da mesma adoção. Esta seria uma poderosa persuasão para que viessem a suportar a servidão com paciência.

São crentes e amados. Além disso, a servidão é mais suportável sob senhores compassivos que nos amam e a quem amamos. Pois o vínculo da fé concilia aqueles que pertencem a diferentes classes e *status*.

Ensina essas coisas e exorta. O que o apóstolo tem em mente é que essas coisas devem ser ensinadas com persistente ênfase, e quer que a exortação acompanhe o ensino. É como se houvesse dito que esse gênero de ensino deve ser reiterado diariamente, e que os indivíduos necessitam não só de instrução, mas também de estímulo e intimação por meio de exortações frequentes.

---

1 "Que aprendamos a honrar as graças de Deus quando forem colocadas diante de nossos olhos; e quando virmos um homem que exiba algum emblema do temor de Deus e de fé, valorizemo-lo ainda mais, e que busquemos cultivar amizade mais estreita com ele, para que o suportemos quanto estiver em nós, e para que desejemos viver em bons termos com ele. E que cada um de nós considere o que se afirma aqui: que, visto que Deus nos uniu assim, é para que saibamos que isso visa a que sejamos ainda mais seus herdeiros, e que temos um só Espírito que nos guia, uma só fé, um só Redentor, um só batismo, pois tudo isso está incluído na palavra *benefício*. Visto, pois, que temos isso, aprendamos a estimar as graças de Deus, para que elas nos conduzam a toda bondade mútua e para que ajamos em concordância com a lição que Paulo nos ensina em outra passagem [Ef 4.2], isto é, que devemos uns aos outros amor fraternal, porquanto ele é 'um vínculo' que deve ser considerado suficiente para unir-nos." – *Fr. Ser.*

3. Se alguém ensina uma doutrina diferente, e não consente com as sãs palavras, mesmo as palavras de nosso Senhor Jesus Cristo e com a doutrina segundo a piedade,
4. é enfatuado, nada sabe, mas é apaixonado por questionamentos e contendas de palavras, dos quais procedem inveja, porfias, injúrias, más suspeitas,
5. altercações de homens de mente corrompida e privados da verdade, supondo que a piedade é fonte de lucro. Aparta-te também desses.

3. Si quis aliter (*vel, alia*) docet, nec acquiescit sanis sermonibus Domini nostri Iesu not to wholesome words, *even* the words of our Christi, et ei quae secundum pietatem est doctrinae,
4. Inflatus est, nihil sciens, sed languens circa quaestiones et pugnas verborum, ex quibus oritur invidia, contentio, maledicentiae, suspiciones malae,
5. Supervacuae conflictationes hominum mente corruptorum, et qui veritate privati sunt, existimantium quaestum esse pietatum; sejunge te a talibus.

3. Se alguém ensina uma doutrina diferente. A palavra ἑτεροδιδασκαλεῖ é um verbo composto e pode ser traduzido: "ensinar outras coisas". Mas não há dúvida sobre o seu significado; o apóstolo está condenando todos os que não aceitam esse tipo de ensino, mesmo que não se oponham aberta e irrestritamente à sã doutrina. É possível não professar um erro ímpio e público, e, no entanto, corromper a doutrina da piedade através de sofismas ostentosos. Porque, quando não há progresso ou edificação procedente de algum ensino, o afastamento da instituição de Cristo já está concretizado. Mas, ainda que Paulo não esteja falando dos confessos iniciadores de doutrinas ímpias, e, sim, acerca de mestres fúteis e destituídos de religião, que do egoísmo ou avareza deformam a simples e genuína doutrina da piedade, não obstante percebemos quão aguda e veementemente ele os ataca. E não é de estranhar, pois é quase impossível exagerar o volume de prejuízo causado pela pregação hipócrita, cujo único alvo é a ostentação e o espetáculo vazio de conteúdo. Torna-se, porém, ainda mais evidente, à luz do que segue, a quem precisamente ele está responsabilizando aqui.

Pois a próxima cláusula – *e não consente com as sãs palavras* – é tencionada como uma descrição de homens desse tipo, desviados por tola curiosidade, que comumente desprezam tudo o que é benéfico e sólido e se entregam a excentricidades extravagantes, à semelhança de cavalos obstinados. E o que é isso senão a rejeição das *sãs palavras de Cristo*? São chamadas sãs em virtude de seu efeito de conferir-nos saúde, ou porque são qualificadas para promover a saúde espiritual.

E não consente com as sãs palavras tem o mesmo sentido. Pois ela só será consistente com a piedade se nos estabelecer no temor e no culto divino, se edificar nossa fé, se nos exercitar na paciência e na humildade e em todos os deveres do amor. Portanto, aquele que não tenta ensinar com o intuito de beneficiar, não pode ensinar corretamente; por mais que faça boa apresentação, a doutrinação não será sã, a menos que cuide para que seja proveitosa a seus ouvintes.

4. É enfatuado, nada sabe. Paulo acusa a esses infrutíferos mestres, primeiro de insensatez e de fútil orgulho. Em segundo lugar, visto que o melhor castigo para os interesseiros é condenar todas as coisas nas quais, em sua ignorância, se deleitam, o apóstolo diz que eles *nada entendem*, embora estejam inchados com argumentos inúmeros e sutis. Não têm nada sólido; são apenas vácuo. Ao mesmo tempo, o apóstolo adverte a todos os piedosos a não que se permitam desviar por esse gênero de exibição fútil, mas que, ao contrário, permaneçam firmes na simplicidade do evangelho.

Mas é apaixonado por questionamentos. Eis uma comparação indireta entre a solidez da doutrina de Cristo e essa 'mania'. Pois quando esses questionadores sutis tiverem se cansado com seu enfadonho assunto, que resultado terão eles de revelar a todos os seus esforços, a não ser que o seu mal se agrave crescentemente? Não só se desgastam por nada, mas sua insensata curiosidade provoca essa mania. E daqui segue-se que estão muito longe de beneficiar razoavelmente com o seu ensino, como devem proceder os discípulos de Cristo.

Paulo tem boas razões para mencionar juntos, *questionamentos* e *contendas de palavras*, porque, pelo primeiro termo, ele não quer dizer o tipo de questão que nasce de um moderado e sóbrio desejo de aprender ou que contribui para aclarar explanações de pontos úteis; mas, ao contrário, refere-se ao tipo questionamento que, por exemplo, hoje é discutido nas escolas da Sorbone, que têm o intuito de exibir habilidade intelectual. Ali, uma questão leva a outra, porque não há fim para elas, quando todos se precipitam em sua vaidade, procurando saber mais do que deveriam, e isso gera infindáveis contendas. Assim como as densas nuvens, no tempo de calor, não se dissipam sem trovoada, assim também essas escabrosas questões inevitavelmente deságuam em discussões sem fim.

Ele dá o nome de λογομαχίας às disputas contenciosas em torno de palavras, quando devia ser em torno do que é real, as quais são, como comumente se diz, sem conteúdo ou fundamento. Caso alguém investigue atentamente o tipo de questões que ardentemente preocupam os sofistas, descobrirá que dali nada nasce que seja real, senão o que é forjado do nada. Em suma, o propósito de Paulo era condenar todas as questões que nos envolvem em acirradas disputas sobre assuntos dos quais nada resulta.

Dos quais procedem a inveja. Ele mostra, à luz de seus resultados, como deveríamos evitar a curiosidade ambiciosa; pois a ambição é a mãe da inveja. E sempre que a inveja estiver no comando, ali também surgirá violência, confusões, contendas e os demais males que Paulo enumera aqui.

5. Homens de mente corrompida e privados da verdade. O apóstolo acrescenta que tais coisas procedem de *homens de mente corrompida e privados da verdade*. É óbvio e claro que aqui ele está censurando os sofistas que não se preocupavam com a edificação [da Igreja] e convertiam a Palavra de Deus em trivialidade e numa fonte de controvérsias engenhosas. Se o apóstolo apenas realçasse que, com isso, a doutrina da salvação ficaria destituída de sua eficácia, tal coisa, por si só, seria uma intolerável profanação; mas sua reprovação é muito mais pesada e grave, pois ele mostra os males perniciosos e as pragas nocivas resultantes disso. Desta passagem devemos aprender a detestar os sofismas como algo inconcebivelmente nocivo à Igreja de Deus.

Supondo que a piedade é fonte de lucro. O significado consiste em que a piedade é equivalente a lucro ou é uma forma de produzir lucro, porque, para esses homens, todo o cristianismo deve ser aquilatado pelos lucros que ele gera. É como se os oráculos do Espírito Santo houvessem sido transmitidos não com outro propósito, senão de servir à sua avareza; negociam com eles como se fossem mercadoria à venda.

Aparta-te também desses. Paulo proíbe aos servos de Cristo qualquer gênero de transação com tais homens. Ele não só proíbe a Timóteo de imitá-los, mas lhe diz que os evitasse como se fossem peste maligna. Ainda que não se opusessem abertamente ao evangelho, e o confessassem, não obstante a companhia deles era infecciosa. Além disso, se a multidão nos visse com familiaridade com tais pessoas, haveria o risco de que usassem nossa amizade para insinuar-nos em seu favor.[2] Portanto, devemos empenhar-nos ardentemente por levar as pessoas a entenderem que somos completamente diferentes deles, e que nada temos em comum com eles.[3]

6. Mas a piedade com contentamento é grande lucro;

7. pois nada trouxemos para o mundo, e nada podemos levar dele.

8. Tendo, porém, alimento e com que nos cobrirmos, estejamos contentes com isso.

6. Est autem quaestus magnus pietas cum sufficientia.

7. Nihil enim intulimus in mundum; certum quòd neque efferre quicquam possumus.

8. Habentes autem alimenta et tegmina, his contenti erimus.

---

2 "Il y a danger que nostre amitie ne leur serve d'une couverture pour avoir entree a abuser les gens." — "Há o risco de a nossa amizade servir de subterfúgio para a obtenção de acesso e assim enganar as pessoas."

3 "Quando ouvimos que aqueles que assim representam mal a Palavra de Deus fazem de nossas almas mercadoria, no dizer do apóstolo Pedro [2Pe 2.3], e que fazem tráfico de nós e de nossa salvação, sem qualquer consciência, e que não têm escrúpulo de mergulhar-nos no inferno, e inclusive descartar o preço que foi pago por nossa redenção, é certo que arruínam as almas e também zombam do sangue de nosso Senhor Jesus Cristo. Quando ouvimos tudo isso, não deveríamos ter tais mestres em aversão? Além disso, a experiência nos mostra que temos boa razão em atentar para esta advertência do apóstolo Paulo. Pois a que poço a religião tem chegado! Porventura ela não tem se assemelhado a uma feira pública? O que ela veio a ser no papado? Os sacramentos são expostos à venda, e tudo mais que pertence à nossa religião tem um preço fixo apenso a ela. Judas não vendeu o Filho de Deus, em sua própria pessoa, mais do que faz o papa e toda a imundícia de seu clero, vendendo as graças do Espírito Santo, e tudo o que pertence ao seu ofício e para nossa salvação. Quando vemos isto, não temos boa razão para pôr-nos em guarda?" – *Fr. Ser.*

9. Mas os que desejam ser ricos caem em tentação e numa armadilha, bem como em muitas loucas e perniciosas concupiscências, as quais submergem os homens na destruição e perdição.

10. Porque o amor ao dinheiro é raiz de todas as espécies de males; e nessa cobiça alguns se desviaram da fé e se trespassaram a si mesmos com muitas dores.

9. Nam qui volunt ditescere incidunt in tentationem et laqueum, et stupiditates multas et noxias, quae demergunt homines in exitium et interitum.

10. Radix enim omnium malorum est avaritia; cui addicti quidam aberrarunt a fide, et se ipsos implicuerunt doloribus multis.

6. Mas a piedade é grande lucro. De uma forma elegante, e com uma mudança irônica, o apóstolo repentinamente arremessa contra seus oponentes as mesmas palavras com significado oposto, como se quisesse dizer: "Eles agem errônea e impiamente em fazer comércio da doutrina de Cristo, como se a piedade fosse [fonte de] lucro; e, no entanto, entenderam corretamente que a piedade é de fato um grande e riquíssimo lucro." Ele a qualifica assim porque ela nos traz plena e perfeita bem-aventurança. Aqueles que se aferram à aquisição de dinheiro, e que usam a piedade para granjearem lucros, tornam-se culpados de sacrilégio.[4] Mas a piedade é por si só suficientemente um imensurável lucro para nós, visto que é através dela que nos tornamos não só os herdeiros do mundo, mas também [é através dela] que somos capacitados para o desfruto de Cristo e de todas as suas riquezas.

Com contentamento.[5] Esta pode ser uma referência ou a uma disposição íntima ou a uma suficiência de riqueza. Se porventura for subentendida como uma *disposição*, o significado será: os piedosos que nada desejam, mas que vivem contentes com sua pobreza, esses têm granjeado um grande lucro. Mas se for tomada no sentido de *suficiência* de possessões – interpretação esta que no momento me agrada –, será uma promessa como aquela do Salmo 34.10: "Os filhos dos leões passam necessidade e sofrem fome, mas àqueles que buscam ao

---

4 "Qui estans addonnez au gain de la bourse, font servir la piete et la doctrine de vraye religion a leur gain." — "Quem, sendo devotado ao ganho da bolsa, faz a piedade e a doutrina da verdadeira religião contribuir para seu ganho."

5 "Avec suffisance, ou, contentement." — "Com suficiência, ou, com contentamento."

Senhor bem nenhum faltará." O Senhor está sempre presente com seu povo; e, segundo a demanda de nossas necessidades, ele concede a cada um de nós uma porção de sua própria plenitude. Portanto, a genuína bem-aventurança consiste na piedade, e essa suficiência é tão boa quanto um razoável aumento de lucro.

7. Pois nada trouxemos para o mundo. Ele acrescenta esta cláusula a fim de definir o limite do que nos é suficiente. Nossa cobiça é um abismo insaciável, a menos que seja ela restringida; e a melhor forma de mantê-la sob controle é não desejarmos nada além do necessário imposto pela presente vida; pois a razão pela qual não aceitamos esse limite está no fato de nossa ansiedade abarcar mil e uma existências, as quais debalde imaginamos somente para nós. Nada é mais comum e nada mais geralmente aceito do que essa afirmação de Paulo; mas tão pronto tenhamos concordado com ela – vemos isso acontecendo todos os dias –, cada um de nós prevê que suas necessidades absorverão vastas fortunas, como se possuíssemos um estômago bastante grande para comportar metade da terra. Eis o que diz o Salmo 49.13: "Ainda que pareça loucura que os pais esperem habitar aqui para sempre, todavia sua posteridade aprova o seu caminho."[6] Para assegurarmos que a suficiência [divina] nos satisfaça, aprendamos a controlar nossos desejos de modo a não querermos mais do que é necessário para a manutenção de nossa vida.

8. Tendo, porém, alimento e com que nos cobrirmos. Ao qualificar de *alimento* e *cobertura*, ele exclui o luxo e a superabundância. Pois a natureza vive contente com um pouco,[7] e tudo quanto extrapola o uso natural é supérfluo. Não que algum uso mais liberal de possessões seja condenado como um mal em si mesmo, mas a ansiedade em torno delas é sempre pecaminosa.

9. Mas os que desejam ser ricos. Havendo exortado Timóteo a viver contente e a descartar a ansiedade pelas riquezas, o apóstolo

---

6 "Toutesfois les successeurs ne laissent pas de suyvre le mesme train." — "Contudo seus sucessores não cessam de seguir o mesmo curso."

7 "O homem precisa de bem pouco; não aquilo de pouca duração." – *Young's Night Thoughts*.

agora o adverte sobre quão perigoso pode tornar-se um incontrolável anelo por elas, especialmente entre os ministros da Igreja, os quais constituem a principal preocupação do apóstolo aqui. Não são as riquezas em si a causa dos males que Paulo menciona aqui, mas o profundo apego a elas, mesmo quando a pessoa seja pobre. E aqui ele descreve não só o que geralmente sucede, mas o que quase sempre inevitavelmente sucede. Pois todos quantos têm como seu ambicioso alvo a aquisição de riquezas se entregam ao cativeiro do diabo. É mui veraz o que diz o poeta pagão: "Aquele que quer ser rico, também quer ser rapidamente rico."[8] E assim, segue-se que todos quantos violentamente desejam ficar ricos são arrebatados por sua própria impetuosidade.

Essa é a fonte de sua loucura, ou, melhor, desses loucos impulsos que por fim os mergulharão na ruína. Esse é um mal universal, mas ele se revela muito mais conspicuamente nos pastores da Igreja, pois a avidez os irrita tanto que não se deterão diante de nada, por mais disparatado que seja, tão logo o brilho da prata ou do ouro ofusque seus olhos.

10. Porque o amor ao dinheiro.[9] Não é preciso ser exageradamente cauteloso em comparar outros vícios com este. É verdade que a ambição e o orgulho às vezes produzem frutos piores que os da cobiça; não obstante, a ambição não provém da cobiça. O mesmo é verdade a respeito das paixões sexuais. Mas não era a intenção de Paulo incluir sob o tema da cobiça todo gênero de vício que nos seja possível nomear. O que então ele quis dizer? Simplesmente que inumeráveis males provêm dela, justamente como normalmente usamos a mesma forma de expressão quando dizemos que a discórdia, ou a glutonaria, ou a embriaguez, ou qualquer outro vício dessa espécie produz todo tipo de males. E é especialmente verdade no tocante à vil avidez por lucros, que não há males que este não produza farta e diariamente: incon-

---

8 "Dives fieri qui vult, Et cito vult fieri." — *Juvenal*.
9 "C'est avarice, ou, convoitise des richesses." — "É avareza, ou desejo ardente por riquezas."

táveis fraudes, falsidades, perjúrio, impostura, extorsão, crueldade, corrupção judicial, contendas, ódio, envenenamentos, homicídios e toda sorte de crimes.

Afirmações desse gênero ocorrem com muita frequência nos escritores pagãos, e aqueles que aplaudem as hipérboles em Horácio ou em Ovídio não têm direito algum de se queixar, dizendo que a linguagem de Paulo é extremamente extravagante. Diariamente a experiência comprova que o apóstolo simplesmente descreveu os fatos como realmente são. Lembremo-nos, porém, de que os crimes que procedem da avareza podem também provir, e com frequência provêm, da ambição, ou da inveja, ou de outras más disposições.

E nessa cobiça alguns se desviaram da fé. O termo grego, ὀρεγόμενοι, aqui, não é usado com propriedade, ao dizer o apóstolo que eles amaram intensamente o dinheiro; no entanto, não há dificuldade alguma quanto ao significado, ou seja, que a avareza é a fonte do maior de todos os males – a apostasia da fé. Os que sofrem dessa praga gradualmente se degeneram até que renunciam completamente a fé. Daí as *dores* de que ele fala, pois tomo a sua expressão como sendo os medonhos tormentos da consciência que geralmente fustigam os homens que não mais acalentam qualquer esperança; embora Deus conte também com outros métodos para atormentar os cobiçosos e convertê-los em seus próprios atormentadores.

11. Mas tu, ó homem de Deus, foge dessas coisas, e segue após a justiça, a piedade, a fé, o amor, a paciência, a mansidão.

12. Combate o bom combate da fé, toma posse da vida eterna, para a qual foste chamado e da qual fizeste a boa confissão diante de muitas testemunhas.

13. Ordeno-te na presença do Deus que vivifica todas as coisas, e de Cristo Jesus que diante de Pôncio Pilatos deu testemunho da boa confissão,

11. Tu vero, o homo Dei, haec fuge; sectare vero justitiam, pietatem, fidem, caritatem, patientiam, mansuetudinem.

12. Certa bonum certamen fidei; apprehende vitam aeternam, ad quam etiam vocatus es, et confessus bonam confessionem coram multis testibus.

13. Denuntio (*vel, proecipio*) tibi coram Deo qui vivificat omnia, et Christo Iesu, qui testificatus est bonam confesionem coram Pontio Pilato,

14. que guardes o mandamento, sem mácula e sem repreensão, até à manifestação de nosso Senhor Jesus Cristo;

15. a qual a seu próprio tempo revelará o bendito e único Soberano, o Rei dos reis e Senhor dos senhores,

16. o único que possui a imortalidade e habita em luz inacessível; a quem homem algum jamais viu, nem pode ver, a quem seja a honra e o poder eterno. Amém.

14. Ut serves mandatum immaculatus et irreprehensibilis, usque ad revelationem Domini nostri Iesu Christi;

15. Quam suis temporibus manifestabit beatus et solus princeps, Rex regnantium et Dominus dominantium,

16. Qui solus habet immortalitatem, qui lumen habitat inaccessum, quem vidit nullus hominum, nec videre potest, cui honor et potentia aeterna (*vel, imperium oeternum.*) Amen.

11. Mas tu, ó homem de Deus, foge dessas coisas. Ao denominar Timóteo de homem de Deus, o apóstolo adiciona peso à sua exortação. Se alguém concluir ser conveniente restringir sua aplicação ao apelo para seguir *a justiça, a piedade, a fé e a paciência,* ao que ele está precisamente dizendo, então este será o seu antídoto para corrigir-se a avidez pelo dinheiro. Ele diz a Timóteo que as aspirações que ele devia seguir são de caráter espiritual. Mas pode aplicar-se ainda mais amplamente ao contexto mais remoto, ou seja, que Timóteo, mantendo-se isento de toda vaidade, evitasse a fútil curiosidade, περιεργίαν, a qual condenara um pouco antes. Aquele que se mantém totalmente ocupado com as questões básicas, facilmente se manterá livre das coisas que são supérfluas. Ele menciona algumas formas de virtudes, à luz das quais podemos concluir que as demais estão também incluídas. Quem quer que se devote a buscar a justiça, que almeje a piedade, a fé e o amor, e que cultive a paciência e a mansidão, não poderá deixar de abominar a avareza e seus frutos.[10]

---

10 "E assim vemos que Paulo, não sem razão, adiciona esta palavra *piedade*, que significa religião e o temor de Deus, e que a conecta com fé, dizendo que, quando depositamos nossa confiança em Deus, e quando esperamos nele os meios de nosso sustento, devemos também atentar para isto: não viver neste mundo como se ele fosse nosso fim, e não fixar nosso coração nele, e sim olhar para o reino celestial. Tendo dito isto, em seguida ele nos conduz rumo ao amor de nossos companheiros e à mansidão, como se fôssemos também obrigados a andar em toda boa amizade com nossos semelhantes; do contrário não mostraremos que temos a justiça que ele mencionou. E assim vejamos que, com todas estas palavras, ele tem em mente nada mais que confirmar a exortação que ministrou: seguir a justiça e sinceridade. E como a seguiremos? Primeiro, depositando nossa obediência em Deus; segundo, elevando nossos pensamentos ao reino celestial; e, terceiro,

12. Combate o bom combate. Na próxima epístola ele diz que nenhum soldado se envolve em negócios alheios à sua vocação. Por isso, com o fim de poupar Timóteo de excessiva preocupação com os afazeres terrenos, ele o exorta a lutar. A displicência e o comodismo emanam da preocupação que os homens sentem em servir a Cristo sem problemas, como se fosse um passa-tempo, enquanto que Cristo convoca todos os seus servos para a guerra.

Com o fim de encorajar Timóteo a lutar bravamente no campo de batalha, o apóstolo denomina essa luta de *bom combate*, ou seja, combate abençoado, e que, portanto, de forma alguma deve ser evitado. Pois se os soldados terrenos não hesitam em combater quando a vitória é incerta e correm o risco de perder a vida,[11] quanto mais bravamente devemos nós lutar sob o comando e a bandeira de Cristo, onde podemos alimentar de antemão a certeza da vitória, especialmente quando sabemos que há um galardão à nossa espera, o qual está muito acima dos galardões geralmente conferidos pelos comandantes a seus homens, ou seja, uma gloriosa imortalidade e a bem-aventurança celestial. Seria indigno se com uma esperança dessa natureza diante de nós ainda esmorecêssemos ou caíssemos pela exaustão. E isso é precisamente o que o apóstolo continua dizendo.

Toma possa da vida eterna. É como se ele dissesse: "Deus te convoca para a vida eterna, portanto esforça-te por alcançá-la e despreza o mundo." Ao dizer a Timóteo que tomasse posse dela, ele o proíbe de desistir ou de deixar-se dominar pelo cansaço em meio à trajetória.

---

vivendo mutuamente em boa amizade." – *Fr. Ser.*

11 "Vemos príncipes cuja ambição os conduz a pôr em risco tudo o que possuem e a pô-los em perigo de se despirem de seu poder. Vemos soldados que, em vez de ganhar salários trabalhando nas vinhas ou nos campos, vão e expõem sua vida numa aventura. E o que os leva a isto? Uma duvidosa esperança, nada certo. E embora tenham ganhado e obtido uma vitória sobre seus inimigos, que vantagem colhem dela? Mas quando Deus nos chama à luta, e deseja que sejamos soldados sob sua bandeira, isto será sob nenhuma outra condição senão que certifiquemos bem que a guerra será boa e bem sucedida. E assim Paulo tencionava confortar os crentes enquanto os exortava, como Deus igualmente se condescende de nós, mostrando-nos qual é nosso dever e, ao mesmo tempo, declarando que, quando fizermos o que Ele nos manda, tudo redundará em nosso proveito e salvação." – *Fr. Ser.*

É como se dissesse: "Nada se concretiza[12] até que tenhamos obtido a vida futura, à qual Deus nos convida." Por conseguinte, em Filipenses 3.12 ele declara que se esforçava por progredir, visto que a vida eterna não estava ainda concretizada.

Para a qual foste chamado. Visto, porém, que os homens vagariam à toa e lutariam sem qualquer objetivo de caráter, se Deus não dirigir sua trajetória e estimulá-los à atividade, o apóstolo menciona também a *vocação* deles. Nada poderá encher-nos de mais coragem do que o reconhecimento de que fomos chamados por Deus. Pois desse fato podemos inferir que o nosso labor, que está sob a direção divina e no qual Deus nos estende sua mão, não ficará infrutífero. Portanto, pesaria sobre nós uma acusação muito grave caso rejeitássemos o chamado divino. Contudo, deve exercer sobre nós uma influência muito forte ouvir: "Deus te chamou para a vida eterna. Cuidado para que não te desvies para alguma fantasia, ou de alguma forma fracasses no caminho antes que o tenhas percorrido."

E fizeste a boa confissão. Ao mencionar a vida pregressa de Timóteo, Paulo o incita ainda mais a perseverar. Fracassar depois de ter feito um bom começo é mais lamentável do que nunca haver começado. A Timóteo, que até então havia agido bravamente e granjeado louvor, o apóstolo apresenta este poderoso argumento: que o seu ponto de chegada correspondesse ao seu ponto de partida. Entendo confissão, aqui, no sentido não de algo expresso verbalmente, mas, antes, de algo realizado de forma concreta, e não numa única ocasião, mas ao longo de todo o seu ministério. Significando, pois: "Tu contas com muitas testemunhas de tua pública confissão, tanto em Éfeso como em outros países, a saber: que elas têm assistido a tua viva fidelidade e seriedade em teu testemunho do evangelho; e tendo transmitido um exemplo tão positivo, agora outra coisa não podes ser senão um bom soldado de

---

12 "Nihil actuam esse." A expressão nos lembra da incomum beleza pronunciada pelo poeta Lucano, sobre a incansável atividade de Júlio César, que ele "não pensava que tudo estivesse feito, enquanto restava algo a fazer."
"Nil aetum reputans, dum quid superesset agendum." — *Ed.*

Cristo, caso não queiras incorrer em maiores vexames e infortúnios."
À luz desse fato aprendemos a seguinte lição geral: quanto mais eminentes nos tornamos, menos justificativa temos em fracassar e mais obrigados somos a nos manter em nossa firme trajetória.

13. Ordeno-te. Diante da veemência de tão solene apelo, Paulo mostra quão difícil e rara é a façanha de alguém perseverar com integridade no ministério do evangelho até ao fim. Embora esteja exortando a outros através de Timóteo, o apóstolo aqui se dirige também a ele pessoalmente.

Na presença do Deus que vivifica todas as coisas. O que ele afirma acerca de Cristo e de Deus é relevante para o presente tema. Ao atribuir a Deus a ação de *vivificar todas as coisas*, sua intenção era refutar o escândalo da cruz, a qual nada nos oferece senão a aparência de morte. O que ele quer transmitir, portanto, é que devemos fechar nossos olhos quando os ímpios nos ameaçam de morte; ou, mais ainda, que devemos fixar nosso olhar exclusivamente no Deus que restaura os mortos à vida. A lição toda é a seguinte: desviando nossos olhos do mundo, aprendamos a contemplar unicamente a Deus.

E de Cristo Jesus que diante de Pôncio Pilatos deu testemunho da boa confissão. O que imediatamente acrescenta concernente a *Cristo* fornece uma notável confirmação desse fato. Pois somos lembrados de que não estamos assentados aos pés de Platão com o fim de aprender filosofia e a ouvi-lo discorrer à sombra sobre controvérsias inúteis, pois a doutrina que professamos foi ratificada pela morte do Filho de Deus. Pois Cristo não fez sua *confissão diante de Pilatos* pronunciando um discurso, mas de forma concreta, a saber, sofrendo a morte em voluntária submissão. Pois ainda que Cristo tenha decidido manter silêncio diante de Pilatos, em vez de abrir a boca em sua própria defesa, já que chegara ali resignado a uma condenação pré-determinada, no entanto havia em seu próprio silêncio uma defesa de sua doutrina não menos magnificente que se houvera defendido sua causa pronunciando um discurso. Pois ele a ratificou com seu próprio sangue e com o sacrifício de sua morte melhor do que com o uso de palavras.[13]

Ele a denomina de *boa* confissão. Sócrates também morreu, e, no entanto, sua morte não foi uma confirmação satisfatória da doutrina que ele defendeu. Mas quando lemos que o sangue de Deus foi derramado, esse é um autêntico selo de sua doutrina, a qual lança fora todas as nossas dúvidas. E assim, sempre que nossos corações vacilarem, lembremo-nos imediatamente de olhar para a morte de Cristo para que sejamos reanimados. Que medonha covardia seria desertarmos de um Líder como este, que vai adiante de nós para indicar-nos o caminho!

14. Que guardes o mandamento. Pelo termo mandamento, aqui, o apóstolo quer dizer tudo o que transmitiu até aqui acerca do ofício de Timóteo, a suma do qual consistia em que ele comprovasse ser um fiel ministro de Cristo e da Igreja. Pois não é preciso estendê-lo como que significando toda a lei. É muito mais simples considerá-lo em relação aos deveres do ofício que lhe fora designado. Pois somos feitos ministros da Igreja somente sob a condição de Deus nos determinar tudo quanto quiser que façamos. E assim, guardar o mandamento significa desempenhar com fé inabalável o dever que lhe fora imposto. Indubitavelmente, em minha consideração a referência é totalmente ao ministério de Timóteo.

Sem mácula e sem repreensão.[14] O caso e a flexão[15] destes dois adjetivos lhes permitem referir ou ao mandamento ou a Timóteo; mas a tradução que fiz, que as faz indicar a pessoa de Timóteo, é muito

---

13 "Mediante seu silêncio, ele confirmou a verdade de Deus, seu Pai, e a morte que enfrentava tinha o propósito de imprimir autoridade ao evangelho; de modo que, quando a doutrina da salvação é proclamada em nossos dias, a fim de que sejamos confirmados em sua fé, devemos dirigir nossa vista para o sangue do Cordeiro sem mácula, que foi derramado. Como antigamente, o livro foi aspergido com o sangue do sacrifício, assim agora, sempre que falarmos no Nome de Deus, o sangue de Cristo deve vir à nossa lembrança, e devemos saber que o evangelho é aspergido com ele, e que nossa fé repousa nele de tal maneira que o máximo esforço de Satanás não pode abalá-la." – *Fr. Ser.*

14 "Sans macule et sans reprehension:" — "Sem mancha e sem censura."

15 Isto é, podem estar ou no caso acusativo, masculino, concordando com Τιμόθεον, ou no caso acusativo, feminino, concordando com ἐντολήν. — *Ed.*

mais lógica.[16] Paulo diz a Timóteo que ele deveria tomar muito cuidado em relação à santificação de sua vida e à pureza de seus hábitos, caso quisesse desempenhar bem o seu ofício.

Até à manifestação de nosso Senhor Jesus Cristo. É impossível enfatizar demais quão necessário era que todos os piedosos daquele tempo direcionassem seu coração inteiramente para o dia de Cristo, uma vez que inumeráveis escândalos estavam ocorrendo por todo o mundo. Os cristãos eram atacados de todos os lados; todos os odiavam e os amaldiçoavam; estavam expostos ao escárnio geral e todos os dias eram oprimidos por novas calamidades; e, entrementes, não lhes era possível ver algum fruto de todos os seus numerosos trabalhos e tribulações. O que fazer, então, além de deixar seus pensamentos voarem em direção àquele bendito dia de nossa redenção?

Não obstante, a mesma razão é igualmente válida a nosso respeito hoje. Satanás nos mostra tantas coisas que, não fosse essa esperança, mil vezes seríamos afastados de nossa reta trajetória. Para não dizer nada sobre o fogo e a espada, sobre os exílios e todos os furiosos assaltos de nossos inimigos; para não dizer nada sobre as calúnias e outras tantas humilhações. Quantas coisas há por dentro que são muitíssimo piores! Homens ambiciosos publicamente nos atacam; os epicureus e os lucianistas escarnecem de nós; pessoas devassos nos insultam; os hipócritas tramam contra nós; os que são sábios segundo a carne secretamente nos injuriam, e somos acossados de diferentes formas e de todos os lados. Em suma, é um maravilhoso milagre que algum de nós ainda persevere, curvado por uma carga tão excessivamente pesada e por um ofício tão seriamente cheio de riscos. O único remédio para todas e tantas dificuldades consiste em olharmos para a manifestação de Cristo e depositarmos nela toda a nossa confiança.[17]

---

16 "Nonobstant il est beaucoup plus propre de les rapporter a sa personne." — "Não obstante, é muito mais próprio vê-los como em relação à sua pessoa."

17 "Os crentes de fato podem ser enfraquecidos em sua fé, quando fitam demais as coisas presentes. Porque, como ao grande povo deste mundo, o que gostariam senão de subir acima da Igreja, e pisar Deus sob a planta de seus pés? Vemos que se divertem com a religião como se ela fosse uma bola. Vemos ainda que são inimigos letais dela, e que a perseguem com tal fúria, que o

15. A qual a seu próprio tempo revelará. Visto que continuamente nos precipitamos em nossos desejos e chegamos a quase indicar um dia e uma hora para Deus, no caso de ele delongar a realização do que prometera, Paulo se apressa em lançar mão do ensejo para restringir nossa excessiva pressa pelo retorno de Cristo. Essa é a razão da veemência expressa nas palavras *a qual a seu próprio tempo se revelará*. O ser humano espera por algo com mais paciência quando não sabe o exato momento em que aparecerá. A única forma de podermos pacientemente suportar a ordem da natureza é permitindo que sejamos reprimidos pela idéia de que estaríamos agindo inoportunamente caso permitíssemos que nossos desejos lutassem contra ela. Sabemos que o tempo para a manifestação de Cristo foi predeterminado [por Deus], e devemos pacientemente aguardá-lo.

O bendito e único Soberano. Esses títulos de honra são usados com o fim de exaltar o poder de Deus como Soberano, para que os nossos olhos não sejam ofuscados pelo esplendor dos príncipes deste mundo. Esta instrução era especialmente necessária naquele tempo em que a grandeza e o poder de todos os reinos tendiam a obscurecer a majestade e a glória de Deus. Porquanto, todos os homens poderosos eram não só mortais inimigos do reino de Deus, senão que também viviam arrogantemente atacando a Deus e pisoteando o seu santo Nome debaixo da planta de seus pés. E quanto mais orgulhosamente derramavam seu escárnio sobre a genuína religião, mais bem sucedidos imaginavam ser. Em tal circunstância, quem não ousaria chegar à conclusão de que Deus era miseravelmente vilipendiado e oprimido? Vemos em *Pro Flacco* de Cícero os níveis de insolência ele atinge con-

---

mundo inteiro é terrificado neles. Vemos essas coisas. Contudo o que se dirá dos filhos de Deus? São apontados com o dedo, imagina-se que são tolos, de modo que o que é dito pelo profeta Isaías se cumpre em nós hoje: que os incrédulos nos reputam por monstros [Is 8.18]. 'O quê?! Estes pobres coitados?! O que pensar deles? O que significam? Devemos viver com os vivos, e uivar com os lobos. Desejam viver sempre num estado de perplexidade. Nada falam senão em vida eterna, e não desfrutam de lazer para entretenimento.' Assim é que somos considerados pelos incrédulos como sendo tolos e dementes. E Pedro diz [2Pe 3.2-4] que isto se cumprirá em nós, como o profeta Isaías se queixou em seu próprio tempo; os cristãos devem experimentar algo semelhante hoje." – *Fr. Ser.*

tra os judeus em virtude de seu miserável estado.

Quando as pessoas de coração benevolente contemplam os ímpios tão inflamados pela prosperidade, sentem-se às vezes sucumbidas; portanto, para que voltassem seus olhos desse fugaz esplendor, Paulo atribui unicamente a Deus a bem-aventurança, a soberania e o poder real. Ao chamá-lo o *único Soberano*, o apóstolo não está destruindo o governo civil, como se não houvesse magistrados ou reis no mundo; sua intenção era [afirmar] que somente Deus é quem governa em seu direito e poder inerentes. Tal coisa se deduz da próxima frase que é adicionada à guisa de explicação.

Rei dos reis e Senhor e senhores. O apóstolo quer dizer que os poderes deste mundo estão sujeitos ao seu supremo domínio, dependem dele e ficam de pé ou caem ao sabor de sua vontade. A autoridade de Deus está além de toda e qualquer comparação, visto que tudo o mais é nulidade diante de sua glória; e enquanto murcham e subitamente perecem, a autoridade divina durará de eternidade a eternidade.

16. O único que possui a imortalidade. Paulo, aqui, está preocupado em demonstrar que à parte de Deus não há felicidade alguma, nem dignidade, nem excelência, nem vida. Ele agora afirma que Deus é o único imortal, que devemos saber que nós, bem como todas as criaturas, não possuímos vida inerente em nós mesmos, senão que a recebemos dele. Daqui se deduz que quando buscamos a Deus como a fonte da imortalidade, devemos encarar esta presente vida como algo de nenhum valor.

No entanto, pode suscitar-se a seguinte objeção: a imortalidade pertence às almas humanas e aos anjos, e assim não se pode dizer que ela pertença exclusivamente a Deus. Minha resposta é que Paulo não está negando que Deus confira imortalidade a algumas de suas criaturas como lhe apraz; mas é ainda verdade que unicamente Ele a possui. É como se o apóstolo dissesse que Deus não só é o único ser inerentemente e por sua própria natureza imortal, mas também que Ele tem a imortalidade em seu poder, de modo que ela não pertence às criaturas, senão até ao ponto em ele lhes comunica energia e poder.

Pois se o leitor afastar a energia divina que é instilada na alma humana, ela imediatamente se desvanecerá; e o mesmo se dá no tocante aos anjos. Portanto, estritamente falando, a imortalidade não tem sua sede nas almas, quer dos homens, quer dos anjos, senão que é procedente de outra fonte – a secreta inspiração de Deus, como se acha expressa em Atos 17.28: "Nele vivemos, nos movemos e existimos." Se alguém desejar uma abordagem mais completa e mais detalhada desse tema, recomendo que leia o décimo segundo capítulo de *A Cidade de Deus*, de Agostinho.

E habita em luz inacessível. Ele tem em mente duas coisas: que Deus está oculto de nós, e, no entanto, a causa de sua obscuridade não está nele, como se estivesse envolto em trevas, mas em nós, que não podemos ter acesso à sua luz em virtude da debilidade de nossa percepção, ou melhor, do embotamento de nossas mentes. Devemos entender que a luz é *inacessível* àquele que tenta aproximar-se dela através de sua própria força. Pois se Deus, em sua graça, não nos houvera aberto um caminho de acesso, o profeta não nos haveria dito: "Contemplai-o e sereis iluminados, e o vosso rosto jamais sofrerá vexame" [Sl 34.5]. Não obstante, é verdade que, enquanto estivermos circunscritos por esta carne mortal, jamais penetraremos o coração das profundezas mais secretas de Deus, tão completamente que nada nos ficasse oculto. Pois conhecemos em parte, e vemos através de um espelho embaçado [1Co 13.9-12]. Pela fé, pois, nos introduzimos na luz de Deus, mas somente em parte, de modo que ainda é correto dizer que ela é uma luz inacessível ao homem.

A quem homem algum jamais viu. Esta cláusula é adicionada com o fim explicar o mesmo ponto mais claramente, para que os homens aprendam a contemplar, pela fé, Àquele cuja face eles não podem ver com seus olhos carnais, ou mesmo com o discernimento de suas mentes. Pois entendo isso como uma referência não só aos nossos olhos físicos, mas também à faculdade discernidora da mente. Devemos ter sempre em mente qual era o propósito do apóstolo. É difícil para nós omitir e desconsiderar todas aquelas coisas que visualizamos de perto, para que nos esforcemos em atentar para Deus, a quem jamais vimos. Pois este pensamento sempre nos vem à mente: "Como você sabe que há algum Deus, quando só ouve a respeito dele, mas não pode vê-lo?" O apóstolo nos previne de antemão contra esse perigo, afirmando que não devemos julgar de acordo com nossos sentidos, visto que tal coisa excede nossa capacidade. Não o vemos porque nossa visão não é suficientemente penetrante para alcançar uma altura tal.

Agostinho entra fundo numa abordagem desta afirmação, visto que, aparentemente, ela se choca com 1 João 3.2: "Sabemos que, quando ele se manifestar, seremos semelhantes a ele, porque haveremos de vê-lo como ele é." Essa é uma questão que ele discute em muitas passagens, mas creio que sua melhor resposta à questão se encontra em sua carta à viúva Paulina.

No tocante ao significado da presente passagem, a resposta é simples, ou seja, que não podemos ver a Deus em nossa presente natureza, como ele mesmo diz em outra parte: "Carne e sangue não podem herdar o reino de Deus" [1Co 15.50]. Pois teremos de ser renovados e feitos semelhantes a Deus antes que nos seja dado vê-lo. Portanto, para que nossa curiosidade seja mantida dentro de certos limites, lembremo-nos sempre de que, ao buscarmos uma resposta a esta questão, nosso modo de viver é de mais importância do que nosso modo de falar. E lembremo-nos ainda da sábia advertência que Agostinho nos dirige, ou seja: vigiemos para que, enquanto discutimos sobre como Deus pode ser visto, não percamos de vista a paz nem a santidade, sem as quais ninguém jamais o verá.

17. Ordena aos que são ricos do presente mundo que não sejam orgulhosos, nem depositem a sua esperança na instabilidade das riquezas, mas no Deus vivo, que nos proporciona ricamente todas as coisas para o nosso aprazimento;

18. que pratiquem o bem, que sejam ricos de boas obras, que sejam generosos em distribuir e prontos a repartir;

17. Iis, qui divites sunt in hoc saeculo, praecipe (*vel, denuntia*) ne efferantur, neve sperent in divitiarum incertitudine, sed in Deo vivo, qui abundè suppeditat omnia ad fruendum;

18. Ut benefaciant, ut divites sint in operibus bonis, faciles ad largiendum (*vel, ad communicationem,*) libenter communicantes.

19. que entesourem para si mesmos um sólido fundamento para o futuro, a fim de se apoderarem da vida que é a genuína vida.

20. E tu, ó Timóteo, guarda o que te foi confiado, fugindo dos falatórios profanos e das oposições a que falsamente chamam ciência;

21. pois alguns, professando-o, se desviaram da fé. A graça seja contigo.

[A primeira epístola a Timóteo foi enviada da Laodicéia, que é a capital da Frigia Pacatiana.]

19. Recondentes sibi ipsis fundamentum bonum in posterum, ut vitam aeternum apprehendant.

20. O Timothee, depositum custodi, devitans profanas clamorum inanitates, vaniloquia et oppositiones falsò nominatae scientiae.

21. Quam quidam profitentes aberrarunt a fide. Gratia tecum. Amen.

Ad Timotheum prima missa fuit ex Laodicea, quae est metropolis Phrygiae Pacatianae.

17. Ordena aos que são ricos. Visto que muitos dos cristãos eram pobres e oprimidos, é provável que, como geralmente sucede, fossem desprezados pelos ricos; e esse poderia especialmente ser o caso em Éfeso, que era uma cidade opulenta; pois, em tais regiões, o orgulho costuma ser ainda pior. Aprendamos desse fato quão perigosa é a abundância das coisas materiais. Paulo tem boas razões para dirigir especialmente aos ricos uma advertência tão severa; seu intuito é remediar os erros que quase sempre acompanham as riquezas, precisamente como nossa sombra acompanha nosso corpo; e tal coisa se dá pela depravação de nossa mente que faz dos dons divinos ocasião para o pecado. Ele menciona especificamente duas coisas das quais os ricos devem precaver-se, ou seja: o orgulho e a falsa segurança – a primeira oriunda da segunda.

Nem depositem a sua esperança na instabilidade das riquezas foi adicionado para que Paulo atraísse a atenção deles para a fonte de seu orgulho. A única razão pela qual os ricos se tornam insolentes e se deleitam tão acentuadamente em cultivar o desprezo pelos demais é que se imaginam especial e supremamente ditosos. A vã confiança vem primeiro, e a arrogância vem logo a seguir.

Ricos do presente mundo. Quando Paulo desejava corrigir esses erros, primeiramente ele falava desdenhosamente das riquezas, pois a frase *do presente mundo* tem o intuito de rebaixá-las em nossa estima. Pois tudo o que pertence a este mundo participa de sua natureza, por isso é transitório e passa tão depressa. Ele mostra a falsidade e a fatuidade da confiança que é posta nas riquezas, lembrando-nos que nossa posse delas é algo tão transitório que se assemelha a uma coisa desconhecida. Pois quando imaginamos tê-las, como um relâmpago escapam de nossas mãos. Quão estulto é colocarmos nelas nossa esperança!

Mas no Deus vivo. A pessoa que chega a compreender isso não encontrará dificuldade em desvencilhar sua confiança das riquezas. Porquanto é unicamente Deus quem provê todas as coisas para os propósitos necessários de nossa vida, e quando depositamos nossa confiança nas riquezas, na verdade estamos transferindo para elas as prerrogativas que pertencem exclusivamente a Deus. Note-se o contraste implícito ao dizer que Deus distribui liberalmente com todos. O significado é o seguinte: mesmo que possuamos plena e rica abundância de todas as coisas, na verdade tudo quanto possuímos procede da mercê divina. É tão-somente sua generosidade que nos supre de tudo quanto carecemos.

Segue-se que é um terrível equívoco confiar nas riquezas e não depender completamente da mercê divina, na qual há para nós suficiência, alimento e tudo mais. Portanto, concluímos que somos proibidos de confiar nas riquezas, não apenas com base no fato de que pertençam só a esta vida mortal, mas também porque não passam de fumaça. Nossa nutrição não procede apenas do pão [material], mas de toda a generosidade divina [Dt 8.3].[18]

---

18 "Será inútil dizer-nos: Quais são as riquezas deste mundo? Vemos que não há certeza delas. Quais são as honras? Não passam de fumaça. O que é ainda esta vida? Não passa de sonho. Baste-nos o mover da mão, e nos transformamos em pó e cinzas. Será inútil argumentar conosco sobre estes temas. Tudo isso não servirá a nenhum propósito, até que Deus apresente à nossa mente, até que nos demonstre que devemos dirigir a Ele só todos os nossos afetos e confiança. E essa é a razão por que todos os mais excelentes protestos instados pelos filósofos são sem qualquer efeito. Pois têm falado da fragilidade desta vida terrena e da incerteza da condição dos homens. Têm mostrado que é debalde crer em achar a felicidade em nossas possessões, em nossos senhorios ou em algo desse gênero. Têm mostrado que é mera ilusão imaginar possuir algo aqui embaixo no qual possamos vangloriar-nos. Esses grandes filósofos nada sabiam sobre Deus,

Ao dizer *ricamente*, πλουσίως εἰς ἀπόλαυσιν, ele está descrevendo a imensa liberalidade divina em nosso favor, em favor de toda a humanidade e em favor de todos os seres irracionais; sua mercê se estende para muito além de nossas necessidades [Sl 36.6].

18. Que pratiquem o bem. Ele acrescenta outro antídoto aos já mencionados com o fim de corrigir o depravado apego às riquezas e estabelecer qual o uso correto de nossos bens materiais. As oportunidades que uma pessoa tem para praticar o bem aos outros aumentam com a abundância de suas riquezas; e visto que somos sempre mais relutantes do que devíamos em distribuir com os pobres, o apóstolo usa muitas palavras para recomendar essa virtude.

19. Que entesourem para si mesmos um sólido fundamento para o futuro. Além disso, ele ainda adiciona um incentivo derivado da promessa de um galardão. Ao dar e repartir *generosamente*, obterão para si mesmos um tesouro celestial que é muitíssimo superior ao que podem possuir na terra. Pelo termo *fundamento*, ele está pensando em algo que tem uma sólida e perene duração, pois as riquezas espirituais que estão entesouradas para nós no céu não estão expostas à destruição dos vermes, à pilhagem dos ladrões ou à devastação do fogo [Mt 6.20], mas que permanecem perenemente a salvo de todos os riscos terrenos. Nada na terra, à guisa de contraste, tem um sólido fundamento, pois todas as coisas mudam.

A inferência que os papistas extraem desta passagem, dizendo que podemos, através das boas obras, merecer a vida eterna, é extremamente fútil. É verdade que tudo quanto se gasta com os pobres é aceitável a Deus [Mt 25.40]; visto, porém, que ainda o mais perfeito dentre nós dificilmente cumpra perfeitamente a centésima parte de seu dever, nossa liberalidade não merece ser lançada em nosso crédi-

---

contudo, se convencendo pela experiência, discutiam e argumentavam habilmente sobre tais temas. Mas, mesmo assim eles não eram bons, porque não buscavam o verdadeiro remédio, para fixar em Deus os corações dos homens, e informá-los de que é tão-somente nele que poderiam achar contentamento; e ainda chegamos a isto: estaremos sempre envolvidos em muitas perplexidades." – *Fr. Ser.*

to diante de Deus; de fato, se Deus nos chamasse a um estrito acerto de contas, não haveria um sequer que não escapasse de ser precipitado em completa bancarrota, porquanto estamos longe de dar tudo o que devemos. Mas, depois de nos haver reconciliado consigo mesmo mediante sua graça soberana, ele aceita nossos serviços tais como são, e concede por eles um galardão que longe estão de merecer. Por conseguinte, nosso galardão não depende das considerações meritórias, mas da graciosa aceitação de Deus; e, assim, longe de se opor à justiça procedente da fé, ele pode ser visto como um apêndice a ela.

20. E tu, ó Timóteo. Há três diferentes interpretações da frase, *guarda o que te foi confiado*. Meu ponto de vista é que ela simplesmente significa a graça concedida a Timóteo para o desempenho de seu ofício. É chamada "uma coisa confiada" pela mesma razão de noutro lugar ser chamada "um talento" [Mt 25.15]. Porque os dons de Deus são concedidos sob a condição de que um dia teremos que prestar contas deles, caso nossa negligência os impeça de serem usados para o seu propósito determinado. O apóstolo o admoestou a que preservasse cuidadosamente o que lhe havia sido dado, ou melhor, o que lhe havia sido entregue em confiança; para que não permitisse que fosse corrompido ou adulterado nem se privasse do mesmo em função de sua própria negligência. Via de regra sucede que nossa ingratidão ou nosso mau uso dos dons divinos resulta em sua remoção; por isso Paulo exorta a Timóteo a lutar pela conservação do que lhe havia sido confiado, com uma consciência íntegra e para um fim proveitoso.

Fugindo dos falatórios profanos. O propósito da presente admoestação visa a que Timóteo se devotasse ao sólido ensino; e isso só poderia ocorrer se ele fugisse de toda e qualquer ostentação, pois onde o desejo ostensivo predomina, toda a preocupação pela edificação se desvanece. Por essa razão, ao falar das coisas confiadas, o apóstolo apropriadamente acrescenta esta advertência acerca do falatório fútil. A tradução da Vulgata de κενοφωνίας, *Inanitates vocum*, como "vacuidade (vaidade) de vozes" é uma daquelas às quais não faço objeção, a não ser até onde envolva aquela ambiguidade que tem conduzido muitos a uma interpretação errônea, porquanto 'vozes' é normalmente tomado no sentido de 'palavras', tais como destino e fortuna; enquanto que, ao meu ver, o apóstolo está, antes, censurando o estilo altissonante, verboso e bombástico daqueles que não se contentam com a simplicidade do evangelho, mas que o convertem em filosofia profana.

E assim, as κενοφωνίαι[19] consistem não de simples palavras, mas daquela linguagem bombástica que contínua e asquerosamente é emitida por homens ambiciosos, os quais buscam aplausos para si mais do que o progresso da Igreja. Fazendo uso dessa palavra, Paulo a descreve de uma forma mais exata; porque, juntamente com um estranho som de algo elevado, no fundo não existe realmente nada, a não ser uma ressonância vazia, à qual ele também chama profana, visto que o poder do Espírito é extinto assim que os doutores embocam suas trombetas e passam a exibir sua eloquência.

A despeito da proibição tão clara e distinta emitida pelo Espírito Santo, essa praga continuamente se expande, e com certeza assim tem procedido desde o princípio; mas no papado tem aumentado tanto essa marca registrada da teologia falsificada, que predomina ali uma viva imitação desse eloquente ruído profano e vazio de que Paulo fala aqui. E deixo de falar dos inúmeros erros, loucuras e blasfêmias que fazem transbordar de seus livros e de suas infindáveis polêmicas. Mas, ainda quando não ensinem nada que seja contrário à piedade, visto que todo o seu ensino nada é senão um grande acervo de palavras bombásticas, já que isso é completamente incompatível com a majestade da Escritura, com o poder do Espírito Santo, com a intrepidez dos profetas e com a sinceridade dos apóstolos, portanto não passa de uma absoluta profanação da genuína teologia.

Pergunto, o que eles ensinam acerca da fé e do arrependimento, da vocação divina, da incapacidade humana, do auxílio do Espírito

---

19 Κενοφωνίαι, derivado de κενός, "vazio", e φωνή, "uma voz", literalmente significa "vozes" ou "palavras vazias". — *Ed.*

Santo, da remissão gratuita dos pecados, da obra de Cristo – que seja de algum proveito para a sólida edificação dos homens na piedade? Mas será na segunda epístola que falaremos mais extensamente a esse respeito. Certamente que qualquer pessoa dotada de inteligência mediana e de imparcialidade concordará que todos os termos altissonantes da teologia papal, bem como todas as definições autoritárias da doutrina, que fazem tanto ruído em suas escolas, nada são senão "κενοφωνίαι profanas" – e não se pode encontrar nenhum termo mais adequado para descrevê-las. É um justíssimo castigo à arrogância humana, que aqueles que se desviam da pureza da Escritura terminem em profanação. Os mestres da Igreja, portanto, não podem e nunca serão tão cuidadosos que evitem corrupções desse gênero e consigam defender os jovens contra as mesmas.

A Vulgata adotou a leitura de καινοφωνίας, em vez de κενοφωνίας, e a traduziu por "novidades"; e tudo indica, a partir dos comentários dos pais da igreja, que essa leitura, que se encontra ainda hoje em alguns códices gregos, foi em certa época amplamente aceita; mas a primeira redação, a qual tenho seguido, é muito mais apropriada.

E das oposições a que falsamente chamam ciência. Isso é também muito exato e refinado. Tão tendenciosas são as sutilezas, nas quais os homens orgulhosos buscam glória para si próprios, que subvertem a genuína doutrina do evangelho, a qual é simples e despretensiosa. Portanto, com a expressão, "oposições ao verdadeiro conhecimento", o apóstolo quer dizer exibições pomposas que atraem e conquistam o aplauso do mundo. Pois a ambição é sempre contenciosa e nos conduz às polêmicas, de modo que aqueles que desejam aparecer estão sempre prontos a desembainhar a espada a pretexto de qualquer tema. Mas o enfoque principal de Paulo consiste em que o fútil ensino dos sofistas, erguendo-se em aparentemente elegantes especulações e sutilezas, não só obscurecem a simplicidade da doutrina genuína com suas implicações, mas também a oprimem e a fazem desprezível, já que o mundo quase sempre se deixa levar pela aparência externa.

Paulo não quer que Timóteo tente algo do mesmo gênero ao modo de competição; visto, porém, que as coisas que aparentam sutileza ou se ajustam à ostentação são mais interessantes e impressionam mais a curiosidade humana, Paulo sustenta que aquele falso conhecimento que se exalta acima da simples e humilde doutrina da piedade não é de forma alguma conhecimento. Esse fato deve ser observado com muito critério, para que aprendamos a ridicularizar ousadamente e lançar escárnio sobre todo conhecimento fictício que enche o mundo de admiração e êxtase, mas que não contém coisa alguma sólida para a edificação. A única coisa que, segundo a autoridade de Paulo, realmente merece ser denominada de conhecimento é aquela que nos instrui na confiança e no temor de Deus, ou seja, na piedade.

21. Pois alguns, professando-o, se desviaram da fé. Ele mostra, também pelo prisma de seus resultados, quão nociva é tal coisa e o quanto devemos evitá-la. A forma de Deus punir a arrogância daqueles que, movidos pelo desejo de granjear reputação, corrompem e deformam a doutrina da piedade, é permitindo-lhes a perda da luz do discernimento, de modo a deixá-los envolver-se em muitos erros absurdos. Vemos que isso é precisamente o que sucedeu no papado. Pois ao começarem a converter os mistérios de nossa religião em filosofia profana, surgiram incontáveis monstros de crenças falsas.

Fé. Nesta, como nas passagens anteriores, fé significa a suma da religião e da sã doutrina. Advertidos por tais exemplos, caso não queiramos ser aterrorizados pela idéia de apostasia da fé, então que nos apeguemos à Palavra de Deus em sua integridade e detestemos a sofística e com ela todas as sutilezas que são odiosas corrupções da piedade.

2 Timóteo

O Argumento

Segunda Epístola de Paulo a Timóteo

Não se pode afirmar com toda certeza, à luz do relato de Lucas, em que ocasião a primeira epístola foi escrita. Não tenho dúvida, porém, de que, depois desse tempo, Paulo teve contato pessoal com Timóteo; e é bem provável, se o ponto de vista geral for aceito, que o apóstolo o tomou como seu companheiro e assistente em muitos lugares. Entretanto, é fácil de concluir-se que Timóteo estava ainda em Éfeso quando esta carta lhe foi escrita, porque, mais para o final [2Tm 4.19], Paulo envia saudações a Priscila, Áquila e Onesíforo. Este último era de Éfeso, e Lucas nos conta que os outros dois permaneceram ali ao tempo em que Paulo velejou para a Judéia [At 18.18, 29].

O propósito primordial desta epístola é confirmar a Timóteo, tanto na fé do evangelho quanto em sua ininterrupta proclamação. As circunstâncias da ocasião, porém, adicionam especial valor a essas exortações. Paulo tinha a morte ante seus olhos, e ele estava pronto para enfrentá-la pelo testemunho do evangelho. Portanto, tudo o que lemos aqui a respeito do reino de Cristo, da esperança da vida eterna, da batalha cristã, da confiança em confessar a Cristo e da certeza da doutrina, a qual deve ser vista não meramente como escrita com tinta, mas com o próprio sangue vital de Paulo; e ele não afirma nada pelo que não estivesse pronto a oferecer sua morte como fiança. Dessa forma a epístola pode ser considerada como uma solene e urgente ratificação da doutrina de Paulo.

É importante lembrar o que já realçamos em relação à primeira epístola, a saber, que o apóstolo a escreveu não meramente por causa de um homem – Timóteo –, mas para estabelecer, através de um só homem, um ensino de aplicação geral, o qual Timóteo pudesse mais tarde transmitir a outros.

Em primeiro lugar, havendo enaltecido a Timóteo pela fé em que havia sido educado desde a infância, o apóstolo o exorta a perseverar fielmente, tanto na doutrina que lhe havia sido ensinada quanto no ofício que lhe fora confiado; e, ao mesmo tempo, em caso de Timóteo sentir-se desencorajado pelas notícias da prisão do apóstolo, ou pela apostasia de outros, Paulo se gloria em seu apostolado e no galardão que o aguarda. Também enaltece a Onesíforo, com o intuito de encorajar a outros por meio de seu exemplo. E já que aqueles que desejam servir a Cristo têm uma árdua tarefa pela frente, ele usa metáforas extraídas da agricultura e da guerra. Os agricultores não hesitam ante o imenso dispêndio de tempo e esforço no cultivo do solo antes que possa surgir algum fruto; os soldados se desvencilham de todos os demais afazeres e preocupações para devotarem-se inteiramente às armas e às ordens de seu general.

Em seguida, ele apresenta um breve sumário de seu evangelho, e ordena a Timóteo a transmiti-lo a outros e cuidar para que o mesmo fosse transmitido à posteridade. Ele faz menção uma vez mais de sua própria prisão e se deixa levar em santo entusiasmo com o intuito de animar a outros através de sua coragem. Ele convoca a todos nós a contemplarmos com ele a coroa que nos aguarda no céu. Também ordena a Timóteo a abster-se de polêmicas contenciosas e questionamentos fúteis, recomendando-lhe zelo para com a edificação [da Igreja]; e para mostrar mais claramente que terrível mal é esse, ele declara que o mesmo tem arruinado a alguns, e menciona dois nominalmente, Himeneu e Fileto, os quais haviam caído na absurda monstruosidade de negar a fé na ressurreição, e sofreram um pavoroso castigo em decorrência de sua presunção. Mas, visto que quedas desse gênero geralmente causam sérios escândalos, especialmente quando envolvem homens distintos e de elevada reputação, o apóstolo ensina que os homens piedosos não deveriam deixar-se perturbar por tais escândalos, visto que nem todos os que professam o Nome de Cristo são de fato cristãos, e visto que a Igreja estaria sujeita a esse tipo de aflição, uma vez que ela tem de subsistir neste mundo entre os homens perversos e ímpios. Não obstante, para que tal fato não viesse a perturbar indevidamente às mentes tímidas, ele sabiamente o abranda, dizendo que o Senhor preservará até ao fim a seu próprio povo, a quem elegeu para si mesmo.

Em seguida ele volta a exortar Timóteo a fim de que ele perseverasse fielmente no desempenho de seu ministério. Para torná-lo ainda mais fiel, o apóstolo prediz os tempos perigosos que aguardam os bons e piedosos e também anuncia que se levantariam contra eles homens terrivelmente destrutivos. Contra tudo isso, porém, ele fortifica a Timóteo com a esperança de um resultado feliz e cheio de êxito. Mais especialmente, ele lhe recomenda envolver-se constantemente com a sã doutrina, destacando o modo próprio de se utilizar a Escritura, para que soubesse que por meio dela ele estaria plenamente equipado para a sólida edificação da Igreja.

Em seguida recorda a Timóteo que a própria morte do apóstolo estava próxima, mas ele age assim como o conquistador que se apressa para o glorioso triunfo, o que se constitui na mais cristalina prova de sua extraordinária confiança. Finalmente, havendo solicitado a Timóteo que fosse ter com ele o mais depressa possível, realça a necessidade oriunda de sua presente situação. Esse é o principal tema da seção conclusiva da carta.

Capítulo 1

1. Paulo, apóstolo de Jesus Cristo pela vontade de Deus, segundo a promessa da vida que está em Cristo Jesus,
2. a Timóteo, meu amado filho: graça, misericórdia e paz da parte do Pai e de Cristo Jesus nosso Senhor.

1. Paulus apostolus Iesu Christi per voluntatem Dei, secundum promissionem vitae, quae est in Christo Iesu,
2. Timotheo dilecto filio gratia, misericordia, pax a Deo Patre, et Christo Iesu Domino nostro.

1. Paulo, apóstolo. As palavras iniciais revelam claramente que Paulo tinha em vista, não a Timóteo de maneira exclusiva, mas a outros através dele. Em relação a Timóteo não teria havido necessidade de uma descrição tão sublime de seu apostolado, e essa linguagem ornamental não teria servido a nenhum propósito com alguém que já conhecesse tão bem suas credenciais. O que o apóstolo está fazendo aqui é exibindo publicamente, diante de todos os homens, a autoridade que lhe pertencia, e ele o faz da forma mais criteriosa possível, porque, com a proximidade de sua morte, ele deseja obter a aprovação para todo o curso de seu ministério,[1] bem como selar sua doutrina, a qual lhe foi tão penoso transmitir, para que fosse mantida em sua sacralidade

---

1 "Embora, em tudo o que Paulo nos deixou escrito, devamos considerar que é Deus quem nos fala pela boca de um homem mortal, e que toda sua doutrina deve ser recebida com tal autoridade e reverência, como se Deus se manifestasse do céu visivelmente, contudo, mesmo assim, há nesta epístola um objetivo especial: que Paulo, estando em prisão, e percebendo a proximidade de sua morte, desejava ratificar sua fé, como se a selasse com seu sangue. Assim, sempre que lemos esta epístola, notemos a condição em que Paulo se encontrava naquele momento, isto é, que ele nada mais buscava, senão morrer pelo testemunho do evangelho (o que realmente fez) na qualidade de seu embaixador, a fim de propiciar-nos uma segurança mais forte de sua doutrina, e para que nos afete de uma maneira mais viva. Aliás, se lermos esta epístola com prudência, descobriremos que o Espírito de Deus expressou-se nela de tal maneira, com tal majestade e poder, que nos vemos constrangidos, cativados e esmagados.

pela posteridade, e incumbir a Timóteo de sua genuína representação.

De Jesus Cristo pela vontade de Deus. Em primeiro lugar, segundo seu costume, ele se intitula *apóstolo de Cristo*. Segue-se que ele não está falando como um indivíduo em particular, o qual vai ser ouvido sem muita atenção; um ser mortal passível de erro;[2] mas, sim, como alguém que representa a pessoa de Cristo. Visto, porém, que a dignidade de seu ofício é por demais eminente para qualquer mortal, a menos que o receba mediante um dom especial e mediante a eleição divina, ele imediatamente engrandece sua vocação, dizendo que fora designado para tal ofício pela vontade de Deus. Já que Deus é a fonte e garantia de seu apostolado, o mesmo se encontra além de toda e qualquer controvérsia.

Segundo a promessa da vida. Com o fim de tornar sua vocação ainda mais incontestável, ele a conecta às promessas de vida eterna, como se quisesse dizer: "Como desde o princípio Deus prometeu vida eterna em Cristo, assim agora me fez ministro destinado a tornar essa promessa conhecida." Isso também revela o propósito de seu apostolado, ou seja, que ele guiaria os homens a Cristo, a fim de que pudessem encontrar vida nele.

Que está em Cristo Jesus. Ele fala com grande precisão quando acrescenta que a promessa de vida já havia sido comunicada aos pais desde os tempos antigos; e, no entanto, também diz que essa vida está em Cristo, para que soubéssemos que a fé daqueles que viveram sob o regime da lei deve olhar para Cristo, e que a vida contida nas promessas foi, em certa medida, mantida em segredo até que fosse exibida em Cristo.

2. Meu amado filho. Com esta frase, ele não só declara seu amor por Timóteo, mas também assegura para ele uma posição de autoridade, pois sua intenção é que Timóteo fosse reconhecido como aquele que pode, por direito legítimo, ser chamado seu próprio filho.[3] A razão

---

2 "Oui par acquit."
3 "Comme en celuy qui pent a bon droict estre nomme son fils."

para tal procedimento está no fato de que Paulo o havia gerado em Cristo. Pois ainda que tal honra pertença exclusivamente a Deus, ela é transferida àqueles que são ministros fiéis, cuja obra Cristo usa para regenerar pecadores.

Graça, misericórdia. A palavra *misericórdia*, a qual o apóstolo inseriu aqui, geralmente não se encontra em suas saudações ordinárias, e creio que a introduziu quando estava expressando seus sentimentos com uma intensidade maior que a de costume. Além do mais, tudo indica que ele inverteu a ordem. Não obstante, não é impróprio que a misericórdia seja situada depois da graça, com o fim de realçar ainda mais a natureza e fonte dessa graça, como se quisesse dizer que Deus nos ama em virtude de ser ele misericordioso. A misericórdia pode igualmente ser explicada como sendo as bênçãos diárias de Deus, as quais são outros tantos testemunhos de sua misericórdia. Pois sempre que nos socorre, nos livra das calamidades, perdoa os nossos pecados, carrega as nossas fraquezas, ele age assim em virtude de manter sua misericórdia sobre nós.

3. Dou graças a Deus, a quem desde meus antepassados sirvo com uma consciência íntegra, de que incessantemente me recordo de ti em minhas súplicas noite e dia;	3. Gratias ago Deo, quem colo a progenitoribus in conscientia, ut assiduam tui mentionem facio in pecibus meis die et noctu,
4. ansiando por ver-te, recordando-me de tuas lágrimas, para encher-me de deleite;	4. Desiderans to videre, memor tuarum lacrymarum, ut gaudio implear,
5. trazendo-me à memória a fé não fingida que existe em ti; a qual habitou primeiro em tua avó Lóide e em tua mãe Eunice; e estou convencido de que também habita em ti.	5. Memoria repetens eam, quae in to est, sinceram fidem, quae et habitavit primum in avia tua Loide, et in matre tua Eunice; persuasum habeo quòd etiam in to.

3. Dou graças a Deus. A interpretação popular é que Paulo dá graças a Deus e em seguida vai direto ao motivo de sua ação de graças, a saber, que ele está constantemente preocupado com Timóteo. Que meus leitores, porém, considerem se porventura esta outra interpretação não é igualmente boa, ou até mesmo melhor: "Ao tempo em que me recordo de ti em minhas orações, como faço continuamente, dou graças por ti." Pois a partícula ώς às vezes contém esse sentido.[4] Aliás, é difícil extrair da outra tradução algum significado. De acordo com minha interpretação, a oração é um sinal de preocupação, e a ação de graças, sinal de regozijo; porque o apóstolo nunca pensa em Timóteo sem se lembrar de suas extraordinárias virtudes com que fora dotado. É desse fato que procede a ação de graças do apóstolo; pois recordar os dons divinos é sempre deleitoso e estimulante às pessoas piedosas. Ambas as coisas são provas de real afeição. Ele qualifica sua recordação de Timóteo de ἀδιάλειπτον [incessantemente], já que ele nunca o esquecia quando orava.

A quem desde meus antepassados sirvo. Ele diz isso em oposição às notórias e caluniosas acusações formuladas contra ele, inventadas pelos judeus por toda parte, que diziam ter Paulo abandonado a religião de seu povo e se tornado um apóstata da lei de Moisés. Ele declara que, ao contrário, adora o Deus sobre quem havia sido instruído por seus pais, o Deus de Abraão que se revelara aos judeus, que promulgara sua lei por mãos de Moisés, e não uma divindade moderna, inventada recentemente pelo próprio apóstolo.

Neste ponto, porém, pode-se perguntar se Paulo porventura se põe num fundamento suficientemente sólido ao gloriar-se de seguir a religião comunicada por seus antepassados. Pois daqui se conclui que este será um bom pretexto para excluir todas as superstições, e que seria um crime se alguém se apartasse, mesmo que fosse uma vírgula, das instituições de seus antepassados, quem quer que sejam eles. A resposta não é difícil. Paulo não está lançando uma regra fixa por meio da qual todos quantos seguem a religião herdada de seus pais estejam cultuando a Deus corretamente, e, portanto, qualquer um que se aparte de seus costumes sejam francamente culpados. Devemos sempre levar em conta o fato de que Paulo não descendia de idólatras, e, sim, dos filhos de Abraão, os quais adoravam o verdadeiro

---

4 "Car le mot Grec se prend plus souvent pour Comme." — "Pois a palavra grega geralmente significa *como*."

Deus. Conhecemos a forma como em João 4.22 Cristo desaprova todos os cultos ilusórios dos gentios, e declara que somente os judeus observavam o método correto de cultuar a Deus. E assim Paulo, aqui, não está meramente apoiando-se na autoridade de seus antepassados, nem está a referir-se a todos os seus ancestrais indiscriminadamente, senão que simplesmente está rejeitando a falsa opinião que o culpava de ter virado as costas para o Deus de Israel e forjado para si mesmo uma divindade estranha.

Com uma consciência íntegra. Não há dúvida de que a consciência de Paulo nem sempre era íntegra, pois ele confessa que era enganado pela hipocrisia ao dar vazão a desejos pecaminosos [Rm 7.8].[5] Não é satisfatória a atenuante de Crisóstomo em favor de Paulo, dizendo que, como fariseu, ele se opôs ao evangelho, movido não pela malícia, mas pela ignorância; porque "uma consciência íntegra" é uma recomendação incomum, a qual não pode apartar-se da sincera e fervorosa reverência por Deus. Por isso limito sua referência ao presente tempo, tomando sua intenção da seguinte forma: ele cultua o mesmo Deus como o fazia seus ancestrais, mas agora ele o faz com uma afeição pura e afetuosa, visto que uma vez fora iluminado pelo evangelho.

Esta afirmação tem o mesmo propósito daqueles muitos protestos que ele faz em Atos: "Sirvo o Deus de nossos pais, crendo em todas as coisas que estão em harmonia com a lei e os profetas" [At 24.14]; também: "E agora estou aqui para ser julgado pela esperança da promessa que Deus fez a nossos pais, promessa esta que nossas doze tribos esperam alcançar" [At 26.6-7]; e também: "É por causa da esperança de Israel que estou preso com esta cadeia" [At 28.20].

Em minhas súplicas noite e dia. Isso põe em evidência quão imensa era sua fidelidade na prática da oração; e, no entanto, o que afirma de si mesmo é apenas o que recomenda a todos os seus seguidores. Deveríamos ser movidos e inspirados a imitar tais exemplos,

---

5 "Quand il se laschoit la bride a convoiter, comme si la chose n'eust point illicite." — "Quando dermos rédeas soltas à concupiscência, como se não houvesse nada ilícito."

a fim de fazer disso uma prática essencial mais comum entre nós. Se alguém entende isso como significando as orações diárias que Paulo tinha por hábito oferecer em determinadas horas, não existe absurdo algum em tal conceito, mas entendo sua intenção de uma forma mais simples, ou seja, que para ele não havia tempo em que não estivesse mergulhado em oração.

5. Trazendo-me à memória a fé não fingida. Ele enaltece a fé tanto de Timóteo quanto de sua avó e sua mãe, mais para encorajá-lo do que para elogiá-lo. Pois quando alguém sente que fez um bom e corajoso começo, seu progresso deve injetar-lhe ânimo para avançar mais, e os exemplos de seu próprio círculo familiar são o mais forte incentivo a impulsioná-lo para frente. Essa é a razão por que ele pôs sua avó, Lóide, e sua mãe, Eunice, por cuja instrumentalidade fora educado em sua infância, de uma forma tal que ele pôde nutrir-se da piedade juntamente com o leite de sua mãe. Por meio dessa piedosa educação, Timóteo é admoestado a não apostatar de seu passado e de seus antepassados.

Há certa dúvida se essas mulheres eram convertidas a Cristo, e se esse era o princípio da fé que Paulo aplaude aqui, ou se a fé atribuída a elas é extra cristianismo. A última hipótese parece ser a mais provável. Pois ainda que muitas superstições e corrupções se proliferavam por toda parte, naquele tempo, o Senhor sempre teve seu próprio povo, a quem não permitia que fosse corrompido juntamente com a maioria, mas a quem ele santificou para si próprio, de modo a haver sempre entre os judeus algum sinal da graça que ele havia prometido à semente de Abraão. Portanto, não há absurdo algum em dizer-se que viviam e morriam na fé no Mediador, embora Cristo não lhes houvera sido ainda revelado. Todavia, não faço aqui nenhuma afirmação positiva, e nem deveria me propor a tal temeridade.

E estou convencido de que também habita em ti. Esta cláusula confirma minha última conjectura, pois aqui, a meu ver, ele não se refere à fé atual de Timóteo. Denegriria seu confiante enaltecimento da fé de Timóteo se apenas dissesse que reconhecia ser ela parecida com a de sua mãe e a de sua avó. Para mim, o significado consiste em que Timóteo, desde a infância, ao tempo em que ainda não obtivera qualquer conhecimento do evangelho, vivia tão imbuído daquela reverência e fé em Deus, que a primeira dava evidência de que a última era uma semente viva que germinaria e cresceria.

6. Por essa causa te desperto a lembrança para que reavivas o dom de Deus, o qual está em ti pela imposição de minhas mãos.
7. Porque Deus não nos deu espírito de covardia, mas de poder, de amor e de sobriedade.
8. Portanto, não te envergonhes do testemunho de nosso Senhor, nem de mim, seu prisioneiro; antes, suporta as dificuldades provenientes do evangelho segundo o poder de Deus,
9. que nos salvou e nos chamou com santa vocação, não segundo nossas obras, mas segundo seu próprio propósito e graça, a qual nos foi dada em Jesus Cristo antes dos tempos eternos,
10. mas que agora se manifestou mediante o aparecimento de nosso Salvador Jesus Cristo, o qual aboliu a morte e trouxe à luz vida e imortalidade através do evangelho,
11. para o qual fui designado arauto e apóstolo e mestre dos gentios.
12. Por cuja causa sofro também essas coisas; todavia, não me envergonho, porque sei em quem tenho crido, e estou convicto de que ele é capaz de guardar o meu depósito até àquele dia.

6. Propterea commonefacio to, ut exsuscites donum Dei, quod in to est, per impositionem manuum mearum
7. Non enim dedit nobis Deus spiritum timiditatis, sed pontenia et dilectionis et sobrietatis.
8. Non ergo to pudeat testimonii Domini nostri, neque mei, qui sum vinctus ipsius; sed esto particeps aflictionum Evangelii, secundum potentiam Dei,
9. Qui nos servavit ac vocavit vocatione sancta; non secundum opera nostra, sed secundum propositum suum et gratiam, quae data fuit nobis in Christo Iesu ante tempora saecularia
10. Revelata autem nunc fuit per apparitionem Servatoris nostri Iesu Christi, qui mortem quidem abolevit, illuminavit autem vitam et immortalitatem per Evangelium
11. In quod positus sum ego praeco et apostolus et Doctor Gentium,
12. Quam etiam ob causam haec patior, sed non pudefio; novi enim, cui crediderim, et persuasus sum quod potens sit, depositum meum servare in diem illum.

6. Por essa causa te desperto a lembrança. O que ele quer dizer é que, quanto mais abundante for a participação que Timóteo tiver na graça que recebera, mais intenso deve ser o seu desejo de progredir diariamente. É preciso que atentemos bem como as palavras, por essa causa, conectam esta passagem com o que vem antes. Porque esta exortação é sumamente necessária, pois sucede com frequência, e pode-se dizer que é natural que isso ocorra, pois a excelência dos dons produz descuido e frouxidão, sendo essa a maneira na qual Satanás age continuamente a fim de extinguir em nós tudo quanto provém de Deus.

O qual está em ti pela imposição de minhas mãos. Não há dúvida de que Timóteo fora solicitado a ser ministro pelo sufrágio comum da Igreja, e que não fora escolhido pela seleção pessoal da iniciativa de Paulo, mas é mui compreensível que Paulo atribua a si a eleição de Timóteo, visto ter sido seu principal incentivador. Mas aqui ele está tratando de sua ordenação, e não de sua eleição, ou seja, do solene rito de instituição. Além disso, não fica muito claro se na ordenação de um homem como ministro houvesse o costume de todos imporem suas mãos sobre a cabeça do ordenando, ou se apenas um homem impunha suas mãos em nome de todos e como representante dos demais. Sinto-me mais inclinado a crer que apenas um homem impunha suas mãos.

Quanto à cerimônia propriamente dita, os apóstolos tomaram por empréstimo o antigo costume de seu povo, ou melhor, retiveram-na, visto que a mesma estava ainda em vigor. Esta é uma parte daquele procedimento decente e ordeiro a que Paulo recomenda em outro lugar [1Co 14.40]. Ainda permanece a dúvida se tal referência à imposição de mãos é em relação à ordenação, porque, naquele tempo, as graças do Espírito, a que faz referência em Romanos 12 e em 1 Coríntios 13, eram conferidas mediante a imposição de mãos sobre muitos homens que não estavam sendo instituídos como pastores. Meu ponto de vista é que pode inferir-se da primeira epístola, que Paulo está aqui tratando do ofício de pastor: "Não negligencies o dom que há em ti, o qual te foi concedido mediante profecia, com a imposição das mãos do presbitério" [1Tm 4.14].

Uma vez estabelecido este ponto, suscita-se a pergunta se a graça é conferida através de sinal externo. Minha resposta é que todos os ministros ordenados eram apresentados a Deus através das orações de toda a Igreja, e dessa forma a graça era por eles recebida de Deus. Ela não era transmitida em virtude do sinal externo, ainda que o sinal não fosse empregado em vão e inutilmente, senão que era um fiel emblema da graça que eles recebiam da própria mão de Deus. Essa cerimônia inaugural não era um ato profano, engendrado só com o intuito de obter autoridade aos olhos dos homens, mas era um legítimo ato de consagração diante de Deus, algo que só podia ser efetuado pelo poder do Espírito Santo. Aqui Paulo usa o sinal em lugar de todo o assunto, pois ele quer dizer que Timóteo era investido de graça ao ser oferecido a Deus como ministro. Aqui se faz presente uma sinédoque, na qual uma parte é tomada pelo todo.

Mas ainda surge aqui outra dúvida, se foi somente em sua ordenação que Timóteo obteve a graça necessária para o desempenho de seu ofício como ministro, de que natureza era a eleição de um homem ainda não idôneo ou qualificado, mas ainda carente do dom divino. Respondo que não lhe estava sendo concedido, então, o que ele antes não possuía. É verdade que ele se distinguia tanto em doutrina quanto em outros dons antes que Paulo o designasse para o ministério. Mas não há incongruência alguma em ele sustentar que quando Deus propôs usar Timóteo em sua obra, e convocá-lo para a sua realização, ele então o capacitou e o enriqueceu ainda mais com novos dons, ou conferiu-lhe uma dupla porção daqueles que já havia recebido. Portanto, não significa que Timóteo não possuísse nenhum dom antes de sua ordenação, senão que esses dons se manifestaram mais gloriosamente quando a função docente lhe foi conferida.

7. Porque Deus não nos deu espírito de covardia. Isso confirma sua afirmação anterior, pela qual ele prossegue insistindo com Timóteo a apresentar evidência do poder dos dons que recebera. Ele apela para o fato de que Deus governa seus ministros pelo *Espírito de poder* que é o oposto do *espírito de covardia*. Daqui se conclui que eles não devem cair na indolência, mas que devem animar-se com profunda segurança e ardorosa atividade, e que exibam com visíveis resultados o poder do Espírito.

Há uma passagem em Romanos [8.15] que, à primeira vista, se assemelha muito a esta; o contexto, porém, revela que o sentido é diferente. Ali, ele está tratando da confiança na adoção possuída por todos os crentes; aqui, porém, sua preocupação é especificamente com os ministros, e os exorta na pessoa de Timóteo a animar-se para solícitos feitos de bravura; pois o Senhor não quer que exerçam seu ofício com indolência e fraqueza, mas que avancem com todo vigor, confiando na eficácia do Espírito.

Mas de poder, de amor e de sobriedade. Daqui aprendemos que nenhum de nós possui em si mesmo a excelência de espírito e a inabalável confiança necessárias no exercício de nosso ministério; devemos ser revestidos com o novo poder do alto. Os obstáculos são tantos e tão imensuráveis, que nenhuma coragem humana é suficiente para transpô-los. Portanto, é Deus quem nos equipa com o Espírito de poder. Pois aqueles que, por outro lado, revelam grande força, caem quando não são sustentados pelo poder do Espírito de Deus.

Em segundo lugar, inferimos que os que são tímidos e servis como os escravos, de modo que, quando precisam soerguer-se não ousam tomar qualquer iniciativa em defesa da verdade, esses não são governados pelo Espírito que age sobre os servos de Cristo. Daí se conclui que mui poucos daqueles que se denominam *ministros de Cristo*, hoje, dão mostras de ser fiéis. Pois dificilmente se encontrará entre eles um que, confiando no poder do Espírito, destemidamente desdenhe de toda altivez que se exalta contra Cristo! Acaso a grande maioria não se preocupa mais com seu próprio interesse e seu próprio lazer? Não se ficam acovardados e quietos assim que surge algum problema? Como resultado, em seu ministério não resplende nada da majestade de Deus. A palavra *espírito* é aqui usada figuradamente, como em muitas outras passagens.[6]

Mas, por que depois de *poder* ele acrescenta *amor* e *sobriedade*? Em minha opinião, é para distinguir o poder do Espírito da fúria e do excessivo zelo dos fanáticos que agem de forma precipitada e irresponsável e se gabam de possuir o Espírito de Deus. Portanto, ele

---

6 "Le mot d'*Esprit* est yci pries pout les dons qui en procedent, suy. vent la figure nommee Metonymie." — "A palavra *Espírito*, aqui, deve ser tomada pelos dons que procedem dele, em conformidade com a figura denominada *metonímia*."

explicitamente declara que a poderosa energia do Espírito é temperada pelo amor e sobriedade, ou seja, por uma serena solicitude pela edificação. Paulo não está negando que o mesmo Espírito fosse comunicado aos profetas e mestres antes da publicação do evangelho, mas insinua que essas duas graças seriam especialmente evidentes e poderosas sob o reino de Cristo.

8. Portanto, não te envergonhes. Ele diz isso porque pensava-se que confessar o evangelho era uma grande desventura; por isso ele instrui a Timóteo a não permitir que a ambição ou o medo de infâmia obstruísse sua liberdade na pregação do evangelho. Declara isso como uma inferência do que esteve justamente afirmando. O homem que se arma com o poder de Deus não se sentirá frustrado pelo tumulto do mundo, mas considerará uma honra que os homens ímpios o cubram de afrontas.

O evangelho é aqui denominado, com justiça, *o testemunho de nosso Senhor*, pois ainda que ele não necessite de nosso auxílio, não obstante nos impõe o dever de dar testemunho a seu respeito, bem como de sustentar sua glória. Essa é uma grande e especial honra concedida por ele a todos nós, (e não há cristão que não se considere uma testemunha de Cristo), mas, especialmente concedida aos pastores e mestres, como Cristo mesmo disse a seus apóstolos: "Sereis minhas testemunhas" [At 1.8]. Pois quanto mais o mundo demonstra seu ódio pelo ensino do evangelho, mais coragem devem os pastores demonstrar em seus labores em confessá-lo publicamente.

Ao acrescentar, *nem de mim*, o apóstolo admoesta Timóteo a não recusar ser seu companheiro numa causa comum. Ao começarmos a nos esquivar da companhia daqueles que estão sofrendo perseguição, nosso intuito é fazer com que o evangelho fique isento de toda e qualquer perseguição. Ainda que não faltassem pessoas perversas para dirigir a Timóteo zombarias e dizer: "Tu não vês o que tem acontecido a teu mestre? Não sabes que a mesma sorte te espera também? Por que, pois, nos impões uma doutrina que vês ser desdenhada pelo mundo inteiro?" Não obstante, ele deve ter se sentido feliz com essa admoestação. Paulo lhe diz: "Não precisas sentir-se envergonhado a meu respeito, pois de nada tenho que me envergonhar, porque sou o prisioneiro de Cristo; não estou em cadeias por algum crime ou malfeito, e, sim, por seu nome."

Suporta as dificuldades provenientes do evangelho. Ele diz a Timóteo como fazer o que lhe pede, ou seja, preparando-se para sofrer as aflições que estão relacionadas com o evangelho, pois esquivar-se da cruz ou tentar evitá-la significa sempre envergonhar-se do evangelho. E assim Paulo tem duas boas razões para encorajar Timóteo a ser ousado em sua confissão, e ao falar sobre levar a cruz, que ele não o fizesse em vão.[7]

E acrescenta *segundo o poder de Deus*, porque imediatamente sucumbiríamos caso ele não nos sustentasse. A frase contém tanto admoestação quanto consolação. A admoestação é para tirarmos nossos olhos de nossas presentes fraquezas e, confiando no socorro divino, aventurarmo-nos e esforçarmo-nos em relação às coisas que se encontram além de nossas próprias forças; o conforto é para que, caso soframos algo por conta do evangelho, Deus virá e nos livrará e, em seu poder nos dará vitória.

9. Que nos salvou. Pela visão da grandeza da bênção, o apóstolo demonstra o quanto devemos a Deus, porque a salvação que ele nos outorgou facilmente absorve todos os males que suportamos neste

---

7 "Ele mostra, em primeira instância, que o evangelho não pode existir sem aflições. Não que Deus deixa de intimar a todos os homens a que se unam na fé, e que a doutrina do evangelho é a mensagem de reconciliação; mas, mesmo assim, de um lado, há os que se deixam arrastar pelo poder de seu Espírito Santo, enquanto os incrédulos permanecem em sua dureza; e, do outro, há o fogo que se acende, como quando trovões se generalizam na atmosfera, e as dificuldades surgem; assim se dá quando o evangelho é proclamado. E agora, se o evangelho trouxer aflições, e se nosso Senhor Jesus Cristo deseja que o que ele suportou em sua pessoa se cumpra em seus membros, e que a cada dia ele for crucificado, é lícito esquivar-nos dessa condição? Visto, pois, que toda nossa esperança jaz no evangelho, e visto que devemos aprender sobre ele, ponderemos o que o Paulo diz: que devemos proporcionar apoio a nossos irmãos, quando os virmos assaltados, quando virmos os homens os pisoteando debaixo de seus pés, cuspindo em seu rosto e os insultando, prefiramos ser seus companheiros, suportando os opróbrios e conduta vil do mundo, em vez de sermos honrados, de desfrutar de boa reputação e crédito, e não nos alienando dos que sofrem pela causa que com eles temos em comum." – *Fr. Ser.*

mundo. O termo, 'salvou', ainda que seu significado seja de caráter geral, aqui, neste contexto, refere-se somente à salvação eterna. Seu significado consiste em que não haviam recebido através de Cristo nenhum livramento passageiro e transitório, e, sim, uma salvação eterna, e desse modo se revelariam extremamente ingratos, caso valorizassem sua vida fugaz, ou sua reputação, em vez de reconhecê-lo como seu Redentor.

E nos chamou com santa vocação. Ele faz de nossa vocação o selo infalível de nossa salvação. Pois como a salvação foi consumada na morte de Cristo, assim Deus nos faz partícipes dela através de Cristo. Para exaltar essa vocação[8] ainda mais, ele a qualifica de *santa*. Tal fato deve ser cuidadosamente observado, pois assim como temos de buscar a salvação exclusivamente em Cristo, ele também teria morrido em vão e a troco de nada caso não nos chamasse para participarmos desta graça. Portanto, mesmo depois de haver, com sua morte, nos concedido a salvação, uma segunda bênção resta ser outorgada, a saber: que ele nos uniria em seu Corpo e nos comunicaria seus benefícios a fim de os desfrutarmos.

Não segundo nossas obras, mas segundo seu próprio propósito e graça. Ele agora chama a atenção para a fonte, quer de nossa vocação, quer de nossa salvação total. Não possuímos obras que sejam capazes de tomar a iniciativa em lugar de Deus, de modo que a nossa salvação depende absolutamente de seu gracioso propósito e eleição. Em ambos os termos – "propósito" e "graça" – há uma hipálage,[9] de modo que o segundo termo é considerado um adjetivo – "segundo o seu gracioso propósito". Ainda que Paulo geralmente use o termo 'propósito' no sentido de "o decreto secreto de Deus", o qual depende exclusivamente dele, o apóstolo, aqui, decide adicionar "graça" com o fim de tornar sua tese ainda mais explícita e poder excluir completamente toda e qualquer referência às obras. A antítese, neste versículo, por si só é su-

---

8 "La certitude de salut." — "A certeza de salvação."
9 Uma figura de linguagem, pela qual as partes de uma proposição parecem ser intercambiadas, ὑπαλλαγή composta de ὑπό e ἀλλάσσω, "mudança". - *Ed.*

ficiente para deixar completamente claro que não há espaço algum para as obras onde reina a graça de Deus, especialmente quando somos lembrados da eleição divina, através da qual ele antecipou eleger-nos antes que viéssemos à existência. O mesmo tema é discutido mais amplamente em conexão com Efésios 1, e no momento toco nele de leve, já que o discuto mais amplamente no comentário àquela carta.

A qual nos foi dada. Partindo da ordem do tempo, ele conclui que a salvação nos foi outorgada pela graça soberana, já que nada fizemos de antemão para merecê-la. Pois se Deus nos elegeu antes da fundação do mundo, então ele não poderia ter levado em conta obra alguma de nossa parte, porquanto nenhuma ainda existia e nós mesmos ainda não existíamos. A crítica sofista, de que Deus fora influenciado pelas obras que previra, não demanda uma longa resposta. Que espécie de obras teriam sido essas, se Deus nos havia rejeitado, visto que a eleição propriamente dita é a fonte e origem de todas as coisas boas?

Esse "dar graças" de que ele faz menção, outra coisa não é senão a predestinação, pela qual fomos adotados como filhos de Deus. Gostaria que meus leitores se lembrassem disso, pois via de regra se diz que Deus nos "dá" sua graça somente quando ela começa a operar eficazmente em nós. Aqui, porém, Paulo está tratando daquilo que Deus determinou consigo mesmo desde o princípio; portanto, o que ele deu às pessoas que nem ainda existiam é algo que fica completamente fora de qualquer consideração meritória, e o conservou em seus tesouros até chegar o tempo em que pudesse trazê-lo a lume pelo resultado de que Deus nada determina em vão.

Antes dos tempos eternos. Tanto aqui quanto em Tito 1, o apóstolo chama a interminável série de anos, desde a fundação do mundo [Tt 1.2], de *tempos eternos*. A engenhosa discussão sobre este assunto, que Agostinho suscita em muitas passagens, é estranha ao pensamento de Paulo; o que ele quer dizer é simplesmente isto: "antes que os tempos iniciassem sua trajetória, desde todas as eras passadas." Além do mais, é digno de nota o fato de ele colocar Cristo como o único fundamento da salvação, porque fora dele não há nem adoção nem salvação para ninguém, como diz ele em Efésios 1.

10. Mas que agora se manifestou. Note-se quão apropriadamente ele conecta a fé que recebemos do evangelho com a eleição secreta de Deus, e designa a cada uma o seu próprio lugar. Deus nos chamou pela proclamação do evangelho, não porque repentinamente tivesse consciência de nossa salvação, mas porque ele assim o determinou desde toda a eternidade. Cristo agora se manifestou[10] para essa salvação; não porque o poder de salvar lhe tenha sido recentemente conferido, mas porque essa graça nos foi guardada nele antes da criação do mundo. O conhecimento dessas coisas nos foi revelado pela fé. E assim, o apóstolo sabiamente conecta o evangelho com as mais antigas promessas de Deus, para que sua suposta novidade não o expusesse ao desprezo.

Suscita-se, porém, a indagação, se tudo isso foi ocultado dos pais que viveram sob o regime da lei; pois se a graça só foi revelada no advento de Cristo, então conclui-se que antes ela estava oculta. Respondo que Paulo está falando da plena manifestação da realidade propriamente dita, sobre a qual os pais também edificaram sua fé, de modo que isso não os priva da realidade. Eis a razão por que Abel, Noé, Abraão, Moisés, Davi e todos os santos obtiveram a mesma salvação que obtivemos, pois também eles depositaram sua fé na manifestação [futura] de Cristo. Ao dizer que a graça nos foi revelada mediante a manifestação de Cristo, o apóstolo não exclui os pais da participação nela, pois a mesma fé os fez partícipes conosco nessa manifestação. O Cristo de ontem é o mesmo de hoje [Hb 13.8], mas que não se manifestara mediante sua morte e ressurreição antes do tempo prefixado pelo Pai. Nossa fé e a de nossos pais sempre olham para o mesmo ponto, porque neste fato jaz a única garantia e consumação de nossa salvação.

---

10 Τῆς ἐπιφανείας. "Teodoreto explica bem isto por ἐνανθρωπήσεως, sendo a expressão usada especialmente pelos escritores antigos para o aparecimento dos deuses sobre a terra. Assim em Josefo (Ant. 18.3, 4) temos τὴν ἐπιφάνειαν ἐχδιηγεῖται τοῦ Ἀνουβίδο [ela relata o aparecimento de (o deus) Anúbis]. Ἐπιφάνεια aqui, denota o primeiro aparecimento de Cristo na carne, ainda que em outro lugar o termo sempre signifique seu segundo aparecimento para julgar o mundo." – *Bloomfield*.

O qual aboliu a morte. Pelo fato de atribuir ao evangelho a manifestação da vida, o apóstolo não quer dizer que ela tenha sua origem na Palavra sem referência alguma à morte e ressurreição de Cristo, posto que o poder da Palavra repousa no assunto que ela contém; ao contrário, ele quer dizer que a única maneira pela qual o fruto dessa graça pode chegar até aos homens é através do evangelho, como expressou em 2 Coríntios 5.19: "Deus estava em Cristo reconciliando consigo mesmo o mundo, não imputando aos homens as suas transgressões, e nos confiou a palavra da reconciliação." É uma notável e memorável recomendação do evangelho, que seja ele denominado o meio pelo qual a vida se manifesta.

E trouxe à luz vida e imortalidade através do evangelho. À 'vida' ele adiciona *imortalidade*, querendo dizer "uma vida genuína e imortal", a menos que o leitor prefira considerar *vida* no sentido de regeneração, à qual segue a bem-aventurada imortalidade que é ainda o objeto da esperança. Pois nossa vida não consiste do que temos em comum com as bestas brutas; ao contrário, consiste de nossa participação na imagem de Deus. Visto, porém, que a natureza e valor genuíno dessa vida não aparecem neste mundo [1Jo 3.2], para explicá-la ele acrescentou oportunamente a imortalidade, a qual é a revelação dessa vida que ora está oculta.

11. Para o qual fui designado. Ele tem boas razões para recomendar o evangelho de uma forma tão sublime juntamente com o seu próprio apostolado. Satanás labora muito mais do que imaginamos para banir de nossas mentes, por todos os meios possíveis, a fé na sã doutrina; e visto que nem sempre é fácil fazer isso através de um franco ataque à nossa fé, ele se arma contra nós secretamente e pelo uso de métodos indiretos; e a fim de destruir a credibilidade do ensino dos santos mestres, ele desperta suspeitas acerca da sua vocação.[11] Por isso Paulo, tendo a visão da morte ante seus olhos, e conhecendo bem as tramas bem articuladas de Satanás, determinou certificar tanto o

---

11 "Des Docteurs ou Pasteurs fideles." — "Dos fiéis Doutores e Pastores."

ensino do evangelho em geral quanto a genuinidade de sua própria vocação. Ambas as coisas eram necessárias, pois ainda que apresentemos longos discursos acerca da dignidade do evangelho, os mesmos não nos seriam de muito valor, a menos que compreendamos o que o evangelho significa. Muitos darão seu assentimento ao princípio geral da autoridade indiscutível do evangelho, e não obstante ainda não terão nenhuma idéia definida do que se comprometeram seguir. Eis a razão por que Paulo deseja ser explicitamente reconhecido como fiel e legítimo ministro dessa doutrina vivificante, da qual ele estava justamente trazendo-lhes à memória; eis por que ele descreve a si próprio através de muitos títulos, tendo todos o mesmo sentido.

Arauto e apóstolo e mestre dos gentios. Ele se denomina de *arauto*, cujo dever é fazer públicos os decretos dos príncipes e magistrados. O título *apóstolo* lhe pertence de uma forma restrita; e visto que há uma relação especial entre um mestre e seus alunos, ele se descreve lançando mão desse terceiro título, para que os que aprendem dele saibam que têm um *mestre* designado por Deus mesmo. E para quem ele diz que fora designado? Para os gentios – pois o cerne da controvérsia eram eles, visto que os judeus negavam que as promessas de vida se aplicassem a alguém mais além dos filhos de Abraão segundo a carne. Portanto, a fim de que a salvação dos gentios não fosse posta em dúvida, o apóstolo declara que fora enviado especificamente por Deus para ministrar a eles.

12. Por cuja causa sofro também essas coisas. Sabe-se sobejamente que o furor dos judeus, inflamado contra Paulo, era mais por esta causa do que por qualquer outra, ou seja, por ele ter dado aos gentios uma participação comum do evangelho. *Por isso* se refere a toda a passagem precedente, e não deve ser restringida só à última frase sobre os gentios.

Todavia, não me envergonho. Paulo então apresenta dois argumentos a fim de impedir que sua prisão de alguma forma trouxesse prejuízo à sua autoridade. Primeiro, ele mostra que a causa de sua prisão, longe de ser uma desgraça, era-lhe, ao contrário, uma honra, visto que fora aprisionado não por algum mau procedimento, mas porque obedecera ao chamado divino. É-nos um imenso conforto quando podemos receber os injustos juízos humanos com uma consciência íntegra. Segundo, ele argumenta que não há nada de vexatório em sua prisão, já que sua esperança é que haveria um resultado feliz. O homem que se vê armado com tal defesa pode com certeza vencer as grandes provações, por mais graves que sejam. E ao dizer *não me envergonho*, ele usa seu próprio exemplo para encorajar outros a demonstrarem a mesma ousadia.

Porque sei em quem tenho crido. Eis aqui o único refúgio para onde todos os crentes devem fugir quando o mundo os condena como perdidos e infelizes, ou seja, que devem ter por suficiente o fato de poderem contar com a aprovação divina; pois o que seria deles caso depositassem nos homens sua confiança? Desse fato devemos inferir que há grande diferença entre a fé e a mera opinião humana. A fé não depende da autoridade humana, tampouco é uma confiança hesitante e dúbia em Deus; ela tem de estar associada ao conhecimento, do contrário não será bastante forte contra os intermináveis assaltos que Satanás lhe faz. O homem que, como Paulo, possui tal conhecimento saberá de experiência própria que nossa fé é corretamente chamada "a vitória que vence o mundo" [1Jo 5.4], e que Cristo tinha boas razões para dizer que "as portas do inferno não prevalecerão contra ela" [Mt 16.18]. Tal homem será capaz de repousar tranquilamente mesmo em meio às tormentas e tempestades deste mundo, visto que alimenta uma confiança inabalável de que Deus, que não pode mentir ou enganar, falou, e o que ele prometeu, certamente o cumprirá. Por outro lado, o homem que não tem essa verdade indelevelmente gravada em sua mente será sempre movido de um lado a outro como um caniço agitado pelo vento.

Esta passagem merece nossa detida atenção, pois ela explica de uma forma muitíssimo excelente o poder da fé, quando demonstra que, mesmo em casos extremos, devemos glorificar a Deus por não duvidarmos que ele se manterá verdadeiro e fiel e por aceitarmos sua

Palavra com a mesma certeza como se Deus mesmo surgisse do céu diante de nós. O homem carente de tal convicção nada entende. É preciso que tenhamos sempre em mente que Paulo não está a filosofar no escuro, senão que, com a própria realidade diante dos olhos, está solenemente declarando o grande valor daquela confiante certeza da vida eterna.

E estou convicto de que ele é capaz. Ainda que a violência e a extensão dos perigos que sempre nos cercam nos lancem em desespero ou, no mínimo, conturbem nossas mentes, temos de estar armados com a defesa de sabermos que há no poder de Deus proteção segura para nós. Portanto Deus, ao ordenar-nos que sejamos confiantes, usa este argumento: "Aquilo que meu Pai me deu é maior do que tudo; e da mão do Pai ninguém pode arrebatar" [Jo 10.29]. Com isso ele quer dizer que não corremos perigo algum, já que o Senhor que nos recebeu em sua proteção é infinitamente capaz de resistir a todos eles. Nem mesmo Satanás ousaria insinuar diretamente a idéia de que Deus é incapaz de cumprir o que prometeu, porquanto nossas mentes recuariam diante de tão execrável blasfêmia; mas ao desviar nossos olhos e mentes para outras coisas, ele desvia de nós todo o senso do poder de Deus. Portanto, nossa mente deve estar completamente limpa, caso queiramos não só experimentar tal poder, mas também reter a experiência dele em meio às tentações de todo gênero.

Sempre que Paulo fala do poder de Deus, é preciso entender por essa idéia o seu poder real ou eficaz (ἐνεργουμένην), como ele mesmo o qualifica em outro lugar [Cl 1.29]. A fé sempre conecta o poder de Deus com sua Palavra; e tal fé não deve ser definida como algo remoto ou distante, mas, sim, como algo interior do qual estamos de posse. É por isso que o apóstolo diz de Abraão em Romanos 4.20: "Não duvidou, por incredulidade, da promessa de Deus; mas, pela fé, se fortaleceu, dando glória a Deus."

Guardar o meu depósito até àquele dia. É bom observar a forma como ele descreve a vida eterna: o depósito que lhe fora confiado. Daqui aprendemos que a nossa salvação está nas mãos de Deus, precisamente como um depositário que conserva em sua guarda a propriedade que lhe fora confiada para a proteger. Se a nossa salvação dependesse de nós,[12] ela seria constantemente exposta a todo tipo de risco; mas, ao ser confiada a um guardião tão capaz, ela fica fora de todo e qualquer perigo.

13. Conserva o padrão das sãs palavras que de mim tens ouvido, na fé e no amor que há em Cristo Jesus.

14. Guarda o bom depósito que te foi confiado pelo Espírito Santo que habita em nós.

15. Deves saber que todos os que estão na Ásia me viraram as costas, entre os quais estão Figelo e Hermógenes.

16. O Senhor conceda misericórdia à casa de Onesíforo, porquanto me trouxe refrigério e nunca se envergonhou de minhas cadeias;

17. antes, vindo ele a Roma, diligentemente me procurou e me achou

18. (o Senhor conceda-lhe achar misericórdia naquele dia); e com quantas coisas ele ministrou em Éfeso, tu o sabes muito bem.

13. Formam habe sanorum sermonum, quos a me audisti in fide et caritate, in Christo Iesu.

14. Eregium depositum custodi per Spiritum Sanctum, qui inhabitat in nobis.

15. Nosti hoc, quod aversati me fuerint omnes, qui sunt in Asia, quorum sunt Phygelus et Hermogenes.

16. Det misericordiam Dominus Onesiphori familiae; quoniam saepe me refocillait, et de catena mea non erubuit:

17. Sed quum esset Romae, studiosus quaesivit me, et invenit.

18. Det ei Dominus invenire misericordiam a Domino in illa die et quanta Ephesi ministravit melius tu nosti.

13. Conserva o padrão. Alguns tomam a expressão no seguinte sentido: "Que a tua doutrina seja um exemplo a que todos possam imitar"; eu, porém, não a aceito nesse sentido. Igualmente longe do significado transmitido por Paulo está a interpretação de Crisóstomo, ou seja, que Timóteo deve ter à mão a imagem das virtudes esculpida em seu coração pelo ensino de Paulo. Meu ponto de vista é que o apóstolo está dizendo a Timóteo que guardasse firme a doutrina que havia aprendido, não só em sua substância, mas também na própria forma de sua expressão. Pois ὑποτύπωσις, o termo usado aqui, significa um quadro vívido, como se o objeto envolvido estivesse realmente diante de seus olhos. Paulo sabia quão inclinados são os homens à rebeldia

---

12 "Si nostre salut dependoit de nous, et qu'il fust en nostre garde." — "Se nossa salvação dependesse de nós, e estivesse sob nossa proteção."

e apostasia da sã doutrina; e por essa razão ele prudentemente exorta Timóteo a não se apartar da forma de ensino que havia recebido, e a ajustar seu método desse ensino à regra estabelecida pelo apóstolo – não que ele fosse excessivamente escrupuloso acerca de palavras, mas porque é terrivelmente danoso corromper a doutrina, mesmo que em grau mínimo.[13]

À luz desse fato podemos entender o valor da teologia dos papistas, porquanto ela se degenerou tanto do padrão que Paulo aqui recomenda, que se assemelha mais a enigmas de adivinhos e profetas do que com o ensino que tem por base a Palavra de Deus. Que indícios dos escritos de Paulo, pergunto, há em todos os livros dos escolásticos? Essa corrupção doutrinal libertina revela quão sábio fora Paulo em dizer a Timóteo que conservasse sua forma original. *Sãs palavras* são contrastadas, aqui, não só com as doutrinas que são manifestamente ímpias, mas com questionamentos fúteis que não nos levam a nada de sólido, mas só a enfermidades.

Na fé e amor que há em Cristo Jesus. Estou consciente de que às vezes a partícula ἐν pode significar "com", de acordo com o uso hebraico (ב); mas aqui parece haver um significado distinto. Paulo acrescentou esse elemento como um distintivo da sã doutrina com o propósito de deixar-nos cientes de qual é o seu conteúdo e como ela pode ser sumariada, e inclui tudo isso, segundo seu hábito, sob a fé e o amor. Ele coloca ambos *em Cristo* como seu fundamento, visto que o conhecimento de Cristo consiste primordialmente dessas duas partes, porque, ainda que a expressão, *que há*, está no singular e concorda com a palavra amor, a mesma deve ser subentendida como que aplicável

---

13 "Ele não tinha que declarar abertamente as palavras da Escritura, e sim reter firme o sumário, ou sistema das verdades que ouvira de seu pai espiritual, e, numa forma de dependência de Cristo, mostrar sua fidelidade e amor para com seu Redentor. Ele tinha que manter este sistema de doutrina como um penhor entregue à sua guarda pelo auxílio do Espírito Santo. Os ministros devem reter firme a mesma verdade, mas, acima de tudo, aquelas verdades particulares que são a base peculiar da oposição do diabo, e enfrentar um tratamento rude nos tempos em que vivem; assim fazendo, agem de acordo com a ordem que seu exaltado Mestre impôs ao pastor da Igreja em Filadélfia, e então podem esperar pela bênção prometida por ele [Ap 3.8, 10, 11]." – *Abraham Taylor*.

igualmente à fé.

Os que traduzem – "com fé e amor" – tomam a expressão no sentido em que Timóteo devia adicionar à sã doutrina os afetos de piedade e amor. Concordo que ninguém pode perseverar na sã doutrina sem que seja revestido de fé genuína e amor sincero. Em minha opinião, porém, a primeira explicação se adequa melhor, a saber, que Paulo usa essas duas palavras com o fim de explicar mais claramente quais são as 'sãs palavras' e do quê elas tratam. Ele declara que toda a sua doutrina consiste de fé e amor, os quais têm sua fonte e fundamento no conhecimento de Cristo.

14. Guarda o bom depósito. Esta exortação tem um escopo mais amplo do que a última, pois o apóstolo diz a Timóteo que refletisse bem no que Deus lhe havia outorgado, e que empregasse nele o cuidado e diligência que seu excelente valor merece. Quando uma coisa é de pouco valor, geralmente não exigimos que se preste dela uma conta tão rigorosa como exigimos quando uma coisa é de um valor por demais elevado.

Considero a expressão "que te foi confiado" no sentido tanto da dignidade de seu ministério quanto de todos os demais dons concedidos a Timóteo. Alguns restringem seu significado apenas ao seu ministério, mas creio que ele se refere principalmente às suas qualificações para esse ministério, ou seja, todos os dons do Espírito mediante os quais ele se sobressaía. O apóstolo usa o termo "confiou" também por outra razão – para recordar a Timóteo que um dia teria que prestar conta de seu ministério, pois temos que ministrar fielmente tudo quanto Deus nos confiou.

Esse bom depósito, τὸ καλόν,[14] em grego, significa algo de alto ou de extraordinário valor. Erasmo o traduziu bem como "o excelente depósito", e tenho seguido sua versão. Mas, como o mesmo deve ser guardado? Devemos nos precaver para que, por nossa indolência, não

---

14 "Le mot Grec duquel il use, que nous traduisons bon." — "O termo grego, que ele emprega, o qual traduzimos por *bom*."

se perca nem nos seja tirado o que Deus nos confiou, em razão de nossa ingratidão ou de nosso mau uso. Há muitos que rejeitam a graça divina, e muitos outros que, depois de recebê-la, se privam dela.

Pelo Espírito Santo. Visto, porém, que o poder de guardá-la não se encontra em nós, o apóstolo acrescenta *pelo Espírito Santo*, como se quisesse dizer: "Não te peço mais do que podes dar, porque o Espírito Santo suprirá a lacuna que porventura em ti exista." Daqui se depreende que não devemos julgar a capacidade humana pelos mandamentos divinos, pois assim como ele ordena através de formas verbais, também escreve suas palavras em nossos corações; e, ao injetar-nos vigor, ele cuida para que sua ordem não caia no esquecimento.

Que habita em nós.[15] Quanto à frase *pelo Espírito Santo que habita em nós*, significa que ele está presente para prestar aos crentes constante socorro, contanto que não rejeitem o que lhes é oferecido.

15. Deves saber que todos os que estão na Ásia me viraram as costas. É possível que as apostasias mencionadas pelo apóstolo tenham desestruturado muitas mentes e dado origem a infindáveis suspeitas, posto que, geralmente, vemos tudo com o pior pessimismo possível. Paulo enfrenta escândalos desse gênero com heróica coragem, visando a que todas as pessoas piedosas aprendessem a abominar a traição dos que abandonaram o servo de Cristo, numa ocasião em que ele

---

15 "Visto que Deus assumiu sua morada em nós, e quer que sejamos seu templo, e habita nesses templos através de seu Espírito Santo, porventura temeríamos que ele não nos dê o poder de perseverar até o fim, que ele não nos mantenha na infalível posse dos benefícios que temos recebido de suas mãos? De fato o diabo tudo fará para privar-nos desta graça, mas, nossas almas não lhe serão por presa, pois tendo sido entregues por Deus o Pai, o nosso Senhor Jesus Cristo as tomou sob sua proteção, assim nada que Deus designou para nossa salvação será presa de Satanás. E por quê? Porque temos o Espírito por nossa defesa contra todos os seus esforços. E onde está o Espírito? Não devemos sair em busca dele acima das nuvens. É verdade que ele permeia toda a terra, e que sua majestade habita acima dos céus; mas se sentimos que ele habita em nós, já que ele tem-se agradado em exercer seu poder em criaturas tão pobres como o somos, saibamos que esse poder será suficiente para defender-nos contra os assaltos de Satanás; isto é, contanto que nós, de nossa parte, não sejamos negligentes. Pois não devemos gratificar-nos em nossos pecados, a ponto de sermos displicentes, mas oremos a Deus, confiando-lhe tudo e esperando que ele sempre nos fortaleça, mais e mais. E porque ele já começou a fazer-nos ministros de sua graça, saibamos que ele seguirá avante, e de tal maneira que nossa salvação e a de nosso semelhante será sempre levada avante, mais e mais, para sua glória." – *Fr. Ser.*

sozinho, pondo em risco sua vida, sustentava a causa comum; e para que não titubeassem ao saber que Paulo não ficara destituído da assistência divina.

Entre os quais estão Fígelo e Hermógenes. Ele exibe o nome de dois dos desertores – provavelmente os mais conhecidos – a fim de pôr um ponto final a esses ataques caluniosos. Pois geralmente sucede que os desertores da batalha cristã[16] buscam justificativas para sua própria conduta infeliz, inventando todo tipo de acusações que possam lançar contra os fiéis e honestos ministros do evangelho. *Fígelo e Hermógenes*, sabendo que sua covardia era com razão considerada pelos crentes uma infâmia, e que ainda eram condenados como culpados de vil traição, não hesitaram em descarregar contra Paulo suas falsas acusações e cinicamente macular sua inocência. E assim Paulo, a fim de desmascarar a falsidade deles, seleciona-os para a menção que merecem.

Também em nossos dias há muitos que, ou porque não foram admitidos ao ministério aqui em Genebra, ou porque foram destituídos de seu ofício em virtude de sua perversidade,[17] ou porque não nos comprometemos a sustentá-los em sua ociosidade, ou por terem praticado roubo ou fornicação, se vêem forçados a fugir, percorrendo imediatamente a França e vagando ao léu na tentativa de estabelecer sua própria inocência, dirigindo contra todos nós o máximo de acusações[18] que podem. E alguns irmãos são bastante insensatos para acusar-nos de crueldade, assim que algum de nós pinta tais homens em suas verdadeiras cores. Seria preferível que todos esses homens tivessem suas frontes marcadas para que pudessem ser reconhecidos à primeira vista.

16. O Senhor conceda misericórdia. Desta expressão inferimos

---

16 "Car c'est la coustume des apostats, et de ceux qui Laissent la vocation de Christ." — "Pois é costumeiro com os apóstatas e com aqueles que abandonam a vocação de Cristo."

17 "Pource qu'on les en depose a cause de leur meshancete et vie scandaleuse." — "Porque são depostos em decorrência de sua perversidade e vida escandalosa."

18 "Tous les blasphemes et accusations qu'ils peuvent." — "Todas as blasfêmias e acusações que podem."

que os bons serviços prestados aos santos não são realizados em vão, ainda quando os santos não tenham como retribuir. Pois ao orar para que Deus os recompensasse, tal ato equivale a uma promessa. Ao mesmo tempo, Paulo revela sua própria gratidão, transferindo para Deus o poder de recompensar, já que ele mesmo não era capaz de saldar o débito. O que sucederia caso ele contasse com amplos recursos para recompensar? Nesse caso ele não teria como provar que não era ingrato.

À casa de Onesíforo, porquanto me trouxe refrigério. É preciso que atentemos mais detidamente para o fato de que, embora seja Onesíforo o elogiado por sua beneficência, não obstante, por sua causa, Paulo ora pedindo a bênção divina para toda sua família. Disto inferimos que a bênção divina repousa não só sobre um justo, individualmente, mas também sobre toda a sua casa. O amor de Deus por seu povo é tão imensurável, que o mesmo se expande por sobre todos os que se relacionam com ele. Ao dizer que *Onesíforo nunca se envergonhou de minhas cadeias*, isso prova não só sua liberalidade, mas também seu zelo, visto que espontaneamente se expusera aos perigos e aos escárnios dos homens a fim de socorrer o apóstolo.

18. O Senhor conceda-lhe. Alguns o interpretam assim: "O Senhor conceda-lhe achar misericórdia diante do tribunal de Cristo"; e isso é deveras algo mais tolerável do que interpretar esta passagem à luz de Gênesis 19.24: "O Senhor fez chover fogo da parte do Senhor", no sentido em que o Pai fez chover fogo da parte do Filho. É possível que o impulso das emoções de Paulo, como frequentemente sucedia, o levasse a fazer uma repetição supérflua.

Achar misericórdia naquele dia.[19] Esta oração revela quão mais

---

19 "Nenhum cristão pode ler esta passagem sem se sentir poderosamente afetado por ela; pois vemos que Paulo foi, por assim dizer, transportado quando falou dessa vinda de nosso Senhor Jesus Cristo e da ressurreição final. Ele não diz: "Que o Senhor conceda que ele ache favor em sua vinda, no dia de nossa redenção, quando manifestar-se novamente para julgar o mundo!" Mas ele diz: "naquele dia"; como se apresentasse o Senhor Jesus visivelmente, com seus anjos. Paulo não falou essas coisas friamente, ou como homem, mas subiu acima de todos os homens, para que pudesse exclamar: "Aquele dia, aquele dia!" E onde está ele? É verdade que nenhum dos que desejam ser sábios em si mesmos se dará o trabalho de descobri-lo; pois aquele dito tem de cumprir-se: "Porque desde a antiguidade não se ouviu, nem com ouvidos se percebeu, nem

rico é o galardão que aguarda os que fazem o bem aos santos sem qualquer esperança de recompensa terrena do que se o recebessem imediatamente de mãos humanas. E é bom observar que ele ora para que Onesíforo pudesse achar misericórdia. Pois a pessoa que é misericordiosa em relação a seu próximo, achará a mesma misericórdia da parte de Deus; e seríamos mais que insensatos caso esta promessa não nos encorajasse e não nos estimulasse profundamente a demonstrar benevolência. Segue-se também desse fato que Deus não recompensa segundo nossos méritos pessoais, e, sim, que o seu melhor e mais excelente galardão se revela quando ele nos perdoa e se apresenta a nós, não como um Juiz severo, mas como um Pai clemente e perdoador.

---

com os olhos se viu Deus além de ti, que trabalha para aquele que nele espera" [Is 64.4]. Que os homens exercitem suas faculdades ao máximo para o conhecerem, ainda lhes será algo escuro e misterioso, e não serão capazes de acercar-se dele. Mas quando abraçarmos a promessa que ele nos deu, e depois de havermos conhecido que Cristo, ressuscitando dentre os mortos, exibiu seu poder, não por nossa própria causa, mas para reunir todos os seus membros e uni-los a si, então seremos capazes realmente de dizer: *Aquele dia.*" – *Fr. Ser.*

Capítulo 2

1. Tu, pois, meu filho, fortifica-te na graça que há em Cristo Jesus.

2. E as coisas que de mim tens ouvido entre muitas testemunhas, confia as mesmas a homens fiéis, que sejam capazes de ensiná-las também a outros.

3. Sofre comigo as fadigas, como bom soldado de Cristo Jesus.

4. Nenhum soldado em serviço se embaraça com os negócios desta vida, a fim de agradar àquele que o alistou como soldado.

5. E se alguém também se empenha nos jogos, o mesmo não é coroado a não ser que o faça com fidelidade.

6. O lavrador deve prosseguir labutando antes que venha a participar dos frutos.

7. Considera o que eu digo, porque o Senhor te dará entendimento nessas coisas.

1. Tu ergo, fili mi, fortis esto in gratia, quae est in Christo Iesu.

2. Et quae a me audisti per multos testes, haec commenda fidelibus hominibus, qui idonei erunt ad alios etiam docendos.

3. Tu igitur feras afflictions, ut bonus miles Iesu Christi.

4. Nemo, qui militat, implicator vitae negotiis, ut imperatori placeat.

5. Quodsi quis etiam certaverit, non coronatur, nisi legitime certaverit.

6. Laborare prius agricolam oportet, quam fructus percipiat.

7. Intellege quae dico; det enim tibi Dominus intellectum in omnibus.

1. Fortifica-te na graça. Como antes lhe havia dito que guardasse o depósito que lhe fora confiado pelo Espírito, assim agora lhe ordena a tornar-se forte na graça. Com essa expressão, significa que Timóteo seria reanimado do desânimo e inatividade, pois a carne é tão morosa que mesmo os dotados de excelentes dons às vezes se entorpecem em meio à jornada, se não forem frequentemente despertados.

Mas é possível que alguém pergunte: "De que serve exortar um homem a tornar-se forte na graça, a menos que o nosso livre-arbítrio exerça algum papel, cooperando com a graça?" Eis minha resposta: o que Deus requer de nós, em sua Palavra, ele também supre através de seu Espírito, de modo que somos fortalecidos naquela graça que ele mesmo proporciona. E, no entanto, as exortações não são supérfluas, porque o Espírito de Deus, nos ensinando interiormente, faz com que elas não soem infrutíferas em nossos ouvidos nem caiam no esquecimento. Portanto, o homem que reconhece que esta exortação não podia ser frutífera senão pelo poder secreto do Espírito, jamais usará esta passagem em abono do livre-arbítrio.

Que há em Cristo Jesus. Ele acrescenta *que há em Cristo Jesus* por duas razões: para mostrar que é tão-somente de Cristo, e de nenhum outro, que a graça emana, e para que nenhum cristão se visse privado dela. Pois ainda que o único Cristo seja comum a todos, segue-se que todos participam de sua graça, e é por isso que se diz estar ela "em Cristo", já que todos os que se encontram em Cristo devem possuí-la.

Meu filho. O modo carinhoso com que o apóstolo fala, chamando Timóteo *filho meu*, tende a granjear suas graças, ou seja, para que o seu ensino penetrasse mais profundamente o coração de Timóteo.

2. E as coisas que de mim tens ouvido. O apóstolo revela uma vez mais quão ansioso estava em comunicar a sã doutrina à posteridade. Não só exorta Timóteo, como fizera antes, a preservar sua forma e características, mas também a comunicá-la a mestres piedosos para que, uma vez amplamente disseminada, viesse a lançar raízes em muitos corações. Ele percebeu de antemão que ela viria facilmente a perecer caso não fosse diligente e amplamente proclamada através de muitos ministros. E, aliás, descobrimos o que Satanás conseguiu logo depois da morte dos apóstolos; porque, como a pregação deixou de existir por muitos séculos, ele engendrou invenções inumeráveis e loucas que, em seus monstruosos absurdos, sobrepujaram as superstições de todos os gentios. Não é de admirar que Paulo, querendo proteger-se contra males tão imensos, zelosamente deseja que sua doutrina fosse confiada a todos os ministros piedosos que, por sua vez, fossem qualificados para comunicá-la a outros. É como se quisesse dizer: "Providenciai para que, depois de minha morte, permaneçam testemunhas confiáveis de minha doutrina. E tal só acontecerá caso, além de vós mesmos ensinardes o que de minha parte vos tenho ensinado, o publicardes ainda mais amplamente por meio de outros. Portanto, sempre que encontrardes homens capazes para esta obra, confiai também a eles este tesouro."

Confia as mesmas a homens fiéis. Ele os chama *homens fiéis*, não porque tivessem fé, porquanto a fé todos os cristãos têm em comum; mas porque eles possuíam uma medida extraordinariamente grande de fé. É correto traduzir a palavra [grega] como *fiéis*,[1] visto que pouquíssimos há que realmente se preocupam em perpetrar e conservar a memória da doutrina a eles confiada. Muitos são motivados por diferentes tipos de ambição, alguns por cobiça, outros por malícia, e ainda outros recuam, levados pelo medo, ante o perigo; de modo que aqui requer-se especial fidelidade.

Entre muitas testemunhas.[2] O que ele tem em mente não é propriamente que houvesse produzido testemunhas de uma maneira formal e legal[3] no caso de Timóteo; mas, visto ser possível suscitar-se controvérsia, caso o ensino de Timóteo se derivasse de Paulo, ou caso o mesmo procedesse de seu próprio invento, o apóstolo destrói toda dúvida, destacando que ele não havia falado secretamente, em algum canto escuro, senão que muitos ainda viviam e que podiam testificar que tudo quanto Timóteo estava ensinando, eles mesmos haviam ouvido dos lábios de Paulo. O ensino de Timóteo estava então acima de qualquer suspeita, já que ele contava com muitos companheiros de ministério que podiam testificar em seu favor. Desse fato aprendemos quão arduamente um servo de Cristo deve labutar para sustentar e defender a pureza de seu ensino, não só enquanto vive, mas durante todo o tempo em que durar seu viver e seu labor.

3. Sofre comigo as fadigas. Imperiosa necessidade levou Paulo a

---

1 "Loyaux et digne auxquels on se fie." — "Fiel e fidedignamente."
2 "Entre plusieurs tenmoins, ou, en presence de plusieurs temoins." — "Entre muitas testemunhas, ou, na presença de muitas testemunhas."
3 "Il ne vent pas dire qu'il ait appele des tesmoins, comme c'est la coustume es contrats et autres actes solennels." — "Ele não quer dizer que convocou testemunhas, com é de costume em contratos e outros atos solenes."

acrescentar esta segunda exortação. Aqueles que oferecem a Cristo os seus serviços devem estar dispostos a enfrentar as dificuldades decorrentes; de modo que, sem a paciente resistência aos males, jamais haverá perseverança. Eis a razão por que ele acrescenta *como bom soldado de Cristo Jesus*, significando que todos quantos servem a Cristo são soldados, cuja batalha consiste não em infligir males em outros, mas em pacientemente suportá-los em si próprios.

É de fundamental importância que atentemos bem para essas coisas. Olhamos para muitos, todos os dias, que miseravelmente depõem suas armas, quando um dia fizeram grande demonstração de coragem. Por que assim sucede? Porque jamais se acostumaram com a cruz. São covardes que recuam ante o fragor da batalha, e sua única noção de combate é a de enfrentar ferozmente seus adversários. Não suportam a idéia de que têm de aprender o que significa possuir suas almas com paciência.

4. Nenhum soldado em serviço. Ele desenvolve um pouco mais sua metáfora militar. Estritamente falando, ele usou esta metáfora ao chamar Timóteo de *soldado de Cristo*, mas agora prossegue fazendo uma comparação da guerra secular com a guerra espiritual e cristã, assim: "A norma da disciplina militar consiste em que, tão logo um soldado se aliste sob um comandante, ele deixa seu lar e todos os seus afazeres para só pensar na guerra; assim também nós, a fim de nos devotarmos inteiramente a Cristo, temos que nos livrar de tudo quanto nos envolve com este mundo."

Com os negócios desta vida[4] significa a preocupação em dirigir sua família e suas ocupações ordinárias, justamente como os agricultores deixam seus campos e os comerciantes, seus negócios, até que tenham completado seu período de serviço militar. Ao aplicarmos a comparação ao presente tema, percebemos que seu significado é este: todo aquele que quiser lutar sob o comando de Cristo deve renunciar

---

4 Por τοῦ βίου πραγματείαις está implícito a atividade da vida em geral, sendo o plural usado alusivamente aos vários tipos dela, como a agricultura, comércio, manufatura etc. Ora, pela lei romana, os soldados eram excluídos de *tudo* isso. Veja-se Grotius." – *Bloomfield.*

todas as futilidades e diversões do mundo e empregar todas as suas energias nessa luta. Em resumo, devemos manter na lembrança o antigo provérbio, *Hoc age*[5] – "faze o que vem à tua mão" –, significando que na realização de nossos deveres sacros devemos estar inteiramente concentrados neles para não suceder que outros ocupem nosso cuidado e atenção. A antiga redação, "nenhum homem que luta para Deus...", compromete totalmente a intenção de Paulo.

Ele aqui está dirigindo-se aos pastores da Igreja na pessoa de Timóteo. Sua afirmação tem uma aplicação universal, mas se adequa especialmente aos ministros da Palavra. Primeiro, que percebam as coisas que prejudicam seu trabalho, desvencilhem-se delas e então sigam a Cristo. Em seguida, que outros também tenham seus olhos abertos, cada um individualmente, para aquilo que os mantêm afastados de Cristo, a fim de que nosso Comandante celestial não tenha menos autoridade sobre nós do que a que os homens mortais mantêm sobre os soldados que se alistaram ao seu serviço.

5. E se alguém também se empenha nos jogos. O apóstolo continua tratando da perseverança, no caso de alguém imaginar que já fez o suficiente, havendo-se envolvido em um ou dois conflitos. Ele agora se vale de uma metáfora extraída do atletismo; nenhum atleta recebe o prêmio até que tenha sido vitorioso e mereça o título no final da corrida. Ele diz a mesma coisa em 1 Coríntios 9.24: "Não sabeis vós que os que correm no estádio, todos, na verdade, correm, mas um só é que recebe o prêmio? Correi de tal maneira que o alcanceis." Se alguém se sente exausto logo no início da competição, e prontamente se afasta com o fim de descansar, o mesmo será condenado por indolência em

---

5 "Brief, qu'il nous souvienne du proverbe ancien duquel les Latins ont use en faisant leurs sacrifices, *Hoc age*, c'est a dire, Fay ceci, ou, Pense a ceci, ascavoir que tu as entre mains, lequel signifie, que quand il est question du service de Dieu, il s'y faut tellement employer, que nous ne soyons entent ifs ni affectionnez ailleurs." — "Em suma, lembremo-nos do antigo provérbio que os latinos usam ao oferecer seus sacrifícios, *Hoc age*, equivale dizer, 'Faça isto', ou 'Pense nisto', ou 'Faça (ou pense em) o que tem em mãos', significando que, quando o culto divino é a matéria em questão, devemos empregar-nos nele de tal maneira, que não demos atenção, ou nosso coração, a nada mais."

vez de ser premiado. Visto que Cristo quer que nos esforcemos todos os dias, aquele dentre nós que fracassar em meio à corrida rumo à vitória perde sua honra, ainda quando tiver começado com bravura. *A não ser que o faça com fidelidade* significa levar a cabo a competição, cumprindo tudo quanto as normas exigem, para que não se desista antes do tempo determinado.

6. O lavrador deve prosseguir labutando. Estou cônscio de que outros traduzem este versículo de uma forma diferenciada, e reconheço que traduzem, palavra por palavra, o que Paulo escreveu em grego. Mas se o contexto for detidamente examinado, meu ponto de vista será preferível.[6] Além disso, o emprego *de prosseguir labutando*, em vez de *labutar*, é um costume bem notório do idioma grego. Os escritores gregos com frequência usam o gerúndio em vez do infinitivo.[7]

O significado, portanto, é que os lavradores não colhem os frutos enquanto não tiverem labutado arduamente no cultivo da terra, na semeadura etc. Ora, se os lavradores não se esquivam do labor que visa a obtenção dos frutos depois de certo tempo, e se esperam pacientemente pela colheita, quão absurdo seria se recusássemos o trabalho que Cristo nos impõe, quando temos a promessa de um galardão infinitamente glorioso!

---

6 "Je scay bien que les autres ont tradoit ce passage autrement: Il faut que le laboureur travaillaut (ou, qui travaille) prene premier des fruits." — "Estou bem ciente de que outros traduzem esta passagem diferentemente: O trabalhador que labuta (ou que labora) deve ser o primeiro a participar dos frutos."

7 "A metáfora agonística agora passa para a agricultura (tal como a que encontramos em 1Co 9.10; Tg 5.7). O sentido, contudo, dependerá do que πρῶτον se refere. É mais naturalmente conectada com μεταλαμβάνειν, e essa é a construção adotada pela generalidade dos expositores, antigos e modernos. Não obstante, o sentido que assim vem a lume ou envolve o que é inconsistente com os fatos, ou (mesmo quando corroborado pela elipse abrupta de ἵνα κοπιᾷ, 'a fim de que seja capacitado a trabalhar') contém uma verdade aqui inadequada; e a aplicação *espiritual* daí deduzida é forçada. Entretanto, não é necessário, para alguns, recorrer a conjetura. Temos apenas que presumir o que é comum em seus escritos, uma transposição um tanto abrupta, e (para muitos dentre os melhores expositores) juntar πρῶτον com κοπιῶντα, como é requerido pelo curso do argumento; a verdadeira construção sendo esta: — δεῖ τὸν γεωργὸν πρῶτον κοπιῶντα τῶν καρπῶν μεταλαμβάνειν, onde κοπιῶντα é o particípio imperfeito, e o sentido literal sendo este: é necessário que os trabalhadores antes de tudo trabalhem, e então desfrutem dos frutos (de seu labor)." – *Bloomfield*.

7. Considera o que eu digo.[8] Ele não acrescenta esta expressão por suas comparações serem obscuras, mas para que Timóteo ponderasse, para si mesmo, quão mais excelente é batalhar sob o comando de Cristo e quão mais glorioso é o seu galardão. Pois mesmo que ponderemos sem cessar, dificilmente o compreenderemos de forma plena.

Porque o Senhor te dará entendimento. Esta oração é acrescentada à guisa de correção. Já que nossas mentes não se elevam facilmente à contemplação da coroa incorruptível [1Co 9.25] da vida futura,[9] Paulo apela a Deus para que desse a Timóteo entendimento. Daqui podemos deduzir que, a menos que o Senhor abra nossos olhos, seremos instruídos em vão, assim como seus mandamentos seriam também transmitidos em vão, a menos que ele mesmo nos comunique poder para que os mesmos sejam obedecidos. Pois quem haveria ensinado melhor do que Paulo? E, no entanto, para que seu ensino fosse proveitoso, ele ora para que Deus fertilizasse a mente de seu discípulo.

8. Lembra-te de que Jesus Cristo, que é da descendência de Davi, ressuscitou dos mortos, segundo o meu evangelho;

9. por isso sofro dificuldades e até prisões como um malfeitor; mas a palavra de Deus não está presa.

10. Portanto, suporto todas as coisas por amor dos eleitos, para que também alcancem a salvação que está em Cristo Jesus com eterna glória.

11. Fiel é a palavra; pois se morremos com ele, também com ele viveremos;

12. se perseveramos, também com ele reinaremos; se o negamos, ele por sua vez nos negará;

13. se formos infiéis, ele permanecerá fiel; pois não pode negar-se a si mesmo.

8. Memento Iesum Christum excitatum a mortuis, ex semine David, secundum evangelium meum,

9. In quo laboro usque ad vincula, tanquam maleficus; sed sermo Dei non est vinctus.

10. Quamobrem omnia tolero propter electos, ut ipsi quoque salutem consequantur, quae est in Christo Iesu, cum gloria aeterna.

11. Fidelis sermo: si enim commortui sumus, etiam simul cum ipso vivemus:

12. Si sufferimus, etiam simul regnabimus; si negamus, ille quoque negabit nos:

13. Si increduli sumus, ille fidelis manet; negare se ipsum non potest.

---

8 "Enten ce que je di, of, Considere." — "Entendam o que eu digo; ou, Considerem o que eu digo."
9 "De la vie eternelle." — "Da vida eterna."

8. Lembra-te de que Jesus Cristo. Paulo agora menciona expressamente uma parte de seu ensino que desejava transmitir à posteridade de forma íntegra e isenta de adulteração. É provável que este seja um ponto sobre o qual ele se sentia muito ansioso, conforme percebemos com maior clareza no trecho seguinte, quando ele fala sobre o erro de Himeneu e Fileto [v. 17], que estavam negando a ressurreição, ao declararem falsamente que ela era algo do passado; e aqui Paulo mantém o testemunho de sua fé pessoal sobre a ressurreição.

Quão necessária era essa admoestação de Paulo, como o demonstram os historiadores antigos; porque Satanás exerceu toda a sua influência para destruir este artigo de nossa fé. A admoestação se compõe de duas partes: que Jesus nasceu da descendência de Davi e que ressuscitou dos mortos. Imediatamente após o período apostólico, surgiu Marcion, o qual tudo fez para destruir a fé na realidade da natureza humana de Cristo; após ele surgiram os maniqueus. E ainda em nossos próprios dias a mesma praga continua se espalhando por toda parte.

No tocante à ressurreição, quantos têm tentado, de todas as formas possíveis, destruir nossa esperança nela. Essa afirmação de Paulo, portanto, revela sua intenção: "Que ninguém corrompa o meu evangelho ou o falsifique com calúnias. É assim que tenho ensinado e é assim que tenho pregado: que Cristo, o mesmo que nasceu da descendência de Davi, ressuscitou dos mortos."

Segundo o meu evangelho. Ele diz *o meu evangelho*, não porque reivindicasse ser seu autor, mas, antes, seu ministro. Na ressurreição de Cristo todos nós devemos ter uma infalível certeza de nossa própria [ressurreição]. Pois aquele que confessa que Cristo ressuscitou também afirma que ressuscitaremos, já que Cristo ressuscitou não por sua própria causa, mas pela nossa. A Cabeça não deve ser separada de seus membros. Além disso, na ressurreição de Cristo se encontra o pleno conteúdo de nossa redenção e salvação. Por isso ele acrescenta que ela é a ressurreição dos *mortos*. O mesmo Cristo que esteve morto levantou para a vida. Por quê? Com que propósito? É preciso que aqui pensemos nisto em relação a nós próprios e consideremos o efeito e fruto da *morte* e *ressurreição* de Cristo. Pois é preciso lembrar também do seguinte princípio: a Escritura geralmente não fala dessas coisas como fatos frios e mero conteúdo da história, mas faz indireta referência ao seu fruto.

Da descendência de Davi. Esta frase não só assevera a realidade da natureza humana de Cristo, mas também reivindica para ele a honra e o título de Messias. Alguns hereges negam que Cristo seja verdadeiramente homem; outros imaginam que ele desceu do céu; ainda outros que ele não tinha mais que aparência humana.[10] Paulo declara que, ao contrário, ele procedeu da descendência de Davi, e assim indubitavelmente assevera que ele era verdadeiramente homem, nascido de nossa humanidade, como filho de Maria. Esse testemunho é tão claramente expresso que as tentativas dos hereges de eliminá-lo, outra coisa não comprovaram senão seu próprio cinismo. Os judeus e outros inimigos de Cristo negam que ele seja Aquele que desde muito fora prometido; Paulo, porém, diz que ele é o Filho de Davi, cuja origem se encontra na família da qual o Messias procederia.[11]

9. Por isso sofro dificuldades. Aqui, ele antecipa uma possível objeção, visto que aos olhos dos ignorantes sua prisão denegria a cre-

---

10 "Que seulement il y avoit en luy une apparence d'homme, et non pas une vraye nature humaine." — "Que havia nele somente uma aparência de homem, e não uma natureza humana real."
11 "Se quisermos ser vitoriosos sobre todas as tentações de Satanás, temos de ter grande firmeza e temos de saber que não é por acaso que cremos em Jesus Cristo. Mas que ele veio a nós da parte de Deus para ser nosso Redentor. E, por esta razão, Paulo aqui realça que ele é da linhagem de Davi, e de sua semente, pois conhecemos as promessas que estão contidas nas Santas Escrituras, isto é, que o mundo inteiro seria abençoado na semente de Abraão. Ora, Deus confirmou isto a Davi, mostrando que o Redentor procederia dele, isto é, da tribo de Judá e da casa de Davi. Assim, a razão por que Paulo reivindica para si este título é que, tendo as promessas que Deus anteriormente fez aos pais concernente ao Redentor que nos foi dado, não tenhamos dúvida de que podemos recebê-lo com plena convicção, e não temos razão de duvidar se ele é ou não o Messias. Por quê? Ele é da descendente da casa de Davi; e, embora naquele tempo, tal descendência não tivesse dignidade régia, contudo isto não pôde minimizar a glória de nosso Senhor Jesus Cristo, mas, ao contrário, foi adequada para confirmar mais plenamente nossa crença de que era ele que seria enviado. E por quê? O profeta Isaías não disse que ele nasceria em um palácio, ou que ele se apresentaria em grande esplendor; porém disse que ele nasceria como um pequeno broto [Is 11.1] da raiz de Jessé; como se quisesse dizer que, embora Jesus Cristo fosse da linhagem régia, não obstante, seus pais eram pobres, e era tido em nenhuma conta pelos parâmetros do mundo, não tendo posição ou grandeza." – *Fr. Ser.*

dibilidade de seu evangelho. Ele reconhece que, diante de todas as aparências externas, ele estava aprisionado como se fora um criminoso, mas acrescenta que isso não impedia o evangelho de continuar sua livre trajetória. Ao contrário, o que ele sofre é para o bem-estar dos eleitos, porquanto seu propósito era confirmá-los. Tal é a inabalável coragem dos mártires de Cristo, quando se sentem tão enobrecidos pelo conhecimento da boa causa a que servem, que são capazes de suplantar não só dores e torturas corporais, mas até mesmo todo e qualquer gênero de desgraça.

Além do mais, todos os piedosos devem tomar alento ao verem os ministros do evangelho sendo assaltados e insultados pelos adversários, de modo que nem por isso reverenciem menos o seu ensinamento; ao contrário, devem dar glória a Deus ao verem como, pelo divino poder, o evangelho despedaça todos os obstáculos que o mundo põe em seu curso. Se não fôssemos excessivamente devotados à carne, esta consolação, por si só, seria suficiente para auxiliar-nos em meio às perseguições, ou seja, o conhecimento de que, mesmo quando somos oprimidos pela crueldade dos ímpios, ainda assim o evangelho se estende e se difunde mais amplamente. Assim sendo, por mais que tentem, estão mui longe de obscurecer ou de extinguir a luz do evangelho; o máximo que podem é fazê-la brilhar ainda mais claramente. Portanto, suportemos as provas com alegria; ou, ao menos, com uma mente tranquila; não importa se o nosso corpo e o nosso bom nome estejam encarcerados, contanto que a verdade de Deus se irrompa e seja difundida livremente por todo o mundo.

10. Portanto, suporto todas as coisas. Paulo mostra, à luz de seus resultados, que sua prisão, longe de ser motivo de reprovação, é na verdade proveitosa para os eleitos. Ao dizer que Timóteo devia suportar todas as coisas *por causa dos eleitos*,[12] ele demonstra que se

---

12 "Poder-se-ia replicar que é supérfluo Paulo 'sofrer pelos eleitos'. 'Deus não pode salvar aqueles a quem elegeu e adotou antes da criação do mundo, sem a assistência dos homens? O decreto imutável de Deus tem alguma necessidade de corroboração humana, ou de criaturas? Por que, pois, Paulo diz que sofre por causa dos eleitos?' Ora, é verdade que Deus conduzirá seu

preocupava mais com a edificação da Igreja do que com seu próprio bem-estar. Pois ele estava pronto não só a morrer, mas ainda a ser tido no número dos criminosos, se porventura tal coisa promovesse o bem-estar da Igreja.

Nesta passagem, o ensino é o mesmo que em Colossenses 1.24, onde ele diz que "cumpro na minha carne o que resta das aflições de Cristo, por amor do seu corpo, que é a Igreja". Os papistas interpretam audaciosamente este texto, afirmando que a morte de Paulo foi uma satisfação por nossos pecados; o próprio texto, porém, refuta completamente tal idéia. Como se Paulo reivindicasse mais para sua morte do que para a confirmação dos piedosos na fé, pois ali imediatamente se deduz, à guisa de explicação, que a salvação dos crentes se acha fundada exclusivamente em Cristo. Uma abordagem mais completa de sua intenção se encontra na passagem que acabo de citar.

Com eterna glória. Eis o propósito da salvação que obtemos em Cristo. Pois o alvo de nossa salvação consiste em vivermos para Deus, e isso começa com nossa regeneração e se torna pleno com nossa total libertação das misérias desta vida mortal, quando Deus nos toma e nos reune em seu reino. A esta salvação acrescenta-se a participação na glória celestial, glória esta de caráter divinal; e assim, para engrandecer a graça de Cristo, ele chama nossa salvação de *glória eterna*.

11. Fiel é a palavra. Ele usa esta frase como prefácio ao que vem a seguir, porquanto nada há mais estranho à sabedoria da carne do que crer que devemos morrer a fim de vivermos, e que a morte é o pórtico de entrada para a vida. Deduzimos de outras passagens que era o costume de Paulo usar este prefácio antes de algo especialmente importante ou difícil de se crer.

---

povo à herança que está preparada para eles, mas, mesmo assim, apraz-lhe fazer uso do labor dos homens. Não que haja necessidade de emprestar algo de nós, porém nos confere esta honra por sua imerecida bondade, e deseja que sejamos instrumentos de seu poder. Assim Paulo não se vangloria de que a salvação dos filhos de Deus depende de sua firmeza ou das aflições que ele suportava; mas apenas tem em mente que Deus quer conduzir seu povo por meio da Palavra, e que ele emprega homens a quem escolheu para tal propósito, como por sua própria obra, e os faz instrumentos do poder de seu Espírito." – *Fr. Ser.*

Se morremos com ele, também com ele viveremos. O significado desta afirmação é que a única forma de participarmos da vida e glória de Cristo é antes participando de sua morte e humilhação; como diz o texto de Romanos 8.29, todos os eleitos foram "predestinados para serem *conformados* à imagem de seu Filho". Isso foi escrito tanto para exortar quanto para consolar os crentes. Quem poderia fracassar ao ser estimulado por esta exortação de que não devemos desesperar-nos por causa de nossas aflições, visto que teremos um feliz livramento delas? O mesmo pensamento abate e ameniza todas as amarguras geradas pela cruz, visto que nem dores, nem tormentos, nem reprovações, nem morte nos podem apavorar, uma vez que compartilhamos tais coisas com Cristo; e, especialmente, porque todas essas coisas são precursoras de nosso triunfo.

Portanto, através de seu exemplo pessoal, Paulo injeta ânimo em todos os crentes para que, pudessem suportar, com contentamento, as aflições pelas quais já têm um antegozo da glória futura. Mas, se porventura isso for demais para crermos movidos por nossa própria iniciativa e se a cruz nos subjugar e anuviar nossa visão, nos impedindo de discernir a Cristo, lembremo-nos de empunhar este escudo: "Fiel é a palavra." Onde Cristo se faz presente, também está presente a vida e a bem-aventurança. Devemos manter-nos firmes na comunhão que temos com Cristo, para que não morramos em nós mesmos, mas com ele, e assim sejamos companheiros de sua glória. Morte, aqui, significa a mortificação externa de que fala em 2 Coríntios 4.10.[13]

12. Se o negarmos. Ele acrescenta esta solene advertência com o fim de abalar a indolência. Sua ameaça é dirigida aos que, movidos pelo terror da perseguição, renunciavam sua confissão do nome de Cristo; e assim os adverte, dizendo que não terão qualquer parte com ele. Quão lamentável é que demos mais valor à vida fugaz neste mundo do que ao santo nome do Filho de Deus! E por que Cristo reconheceria como parte de seu povo àqueles que deslealmente o negam? Aqui, a

---

13 O leitor fará bem em considerar o Comentário do autor sobre essa notável passagem. — *Ed.*

desculpa de fraqueza não tem valor algum;[14] porque, se os homens não se deixarem enganar espontaneamente pelas vãs lisonjas, haverão de resistir bravamente, sendo fortalecidos pelo Espírito com coragem e força. Pois quando os homens negam a Cristo, a causa não é apenas a fraqueza, mas também a infidelidade. É porque se deixam cegar pelas fascinações do mundo e assim não conseguem perceber a vida que há no reino de Deus. Esta doutrina, porém, requer mais meditação do que explicação. As palavras de Cristo são claras: "Todo aquele que me negar, eu também o negarei" [Mc 10.33]. Cabe a cada um ponderar em seu próprio coração que esta não é uma ameaça pueril, e, sim, um solene pronunciamento dos lábios de nosso Juiz, o qual se revelará veraz no momento determinado.

13. Se formos infiéis, ele permanecerá fiel. Sua afirmação parece inacreditável, mas o significado é o seguinte: "Nossa infidelidade de forma alguma poderá denegrir o Filho de Deus e sua glória. Sendo em si mesmo auto-suficiente, ele não necessita de nossa confissão." É como se dissesse: "Abandone a Cristo quem quiser, e isso não o privará de nada; quando perecerem, ele permanecerá imutável."

Pois não pode negar-se a si mesmo. O apóstolo então prossegue explicando que Cristo não se assemelha a nós, e que jamais se desvia de sua própria verdade. Portanto, faz-se evidente que todos quantos negam a Cristo serão por ele repudiados. Dessa forma, Paulo tirou dos apóstatas ímpios as idéias consoladoras, pelas quais procuravam aliviar-se. Visto que mudam sua matiz segundo a conveniência das circunstâncias, imaginam que Cristo também é de duas faces e maleável; Paulo, porém, diz que isso é impossível. Ao mesmo tempo, devemos manter de forma inabalável o que já mencionei em conexão com uma passagem anterior, ou seja: que nossa fé está alicerçada na perpétua e imutável verdade de Cristo, de modo que nenhuma infidelidade humana ou apostasia seria capaz de abalá-la.

---

14 "On ne gaigne rien yci de se defendre et excuser, en alleguant son infirmité." — "Aqui nada é ganho por defender-se ou escusar-se com base em nossa fraqueza."

14. Traz-lhes essas coisas à memória, ordenando-lhes diante do Senhor que não promovam contendas acerca de palavras, que para nada aproveitam, senão para a subversão dos ouvintes.

15. Sê diligente em apresentar-te a Deus, aprovado, como obreiro que não carece de envergonhar-se, que divide bem a palavra da verdade.

16. Evita, porém, os falatórios profanos; porque produzirão maior impiedade,

17. e as suas palavras corroem como gangrena, entre os quais se encontram Himeneu e Fileto;

18. os quais se desviaram da verdade, afirmando que a ressurreição é coisa já acontecida, e assim pervertem a fé de alguns.

14. Haec admone, contestans coram Domino, ne verbis discepetnt, ad nullam utilitatem, ad subversionem audientium

15. Stude to ipsum probatum exhibere Deo, operarioum non erubescentem, recte secanem sermonem vertitatis.

16. Caeterum profanas clamorum inanitates omitte; ad majorem enim proficiunt impietatem.

17. Et sermo eorum, ut gangraena, pastionem habebit, quorum de numero est Hymeneus et Philetus

18. Qui circa veritatem aberrarunt, dicentes resurrectionem jam esse factam, et subvertunt quorundam fidem.

14. Traz-lhes essas coisas à memória. A expressão, 'essas coisas', é enfática; significa que o resumo do evangelho que ele acaba de dar, juntamente com as exortações que adicionou, são de tanta importância que um bom ministro jamais deve sentir-se exausto em proclamá-las. São coisas que merecem constante análise e nunca será demais repeti-las. "Essas são coisas que", diz ele, "quero que as declareis não só uma vez, mas que vos esforceis por imprimi-las continuamente no coração dos homens." O alvo primordial de um bom mestre deve ser a edificação e a essa questão ele deve pôr toda a sua atenção.[15] Negativamente falando, ele ordena a Timóteo não só a evitar quanto a si mesmo

---

15 "Quando alguém vem para ouvir o sermão, que o mesmo não ouça algo que cause coceira nos ouvidos, ou que lhe cause deleite; mas que ele faça progresso no temor de Deus e, com humildade, seja estimulado à oração e seja confirmado na paciência. Se ouvirmos uma exortação hoje e se amanhã nos for repetida, não pensemos que isto seja supérfluo, e que seja motivo de aborrecimento; pois toda pessoa que examina cuidadosamente este tema descobrirá ser muitíssimo necessário que ela recorde a lição que já aprendeu para que a pratique bem. Se, pois, Deus refresca nossa memória com esta lição, é porque Ele nos confere um grande favor. É isso que temos de observar sobre esta passagem, quando Paulo diz 'Traz-lhe estas coisas à memória'. Pois, indubitavelmente, sua intenção era apresentar o que frequentemente enfrentamos, quando lemos: 'Já ouvimos isto antes. Não é essa uma observação comum demais? Onde está o pequenino que não a conhece?' Tais coisas são ditas por aqueles que gostariam de ser nutridos com questões inúteis. Aqui, porém, o Espírito deseja que o que é útil seja apresentado a cada dia, porque não o entendemos suficientemente, e porque deve ser posto em prática." – *Fr. Ser.*

questões sem proveito, mas também a prevenir outros de se deixarem desviar por elas.[16]

Ordenando-lhes diante do Senhor que não promovam contendas acerca de palavras. Λογομαχεῖν significa ocupar-se deliberadamente com polêmicas que geram ofensas, as quais comumente são produzidas pelo desejo vaidoso de ser eloquente no debate. *Ordenando-lhes diante do Senhor* significa infundir-lhes terror;[17] e desta severidade aprendemos quão perigoso para a Igreja é esse conhecimento que conduz às controvérsias, ou seja, o conhecimento que ignora a piedade e se preocupa só com a ostentação pessoal. Toda a assim chamada *teologia especulativa* dos papistas pertence a essa categoria.

Para nada aproveitam. Ele condena a λογομαχία [contenda acerca de palavras] por dois motivos: porque é infrutífera e porque causa grandes danos, trazendo perturbação às pessoas que são fracas na fé. Em minha tradução, tenho seguido a tradução de Erasmo, visto que ela concorda com o pensamento de Paulo; mas gostaria que meus leitores observassem que as palavras de Paulo devem ser tomadas no seguinte sentido: "o que não serve para nada". As palavras gregas são εἰς οὐδὲν χρήσιμον, e eu tomo χρήσιμον como nominativo, em vez de acusativo, pois dessa forma o estilo flui melhor, como se ele quisesse dizer: "De que serve tal coisa, se nada de bom resulta dela, senão muitos males? Quando a fé de muitos é transtornada."

Notemos primeiramente que tal ensino é corretamente condenado sobre a única base de que o mesmo não é bom. O propósito divino não é satisfazer nossa curiosidade, e, sim, ministrar-nos instrução proveitosa. Longe com todas as especulações que não produzem nenhuma edificação!

A segunda razão, porém, é muito pior, quando surgem as questões que não só são infrutíferas, mas ainda tendem *para a subversão dos ou-*

---

16   "Mais de defendre aussi aux autres qu'ils ne s'y amusent point." — "Mas igualmente proibir outros de se entreterem com elas."

17   "Est pour donner crainte a ceux qui voudroyent faire autrement." — "Sua intenção é desferir terror naqueles que gostariam de agir diferentemente."

vintes. Gostaria que isso fosse levado em conta por aqueles que estão sempre com a língua bem afiada, procurando polemizar em cada questão e sofismar em torno de uma única palavra ou sílaba. Tais homens são impulsionados pela ambição, a qual, como sei de experiência pessoal com alguns deles, às vezes é uma doença quase fatal. O que o apóstolo diz acerca da subversão daqueles que ouvem é plenamente comprovado pela observação diária. É natural que em meio às contendas percamos nossa apreensão da verdade e Satanás faz uso das controvérsias como pretexto para subverter e destruir nossa fé.

15. Sê diligente em apresentar-te a Deus. A fonte de toda e qualquer disputa doutrinal consiste em que os homens de mente inventiva tudo fazem para exibir suas habilidades aos olhos do mundo. E Paulo apresentou o melhor e o mais eficaz antídoto contra tal enfermidade, dizendo a Timóteo que mantivesse seus olhos firmados em Deus. É como se dissesse: "Certos homens buscam o aplauso do povo; quanto a ti, porém, que o teu alvo seja apresentar-te, a ti mesmo e ao teu ministério, aprovados diante de Deus." Aliás, não há nada mais eficaz para testar o insensato amor à ostentação do que recordar que é a Deus que teremos de prestar contas.

Que não carece de envergonhar-se. Erasmo traduz ἀνεπαίσχυντον por "que não precisa de ser *envergonhado*", e não vejo nisso nenhum erro. Prefiro, porém, tomar a sentença em sentido ativo: "que não se envergonha", porque, tanto é um uso mais comum em grego como parece adequar-se melhor à presente passagem. Existe aqui um contraste implícito. Aqueles que perturbam a Igreja com suas controvérsias se revelam muito violentos contra seus adversários em virtude da vergonha de se deixarem vencer; e consideram uma desonra admitir haver algo que não conheçam. Paulo, em contrapartida, os traz de volta perante o tribunal divino: primeiro, lhes diz que não sejam polemistas preguiçosos; segundo, que sejam *obreiros*.

Com esta palavra, porém, ele indiretamente repreende a estultícia daqueles que naufragam por nada fazerem. Que nós, portanto, sejamos obreiros que edificam a Igreja, e ocupemo-nos da obra de Deus de tal modo que alguns frutos se manifestem; então não haverá motivo para nos envergonharmos. Pois ainda que não possamos competir nas controvérsias com os fanfarrões faladores, bastará que os excedamos em nosso zelo pela edificação [da Igreja], em nosso dinamismo e coragem e na eficácia de nosso ensino. Em suma, ele ordena a Timóteo a agir com diligência para que não se sentisse envergonhado diante de Deus; visto que o único gênero de vergonha que os ambiciosos temem é perderem sua reputação de conhecimentos intrincados e sagacidade.

Divide bem a palavra da verdade. Esta é uma excelente metáfora que expressa habilmente o propósito primordial do ensino. Porque, visto que devemos viver satisfeitos somente com a Palavra de Deus, que propósito há em ouvirem-se diariamente sermões e ainda desempenhar o ofício de pastor? Não têm todos a chance de ler pessoalmente as Escrituras?[18] Paulo, porém, designa aos mestres o dever de gravar ou ministrar a Palavra,[19] como um pai divide um pão em pequenos pedaços para alimentar seus filhos.

Ele aconselha Timóteo a 'dividir bem', para não suceder que, como fazem os homens inexperientes que, cortando a superfície, deixam o miolo e a medula intactos. Tomo, porém, o que está expresso aqui como uma aplicação geral e como uma referência à judiciosa ministração da Palavra, a qual é adaptada para o proveito daqueles que a ouvem. Há quem a mutile, há quem a desmembre, há quem a distorça,

---

18 "Acharemos fanáticos que acreditam que é perda de tempo ir à igreja para ser ensinado. 'O quê?! Todas as doutrinas de Deus não estão contidas na Bíblia? Que mais se pode dizer sobre o assunto?' É transformá-los em criancinhas (dirão) irem ali para serem ensinados; mas as pessoas desenvolvidas podem dispensá-lo. O quê?! Tem de haver toda essa pregação? Há na Escritura apenas dois pontos: que devemos amar a Deus e amar ao semelhante. Não temos ouvido essas coisas meramente dos que chegam a relacionar-se com eles; mas os estudantes mais eminentes dentre os que têm vomitado tais blasfêmias no-los têm declarado. Se me fosse possível, poderia dar o dia em que isso foi dito, e as casas, e a hora, e as pessoas que estavam presentes, e como os homens perversos vomitaram seu veneno e sua veemência contra Deus, com o intuito de subverter e destruir toda a religião; isso é sobejamente conhecido. Ao contrário, Paulo, aqui, nos mostra que, se tivéssemos apenas a Santa Escritura, não seria suficiente que cada um de nós a lesse privativamente, mas a doutrina extraída dela deve ser-nos proclamada, a fim de sermos bem informados." – *Fr. Ser.*

19 "De couper et tailler." — "De cortar e talhar."

há quem a quebre em mil pedaços, e há quem, como já observei, se mantém na superfície, jamais penetrando o âmago da doutrina.[20] Ele contrasta todos esses erros com a boa ministração, ou seja, um método de exposição adequado à edificação. Aqui está uma regra pela qual devemos julgar cada interpretação da Escritura.

16. Evita, porém, os falatórios profanos. Já tratei dessa expressão em meu comentário sobre o último capítulo de 1 Timóteo, e remeto meus leitores a ele.

Porque produzirão maior impiedade. Para impedir Timóteo de tal profanação e tagarelice barulhenta, o apóstolo lhe diz que esta é semelhante a um labirinto, ou melhor, a um profundo redemoinho, do qual não há como escapar e no qual os homens mergulham cada vez mais fundo.

17. E suas palavras corroem como gangrena. Benedictus Textor, o médico, chamou minha atenção para o fato de Erasmo ter traduzido mal esta passagem, pois ele confundiu duas doenças distintas e de ambas fez uma só, falando de câncer em vez de gangrena. Mas Galeno, em muitos de seus escritos, e especialmente nas definições em seu livro, *As Intumescências Anormais*, faz distinção entre as duas. Paulo Aegineta, seguindo a Galeno, define câncer, em seu sexto livro, como "intumescência irregular, com as extremidades inchadas, com aparência horrível, de cor vermelho azulada e ausência de dor." Finalmente, ele faz diferença entre duas espécies de câncer, como fazem os demais médicos; alguns cânceres são ocultos e não têm úlcera externa; enquanto que em outros há uma preponderância com bílis negra da qual se origina e são ulcerosos.

Mas, e a gangrena? Galeno, em sua obra já citada, bem como em seu segundo livro a Glauco, e Aetius, em seu décimo quarto livro, e o mesmo Aegineta, em seu quarto livro, expõem que a gangrena é oriunda de grandes inflamações que podem atacar qualquer membro, priva a parte afetada de calor e energia vital, de modo que a mesma começa

---

20 "A l'ame de la doctrine."

a morrer. Se essa parte fica completamente morta, as autoridades gregas chamam a doença de σφάκελος, os latinos, de *sideratio*, e o povo comum o chama de *fogo de Santo Antônio*. Cornelius Celcus distingue as duas da seguinte forma: o câncer é o gênero; e a gangrena, a espécie. Seu erro, porém, é refutado em muitas passagens nas obras de médicos de comprovada autoridade. É também possível que tenha se equivocado ante a similaridade das palavras latinas, *câncer* e *gangraena*, mas o mesmo equívoco não é possível com as palavras gregas. Κάρκινος corresponde ao latim, *cancer*, e significa tanto um caranguejo como a enfermidade; enquanto que os filólogos acreditam que *gangrena* deriva-se de ἀπο τοῦ γραίνειν, que significa *consumir*. Devemos, pois, optar pelo termo "gangrena", que é o termo usado por Paulo, e que concorda com o que ele diz sobre corroer ou consumir.

Temos agora que tratar da etimologia; todas as autoridades médicas, porém, concordam que a natureza da enfermidade é tal que, se não for tratada imediatamente, ela se estende para as partes mais próximas e penetra até mesmo os ossos, e não para de corroer até que destrua todo o corpo. Portanto, visto que a gangrena é imediatamente seguida de mortificação [νέκρωσις], que prontamente afeta o resto dos membros até que termina na completa destruição do corpo, Paulo habilmente compara as falsas doutrinas com esse contágio letal. Porque, se uma vez lhes dermos as boas-vindas, logo se estenderão até que hajam destruído completamente a Igreja. Visto que o contágio é assim tão destrutivo, devemos atacá-lo imediatamente, e não esperar que adquira resistência pelo progresso; porque então será demasiado tarde para qualquer assistência. A espantosa extinção do evangelho entre os papistas surgiu em razão da ignorância ou da indolência dos pastores, as corrupções prevaleceram por longo tempo sem qualquer impedimento e gradualmente destruíram a pureza da doutrina.

Entre os quais se encontram Himeneu e Fileto. Ele seleciona essas duas pestes para que todos pudessem pôr-se em guarda contra elas; porque, se permitirmos que as pessoas que buscam a ruína de toda a Igreja permaneçam ocultas, estaremos propiciando-lhes que prossigam causando dano. Realmente devemos ocultar as faltas de nossos irmãos, mas só daqueles cujo contágio não é amplamente divulgado. Onde muitos correm risco, não revelar o mal oculto em tempo hábil é dissimulação cruel. Seria justo que, a fim de poupar um, cem ou mil pereçam pelo meu silêncio? Paulo endereçou esta informação não apenas a Timóteo, mas desejava testificar a todas as nações e épocas da impiedade desses dois homens, a fim de fechar a porta contra seu ensino abjeto e letal.

18. Os quais se desviaram da verdade, afirmando que a ressurreição é coisa já acontecida. Havendo dito que se *apartaram da verdade*, ele apresenta um exemplo de seus erros: ambos estavam *afirmando que a ressurreição é coisa já acontecida*. Significa que haviam engendrado alguma sorte de ressurreição alegórica, o que tem acontecido em nosso tempo com alguns homens repulsivos. Com tal artimanha, Satanás lança por terra o artigo fundamental de nossa fé concernente à ressurreição da carne. Se essa fosse uma antiga e obsoleta utopia severamente condenada por Paulo, a mesma não deveria de forma alguma inquietar-nos; mas quando somos informados de que, desde o início do evangelho, *a fé de alguns foi pervertida*, tal exemplo deve despertar-nos a uma diligente prontidão, para que, oportunamente, lancemos fora de nós e de outros essa praga tão maléfica. Tal é a propensão dos homens para a vaidade que não haverá absurdo tão monstruoso que os ouvidos de alguns não se escancare prontos para ouvir.

19. Todavia, o firme fundamento de Deus permanece, tendo este selo: O Senhor conhece os que são seus; e: Qualquer que profere o nome do Senhor, então que se aparte da injustiça.

20. Ora, numa grande casa há vasos, não só de ouro e de prata, mas também de madeira e de barro; uns para honra, e outros para desonra.

19. Firmum tamen fundamentum Dei stat, habens sigillum hoc, Novit Dominus, qui sint sui; standeth sure, having this seal, The Lord knoweth et, Discedat ab injustitia, quicunque invocat nomen Christi.

20. In magna quidem domo non solum sunt vasa aurea et argentea, sed etiam lignea et fictilia, et alia quidem in honorem, alia in contumeliam.

21. Portanto, se alguém se purificar dessas coisas, o mesmo será um vaso para honra, santificado e idôneo para o uso do Senhor, preparado para toda boa obra.

21. Si quis ergo expurgaverit se ipsum ab his, erit vas in honorem sanctificatum, et utile Domino ad omne opus bonum comparatum.

19. Todavia, o firme fundamento de Deus permanece. Sabemos muito bem quantos escândalos têm procedido da apostasia daqueles que uma vez professaram a mesma fé que nós. E isso é especialmente verdade no caso de homens que são muito populares e de extraordinária reputação. Se alguém dentre o povo comum deixa a fé, não nos sentimos muito sensibilizados. Mas aqueles a quem os homens têm em alta estima, os quais se tornam colunas na Igreja, quando caem normalmente levam outros consigo, principalmente se fé desses que caem junto não conta com outro apoio. Essa é a preocupação de Paulo aqui, e ele diz que essa não é razão para as pessoas piedosas perderem o ânimo, ainda quando assistem o fracasso daqueles que acreditavam ser firmes na fé.

Com o fim de confortá-los, ele realça que a leviandade ou a perfídia dos homens não pode impedir a Deus de preservar sua Igreja até ao fim. Primeiro, ele nos traz à memória a eleição divina, à qual ele chama figuradamente de *fundamento*, significando com isso sua firmeza e constância perene. Tudo isso visa provar a certeza de nossa salvação, contanto que façamos parte dos eleitos de Deus. É como se dissesse: "Os eleitos de Deus não dependem de eventos mutáveis, senão que repousam num sólido e inamovível fundamento, já que sua salvação está nas mãos de Deus. Assim como 'Toda planta que meu Pai celestial não plantou, será arrancada' [Mt 15.13], também uma raiz que foi fixada por sua mão não pode ser arrancada pelos ventos ou tempestades."

Portanto, lembremo-nos antes de tudo que, a despeito de toda a fraqueza da carne, os eleitos não correm esse risco, porque não estão firmados em sua própria capacidade, mas estão fundados em Deus. E se os alicerces que os homens lançam são firmes, quanto mais aquele que é lançado pelo próprio Deus! Estou consciente de que alguns tomam isso como uma referência à doutrina: "Que ninguém julgue a verdade da doutrina pela infidelidade daqueles que a professam"; mas é fácil de se inferir do contexto que Paulo está falando da Igreja de Deus e dos eleitos.

Tendo este selo. A palavra *signaculum* tem provocado muito mal-entendido, porquanto há quem a tome no sentido de marca ou impressão; eu, contudo, usei a palavra *sigillum*, um *selo*, que é menos ambígua. Pois, evidentemente, o significado de Paulo é que a salvação do eleito está sob a proteção secreta de Deus, como um *sinete* [*selo*], pois a Escritura declara que eles estão "inscritos no livro da vida" [Sl 69.28; Fp 4.3].

O Senhor conhece os que são seus. Tanto a palavra *selo* quanto a cláusula seguinte nos lembram que não devemos julgar segundo nossa opinião pessoal se o número dos eleitos é grande ou pequeno. Porque o que Deus selou ele deseja que seja mantido como um livro fechado para nós; também, se pertence a Deus *saber quem são seus*, não deve causar estranheza que às vezes um grande número deles se mantenha desconhecido a nós, ou se ainda chegarmos a equivocar-nos na tentativa de fazer uma seleção.

É preciso que atentemos bem para a razão do apóstolo em falar de um *selo*; é para que, ao nos depararmos com tais casos, nos lembremos do que João disse: "Saíram de nós, mas não eram dos nossos" [1Jo 2.19]. Disto procedem duas vantagens: que a nossa própria fé não será abalada, e, se as coisas sucedem de forma inesperada, não desfaleceremos, como às vezes sucede. Em segundo lugar, estando certos de que, apesar de tudo, a Igreja estará a salvo, suportaremos mais pacientemente que os réprobos sigam sua própria sina, rumo ao fim para o qual foram destinados, pois o número com o qual Deus se apraz permanece intacto. Portanto, sempre que suceder alguma mudança súbita, contrariando nossa expectativa e esperança, lembremo-nos uma vez mais de que "o Senhor conhece os que são seus".

Qualquer que profere o nome do Senhor, então que se aparte da injustiça. Ele havia encarado o escândalo provocado pela apostasia, dizendo que o mesmo não devia causar excessivo assombro entre os crentes; e agora continua usando tais hipócritas como exemplo para ensinar-nos a não escarnecermos de Deus através de uma profissão simulada do cristianismo. É como se ele dissesse: "Visto que Deus pune os hipócritas por exporem sua perversidade dessa forma, aprendamos a temer a Deus com consciência sincera, para que o mesmo não nos suceda." E assim, qualquer um que invoque o nome de Deus, ou seja, que professe pertencer ao povo de Deus e queira ser reconhecido como um membro seu, que se mantenha longe de toda e qualquer impiedade.[21] Pois aqui, *invocar o nome de Cristo* significa gloriar-se em seu título e em pertencer ao seu rebanho, assim como em Isaías 4.1 invocar o nome de um homem sobre uma mulher significa que a mulher deve ser reconhecida como sua legítima esposa e em Gênesis 48.16 invocar o nome de Jacó sobre toda a sua posteridade significa que o nome da família está sendo preservado em sucessão ininterrupta, visto que ela [a posteridade] descende dele.

20. Numa grande casa. Ele agora avança e introduz uma comparação para demonstrar que, quando vemos alguém que por algum tempo demonstrava grande piedade e zelo, e que depois caiu vergonhosamente, que não nos inquietemos por isso; ao contrário, devemos aceitá-lo como um conveniente e eficaz arranjo da divina providência. Quem encontrará defeitos em uma grande casa suprida com abundân-

---

21 "Portanto, não nos deixemos abater por todos os escândalos que porventura surjam. E, no entanto, nos esforcemos por andar em temor, não abusando da bondade de nosso Deus, mas sabendo que, já que Ele nos separou do resto do mundo, devemos viver como estando em sua casa e como sendo seus, da mesma maneira como Ele nos deu o emblema externo do batismo, para que também tenhamos a assinatura de seu Espírito Santo, pois Ele é 'o penhor', no dizer de Paulo, de nossa eleição; Ele é a garantia de possuirmos aquela herança celestial para a qual somos chamados. Portanto, oremos a Deus para que Ele assinale e sele em nossos corações sua graciosa eleição, por meio de seu Espírito Santo, e, ao mesmo tempo, que nos conserve selados e protegidos sob a sombra de suas asas; e se os pobres réprobos se extraviam e se perdem, e se o diabo os arrasta para longe, e se não se levantam quando caem, mas são derrubados e arruinados, de nossa parte oremos a Deus que nos guarde sob sua proteção, para que saibamos o que significa obedecer à sua vontade e ser sustentados por Ele. Ainda que o mundo faça tudo para abalar-nos, reclinemo-nos sobre este fundamento: que o Senhor conhece os que são seus; e que nunca sejamos afastados disto, mas perseveremos e aproveitemos mais e mais, até que Deus nos tome deste presente estado e nos leve para seu reino, o qual é isento de mudança." – *Fr. Ser.*

cia de todo tipo de móveis, se ela tem não só vasos próprios para serem exibidos, mas também outros que são usados com propósitos menos dignos? Esta diversidade pode ainda ser ornamental, se o guarda-louça e a mesa resplendem com o brilho do ouro e da prata, enquanto que a cozinha é mobiliada com vasos de madeira e de barro. Por que nos surpreenderíamos se Deus, que é um Pai tão rico e bondoso para com sua família, tem diferentes tipos de pessoas e diferentes tipos de móveis em sua grande casa?

Os comentaristas não estão de acordo se a *grande casa* significa só a Igreja ou o mundo todo. O contexto tende a sugerir que devemos considerá-la como sendo a Igreja, porquanto Paulo não está falando de estranhos, mas da própria família de Deus. O que ele diz, porém, é de aplicação geral, e em outro lugar Paulo o estende ao mundo inteiro, como em Romanos 9.21, onde ele inclui todos os réprobos sob os mesmos termos usados aqui. Portanto, não há razão para discutir se alguém toma isso como uma referência ao mundo; o fato é que, indubitavelmente, o objetivo de Paulo é mostrar que não devemos achar estranho se encontramos pessoas más misturadas com as boas, e isso principalmente na Igreja.

21. Portanto, se alguém se purificar dessas coisas. Se os réprobos são vasos de desonra, esta desonra é confinada a eles próprios; eles não desfiguram a casa nem trazem ignomínia alguma ao chefe da família, o qual destina cada vaso, dentro de seu variado mobiliário, ao uso a que se adequa. Nós, porém, aprendamos, de seu exemplo, a adequar-nos aos usos mais honrados e sublimes. Pois nos réprobos vemos como num espelho um reflexo de quão detestável é o estado de uma pessoa, caso ela se recuse a servir a Deus de todo o coração. Tais exemplos fornecem boas razões para que os homens sejam exortados a devotar-se a um viver santo e irrepreensível.

Muitos interpretam erroneamente esta passagem com o intuito de introduzir o poder da vontade humana e fazê-la operar as coisas que Paulo em outro lugar declara ser prerrogativa da misericórdia divina [Rm 9.16]. Mas isso é completamente frívolo. Paulo não está discutindo aqui com base na eleição do homem, como faz em Romanos 9; ele apenas quer dizer que somos diferentes dos ímpios, os quais percebemos terem nascidos para a destruição. Assim sendo, é estultícia tentar extrair dessas palavras alguma inferência, se está ou não no poder do homem incluir-se no número dos filhos de Deus e produzir sua própria adoção. Esse não é o tema aqui. Que esta breve advertência seja suficiente contra aqueles que instigam uma pessoa a produzir sua própria predestinação, como se Paulo estivesse mandando que os homens façam aquilo que já está feito antes que eles existissem, ou melhor, antes da fundação do mundo.

Outros inferem desta passagem que o livre-arbítrio é suficiente para preparar uma pessoa a adequar-se e a qualificar-se para obedecer a Deus; e esses, à primeira vista, parecem menos insensatos do que aqueles sobre quem estivemos falando; não obstante, em ambos os casos não existe nenhuma consistência. O apóstolo está ordenando aos que desejam consagrar-se a Deus, que se purifiquem da contaminação dos ímpios; e, por toda a Escritura Deus ordena o mesmo. Aqui nada encontramos diferente do que temos visto em muitas passagens paulinas, especialmente em 2 Coríntios 6.17: "Por isso, saí do meio deles, e apartai-vos, diz o Senhor; e não toqueis nada imundo, e eu vos receberei."[22] Está acima de toda e qualquer dúvida o fato de que somos convocados à santificação, mas a questão sobre o dever e o chamamento de um cristão é diferente da questão sobre sua habilidade ou poder de cumpri-los. Não negamos que os crentes sejam convocados a purificar-se; mas o Senhor declara em outra parte que essa é uma obra propriamente sua, quando promete, através de Ezequiel [36.25], que enviaria águas limpas para que fôssemos lavados. Portanto, roguemos ao Senhor que nos purifique, em vez de, debalde, exercitarmos nossa capacidade para fazê-lo sem seu auxílio.

Um vaso santificado e idôneo significa um objeto separado para

---

22 Esta citação é tomada de Isaías 52.11, mas a passagem a que nosso autor, citando de memória, faz referência é 2 Coríntios 6.17, onde as palavras de Isaías têm sofrido considerável variação.

uso honroso e nobre. Aquilo que é *útil* ao chefe de família é algo que se adequa a usos agradáveis. Finalmente, ele explica a metáfora, acrescentando que devemos estar *preparados para toda boa obra*. Longe com as furiosas proclamações dos fanáticos que dizem: "Servirei à glória de Deus como fez Faraó; que diferença faz, se Deus é glorificado?" Aqui Deus declara publicamente como ele quer ser servido, a saber: através de uma vida íntegra e santa.

22. Foge, porém, das paixões da mocidade e vai após a justiça, a fé, o amor, a paz com aqueles que, com um coração puro, invocam o Senhor.

23. Repele, porém, as questões tolas e não instrutivas, sabendo que geram contendas.

24. E o servo do Senhor não deve contender, mas deve ser gentil para com todos, apto para ensinar e paciente.

25. Corrige com mansidão os que se opõem, na esperança de que Deus lhes conceda arrependimento para o conhecimento da verdade

26. e para que se salvem das tramas do diabo, por quem foram feitos cativos para fazerem a sua vontade.

22. Juvenilis cupiditates fuge; sequere autem justitiam, fidem, dilecgionem, pacem cum omnibus invocantibus Dominum ex puro corde.

23. Stultas vero et ineruditas quaestiones vita, sciens quod generant pungas.

24. Atqui servum Domini non oportet pugnare; sed placidum esse erga omnes, propensum ad docendum, tolerantem malorum,

25. Cum mansuetudine erudientem (*vel, castigantem*) eos qui obsistunt, si quando det illis Deus paenitentiam in agnititonem veritatis,

26. Et excitationen (*vel, reditum ad sanam menten*) a laque diaboli, a quo capti tenentur ad ipsius voluntatem.

22. Foge, porém, das paixões da mocidade. Isso deduze uma inferência do que Paulo acabara de dizer sobre as questões tolas e de sua repreensão dirigida a Himeneu e Fileto, cuja ambição e vã curiosidade os haviam desviado da fé genuína. Assim, ele continua a exortar Timóteo para que fugisse de uma praga extremamente perigosa. E, com esse propósito em vista, ele o aconselha a evitar as *paixões da mocidade*, querendo dizer com isso, não os pecados sexuais, ou outros desejos infames, ou algum daqueles hábitos licenciosos a que os jovens às vezes se entregam; mas, ao contrário, falava daqueles sentimentos e impulsos impetuosos aos quais o excessivo entusiasmo juvenil faz os jovens se inclinarem. Os jovens, em meio às controvérsias, se irritam muito mais depressa do que os de mais idade, se iram mais facilmente, cometem mais equívocos por falta de experiência e se precipitam com mais ousadia e temeridade. Daí ter Paulo boas razões para aconselhar a um jovem a precaver-se contra os erros próprios de sua idade, os quais, de outra forma, poderiam facilmente envolvê-lo em disputas inúteis.

Vai após a justiça. O apóstolo recomenda qualidades opostas com o fim de salvaguardar a mente de Timóteo de se deixar levar pelos excessos juvenis. É como se dissesse: "Eis aqui as coisas para as quais deves pôr toda a tua atenção e sobre as quais deves aplicar toda a tua diligência." Primeiro, ele menciona a *justiça*, ou seja, um correto modo de viver; e a seguir ele adiciona a *fé* e o *amor*, dos quais consiste tal modo de viver. A *paz* é em extremo relevante para o presente tema, pois aqueles que se deleitam nos questionamentos que o apóstolo proíbe são forçados a ser contenciosos e violentos.

Com aqueles que, com um coração puro, invocam o Senhor. Aqui, 'invocar o Senhor' é expresso através de sinédoque para o culto em geral; ou, é possível considerá-lo no sentido de "fazer profissão de fé". Visto, porém, que a invocação a Deus é a parte principal do culto divino, às vezes ela é expressa como sendo toda a religião ou todo o culto devido a Deus. Mas quando o apóstolo diz a Timóteo que buscasse a paz *com todos os que invocam o Senhor*, não fica claro se ele está incluindo todos os crentes como um exemplo a Timóteo, e dizendo-lhe que fosse em busca da paz como o fazem todos os verdadeiros adoradores de Deus, ou se ele está ordenando a Timóteo que cultivasse relações pacíficas com eles. A última interpretação me parece a mais adequada.

23. Repele, porém, as questões tolas e não instrutivas. Ele as qualifica de *tolas*, visto que são destituídas de instrução, ou seja, em nada contribuem para o crescimento na piedade, por mais que ofereçam uma boa oportunidade para exibição de inteligência. Só somos realmente sábios quando o somos visando a um bom propósito; e isso merece nossa cuidadosa atenção. Pois vemos com que leviana admiração o mundo trata as trivialidades fúteis e com que solicitude as busca. A fim de que um desejo fútil de agradar não nos leve a buscar o favor humano pelo uso de tais ostentações, lembremo-nos sempre desta afirmação de Paulo, a saber: que as questões que o mundo considera como sendo de grande relevância, nada obstante não passam de coisas fúteis, visto que não trazem em si proveito algum.

Sabendo que geram contendas. A seguir ele explica o mal que geralmente produzem, e diz que dão ocasião a contendas e conflitos – fato este que experimentamos todos os dias. E, no entanto, a maioria dos homens, ainda que tenha diante de si tantos exemplos a adverti--los, não extrai deles nenhum proveito.

24. E o servo do Senhor não deve contender. Eis o efeito do argumento de Paulo neste trecho: "O servo de Deus deve manter-se à distância das contendas; e como as questões tolas são contendas, então qualquer um que aspire ser considerado servo de Deus deve fugir delas." E se as questões supérfluas devem ser evitadas pelo simples fato de que inviabilizam a luta do servo de Deus, quão cinicamente agem as pessoas que têm a insolência de buscar aplausos por promoverem intermináveis controvérsias. É só olhar para a teologia dos papistas; o que vemos ali senão a arte de contender e disputar? Portanto, quanto mais proficiente é um homem nessas artes, menos capacitado é ele para servir a Cristo.

Gentil para com todos,[23] **apto para ensinar.** Ao incitar o servo de Deus a ser *gentil*, o apóstolo requer aquela virtude que é o oposto

---

23 "Ao dizer que devemos ser 'mansos para com todos', ele tem em mente que devemos ser serenos e afáveis em receber todos os que vêm para aprender o evangelho, pois se não lhe dermos acesso, é como fechar a porta contra eles, de modo que jamais terão em seu poder o acesso a Deus. Devemos, pois, ter em nós aquela mansidão e humanidade, e assim estejamos prontos a receber todos quantos aspiram receber instrução. E, assim, ele adiciona que devemos ser 'qualificados para o ensino', como se quisesse dizer que estas coisas estão conectadas umas às outras: brandura e habilidade em ensinar. A razão é se um homem for impetuoso e inacessível, nunca nos será possível receber dele qualquer instrução. Aquele que deseja ser um bom mestre deve conduzir-se com civilidade, e deve ter algum modo de atrair os que vão a ele, de maneira a conquistar sua afeição; e isso não pode acontecer, a menos que ele tenha aquela 'docilidade' de que fala Paulo. Assim vemos como sua intenção era confirmar o que afirmara sucintamente: que o homem questionador e aferrado a disputas e contendas de modo algum é servo de Deus. E por quê? Como servos de Deus, não devemos labutar para ganhar os pobres ignorantes? Mas isso não pode acontecer, a menos que sejamos dóceis; a menos que ouçamos pacientemente o que dizem; a menos que suportemos suas fraquezas; até que, pouco a pouco, sejam edificados. Se não tivermos isso, é como lançá-los fora." – *Fr. Ser.*

do espírito doentio da contenda. O que vem imediatamente a seguir aponta para a mesma questão, ou seja: que ele deve ser διδακτικός, *apto para ensinar*. Ele não será apto para ensinar sem a devida moderação e certo equilíbrio de temperamento. Pois a que limites chegará um mestre que se permite explodir no campo de batalha? Quanto mais qualificada é uma pessoa para o ensino, mais distante se manterá das disputas e controvérsias.

Paciente.[24] A pressa de alguns às vezes produz ou irritação ou fadiga; e por isso ele acrescenta: *e paciente*, explicando ao mesmo tempo por que a paciência é necessária – porque o propósito de um mestre piedoso é esforçar-se por trazer de volta à vereda da justiça o obstinado e rebelde, e isso só pode se dar através de uma boa dose de amabilidade.

25. Na esperança de que Deus lhes conceda arrependimento. A frase, 'na esperança', ou, 'se porventura', enfatiza quão difícil empreendimento é este, chegando ao ponto de ser quase impossível ou desesperador. A intenção de Paulo é que a gentileza e a amabilidade, devem ser demonstradas mesmo àqueles que menos a merecem, e mesmo que por fim não haja qualquer aparente esperança de progresso, ainda assim o desafio deve ser aceito. Pela mesma razão ele nos lembra que *Deus lhes concederá*. Visto que a conversão de uma pessoa está nas mãos de Deus, quem sabe se aqueles que hoje parecem empedernidos subitamente não sejam transformados pelo poder de Deus em pessoas diferentes? E assim, ao recordarmos que o arrependimento é dom e obra de Deus, acalentaremos esperança mais viva e, encorajados por essa certeza, aceleraremos nosso labor e cuidaremos da instrução dos rebeldes. Devemos encará-lo da seguinte forma: é nosso dever semear e regar e, enquanto o fazemos, devemos esperar que Deus dê o crescimento [1Co 3.6]. Portanto, nossos esforços e labores são por si sós infrutíferos; e no entanto, pela graça de Deus, não são infrutíferos.

Para o conhecimento da verdade. Podemos também inferir des-

---

24 "Portant patiemment les mauvais." — "Suportar os maus com paciência."

te fato o que o arrependimento significa para aqueles que, por algum tempo, foram desobedientes a Deus. Pois ele declara que tal coisa começa com *o conhecimento da verdade*. Com isso ele quer dizer que a mente do homem é cega enquanto obstinadamente ele se mantém contra Deus e sua doutrina.

26. E para que se salvem das tramas do diabo. À iluminação segue-se a libertação da servidão do diabo. Os incrédulos se encontram tão intoxicados por Satanás, que, em seu estado de transe, não têm consciência de sua miséria. Quando Deus, porém, faz a luz de sua verdade irradiar-se sobre nós, ele nos desperta do sono letal, rompe as malhas em que jazíamos prisioneiros e, removendo todos os obstáculos, nos molda para sermos-lhe obedientes.

Por quem foram feitos cativos. É uma condição assustadora, quando o diabo mantém tal poder sobre nós que nos arrasta como escravos cativos, para um e outro lado, a seu bel-prazer. E, no entanto, essa é a condição de todos aqueles cujo orgulho destrói sua inclinação de obedecer a Deus, e todos os dias vemos nos réprobos franca evidência desse tirânico domínio de Satanás. Pois não se precipitariam com tanta fúria e brutal violência a todo gênero de crimes vis e abjetos se não fossem guiados pelo poder secreto de Satanás. Isso é o que vimos em conexão com Efésios 2.2, a saber: que Satanás exercita seu poder nos incrédulos.

Exemplos tais nos advertem a sermos diligentes no sentido de manter-nos sob o jugo de Cristo e a render-nos ao governo de seu Espírito. E não obstante o fato de que se encontram nesse gênero de cativeiro, os ímpios não têm justificativa alguma para a alegação de que não pecam, já que agem pela instigação de Satanás; pois ainda que os impulsos irresistíveis para o mal procedam do domínio satânico exercido sobre eles, contudo nada fazem por compulsão, senão que se inclinam de todo o coração para onde Satanás os leva. O resultado é que o seu cativeiro é voluntário.

Capítulo 3

1. Sabe, porém, isto: que nos últimos dias virão tempos angustiantes.
2. Porque os homens serão amantes de si mesmos, amantes do dinheiro, presunçosos, soberbos, blasfemos, desobedientes aos pais, ingratos, profanos,
3. sem afeição natural, implacáveis, caluniadores, sem autodomínio, cruéis, inimigos do bem,
4. traidores, obstinados, enfatuados, mais amantes dos prazeres do que de Deus;
5. tendo a forma da piedade, mas negando sua eficácia. Afasta-te também desses.
6. Porque desse rol fazem parte os que invadem casas e levam cativas mulheres néscias carregadas de pecados, transviadas por diversas paixões,
7. sempre aprendendo sem jamais chegar ao conhecimento da verdade.

1. Illhud autem scito, quod in exremis diebus instabunt tempora periculosa (*vel. gravia*):
2. Erunt enim homines sui amantes, avari, fastuosi, superbi, maledici, parentibus immorigeri, ingrati, impii,
3. Carentes affectu, nescii faederis, calumniatores, intermperantes, inmites, negligentes bonorum, false
4. Proditores protervi tumidi voluptatium amatores magis quam Dei
5. Habentes speciem quidem pietatis virtutem autem eius abnegantes et hos devita
6. Ex iis enim sunt qui subintrant in familias, et captivas ducunt mulierculas oneratas peccatis, quae ducuntur concupiscentiis variis,
7. Semper discentes, quum tamen numquam ad cognitionem veritatis pervenire valeant.

1. Sabe, porém, isto. Com esta antecipação, o apóstolo pretendia aumentar ainda mais a diligência de Timóteo. Quando as coisas caminham como queremos, a tendência é nos tornarmos mais displicentes; a necessidade, porém, nos põe em alerta. Assim Paulo adverte a Timóteo, dizendo que a Igreja estará sujeita a terríveis enfermidades que demandarão de seus pastores incomum fidelidade, diligência, prudência, sabedoria e incansável constância. É como se estivesse ordenando a Timóteo que se preparasse para as mais árduas e profundamente desesperantes lutas que o aguardavam. E daqui aprendemos que, em vez de desistir, ou aterrorizar-nos por causa das dificuldades, qualquer que seja sua natureza, devemos, ao contrário, incitar nosso coração a resistir.

Que nos últimos dias. O apóstolo, aqui, inclui a condição universal da Igreja Cristã. Ele não está comparando sua própria época com a nossa, mas, antes, se põe a instruir-nos sobre qual será a futura condição do reino de Cristo. Muitos acreditavam que haveria uma bendita paz imune a toda e qualquer conturbação;[1] mas o apóstolo quer dizer que mesmo sob o evangelho não haveria um estado tal de perfeição que todos os vícios seriam banidos e todo gênero de virtude floresceria; no entanto, os pastores da Igreja Cristã teriam de lidar com os ímpios e os perversos, tal como fizeram os profetas e sacerdotes piedosos de outrora. Daqui, pois, se conclui que este não é tempo para qualquer tipo de repouso ocioso.

2. Porque os homens serão. É fundamental que percebamos bem em que consiste a dureza ou o perigo desse tempo falado pelo apóstolo Paulo: não era guerra, nem fome, nem enfermidades, nem quaisquer outras calamidades ou males que afetam o corpo, mas os hábitos ímpios e depravados dos homens. Aos homens bons e tementes a Deus nada há mais aflitivo do que ver florescendo tais corrupções morais. Visto que dão mais valor à glória de Deus do que a qualquer outra coisa, assim sofrem terríveis angústias quando ela é atacada ou menosprezada.

Em segundo lugar, é preciso que notemos ainda as pessoas de

---

[1] "Por que o santo apóstolo, aqui e em outro lugar, fala dos 'últimos dias', quando previne os crentes a que se preparem e façam provisão para muitas tribulações e aborrecimentos? É por causa da seguinte crença infundada que era tão comum: que os negócios iriam muito melhor que antes; porque, anteriormente, os profetas, quando falam do reino de nosso Senhor Jesus Cristo, declaram que tudo seria espantosamente reformado; que o mundo obedeceria a Deus; que sua majestade seria adorada pelos grandes e pequenos; que toda boca cantaria seu louvor; e todo joelho se encurvaria diante dele. Em suma, quando ouvimos tais promessas, cremos que estaríamos num estado de santidade angelical, agora que Cristo se manifestou. Muitos concluíram, em sua fantasia equivocada que, desde a vinda do Redentor, nada senão a mui correta virtude e modéstia seriam vistas, e que tudo seria tão plenamente regulado, que não mais haveria vícios no mundo." – *Fr. Ser.*

quem fala o apóstolo. Ele não ataca ou acusa inimigos externos, os quais publicamente se opõem ao nome de Cristo, mas as pessoas que pertencem à família e desejam ser consideradas entre os membros da Igreja. Pois Deus deseja testar sua Igreja a ponto de permitir-lhe que leve tais pestes em seu próprio seio, ainda que trema só de pensar em nutri-las. Portanto, se hoje vemos em nosso meio muitos por quem, com toda razão, sentimos aversão, aprendamos a gemer pacientemente sob tão pesado fardo, visto que nos é anunciado que esta é a atual porção da Igreja Cristã.

É surpreendente como essas pessoas, sobre quem Paulo declara que são culpadas de tantos e tão graves atos de maldade, possam conservar a aparência de piedade, como ele diz que o fazem. Mas a experiência diária deve guardar-nos de nos sentirmos por demais surpresos, pois a espantosa audácia e perversidade dos hipócritas são tais, que são completamente despudorados em justificar até mesmo seus mais grosseiros erros, uma vez tendo aprendido a refugiar-se falsamente sob o nome de Deus. Nos tempos antigos, incontáveis vícios permeavam a vida dos faraós, e, no entanto, desfrutavam da reputação de possuir extraordinária santidade, como se estivessem isentos de toda e qualquer mácula.

E assim, também hoje, embora a impureza do clero romano seja tão putrefata, cujo mau cheiro repugna as narinas do mundo inteiro, e apesar de toda a sua perversidade, não cessam de fazer soberbas reivindicações a todos os direitos e títulos de santos. Daí a afirmação de Paulo de que os hipócritas, ainda que sejam acusados dos vícios mais grosseiros, enganam fazendo uso de uma máscara de piedade, tal coisa não deveria parecer-nos estranha à luz dos exemplos que temos diante de nossos olhos. E o mundo merece ser enganado por esses salafrários perversos, já que ou desprezam ou não podem suportar a genuína santidade. Também aqui Paulo enumera os vícios de uma espécie que não se faz imediatamente visível e os quais podem acompanhar uma pretendida santidade. Há porventura algum hipócrita que não seja orgulhoso, ou amante de si mesmo, ou desprezador dos demais, ou déspota, cruel, fraudulento? No entanto, todos esses vícios são ocultos aos olhos humanos.²

Não há necessidade de continuar esta lista, item por item, porquanto ela não carece de explicação detalhada. Os leitores, porém, devem notar que φιλαυτία, a primeira da lista, pode ser considerada como a fonte da qual emanam todos os demais vícios. Pois a pessoa que ama a si própria reivindica superioridade em tudo, despreza todos os demais, é cruel, se entrega à cobiça, à traição, à ira, à desobediência a seus pais, negligencia o bem e coisas afins. Como era o propósito de Paulo marcar os falsos profetas com tais estigmas para que fossem vistos e conhecidos por todos, então é nosso dever abrir nossos olhos e contemplar aqueles que são assim evidenciados.

5. Afasta-te também desses. Esta exortação evidencia plenamente que Paulo não está falando de uma posteridade distante, ou profetizando o que aconteceria depois de muitos séculos, mas está destacando os males presentes e assim aplicando ao seu próprio tempo o que disse acerca dos últimos dias. Pois como poderia Timóteo fugir daqueles que não apareceriam senão depois de muitos séculos? Portanto, desde o princípio do evangelho a Igreja começou a sofrer com tais corrupções.

6. Porque desse rol fazem parte os que invadem casas. Diríamos que aqui Paulo intencionalmente esboça um genuíno quadro da vida das ordens monásticas. Sem falar, porém, uma só palavra acerca dos monges, essas marcas com as quais Paulo distingue os falsos e pretensos mestres são suficientemente claras: insinuando-se no seio das famílias; fazendo-se de redes para apanhar mulheres fáceis; entregam-se aos galanteios; impõem-se às pessoas através de variadas superstições. Devemos notar cuidadosamente essas marcas, caso queiramos fazer distinção entre os zangões inúteis e os bons ministros de Cristo. Aqueles que são assim descritos são postos num realce tão nítido que não há como escusar-se. A frase *os que invadem casas*

---

2 "Mais ce sont tous vices cachez, et qui n'apparoissent pas devant les yeux des hommes." — "Mas todos estes são vícios ocultos, e não se exibem diante dos olhos humanos."

significa entrar clandestinamente ou fazendo uso de subterfúgios.
Levam cativas mulheres néscias. Aqui ele fala de mulheres em vez de homens, porque são mais fáceis de serem presas de tais impostores. Ele diz que *são levadas cativas*, visto que os falsos profetas desse gênero conseguem influenciá-las com vários artifícios, em parte por despertar sua curiosidade sobre diversos assuntos e em parte através de galanteios. Imediatamente acrescenta que tais mulheres são *carregadas de pecados*, pois se não estivessem agrilhoadas por uma má consciência, não se deixariam levar cativas, de todas as formas possíveis, pela vontade de outrem.

Transviadas por diversas paixões. Tomo *paixões* no sentido geral de *desejos* tolos e frívolos pelos quais as mulheres que não buscam sinceramente a Deus são transviadas, apesar de seu desejo de serem tidas na conta de religiosas e santas. Não há limites para os métodos adotados por elas, quando, apartando-se de uma sã consciência, estão constantemente assumindo novas máscaras. Crisóstomo prefere adotar o sentido de desejos impuros e obscenos; mas, à vista do contexto, prefiro minha própria explicação. Pois imediatamente vem a cláusula *aprendem sempre*, mas nunca aprendem a ser realmente sábias.

7. Sempre aprendendo sem jamais chegar ao conhecimento da verdade. Esta flutuação entre vários desejos, de que Paulo fala aqui, ocorre quando, não tendo nada sólido nelas mesmas, são lançadas em diferentes direções. Elas aprendem porque são curiosas e têm uma mente incansável, mas de tal modo que nunca alcançam alguma certeza ou verdade. Essa é uma forma absurda de aprender e totalmente distinta do real conhecimento. E, não obstante, tais pessoas acreditam que possuem prodigiosa sabedoria; mas o que realmente sabem nada será enquanto não se aferrarem à verdade que é o fundamento de todo e qualquer conhecimento.

8. E, como Janes e Jambres resistiram a Moisés, assim também estes resistem à verdade; homens de mente corrompida, réprobos quanto à fé.

8. Quemadmodum autem Iannes et Iambres restiterunt Mosi, ita et hi resistunt veritati, homines corrupti mente, reprobi circa fidem.

9. Mas não irão longe; porque o seu desvario será evidente a todos os homens, como o foi também o daqueles.

10. Tu, porém, tens seguido o meu ensino, conduta, propósito, fé, longanimidade, amor, paciência,

11. perseguições e sofrimentos; coisas essas que me sobrevieram em Antioquia, em Icônio e em Listra; quantas perseguições suportei! E o Senhor de todas me livrou.

12. E todos quantos querem viver piedosamente em Cristo Jesus sofrerão perseguição.

9. Sed non proficient amplius; amentia enim eorum manifesta erit omnibus, sicut et illorum fuit.

10. Tu autem assectatus es meam doctrinam institutionem, propositum, fidem, tolerantiam, dilectionem, patientiam,

11. Persequutiones, afflictiones, quae mihi acciderunt Antiochae, Iconii, Lystris, quas, inquam, persequutiones sustinuerim; sed ex omnibus me Dominus

12. Et omnes, qui piè volunt in Christo Iesu, persequutionem patientur.

8. Como Janes e Jambres. Esta comparação confirma o que já afirmei sobre os últimos dias. O que ele quer dizer, portanto, é que o que nos está acontecendo sob o regime do evangelho é o mesmo que experimentou a Igreja quase em seus primórdios mais remotos, e mais seguramente desde a promulgação da lei. O salmista fala nos mesmos termos dos conflitos da Igreja: "Muitas vezes me angustiaram desde minha mocidade; todavia não prevaleceram contra mim. Os lavradores araram sobre minhas costas; compridos fizeram os seus sulcos" [Sl 129.1-3]. Paulo nos recorda que não devemos estranhar que os inimigos se ergam contra Cristo e resistam ao seu evangelho, visto que Moisés tinha os que contendiam com ele da mesma forma. Esses exemplos extraídos da antiguidade devem proporcionar-nos profunda consolação.

É geralmente aceito que os dois homens aqui nomeados eram mágicos designados por Faraó; não obstante, não fica claro de que fonte Paulo extraiu seus nomes, embora seja provável que muitos fatos relativos aos eventos do êxodo passaram de mão em mão e que Deus nunca deixou que sua memória perecesse. É também possível que no tempo de Paulo houvesse extensos comentários sobre os profetas, os quais apresentavam um relato mais completo dos assuntos que Moisés só tocou de leve. Seja como for, não é por mera casualidade que ele os chame por seus nomes. A razão pela qual houve *dois* personagens pode se conjecturar da seguinte forma: visto que Deus havia suscitado para seu povo *dois* líderes, Moisés e Arão, Faraó decidiu opor-se a eles fazendo uso do mesmo número de mágicos.

9. Mas não irão longe. O apóstolo encoraja Timóteo a enfrentar o conflito com a confiante certeza da vitória. Pois ainda que os falsos mestres o perturbem, Paulo promete que dentro de pouco tempo serão vergonhosamente confundidos.³ Mas essa promessa não é corroborada pelo evento, e um pouco mais adiante o apóstolo parece contradizer-se ao dizer que irão de mal a pior. Não há consistência na solução de Crisóstomo de que, embora irão de mal a pior a cada dia, contudo não farão dano aos demais, pois Paulo expressamente acrescenta que eles enganam e são enganados. E isso é confirmado pela experiência. A melhor explicação consiste em que Paulo os visualizava de diferentes ângulos. Sua afirmação, dizendo que não irão avante, não é de caráter universal, mas significa apenas que o Senhor exporá sua loucura diante de muitos que a princípio foram enganados por suas fascinações.

Portanto, quando ele diz que *o seu desvario será evidente a todos os homens*, é uma figura de linguagem na qual o todo é tomado por uma parte. Aqueles que logram êxito em enganar, a princípio fazem grandes exibições e conquistam aplausos entusiasmados, dando a aparência de não haver nada mais além de seu poder; suas fraudes,

---

3 "Assim vemos que o Espírito Santo, pela boca de Paulo, traz duas razões para sermos fortes. Quando vemos que Satanás se opõe, e que a verdade de Deus não é recebida por todos, mas que há homens maus que labutam com o fim de perverter tudo, e que difamam e falsificam a verdade, aqui somos providos de consolação. Em primeiro lugar, que nosso Senhor nos trata da mesma maneira que tratou a Igreja em todos os tempos; que aqueles que viveram antes de nós não estavam mais bem situados neste aspecto; pois Deus os provou, enviando falsos pastores, ou melhor, ao enviá-los, dava livre espaço a Satanás. Saibamos o que aconteceu desde que a lei foi promulgada. Aqui está Moisés, que viveu antes dos demais profetas. Então a guerra já havia começado, e que o mal nunca havia cessado. Se agora devemos suportar da mesma forma, então que suportemos com paciência; pois não é razoável esperar que nossa condição seja melhor ou mais cômoda do que a de Moisés e dos demais que o seguiram. Esse é um argumento. O segundo é que o resultado será próspero e bem sucedido. Embora a luta nos seja repugnante e ainda que seja como se a verdade de Deus estivesse perecendo totalmente, ainda assim esperemos que Deus se manifeste em sua defesa, pois ele fará com que os perversos sejam completamente mal sucedidos. Depois de haverem triunfado, Deus, sem dúvida, exibirá a maldade deles, e assim veremos como Deus vela em sustentar sua causa, ainda que, por algum tempo, isso não nos seja evidente." – *Fr. Ser.*

porém, subitamente se transformarão em nada, pois o Senhor abre os olhos de muitos a fim de que comecem a ver o que por algum tempo lhes estivera oculto. Não obstante, a insensatez dos falsos profetas nunca é tão completamente descoberta que venha ao conhecimento de todos. Além disso, tão logo um erro desaparece, novos imediatamente surgem assumindo o seu lugar.

Ambas as admoestações são, portanto, necessárias. Para que os pastores piedosos não sejam expostos ao desespero, e concluam que não vale a pena lutar contra o erro, devem ser instruídos sobre o bom êxito que o Senhor dará à sua própria doutrina. Além do mais, para que não concluam que seu trabalho já está concluído, depois de uma ou duas batalhas, devem ser lembrados de que sempre surgirão novas convocações para a luta. Trataremos desse segundo item mais adiante. No presente contexto, é suficiente que visualizemos bem o que ele propõe a Timóteo, a saber: a segura esperança de uma vitória bem sucedida, com o fim de encorajá-lo a lutar. E ele confirma isso pelo exemplo que já citara. Assim como a verdade de Deus prevaleceu contra os truques dos mágicos, também promete que o ensino do evangelho será vitorioso contra todo gênero de falsos modismos engendrados pelos homens.

10. Tu, porém, tens seguido o meu ensino.[4] Aqui está outro argumento que visa pressionar Timóteo a prosseguir. Ele não é nenhum recruta ignorante que avança para a arena, porque Paulo mesmo o havia formado na academia de seu próprio ensino. Sua referência não se limita só à doutrina, pois as demais coisas que menciona são também de grande importância. Neste versículo ele nos pinta um quadro vívido de um bom mestre, um que molda seus alunos não só por meio de suas palavras, mas, por assim dizer, também lhes abre seu próprio coração

---

4 "Tendo falado das tribulações que estavam para sobrevir à Igreja, e tendo exortado a Timóteo a que fosse firme, de modo que não se deixasse abalar por elas, o apóstolo acrescenta que agora, por um longo tempo, ele tinha de estar preparado para tudo isso, porque fora ensinado numa boa escola. 'tu tens conhecido intimamente', como alguém que o havia seguido passo a passo; pois essa é a implicação da palavra usada por Paulo: 'Tu tens conhecido bem o curso que tenho seguido." – *Fr. Ser.*

para que tenham a experiência de que todo o seu ensino é sincero. Isso é o que está implícito na palavra propósito. Ele adiciona outras provas práticas de uma sinceridade solícita e transparente, *fé, amor, longanimidade, paciência*. Lições fundamentais como essas foram comunicadas a Timóteo na escola de Paulo. Mas ele meramente não traz à memória de Timóteo o que lhe havia ensinado, senão que testifica da vida anterior de Timóteo com o fim de injetar-lhe ânimo e levá-lo a perseverar. O apóstolo o exalta como alguém que imitava suas próprias virtudes, como se quisesse dizer: "Há muito estás acostumado a seguir minhas instruções; continua, pois, como começaste". Sua intenção é que Timóteo tivesse constantemente diante de si o exemplo de sua própria fé, amor e paciência, e assim lhe recorda especialmente suas perseguições que lhe eram melhor conhecidas.

11. E o Senhor de todas me livrou. O fato de que as aflições sempre têm um fim feliz constitui uma consolação que mitiga em grande medida seu amargor. Se porventura alguém objetar, dizendo que o fim feliz que o apóstolo alega nem sempre é óbvio, concordo que tal coisa procede no tocante às aparências externas [*sensus carnis*], porquanto o apóstolo nem mesmo se encontrava em liberdade. Mas quando nos livra algumas vezes, Deus testifica que ele está conosco e que sempre será assim. À luz de nossa presente experiência de seu socorro, nossa confiança deve estender-se para o futuro. É como se quisesse dizer: "Tu sabes de experiência própria que Deus jamais falhou em relação a mim, de modo que não há razão para que hesites em seguir meu exemplo."

12. E todos quantos querem viver piedosamente em Cristo.[5] A reminiscência de suas próprias perseguições o leva a acrescentar que tudo quanto lhe acontecera também se dará com todas as pessoas piedosas.[6] Ele acrescenta isso para que os crentes se predispusessem

---

5 "Et tous ceux aussi qui veulent vivre en la crainte de Dieu." — "E todos os que também desejam viver no temor de Deus."

6 "Que rien ne luy est advenu que tous fideles ne doyvent aussi attendre." — "Que nada lhe aconteceu que todos os crentes também não experimentam."

a aceitar tal situação, e em parte para que as pessoas bondosas não se afastassem dele movidas pela dúvida em virtude de suas perseguições, as quais recebiam das mãos dos ímpios, pois às vezes sucede que os acontecimentos adversos suscitam críticas adversas. Se porventura alguém cai no desfavor humano, imediatamente corre o rumor de que o mesmo é odiado por Deus.

Com esta afirmação geral, Paulo declara que ele é um entre os filhos de Deus, e ao mesmo tempo adverte seus irmãos a suportarem as perseguições. Pois se essa condição é estabelecida "para tantos quantos querem viver uma vida piedosa em Cristo", segue-se que aqueles que desejam evitar perseguições devem renunciar a Cristo. Como será debalde tentar separar Cristo de sua cruz, assim é plenamente natural que o mundo odeie a Cristo, mesmo em seus membros. E já que a crueldade acompanha o ódio, daí surgem as perseguições. É mister que reconheçamos o fato de que, se somos cristãos, devemos nos preparar para muitas tribulações e lutas de diferentes tipos.

Mas pode-se perguntar se todos devem, então, ser mártires. É evidente que têm havido muitas pessoas que jamais sofreram desterro, nem prisão, nem fuga, nem qualquer outro gênero de perseguição. Minha resposta é que Satanás possui mais de um método de perseguir os servos de Cristo. Mas é absolutamente necessário que todos eles suportem a hostilidade do mundo, de um modo ou de outro, a fim de que sua fé se exercite e sua constância se comprove. Satanás, que é o perpétuo inimigo de Cristo, jamais deixará que alguém viva sua vida sem algum distúrbio, e haverá sempre pessoas perversas a espetar nossas costelas. De fato, tão pronto um crente mostre sinais de zelo por Deus, a ira de todos os ímpios se acende e, mesmo que não tenham suas espadas desembainhadas, arrojam seu veneno, ou criticando, ou caluniando, ou provocando distúrbio de um ou de outro modo. Portanto, ainda que não sofram os mesmos ataques e não se envolvam nas mesmas batalhas, eles têm uma só guerra em comum e jamais viverão totalmente em paz nem isentos de perseguições.

13. Mas os homens maus e impostores irão de mal a pior, enganando e sendo enganados.

14. Tu, porém, permanece nas coisas que aprendeste e de que foste confiado, sabendo de quem o aprendeste;

15. e que desde a infância conheces os sagrados escritos que podem fazer-te sábio para a salvação pela fé que está em Cristo Jesus.

16. Toda a Escritura inspirada por Deus é também proveitosa para o ensino, para a reprovação, para a correção, para a instrução na justiça;

17. para que o homem de Deus seja perfeito, e perfeitamente equipado para toda boa obra.

13. Mali autem homines et impostores proficient in pejus, errantes, et in errorem.

14. Tu autem mane in iis, quae didicisti, et quae credita sunt tibi, sciens a quo didiceris;

15. Et quòd a pueritia Sacras litteras novisti, quae to eruditum reddere ad salutem per fidem, quae est in Christo Iesu.

16. Omnis Scriptura divinitus inspirata est ac utilis ad doctrinam, ad redargutionem, ad correctionem, ad institutionem, qua est in justitia.

17. Ut integer sit Dei homo, ad omne opus bonum formatus.

13. Mas os homens maus e impostores. É a mais amarga das perseguições vermos pessoas más com sua sacrílega ousadia, suas blasfêmias e seus erros acumulando força. Paulo diz em outro lugar que Ismael perseguiu Isaque, não pela espada, mas com zombaria [Gl 4.29]. Portanto, podemos inferir que no último versículo Paulo estava descrevendo não só um tipo de perseguição, mas estava falando em termos gerais de todas as angústias que os filhos de Deus têm de suportar quando contendem pela glória de seu Pai.

Já falei como as pessoas perversas vão se tornando cada vez piores; o apóstolo está predizendo que serão obstinadas em sua resistência e bem sucedidas em causar dano e outras corrupções. Uma só pessoa indigna será sempre mais eficiente em destruir do que dez mestres fiéis em edificar, ainda quando laborem com todas as suas forças. Jamais faltará discórdia para Satanás semear junto à boa semente, e ainda quando pensarmos que os falsos profetas já se foram, outros tantos imediatamente surgirão de todos os lados.

Eles têm este poder de fazer o mal,[7] não porque a falsidade seja por sua própria natureza mais forte que a verdade, ou porque os ardis

---

7 "Si on demande d'ou vient ceste puissance et facilite de nuire?" — "Caso se indague: Donde vem este poder e facilidade de fazer injúria?"

do diabo sejam mais resistentes que o Espírito de Deus, mas porque os homens são naturalmente inclinados à vaidade e aos vícios, e abraçam mais prontamente as coisas que concordam com sua natural disposição, e também porque são cegados pelos atos da justa vingança divina, e assim são levados, como escravos em cativeiro, ao bel-prazer de Satanás.[8] A principal razão por que a praga das doutrinas ímpias é tão bem sucedida, é que a ingratidão dos homens merece ser assim remunerada. É de grande importância que os mestres piedosos sejam lembrados desse fato, para que estejam preparados em manter uma guerra constante e não se deixarem desencorajar ante a demora nem se compactuarem com o orgulho e insolência de seus adversários.

14. Tu, porém, permanece nas coisas que aprendeste. Ainda que a impiedade estivesse crescendo e prevalecendo, não obstante o apóstolo diz a Timóteo que se mantivesse firme. Certamente que este é um teste real para nossa fé, quando com zelo infatigável resistimos a todos os intentos do diabo, recusando-nos a alterar o curso frente a todos os ventos que sopram, e assim permanecemos inamovíveis na verdade de Deus como uma âncora segura.

Sabendo de quem o aprendeste. A intenção de Paulo aqui é enaltecer a certeza de sua doutrina, porquanto não devemos perseverar em coisas nas quais temos sido erroneamente instruídos. Se desejamos ser discípulos de Cristo, então devemos desaprender tudo quanto aprendemos à parte dele. Por exemplo, nossa instrução pessoal na fé pura começou quando rejeitamos e esquecemos tudo o que aprendemos sob o jugo do papado. O apóstolo não está dizendo a Timóteo que retivesse, indiscriminadamente, todo e qualquer ensino a ele transmitido, mas somente o que soubesse ser a verdade; o que ele quer dizer é que devemos fazer uma seleção.[9] Sua alegação de que o que ele ensina deve ser recebido como revelação divina não é feita por sua

---

8 "Satan les tire, d'un coste et d'autre, a son plaisir." — "Satanás os conduz, de um lado para o outro, a seu bel-prazer."

9 "Par lequel mot il signifie qu'il est requis d'user de jugement et discretion en cest endroit." — "Por esta palavra, ele quer dizer que é necessário usar critério e discrição nessa matéria."

própria causa, como um indivíduo em particular. Ao contrário, Paulo ousadamente afirma a Timóteo sua autoridade apostólica, sabendo que sua fidelidade era notória e sua vocação aprovada, até onde lhe era possível saber. Estando seguramente persuadido de que havia sido instruído pelo apóstolo de Cristo, Timóteo poderia deduzir disto que a doutrina tinha por fonte não o homem, mas Cristo mesmo.

Esta passagem nos ensina que devemos exercer a mesma preocupação, tanto para evitar-se a falsa segurança em questões que são indefinidas, ou seja, todas as coisas que os homens ensinam, quanto para sustentar a verdade de Deus com inabalável firmeza. Também aprendemos que devemos acrescentar à nossa fé o discernimento que nos possibilita a distinguir a Palavra de Deus da palavra do homem, de modo que não aceitemos descriteriosamente tudo quanto nos é oferecido. Nada é mais estranho à fé do que uma credibilidade simplória que nos convida a aceitar tudo indiscriminadamente, não importando qual seja sua natureza ou fonte, pois o principal fundamento da fé é sabermos que ela tem sua origem e autoridade em Deus.

E de que foste confiado.[10] Ao acrescentar que a Timóteo *foi confiado* seu ensino, Paulo adiciona força à sua exortação. Confiar uma coisa a alguém é mais do que simplesmente entregá-la. Timóteo não havia sido instruído como se faz a uma pessoa comum, mas como à alguém que pudesse fielmente passar às mãos de outros o que havia recebido.

15. E que desde a infância. O fato de que Timóteo fora acostumado, desde a infância, a ler as Escrituras era também um poderoso impulso à fidelidade, pois este prolongado hábito pode fazer um homem muito melhor preparado contra qualquer gênero de fraude. Era um sábio cuidado que nos tempos antigos se tomava em assegurar-se de que aqueles que eram destinados ao ministério da Palavra fossem desde a infância instruídos na sólida doutrina da piedade e houvessem bebido

---

10 "Et qui to vent commises ou desquelles plene assurance t'a este donnee." — "E a qual te foi confiada, ou da qual te foi dada plena certeza."

as profundas águas dos escritos sagrados, para que, ao assumirem o desempenho de seu ofício, não se revelassem aprendizes inexperientes. E assim, se porventura alguém tenha adquirido desde sua tenra juventude um sólido conhecimento das Escrituras, o mesmo deve considerar tal coisa como uma bênção especial da parte de Deus.

Que podem fazer-te sábio para a salvação. É uma recomendação por demais sublime das Escrituras dizer que a sabedoria suficiente para a salvação não pode ser encontrada em outra parte, e o versículo seguinte explica seu significado muito bem. Ao mesmo tempo, porém, ele nos diz o que devemos buscar na mesma Escritura, pois os falsos profetas também fazem uso dela em busca de pretexto para o seu ensino. Para que ela nos seja proveitosa para a salvação, temos de aprender a fazer dela um uso correto.

Pela fé que está em Cristo Jesus. Que proveito há se porventura alguém se interessa apenas por especulações curiosas? Que proveito há se porventura ele só adere à letra da lei e não busca a Cristo? Que proveito há se porventura ele perverte o significado natural com as interpretações estranhas à fé? O apóstolo tem boas razões para lembrar-nos da fé que está em Cristo, a qual é o centro e a suma da Escritura. Pois o que imediatamente se segue também depende da fé.

16. Toda a Escritura – ou *a totalidade da Escritura*, embora não faça nenhuma diferença no sentido. Ele agora explica mais plenamente sua breve recomendação. Primeiro, recomenda a Escritura por causa de sua autoridade; e, a seguir, por causa do benefício que dela advém. Para asseverar sua autoridade, ele ensina que ela é *inspirada por Deus*. Porque, se esse é o caso, então fica além de toda e qualquer dúvida que os homens devem recebê-la com reverência. Eis aqui o princípio que distingue nossa religião de todas as demais, ou seja: sabemos que Deus nos falou e estamos plenamente convencidos de que os profetas não falaram de si próprios, mas que, como órgãos do Espírito Santo, pronunciaram somente aquilo para o qual foram do céu comissionados a declarar. Todos quantos desejam beneficiar-se das Escrituras devem antes aceitar isto como um princípio estabelecido, a saber: que a lei e os profetas não são ensinos passados adiante ao bel-prazer dos homens ou produzidos pelas mentes humanas como sua fonte, senão que foram ditados pelo Espírito Santo.

Se alguém objetar e perguntar como é possível saber que foi assim, minha resposta é a seguinte: é pela revelação do mesmo Espírito que Deus se tem feito conhecer como seu Autor, tanto aos discípulos quanto aos mestres. Moisés e os profetas não pronunciaram precipitadamente e ao acaso o que deles temos recebido, senão que, falando pelo impulso de Deus, ousada e destemidamente testificaram a verdade de que era a boca do Senhor que falava através deles. O mesmo Espírito que deu certeza a Moisés e aos profetas de sua vocação, também agora testifica aos nossos corações de que ele tem feito uso deles como ministros através de quem somos instruídos. E assim não é de estranhar que muitos ponham em dúvida a autoridade da Escritura. Pois ainda que a majestade divina esteja exibida nela, somente aqueles que têm sido iluminados pelo Espírito Santo possuem olhos para ver o que deveria ser óbvio a todos, mas que, na verdade, é visível somente aos eleitos. Eis o significado da primeira cláusula, a saber: que devemos à Escritura a mesma reverência devida a Deus, já que ela tem nEle sua única fonte, e não existe nenhuma origem humana misturada nela.

É também proveitosa. Agora vem a segunda parte da recomendação apostólica, ou seja: que a Escritura contém a perfeita norma de uma vida saudável e feliz. Ao expressar-se assim, o apóstolo quer dizer que a Escritura é corrompida por um pecaminoso mau uso quando este propósito da utilidade não é buscado nela. E assim, ele indiretamente reprova as pessoas levianas que estavam alimentando outras pessoas com vãs especulações como com ar. Por esta mesma razão podemos hoje condenar a todos aqueles que, sem nenhuma preocupação pela edificação, comovem com muita arte, sim, porém com questões sem qualquer proveito. Sempre que engenhosas mesquinharias desse gênero forem introduzidas, as mesmas devem ser repelidas com esta frase, usada como um escudo: "a Escritura é proveitosa". Segue-se daqui que é errôneo usá-la de forma inaproveitável. Ao dar-nos as Escrituras, o

Senhor não pretendia nem satisfazer nossa curiosidade, nem alimentar nossa ânsia por ostentação, nem tampouco deparar-nos uma chance para invenções místicas e palavreado tolo; sua intenção, ao contrário, era fazer-nos o bem. E assim, o uso correto da Escritura deve guiar-nos sempre ao que é proveitoso.[11]

Para o ensino. Aqui ele enumera um a um os muitos e variados usos da Escritura. Antes de tudo ele faz menção do *ensino*, visto que ele mantém a precedência acima de todos os mais. Visto, porém, que a doutrina, por sua própria natureza, é às vezes fria e inanimada, ele adiciona a *reprovação* e a *correção*.

Seria por demais demorado explicar o que podemos aprender das Escrituras, e no versículo anterior ele já apresentou um breve sumário delas na palavra "fé". Na verdade, esta é a principal parte de nosso conhecimento – fé em Cristo. Em seguida vem a instrução para a normatização de nossas vidas, à qual são acrescentados os incitamentos das exortações e reprovações. Assim, a pessoa que faz um correto uso da Escritura não carece de nada, nem para a salvação nem para um viver saudável. A única diferença entre "reprovação" e "correção" é que a segunda é resultante da primeira. Reconhecer nossa iniquidade e encher-nos de convicção do juízo divino sobre ela é o princípio do arrependimento. *Instrução na justiça* significa instrução numa vida piedosa e santa.

17. Para que o homem de Deus seja perfeito. Perfeito, aqui, significa completo, a pessoa em quem não existe nada que seja defeituoso,

---

11 "Quem é que por natureza não ansiaria por sua felicidade e salvação? E onde poderíamos achá-las senão na Santa Escritura, pela qual nos são comunicadas? Ai de nós se não ouvirmos a Deus quando Ele nos fala. Ele não busca seu próprio ganho, afinal que necessidade tem Ele de ganho? Somos igualmente lembrados de ler a Santa Escritura não para gratificar nossas fantasias, ou extrair dela questões sem proveito. Por quê? Porque lê-la corretamente será proveitoso para a salvação, diz Paulo. Assim, quando exponho a Santa Escritura, devo deixar-me guiar por esta consideração: que aqueles que me ouvem recebam proveito da doutrina que ensino, para que sejam edificados para a salvação. Se não nutro este desejo, e não almejo à edificação dos que me ouvem, sou um sacrílego, profanando a Palavra de Deus. Em contrapartida, quem lê a Santa Escritura, ou quem busca ouvir o sermão, caso esteja em busca de alguma tola especulação, se vem aqui para seu entretenimento pessoal, é culpado de haver profanado algo tão santo." – *Fr. Ser.*

porque ele assevera categoricamente que a Escritura é suficiente para efetuar a perfeição. Portanto, qualquer pessoa que não fica satisfeita com a Escritura, busca saber mais do que convém e mais do que lhe é bom saber.

Aqui, porém, suscita-se uma pergunta. Ao falar da Escritura, Paulo tinha em mente o que chamamos *Velho Testamento*; como é possível dizer que ele pode fazer uma pessoa perfeita? Se esse é o caso, o que depois foi acrescentado pelos apóstolos é aparentemente supérfluo. Minha resposta é que, no que tange à substância da Escritura, nada se acrescentou. Os escritos dos apóstolos nada contêm além de simples e natural explicação da lei e dos profetas juntamente com uma clara descrição das coisas expressas neles. Paulo, pois, estava certo ao celebrar os louvores da Escritura nesses termos; e, visto que hoje seu ensino é mais completo e mais claro pela adição do evangelho, devemos confiadamente esperar que a utilidade da qual Paulo fala se nos torne muito mais evidente, caso estejamos dispostos a fazer a prova e a recebê-la.

Capítulo 4

1. Exorto-te, pois, na presença de Deus e de Jesus Cristo, que há de julgar os vivos e os mortos, por sua manifestação e por seu reino,

2. que pregues a palavra, instes a tempo e a fora de tempo, reproves, repreendas, exortes, com toda longanimidade e doutrina.

3. Porque virá o tempo em que não suportarão a sã doutrina; mas, tendo comichão nos ouvidos, amontoarão para si mestres segundo suas próprias concupiscências;

4. e desviarão seus ouvidos da verdade, e se voltarão para as fábulas.

1. Obtestor igitur ego coram Deo et Domino Iesu Christo, qui judicaturus est vivos et mortuos in apparitione sua et in regno suo;

2. Praedica sermonem, insta tempestivè, intempestivè; argue, increpa, hortare cum omni lenitate et doctrina.

3. Nam erit tempus, quum sanam doctrinam non sustinebunt; sed juxta concupiscentias suas coacervabunt sibi doctores, ut qui prurient auribus,

4. Et a veritate quidem aures avertent, ad fabulas autem convertentur.

1. Exorto-te, pois, na presença de Deus e de Jesus Cristo. É preciso que observemos com cautela quão apropriadamente o apóstolo conecta a Escritura com o ensino pelo uso da partícula 'pois'. Isso também refuta alguns fanáticos que, em sua arrogância, se gabam de não mais precisarem de mestres, uma vez que a leitura da Escritura é plenamente suficiente. Mas quando Paulo fala da utilidade da Escritura, ele conclui não só que todos devam lê-la, mas também que os mestres devem administrá-la, pois este é o dever a eles imposto. E assim, visto que toda a sabedoria está contida nas Escrituras e que nem nós nem os mestres devemos buscá-la em alguma outra fonte, e aquele que ignora o auxílio da pregação da Palavra e se contenta com a leitura silenciosa da Escritura, descobrirá quão equivocado e pecaminoso é desconsiderar a forma de ensino ordenada por *Deus* e *Cristo*. Lembremo-nos, pois, que o fato de a leitura da Escritura ser recomendada a todos não anula o ministério dos pastores; e, portanto, que os crentes aprendam a tirar proveito tanto da leitura quanto da exposição da Escritura, visto que não foi em vão que Deus ordenou ambas as coisas.

Tanto aqui, quanto em outras questões de grande importância, Paulo acrescenta uma solene exortação, pondo diante de Timóteo Deus como Vingador e Cristo como Juiz, caso ele deixasse de exercer seu ofício de mestre. Como Deus ofereceu uma prova de quanto cuidado ele tem pela salvação de sua Igreja, não poupando seu Filho unigênito, assim ele não permitirá que fique impune a negligência dos pastores através de quem as almas que ele redimiu com um preço tão alto pereçam ou se tornem presa de Satanás.

Que há de julgar os vivos e os mortos. A razão por que ele faz especial menção do juízo de Cristo consiste em que ele requererá de nós, que somos seus representantes, a mais estrita conta de nossas falhas no ministério. Por essa expressão, "os vivos e os mortos", ele aponta tanto para aqueles a quem ele encontrar vivos em sua vinda como também aqueles que já estiverem mortos. Dessa forma, ninguém escapará de seu juízo.

Por sua manifestação e por seu reino. Ambas as palavras têm o mesmo sentido, porque, ainda que agora seu governo se estenda ao céu e à terra, todavia seu reino não se fez plenamente manifesto; ao contrário, ele permanece à sombra da cruz e é violentamente resistido por seus inimigos. Seu reino será verdadeiramente estabelecido quando ele tiver vencido seus inimigos e transformado em nada todo poder contrário, e, portanto, tiver publicamente exibido sua majestade.

2. Instes a tempo e a fora de tempo. Com essas palavras ele recomenda não só perseverança, mas até mesmo intensidade na luta contra todos os obstáculos e dificuldades; porque, sendo por natureza tímidos e acomodados, facilmente cedemos diante dos mínimos obstáculos e às vezes animadamente chegamos a apresentar justificativas por nossa indolência. É preciso que consideremos as múltiplas formas com que Satanás agilmente se coloca em nosso caminho e com quanta lentidão marcham e quão facilmente se cansam aqueles que são chamados. Portanto, o evangelho não prevalecerá por muito tempo, caso os pastores não o proclamem com determinação e persistência.

Ora, esta persistência resoluta [*importunitas*] se refere tanto aos pastores quanto ao povo; ao pastor, para que não exerça sua função de ensinar como queira ou quando lhe convenha, ao contrário, não se poupando nenhum esforço ou dificuldade, exercite todas as faculdades à sua capacidade máxima. Quanto ao povo, este será fiel e constante se os pastores incitarem aos que estiverem cochilando, detiverem aos que vão de ponta cabeça na direção contrária e corrigirem as triviais ocupações mundanas de outros.

Ele diz a Timóteo que fosse firme em *reprovar, repreender, exortar*, indicando, assim, que necessitamos de muitos incentivos para manter-nos no curso certo. Se fôssemos tão dispostos a aprender como devíamos, os ministros de Cristo poderiam guiar-nos simplesmente indicando o caminho certo. Mas, diante da realidade, os conselhos sadios e as exortações meramente moderadas não são suficientes para sacudir nossa irresponsabilidade, a menos que se lhes acrescente a mais intensa veemência de reprovações e ameaças.

Com toda longanimidade e doutrina. Aqui está uma das qualificações mais necessárias. As reprovações ou fracassam por falta de efeito por serem por demais violentas ou porque desaparecem como a fumaça, se não estiverem fundamentadas na sã *doutrina*. As exortações e as acusações não podem ir além de auxiliadoras da doutrina, e sem esta têm pouca força. Vemos exemplos desse fato nas pessoas que possuem muito zelo e exagerado rigor, porém não estão equipadas com doutrina sólida. Tais pessoas se esforçam muito, gritam em alta voz e fazem muito barulho, mas tudo sem qualquer efeito, porque estão edificando sem alicerce. Estou falando daqueles que, em outros aspectos, são boas pessoas, mas que têm insuficiente conhecimento e exagerado fervor emocional, porque aqueles que empregam toda a sua energia em fazer oposição à sã doutrina são ainda mais perigosos e não merecem ser mencionados aqui. Em suma, a intenção de Paulo é que a reprovação deve estar fundamentada na doutrina, para não ser merecidamente desprezada como inútil.

Em seguida ele diz que o zelo deve ser temperado com amabilidade longânima. Não há nada mais difícil do que pôr um limite ao nosso zelo, uma vez que o tenhamos incitado. Mas se formos arrebatados pela nossa impaciência, então nosso esforço será em vão. Porque, além de expor-nos ao ridículo, nossa severidade exaspera as pessoas. Além do mais, as pessoas rigorosas e ríspidas geralmente são incapazes de suportar a obstinação daqueles com quem têm de tratar, e não podem sujeitar-se aos muitos aborrecimentos e indignidades que são obrigados a enfrentar, caso queiram ser úteis. Portanto, a severidade tem de ser temperada com gentil suavidade, para que se faça notório que a severidade procede de um coração pacífico.

3. Porque virá o tempo.[1] À luz da depravação humana, o apóstolo mostra quão criterioso o pastor deve ser. Porque o evangelho logo seria extinto e fugiria da memória dos homens, se os crentes piedosos não se esforçassem com todo o seu empenho para preservá-lo. Seu intuito é que devemos fazer pleno uso de nossas oportunidades enquanto ainda houver alguma reverência por Cristo, como se dissesse que quando se percebe a aproximação de um temporal, não devemos desviar nossa atenção de nosso trabalho, e, sim, apressar-nos com toda diligência, porque logo não nos desfrutaremos das mesmas oportunidades.

Ao dizer que *não suportarão a sã doutrina*, sua intento é indicar que não só se enfastiarão dela ou a desprezarão, mas que realmente a odiarão; ele a qualifica de sã em função de seu efeito em instruir-nos na piedade. No próximo versículo ele a qualifica de *verdade*, significando que a sã doutrina é aquele manejo puro e natural da Palavra de Deus, e a contrasta com as *fábulas*, as vãs imaginações pelas quais a retidão do evangelho é corrompida.

Em primeiro lugar, deste fato podemos aprender que quanto mais determinados os homens se tornam em desprezar a doutrina de Cristo,

---

1 "Car un temps viendra." — "Pois virá um tempo."

mais zelosos devem ser os ministros em defendê-la e mais extremados seus esforços em preservá-la na íntegra; e não só isso, mas também, através de sua diligência, enfrentar bravamente os ataques de Satanás. E se isso foi sempre necessário nos dias de outrora, em nosso próprio tempo a ingratidão dos homens o faz ainda mais necessário do que nunca. Pois alguns hão que, a princípio, aceitam abertamente evangelho e demonstram por ele um entusiasmo incomum, mas, em breve desenvolvem por ele uma profunda aversão, a qual acaba por converter-se em ódio repulsivo. Outros, desde o princípio, o rejeitam violentamente, ou o ouvem com desdém ou zombam dele. Ainda outros não conseguem suportar seu jugo e se desvencilham dele; e, remoendo o ódio pela santa disciplina, se tornam totalmente estranhos a Cristo e, o que é ainda pior, de amigos se convertem em inimigos. Não obstante, longe de ser esta uma boa razão para que nos desanimemos e retrocedamos; ao contrário, devemos lutar contra tão monstruosa ingratidão, e, de fato, concentrar todo o nosso empenho na luta muito mais do que se a oferta de Cristo estivesse sendo universal e prazerosamente aceita.

Em segundo lugar, visto que temos sido advertidos contra tal desdém e mesmo contra a rejeição à Palavra de Deus, não devemos extasiar-nos como se fosse algum espetáculo novo, quando virmos se cumprindo o que é aqui predito pelo Espírito. E, visto que somos por natureza inclinados à vaidade, não é algo novo ou incomum que nos mostremos mais dispostos a ouvir as fábulas do que a verdade.

Além disso, visto que o evangelho não se impõe e é humilde em sua aparência externa, seu ensino de fato não satisfaz nem nossa curiosidade, nem nosso orgulho. São mui poucos os dotados de gosto pelas coisas espirituais para que saboreiem a novidade de vida e tudo o que a ela pertence. Paulo está aqui predizendo uma grande e especial eclosão de impiedade numa época específica no futuro, e dizendo a Timóteo que se preparasse para enfrentá-la.

Amontoarão para si mestres. É preciso que notemos bem o verbo 'amontoar', com o qual ele quer dizer que a loucura dessa gente será tão considerável que não se contentará com uns poucos impostores, senão que desejarão ter uma grande multidão. Porque, como existe sempre uma sede insaciável por coisas vãs e nocivas, o mundo busca de todos os lados e sem limites todos os métodos que se podem inventar e imaginar para sua própria destruição; e o diabo sempre tem à disposição tantos mestres desse gênero quantos demanda o mundo. Sempre houve abundante colheita de homens perversos, como hoje ainda os há; por conseguinte, Satanás jamais carece de cooperadores ou de meios para enganar os homens.

A justa recompensa dessa grande depravação que quase sempre prevalece entre os homens consiste em que Deus e sua sã doutrina são ou rejeitados ou ignorados, e a falsidade é de bom grado abraçada. O fato de que os falsos mestres, com tanta frequência, campeiam sobejamente, e às vezes surgem em multidões, deve-se atribuir ao justo juízo de Deus. Merecemos ser subjugados por esse tipo de lixo, já que a verdade divina não encontra espaço algum em nosso ser, ou, se porventura o encontra, imediatamente a lançamos fora de sua possessão; e somos tão devotados aos mitos e às fábulas, que ainda uma multidão de enganadores seria mui pouco para nós. Quão abomináveis são os monges dentro do papado! Se sustentássemos apenas um pastor piedoso em lugar de dez monges e outros tantos sacerdotes, em pouco tempo já não ouviríamos senão murmurações acerca de seus excessivos gastos.[2]

A disposição do mundo é tal que, amontoando com todo o seu entusiasmo incontáveis enganadores, deseja aniquilar tudo quanto pertence a Deus. A causa de tantos erros não é outra senão o espontâneo desejo que tais homens sentem de ser enganados, mais do que de ser corretamente instruídos. Eis por que Paulo adiciona a expressão *tendo comichão nos ouvidos*,[3] quando deseja apontar a causa para

---

2 "Incontinent on n'orroit autre chose que plaintes de la trop grande despense."
3 "A maioria não pode suportar correções ou ameaças ou mesmo a doutrina simples. Quando denunciamos os vícios, ainda que não empreguemos linguagem agressiva, acreditam que tudo está perdido. O mundo nunca foi tão obstinadamente perverso do que agora, e os que têm fei-

tão grande mal. Esta elegante metáfora significa que o mundo possui ouvidos tão sensíveis e tão continuamente ávidos por novidades, que reúne para si uma multidão de diferentes mestres e continuamente se deixará seduzir por suas inovações. O único antídoto para tal vício está em que os crentes sejam instruídos a aderir solidamente à pura doutrina do evangelho.

5. Tu, porém, sê sóbrio em todas as coisas, enfrenta as dificuldades, faze a obra de evangelista, cumpre o teu ministério.
6. Porque já estou sendo oferecido, e o tempo de minha partida é chegado.
7. Combati o bom combate, concluí a trajetória e guardei a fé.
8. Desde agora, a coroa da justiça me está reservada, a qual o Senhor, o reto juiz, me dará naquele Dia; e não só a mim, mas também a todos aqueles que têm amado a sua vinda.

5. Tu verò vigila in omnibus, perfer afflictiones, opus fac Evangelistae, ministerium tuum probatum redde.
6. Ego enim jam immolor, et tempus meae resolutionis instat.
7. Bonum certamen certavi, cursum consummavi, fidem servavi.
8. Quod superest, reposita est mihi justitiæ corona, quam reddet mihi Dominus in illa die justus judex, nec solum mihi, sed etiam omnibus, qui diligunt adventum ejus.

5. Tu, porém, sê sóbrio em todas as coisas. Paulo prossegue com sua exortação para assegurar-se de que, quanto mais graves forem os males, mais conscientemente Timóteo se esforçará para curá-los; e quanto mais ameaçadores forem os perigos, mais atenta será sua vigilância. E já que as lutas dos ministros de Cristo surgem desde o exato momento em que começam a desempenhar fielmente o seu ofício, o apóstolo também lembra-lhe de ser determinado e inabalável diante da adversidade.[4]

---

to uma profissão do evangelho parecem lutar, o quanto possam, para destruir a graça de Deus. Pois não estamos falando apenas dos papistas, que lutam furiosamente contra nós, mas dos que aderem à Reforma Protestante do evangelho. Vemos que gostariam de ser como novilhos desenfreados. (Não se preocupam com um jugo, nem governo, ou algo dessa sorte.) Que lhes seja permitido fazer o que lhes agrada; que lhes sejam permitidas blasfêmias e conduta licenciosa; pouco importa, contanto que não tenham nenhuma forma de cerimônia, e que desprezem o papa e os idólatras. Esta é a maneira como muitos dos que fazem uma profissão do evangelho gostariam de ser governados, mas a razão é que têm 'coceira nos ouvidos'." – *Fr. Ser.*

4 "Quando o diabo hasteia sua bandeira, e quando por toda parte se proliferam escândalos e perturbações, não podemos estar suficientemente atentos e em guarda contra eles, a menos que sejamos fortalecidos pela paciência e não nos deixemos desencorajar pela adversidade que ora

Faze a obra de evangelista. Significa realizar aquilo que é próprio de um evangelista. Não fica claro se esta palavra tem um sentido geral e denota todos os ministros do evangelho, ou se ela descreve algum ofício especial. Sinto-me mais inclinado a aceitar o segundo ponto de vista, uma vez que, à luz de Efésios 4.11, fica claro que havia uma ordem intermediária de ministério entre os apóstolos e os pastores [*ordinem inter Apostolos et Pastores medium*], de modo que os evangelistas ocupavam um lugar de auxiliares depois dos apóstolos. É mais provável que Timóteo, a quem Paulo associava a si como seu mais íntimo colega em todas as suas atividades, estivesse acima dos pastores ordinários em grau de dignidade de seu ofício [*gradu et officii dignitate*], e que ele não fazia meramente parte de seu rol. Ao fazer aqui uma menção tão honrosa de seu ofício, Timóteo estava sendo encorajado e sua autoridade, recomendada a outros; e Paulo tinha ambos esses alvos em vista.

Cumpre o teu ministério. Se com a Vulgata lermos "cumpre", na última cláusula, o significado será: "a única forma de desempenhares plenamente o ministério que te foi confiado é fazendo o que te tenho ordenado; cuida-te, pois, para que não fracasses em meio à trajetória." Visto, porém, que o verbo πληροφορεῖν normalmente significa "ter certeza" ou "provar", prefiro esta interpretação, a qual se adequa melhor ao contexto, ou seja, que Timóteo, mantendo-se vigilante, suportando pa-

---

suportamos. Se esta advertência sempre foi vantajosa, quão grandemente necessária será em nossos dias! O mundo não chegou no ponto mais profundo da iniquidade? Vemos que a maioria rejeita furiosamente o evangelho. Quanto aos outros que pretendem dar as boas-vindas ao evangelho, que sorte de obediência lhe prestam? Há tanto menosprezo e tanto orgulho, que, tão logo os vícios são reprovados, ou se usa mais severidade do que agrada ao paladar dos que gostariam de ter plena permissão de agir perversamente, e cujo único alvo é destruir tudo, vivem saturados de rancor. Embora os papistas permitam que em sua pregação os frades clamem e trovejem contra eles, e, ao mesmo tempo, nada fazem senão impregnar-se com suas mentiras para sua destruição, que francamente declaram que gostariam que houvesse uma reforma do evangelho, não podem suportar que sejam reprovados quando necessário, mas rangem seus dentes contra Deus e cumprem o que Paulo diz aos coríntios que, se os enganadores vierem a impor-se contra eles, que suportem toda tirania e fiquem bem quietos quando forem esbofeteados; mas, se os ensinarmos fielmente no Nome de Deus e para sua salvação, se mostram tão enfadados que uma só palavra é suficiente para provocá-los à rebelião; e se perseverarmos em cumprir nosso dever, imediatamente declararão guerra. Praza a Deus que essas coisas não fossem tão visíveis entre nós, como o são!" – *Fr. Ser.*

cientemente as aflições e perseverando na instrução, estaria provando sobejamente a realidade de seu ministério, visto que todas essas indicações o identificariam como fiel ministro de Cristo.

6. Porque já estou sendo oferecido. Com isso ele apresenta a razão da solene incumbência que dava a Timóteo. É como se dissesse: "Enquanto eu estiver vivo, posso estender-te minha mão e ajudar-te; nunca passaste sem minhas constantes exortações, e meus conselhos te têm assistido imensamente, e meu exemplo te tem sido uma poderosa fonte de ânimo. Não obstante, está chegando o tempo em que terás que ensinar-te e encorajar-te a ti mesmo e começar a nadar sem meu apoio. Vejas bem que nada em ti seja mudado com a minha morte."

E o tempo de minha partida é chegado.[5] Observemos bem a expressão que ele usa para descrever sua morte. Fazendo uso da palavra *partida*, ele indica que quando morremos não perecemos completamente; o que sucede é apenas a partida da alma deixando o corpo. Portanto inferimos que a morte não é outra coisa senão que a transferência da alma, do corpo para outro lugar; e esta definição contém o testemunho da imortalidade da alma.

Oferecer ou sacrificar era um termo especificamente apropriado para a morte de Paulo, visto que sua morte era decorrente de sustentar ele a verdade de Cristo. Porque, ainda que todos os crentes piedosos sejam sacrifícios aceitáveis a Deus, tanto na obediência de suas vidas quanto em sua morte, todavia os mártires são sacrificados de uma forma muito mais preeminente, ao derramarem seu sangue por amor a Cristo. Além disso, o termo σπένδεσθαι, que Paulo usa aqui, não significa qualquer tipo de sacrifício, mas especificamente aquele usado para ratificar um pacto. Por conseguinte, sua intenção nesta passagem é a mesma de Filipenses 2.17, onde ele se explica mais plenamente: "E ainda que seja oferecido por libação sobre o sacrifício e serviço de vossa fé, eu me regozijo." Sua intenção é que a fé dos filipenses só

---

5 "Car de moy je m'en vay maintenant estre sacrifie." — "Porque, de minha parte, agora caminho para ser sacrificado."

seria ratificada por sua morte, assim como um pacto era ratificado nos tempos antigos através do sacrifício de animais degolados; não que a certeza de nossa fé, estritamente falando, esteja alicerçada na perseverança dos mártires, mas porque ela tende a confirmar-nos grandemente. Paulo, aqui, celebra sua morte com uma esplêndida recomendação, ao chamá-la *ratificação de sua doutrina*, para com isso encorajar os crentes à perseverança em vez de caírem exaustos, como ocorre frequentemente.

O tempo de minha partida é uma forma de expressão que também devemos notar, pois aqui o apóstolo minimiza de forma muito bela o nosso excessivo pavor da morte, indicando sua natureza e seu efeito. Qual outra razão por que os homens se sentem tão profundamente perturbados à mais leve menção da morte, senão que por crerem que com ela eles perecem completamente. Ao mencionar sua 'partida', ele declara que o homem não perece, mas sua alma é apenas separada de seu corpo. É pela mesma razão que ele destemidamente declara que *o tempo é chegado*, pois ele não poderia fazer isso a menos que desdenhasse a morte. É parte da natureza humana temer e esquivar-se da morte e o homem jamais pode livrar-se completamente dela; a fé, porém, deve vencer tal temor, para que o mesmo não nos impeça de partir deste mundo obedientemente, quando Deus nos chamar.

7. Combati o bom combate. Visto ser costumeiro julgar-se uma coisa à luz de seu resultado, o combate de Paulo poderia ser condenado por não ter tido um final feliz. Portanto ele se gloria de que, qualquer que fosse a opinião do mundo, o seu combate havia sido na verdade excelente. Aqui está uma prova da excelência de sua fé, porque todo o mundo pensava não só que Paulo era em extremo miserável, mas também sua morte seria considerada ignominiosa. Por conseguinte, quem não haveria de dizer que seu combate fora um fracasso? Mas ele, pessoalmente, não dependia dos juízos humanos distorcidos, senão que em sua inusitada coragem ele se põe acima das próprias calamidades, para que nada interferisse em sua felicidade e glória. E assim ele declara que a luta que havia enfrentado foi boa e honrosa e até mesmo alegre ante a visão da morte, visto ser ela o alvo pelo qual se esforçara por alcançar.

Concluí a trajetória. Só sabemos que os atletas terão efetuado o que tanto almejaram quando eles chegam ao término da prova. O que ele quer dizer é que a morte é o alvo dos atletas de Cristo, já que ela marca o fim de seus labores, e também para que jamais repousem contentes com esta presente vida, já que não há proveito algum em se correr vigorosamente desde o ponto de partida até ao meio do percurso, se no fim não atingimos o ponto de chegada.

E guardei a fé.[6] Esta cláusula pode ter um de dois significados: ou que ele fora um fiel soldado à disposição de seu Capitão, até o fim, ou que ele se mantivera fiel na sã doutrina. Ambos os sentidos se adequam bem; aliás, a única maneira pela qual ele poderia provar sua fidelidade ao Senhor era por meio da constante confissão da pura doutrina do evangelho. Não tenho dúvida de que aqui sua alusão é ao solene juramento de lealdade do soldado, como se dissesse que sempre fora um bom e fiel soldado ao seu Capitão.

8. Desde agora. Como havia se gloriado em seu bom combate, concluído sua trajetória e conservado sua fé, assim ele agora alega que seus labores não foram em vão. É possível fazer-se um esforço extenuante sem, contudo, alcançar o merecido prêmio. Paulo, porém, diz que seu prêmio está garantido. Ele obtém esta certeza voltando seus olhos para a ressurreição, e devemos fazer o mesmo. Se porventura olharmos em volta e nada virmos senão morte, lembremo-nos de que não devemos concentrar nossa atenção na aparência do mundo, mas que tenhamos firme em nossa mente a vinda de Cristo. O resultado será

---

6 "De fato esta palavra 'fé' pode ser tomada por *fidelidade*; como se ele dissesse que era leal a nosso Senhor Jesus Cristo e que nunca hesitou, que sempre realizou o que pertencia ao seu ofício. Mas podemos também tomar esta palavra *fé* em seu sentido ordinário: que Paulo nunca se desviou da simplicidade pura do evangelho e inclusive sempre confiou nas promessas de salvação que lhe foram dadas e, tendo pregado a outros, mostra que era confiante no que falava. Pois toda a lealdade que Deus demanda de nós procede de nossa firme adesão à sua Palavra; e, estando fundado nela de tal maneira, que não se deixará demover por qualquer tormenta ou tempestade que porventura surgir." – *Fr. Ser.*

que nada [nem ninguém] poderá prejudicar nossa felicidade.

A qual o Senhor, o reto juiz, me dará. Visto que ele fala de *a coroa de justiça* e *o reto juiz*, e usa o verbo *dar* ou *conferir*, os papistas tentam usar esta passagem para apoiar o mérito das obras em oposição à graça de Deus; tal raciocínio, porém, é absurdo. A justificação procedente da graça soberana, que nos foi conferida através da fé, não é incompatível com o prêmio procedente das obras; ao contrário, ambas são perfeitamente compatíveis – o homem é gratuitamente justificado pela graça de Cristo, e, não obstante, Deus lhe conferirá a recompensa merecida por suas obras. Porque, tão logo Deus nos recebe em seu favor, ele aceita igualmente nossas obras, a ponto de dignar-se a dar-nos uma recompensa, ainda que não a mereçamos [Ef 2.10].

Aqui os papistas cometem um duplo equívoco: primeiro, ao inferir desta passagem que temos algum mérito diante de Deus por causa de nossas boas obras praticadas em nosso livre-arbítrio; e, segundo, imaginando que Deus está obrigado para conosco, como se nossa salvação tivesse alguma outra fonte além de sua graça soberana. Não se segue, porém, que, só porque Deus justamente nos deu o que ele nos quis dar, ele nos deva alguma coisa. Porquanto ele é justo mesmo em seus atos de graça imerecida. E assim ele confere o galardão que prometeu, não porque tomamos a iniciativa em algum ato de obediência, mas porque, com a mesma generosidade que nos demonstrou desde o princípio, ele acrescenta às suas primeiras dádivas outras tantas que nos concederá posteriormente. Por isso é inútil e vil que os papistas se esforcem por provar, à luz desta passagem, que as boas obras têm sua origem no poder do livre-arbítrio, porquanto não há absurdo algum em afirmar que Deus coroa em nós, com um galardão, seus próprios dons. É igualmente inútil e néscio tentarem eles usar esta passagem para destruir a justiça da fé, visto que não há inconsistência alguma entre a bondade de Deus, pela qual ele graciosamente aceita uma pessoa, não lhe imputando seus pecados, e sua recompensa procedente das boas obras, onde com a mesma generosidade ele confere o que prometera.⁷

E não só a mim. A fim de que todos os demais crentes pudessem combater com o mesmo valor, ele os convida a participarem consigo de sua coroa. Pois sua inabalável fidelidade não poderia servir-nos de exemplo, caso não tivéssemos a mesma esperança de um dia receber a nossa própria coroa.

Ele menciona uma extraordinária característica dos crentes, ao chamá-los *todos aqueles que têm amado sua vinda*.⁸ Pois onde quer que a fé seja forte, não admitamos que nossos corações desmaiem neste mundo, mas ergamo-los cheios de esperança na ressurreição final. O que ele quer dizer é que todos os que se devotam a este mundo e amam esta vida fugaz a ponto de não mais se preocuparem com a vinda de Cristo, e não sentem por ela qualquer anelo, estão se privando da glória imortal. Ai de todos nós se deixarmos que a estupidez nos domine e nunca acharmos tempo para meditar seriamente na vinda de Cristo, quando nosso dever é dedicar-lhe toda a nossa atenção! Ele também exclui do rol dos crentes a todos quantos se acovardam e pensam na vinda de Cristo como algo que mete medo, porquanto ela não pode ser amada a menos que seja ponderada como algo que nos traz alegria e deleite.

9. Procura vir ter comigo depressa,   9. Da operam, ut ad me venias cito.

---

7 "Os próprios papistas deveriam observar cuidadosamente o que foi dito por algum dos que eles têm por seus doutores. 'Como Deus concederia a coroa como um juiz justo, se antes de tudo ele não outorgou graça como um Pai misericordioso? E como teria havido justiça em nós, se não fosse precedida pela graça que nos justifica? E como essa coroa teria sido dada como devida, se não tivéssemos tudo o que temos – se fosse dada quando não era devida? Estas são as palavras de Agostinho; e embora os papistas tenham decidido não se guardar pela Santa Escritura, pelo menos não deveriam aviltar-se tanto a ponto de renunciar aquilo que pretendiam manter. Mas, nem isto é tudo. É verdade que esta é uma doutrina que bem merece ser abraçada: que Deus não pode ser um Juiz justo para salvar-nos, a menos que previamente declarasse ser, no mais elevado grau, um Pai misericordioso; que não haverá em nós justiça senão aquela que ele colocou ali; e que ele não pode galardoar-nos senão coroando seus dons. Mas é também verdade que, ainda que Deus nos desse graça para o servirmos, ainda que tivéssemos laboriosamente feito, segundo nossa habilidade, tudo o que nos era possível, ainda que tivéssemos feito tão bem aquilo que Deus aceita, contudo haverá muito que merece censura em todas as melhores obras que temos praticado, e a maior virtude que se pode perceber em nós seria viciosa." – *Fr. Ser.*

8 "Son apparition." — "Seu aparecimento."

10. porque Demas me abandonou, tendo amado o presente mundo, e foi para Tessalônica; Crescente, para a Galácia; Tito, para a Dalmácia.

11. Somente Lucas está comigo. Toma a Marcos e traze-o contigo, porque me é útil para o ministério.

12. Quanto a Tíquico, enviei-o a Éfeso.

13. Quando vieres, traze contigo a capa que deixei em Trôades, em casa de Carpo, e os livros, especialmente os pergaminhos.

10. Demas enim me reliquit, amplexus hoc saeculum, et profectus est Thessalonicam, Crescens in Galliam, Titus in Dalmatiam.

11. Lucas est solus mecum. Marcum assume, ut tecum adducas; est enim mihi utilis in ministerium.

12. Tychicum autem misi Ephesum.

13. Paenulam, quam Troade reliqui apud Carpum, quum veniens, affer, et libros et membranas.

9. Procura vir ter comigo depressa. Já que ele sabia que o tempo de sua morte estava próximo, não tenho dúvida de que havia muitas questões concernentes ao bem-estar da Igreja que ele gostaria de discutir com Timóteo pessoalmente. Portanto, ele não hesita em pedir-lhe que viesse de além-mar. Certamente que Timóteo deveria ter boas razões para justificar seu afastamento da igreja sobre a qual pastoreava durante a longa viagem do apóstolo. Daqui podemos deduzir quão importantes eram as conferências entre esses homens, pois o que Timóteo iria aprender num curto tempo seria de tão imenso proveito para todas as igrejas, por um tempo considerável, que a perda de seis meses ou mesmo de um ano inteiro, seria trivial em comparação com o que iam lucrar. Não obstante, à luz do que vem a seguir, tudo indica que Paulo convocou Timóteo também por razões pessoais, visto que ele estava sendo privado de fiéis cooperadores – não que ele estivesse avaliando suas necessidades pessoais acima do bem da Igreja, porquanto estava envolvida a causa do próprio evangelho, a qual era do interesse de todos os crentes. Já que tinha que defendê-lo mesmo na prisão, então necessitava que outros agissem lado a lado com ele em sua defesa.

10. Tendo amado o presente mundo. Realmente é algo desprezível que alguém ame o mundo mais que a Cristo. Todavia, não devemos supor que tal pessoa negasse a Cristo e se voltasse para a impiedade ou para as fascinações do mundo, senão que passou a preocupar-se mais com sua própria conveniência e segurança do que com a vida de

Paulo. No caso de Demas, por exemplo, ele não podia ficar com Paulo sem se envolver em muitos problemas e humilhações e até mesmo com real risco de sua vida; ele ficava exposto a muitas repreensões, expunha-se a muitos insultos, era forçado a renunciar o cuidado de seus próprios interesses, e nessas circunstâncias foi vencido por seu desgosto pela cruz e decidiu buscar seus próprios interesses. Nem se pode pôr em dúvida que o mundo lhe tenha propiciado uma oportunidade favorável, ajudando-o em sua jornada. Podemos conjecturar que este homem era um dos mais extraordinários companheiros de Paulo ante o fato de que o apóstolo o inclui com apenas outros poucos em Colossenses 4.14 e também em Filemom 24, onde também o menciona entre seus assistentes. Não é de estranhar, portanto, que ele o censure tão asperamente por cuidar mais de si próprio do que de Cristo.

Os outros, a quem em seguida faz menção, haviam se afastado dele por boas razões e com o próprio consentimento do apóstolo. À luz deste fato, é óbvio que o apóstolo não buscou seu próprio interesse a ponto de privar as igrejas de seus pastores, mas só até obter deles algum socorro. Indubitavelmente, ele era sempre muito cuidadoso no tocante aos seus visitantes ou companheiros, indicando aqueles cuja ausência não fosse prejudicial às demais igrejas. Por essa razão ele enviara *Tito para a Dalmácia* e os outros a outras regiões ao tempo em que convocava Timóteo. E não só isso, mas para evitar que a igreja de Éfeso fosse desamparada ou esquecida durante a ausência de Timóteo, ele enviou Tíquico para lá e faz menção disso a Timóteo para assegurar-lhe que haveria alguém para ocupar seu lugar enquanto estivesse ausente.

13. Quando vieres, traze contigo a capa que deixei em Trôades. Os comentaristas não estão concordes sobre o significado da palavra φελόνη;[9] alguns pensam que se trata de um baú ou caixa para guardar livros; outros acreditam que se trata de uma espécie de capote de viajante com proteção especial contra frio e chuva. Seja qual for o sig-

---

9 "Quant au mot Grec, lequel on traduit manteline." — "Quanto à palavra grega que é traduzida por manto ou capa."

nificado preferido, pode-se suscitar a pergunta por que Paulo pediria que um capote ou um baú lhe fosse trazido de tão longe, como se não houvesse nenhum artesão, nem tecido, nem madeira em Roma. Se concordarmos que se trata de um baú cheio de livros ou manuscritos ou cartas, a dificuldade ficará resolvida, porque tais coisas não poderiam ser adquiridas por preço algum. Visto, porém, que muitos não aceitarão tal conjectura, espontaneamente traduzi o termo por *capote*, e não há absurdo algum em que Paulo quisesse que ele fosse trazido de tão longe, visto que, pelo uso prolongado, seria-lhe mais confortável e poderia evitar despesas.[10]

Não obstante, para ser franco, sinto-me mais atraído pela primeira interpretação, uma vez que imediatamente prossegue mencionando *livros* e *pergaminhos*. É óbvio que, à luz deste fato, embora o apóstolo já estivesse se preparando para a morte, ele não renuncia à leitura. Onde estão aqueles que acreditam que já progrediram tanto que não mais necessitam de outros recursos e qual deles ousaria comparar-se com Paulo? Ainda mais, esta passagem refuta a demência dos fanáticos que desprezam os livros e condenam toda e qualquer leitura, bem como se gabam tão-somente de suas (ἐνθουσιασμοὺς), inspirações divinas particulares.[11] Mas é preciso notar bem que esta passagem recomenda a todos os piedosos[12] leitura contínua como algo do qual poderão extrair muito proveito.[13]

---

10 "Et aussi qu'il vouloit eviter la despense d'en achever une autre." — "E também porque ele desejava evitar a despesa de comprar outro."

11 "De leurs inspirations Divines."

12 "Acima de tudo, àqueles cujo ofício é instruir outros, que olhem bem para si mesmos; porque, por mais aptos que sejam eles, estão muito longe de se aproximarem de Paulo. Assim sendo, que resolvam confiar-se a Deus, a fim de receberem graça dEle e assim obterem ainda mais conhecimento de sua vontade a fim de poderem comunicá-la a outros. E quando tiverem ensinado fielmente durante toda sua vida, ao chegar no momento da morte, que ainda desejem obter proveito, a fim de partilhar com seu semelhante o que conhecem; e que grandes e pequenos, doutores e o povo comum, filósofos e idiotas, ricos e pobres, velhos e jovens – sejam todos exortados pelo que aqui lhes é ensinado: obter proveito, durante toda sua vida, de tal maneira que jamais afrouxem seus empenhos, até que não mais vejam em parte ou num espelho, mas contemplem face a face a glória de Deus." – *Fr. Ser.*

13 "Comme un moyen ordonne de Dieu pour profiter." — "Como um método designado por Deus para haurir proveito."

Neste ponto alguém poderá indagar o que Paulo quer dizer ao solicitar um capote se ele mesmo acreditava que seria conduzido imediatamente à morte. Esta dificuldade se constitui noutra razão por que creio que ele pensava num baú, mas é possível que houvesse algum outro uso para um capote naquele tempo, o que nos é desconhecido hoje. É uma questão sobre a qual não me sinto nem um pouco preocupado.

14. Alexandre, o latoeiro, me fez muitos males; o Senhor lhe retribuirá segundo suas obras;

15. de quem deves também te precaveres, porque resistiu muito nossas palavras.

16. Em minha primeira defesa, ninguém tomou meu partido, antes todos me abandonaram. Que isso não lhes seja levado em conta.

17. Mas o Senhor esteve comigo e me fortaleceu para que, por meu intermédio, a proclamação pudesse ser confirmada e todos os gentios a pudessem ouvir; e fui libertado da boca do leão.

18. O Senhor me livrará de toda obra maligna, e me conservará para o seu reino celestial; a ele seja a glória para todo o sempre. Amém.

19. Saúda a Prisca e a Áquila, bem como a casa de Onesíforo.

20. Erasto permaneceu em Corinto; Trófimo, porém, deixei doente em Mileto.

21. Procura vir antes do inverno. Saúdam-te Êubulo, Prudente, Lino, Cláudia e todos os irmãos.

22. O Senhor seja com o teu espírito. A graça seja contigo.

Segunda epístola a Timóteo, primeiro bispo ordenado da Igreja de Éfeso. Escrita de Roma, quando Paulo foi levado diante de Nero pela segunda vez.

14. Alexander faber aerarius multis me malis affecit: reddat illi Dominus juxta facta ipsius.

15. Quem et tu cave; vehementer enim restitit verbis nostris.

16. In prima defensione nemo mihi affuit, sed omnes me deseruerunt: ne illis imputetur.

17. Sed dominus mihi affit, et corroboravit me, ut per me praeconium confirmaretur, et qudirent omnes Gentes.

18. Et ereptus fui ex ore leonis, et eripiet me Dominus ex omni facto (*vel, opere*) malo, servabitquie in regnum suum caeleste, cui gloria in saecula saeculorum. Amen.

19. Saluta Priscam et Aquilam et familiam Onesiphori.

20. Erastus mansit Corinthi: Trophimum autem reliqui in Mileti languentem.

21. Da operam, ut ante hyemem venias. Salutat to Eubulus et Pudens et Linus et Claudia et fratres omnes.

22. Dominus Iesus Christus cum spiritu tuo. Gratia vobiscum. Amen.

Scripta e Roma secunda ad Timotheum, qui primus Ephesi ordinatus fuit Episcopus, quum, Paulus iterum sisteretur Caesari Neroni.

14. Alexandre, o latoeiro. Este homem foi um pavoroso exemplo de apostasia. Professara certo zelo ao promover o reino de Cristo;

mais tarde, porém, declarou guerra franca contra ele. Aqui está o tipo mais perigoso e venenoso de inimigo. Desde o princípio, porém, o Senhor determinou que sua Igreja não fosse poupada desse gênero de mal, para que nossa coragem não se desvaneça quando formos tentados da mesma forma.

Me fez muitos males. É preciso observar bem quais são esses muitos males dos quais Paulo se queixa que Alexandre lhe havia feito – ou seja: ele se opusera ao seu ensino. Alexandre era um artífice, e não havia recebido sólida educação escolar para ser um grande polemista; os inimigos domésticos, contudo, estão sempre bem situados e são hábeis para causar dano. E a impiedade que tais pessoas divulgam é sempre entusiasticamente saudada pelo mundo, de sorte que a ignorância maliciosa e impudente às vezes cria mais dificuldade e males do que o fazem os grandes talentos e erudição. Além disso, quando o Senhor introduz seus servos no campo de batalha, para enfrentar homens vis como esse, propositadamente ele os oculta da vista do mundo, para que tais homens não ostentem em sua esperteza.

15. Porque resistiu muito nossas palavras. Podemos inferir das palavras de Paulo, que nada era pior para ele do que a oposição à sã doutrina. Se Alexandre houvera atingido sua pessoa ou lhe fizera algum assalto frontal, o haveria suportado com grande paciência; mas quando é a verdade de Deus que é assaltada, seu dedicado coração se inflama com indignação, porque em todos os membros de Cristo a seguinte verdade deve ser uma realidade: "O zelo da tua casa me tem consumido" [Sl 69.9]. Isso explica por que o apóstolo prorrompeu nesta imprecação tão veemente, *o Senhor lhe retribuirá segundo suas obras*. Um pouco depois, ao lamentar que todos o haviam abandonado, ele já não evoca a vingança divina sobre eles, mas, ao contrário, intercede pelo seu perdão. Uma vez que se portou tão gentil e complacentemente para com todos os outros, por que, pois, se mostra tão severo e inexorável para com aquele homem? Ele deseja que Deus dispense seu perdão aos outros, porque o seu fracasso foi motivado pelo medo e debilidade, o que nos motiva a usar de compaixão para com nossos irmãos mais fracos. Alexandre, porém, se erguera contra Deus com malícia e audácia sacrílegas, e passou a atacar a mesma verdade que uma vez confessara, e tal impiedade não merece compaixão.

Entretanto, não vamos concluir que nesta oração por vingança [divina] Paulo fora arrebatado por excessiva ira. Foi pelo Espírito de Deus e movido por um zelo bem orientado que chegou a orar em favor da perdição eterna de Alexandre e de compaixão para os outros. É pela orientação do Espírito que Paulo, aqui, pronuncia juízo celestial, daí podermos inferir quão amada de Deus é sua própria verdade, e quão severamente ele visita com vingança aos que a ela se opõem. Deve-se notar especialmente que crime hediondo é batalhar maliciosamente contra a genuína religião.

No caso, porém, de alguém, equivocadamente, seguir o exemplo do apóstolo e precipitadamente pronunciar imprecações desse gênero, há três coisas aqui que merecem atenção. Em primeiro lugar, não devemos vingar as injúrias lançadas pessoalmente contra nós, para que o egoísmo e a preocupação pelo nosso próprio interesse particular não nos arrebatem, como geralmente sucede. Em segundo lugar, quando estivermos proclamando a glória de Deus, não devemos confundi-la com nossas próprias paixões pessoais, porque estas sempre perturbam a boa ordem. Em terceiro lugar, não pronunciemos juízo sobre alguém sem a devida discriminação; isso só pode ser feito contra as pessoas perversas que provam sobejamente ser ímpias e blasfemas, de modo que os nossos desejos venham a concordar com o próprio juízo divino; do contrário, há diversas razões para se temer que receberemos o mesmo que Cristo aplicou a seus discípulos, os quais trovejavam denúncias indiscriminadas contra todos quantos não anuíssem aos seus próprios desejos: "Vós não sabeis de que espírito sois" [Lc 9.55]. Pareciam estar invocando a autoridade de Elias, porquanto ele havia orado a Deus no mesmo tom [2Rs 1.10]; visto, porém, que eram de um espírito bastante distinto do de Elias, era absurda sua tentativa de imitá-lo. Portanto, é mister que o Senhor apresente seu juízo de forma bem nítida, antes que nos atrevamos a proferir tais imprecações, de modo que nosso zelo seja guiado e restringido por seu Espírito. E sempre que nos lembrarmos da violenta reação de Paulo contra este único homem, devemos igualmente ter em mente sua grandiosa mansidão para com aqueles que ignobilmente o abandonaram, a fim de que, mediante seu exemplo, aprendamos a ter compaixão dos irmãos em suas fraquezas.

Gostaria de perguntar aos que imaginam que Pedro presidiu a Igreja de Roma, onde nesse tempo ele se encontrava. Segundo seu ponto de vista, ele não havia ainda morrido, pois nos afiançam que sua morte se deu precisamente um ano após a de Paulo, e prolongam seu pontificado por sete anos. Aqui, Paulo menciona sua primeira defesa, e seu segundo comparecimento perante a corte não podia ocorrer tão depressa. E Pedro, para não perder seu título papal, teria de se pronunciar culpado de covardemente abandonar a Paulo juntamente com os outros? Certamente que, quando toda a questão for devidamente examinada, nossa conclusão será que tudo quanto se crê acerca do pontificado de Pedro não passa de conto de fada.

17. Mas o Senhor esteve comigo. Ele adiciona esta cláusula para remover o escândalo que percebeu que poderia suscitar-se, a saber, o fato de muitos haver covardemente abandonado a ele e à sua causa.[14] Ainda que a igreja de Roma haja fracassado em seu dever, ele diz que o evangelho não sofrera perda alguma por culpa dela, porque, descansando no poder celestial, ele era capaz por si só de levar toda a carga, e longe de sentir-se desestimulado pelo medo que se apoderou dos demais, ele apenas via mais claramente que a graça de Deus lhe era suficiente e não precisa de nenhum tipo de auxílio extra. Ele não está se vangloriando em sua própria força, mas está dando graças ao Senhor pelo fato de que, quando chegou ao seu extremo, ele não retrocedeu nem se acovardou ao enfrentar provações tão perigosas. Ele reconhece que a mão de Deus o sustentava, e para ele era bastante que a graça

---

14 "De ce que plusieurs L'avoyent ainsi lachement abandonne en la defense de sa cause." — "Tendo muitos tão francamente desertado da defesa de sua causa."

interior do Espírito lhe fosse como um escudo a defendê-lo contra as arremetidas que lhe faziam.

Ele adiciona a razão, para que *a proclamação pudesse ser confirmada*. Por proclamação ele quer dizer o ofício de divulgar o evangelho entre os gentios, o qual fora confiado especificamente a ele.[15] A pregação de outros, sendo confinada aos judeus, não se assemelha tanto a uma proclamação precursora. Ele tem boas razões para usar esta palavra em muitas passagens. E não havia uma confirmação melhor de seu ministério do que, mesmo quando o mundo todo se voltava furiosamente contra ele, e todo e qualquer socorro humano lhe era negado, ainda assim ele permanecia inabalável. E assim, através da prática ele provava que seu apostolado provinha de Cristo.

E então acrescenta a forma da confirmação, para que *todos os gentios pudessem ouvir* que o Senhor o havia socorrido de forma tão espetacular, pois deste fato poderiam concluir que tanto a vocação de Paulo quanto a deles próprios provinham do Senhor.

E fui libertado da boca do leão. Muitos pensam que o leão era Nero. Sou mais inclinado a pensar que o apóstolo usa a expressão para qualquer perigo em geral, como se quisesse dizer "como de um fogo ardente", ou "das garras da morte". Ele quis dizer que só escapara pela miraculosa intervenção de Deus, visto que o perigo era tão terrível que, se Deus não agisse, há muito que teria irremediavelmente sucumbido.

18. O Senhor me livrará de toda obra maligna. Ele declara que está à espera do mesmo socorro no futuro, não para fugir da morte, mas para evitar ser vencido por Satanás ou de desviar-se de sua segura trajetória. O que mais deveríamos desejar não é a segurança de nosso corpo, mas que nos mantenhamos acima de toda e qualquer provação, para que estejamos prontos a morrer cem vezes antes que decidamos deixar-nos desonrar por qualquer obra maligna. Estou bem

---

15 "Le mot Grec signifie proprement une publication et proclamation qui se fait solennellement et comme a son de trompe." — "A palavra grega denota propriamente uma publicação ou proclamação que é feita solenemente, e, por assim dizer, com o som de uma trombeta."

cônscio de que alguns tomam a expressão *obra maligna* num sentido passivo, significando os violentos ataques dos ímpios, como se Paulo quisesse dizer "o Senhor não permitirá que os ímpios me façam algum mal." O outro sentido, porém, é muito mais ajustável, ou seja, que Deus guardaria o apóstolo puro e livre de toda obra perversa, pois ele imediatamente acrescenta *para seu reino celestial*, pelo que ele significa que a única salvação verdadeira só existe quando, quer vivos quer mortos, o Senhor nos leva para seu reino [eterno].

Eis aqui uma passagem notável para apresentarmos contra os papistas sobre a ininterrupta comunicação da graça divina. Uma vez reconhecido que a salvação tem seu princípio em Deus, eles atribuem sua continuação ao livre-arbítrio humano, de modo que a perseverança não é um dom celestial, mas uma virtude humana. Paulo, porém, ao atribuir a Deus a obra de levar-nos para seu reino, publicamente declara que somos governados pela mão divina durante toda a trajetória de nossa vida, até que, com todas as nossas guerras concluídas, alcancemos a vitória. E temos disso um memorável exemplo em Demas, mencionado um pouco antes, porque, sendo um nobre atleta de Cristo, se tornou num vil desertor. Tudo o que vem a seguir já discutimos em outro lugar, e não há mais necessidade de explicações adicionais.

Tito

Dedicatória

Aos eminentes servos de Cristo,
Guilherme Farel e Pedro Viret,
Seus irmãos e colegas muito amados,
João Calvino os saúda

Ao publicar este comentário, com vossos nomes nele inscritos, meu intuito era dedicar-vos um modesto presente. Minha esperança é que ele vos seja plenamente aceitável, já que o tema da epístola foi o que me induziu a dedicá-lo à vós. A tarefa de dar os toques finais à construção que Paulo havia começado, mas que deixara incompleta, foi deixada a Tito. E eu me vejo quase que na mesma posição em relação a vós.

Pois quando, com exaustivo labor e muitos riscos, lançastes mão do soerguimento desta igreja em Genebra, eu só cheguei mais tarde, e mesmo assim como vosso assistente. Afinal fui deixado para trás como vosso sucessor, a fim de me esforçar ao máximo de minha capacidade e levar a cabo a obra que começastes com notável êxito e de forma muitíssimo consistente. Até este momento, meus colegas e eu ainda estamos engajados nesta obra, e embora não tenhamos sido tão bem sucedidos como gostaríamos, prosseguimos sua edificação, sincera e fielmente, de acordo com nossa limitada capacidade.

Ao reportar-me a vós, já que mantenho convosco a mesma relação que Paulo levou Tito a manter com ele, tal similaridade pareceu-me ser uma boa razão para escolher-vos em preferência a quaisquer outros, como sendo os homens a quem deveria dedicar esta obra. Afinal, esta é para mim uma grande chance de testificar, à atualidade e talvez à posteridade, dos santos laços de amizade que nos unem. Creio que jamais houve na vida rotineira um círculo de amigos tão sinceramente devotados uns aos outros quanto temos sido nós em nosso ministério. Com ambos, eu desempenhei aqui o ofício de pastor. E longe de existir qualquer aparência de rivalidade, sempre senti haver entre nós uma só mente. Por fim nos separamos: tu, Farel, foste chamado para a igreja de Neuchâtel, a qual livraste da tirania papal e a trouxeste de volta a Cristo; e tu, Virêt, estás num relacionamento semelhante para com a igreja de Lausanne.

Enquanto, porém, cada um de nós se mantém em seu próprio posto, nossa união reúne também os filhos de Deus no redil de Cristo e os mantém unidos em seu Corpo; ao mesmo tempo que dispersa não só os nossos inimigos externos que declaram guerra franca contra nós, mas também os inimigos domésticos, os quais nos atacam de dentro. Isso também considero como parte dos benefícios de nossa união, a saber: que os cães imundos, cujas mordidas não têm como rasgar nem estraçalhar a Igreja, outra coisa não fazem senão ladrar com todas as suas energias contra ela. Não podemos conter sua influência simplesmente escarnecendo-nos deles, mas podemos provar, e temos provado, aos homens, com a mais insofismável evidência, que não cultivamos nenhuma outra aliança ou amizade senão aquela que tem sido inteiramente consagrada ao nome de Cristo, a qual até agora tem sido muitíssimo proveitosa à sua Igreja, e outro não é o seu objetivo senão que, nele, todos os homens sejam um só conosco. Adeus, excelentíssimos e honorabilíssimos irmãos. Que o Senhor Jesus continue a abençoar o vosso santo labor.

Genebra, 29 de novembro de 1549.

O Argumento

Epístola de Paulo a Tito

Paulo havia apenas lançado os fundamentos da igreja em Creta quando teve que apressar-se rumo a outra região, visto não ser ele pastor de uma única ilha, mas o apóstolo dos gentios. Ele, então comissionou a Tito como evangelista para a consecução de sua obra. À luz desta epístola se torna óbvio que, imediatamente após a partida de Paulo, Satanás lançou mão de todo o seu arsenal não só para transtornar o governo da igreja, mas também para corromper sua doutrina.

Houve alguns que, movidos por motivos ambiciosos, desejavam ser elevados à posição de pastores; e quando Tito não consentiu com seu perverso propósito, começaram a falar mal dele publicamente. Houve igualmente alguns judeus que tentaram usar a lei de Moisés como de pretexto para introduzir inúmeras normas e observações fúteis, e estavam sendo solicitamente ouvidos e entusiasticamente aplaudidos. A intenção de Paulo, ao escrever, era armar a Tito com sua autoridade [apostólica] para ajudá-lo a suportar um fardo demasiadamente pesado. Indubitavelmente, alguns ousadadamente escarneciam dele como apenas mais um dentre a confraria de pastores ordinários. É ainda provável que circulassem queixas contra ele por assumir mais autoridade a que tinha direito, diante o fato de que se recusava a admitir pastores até que houvessem conquistado sua aprovação.

Daí podemos inferir que esta não é tanto uma carta especificamente dirigida a Tito, mas uma epístola pública destinada aos cretenses. É improvável que Tito fosse realmente culpado de ser tão indulgente em elevar pessoas indignas ao ofício de bispo [*ad episcopatum*], ou que houvesse estabelecido que tipo de doutrina seria ensinada ao povo, como se fosse um neófito ignorante. Visto, porém, que ele não estava recebendo a devida honra ao seu ofício, Paulo o reveste de sua própria autoridade pessoal, tanto para ordenar ministros quanto em relação a todo o governo da igreja. Uma vez que muitos insensatos desejavam uma outra forma de doutrina além daquela que haviam recebido dele, Paulo repudia todas as demais e impõe seu selo de aprovação unicamente ao ensino de Tito, encorajando-o a continuar como começara.

Acima de tudo o apóstolo ensina que gênero de homens deveriam ser escolhidos como ministros.[1] Entre outras qualificações, ele requeria que o ministro fosse instruído na sã doutrina, com a qual pudesse resistir os adversários. Aqui ele aproveita a oportunidade para censurar os costumes dos cretenses, e repreende especialmente os judeus que faziam a santidade consistir de distinções entre alimentos e outras cerimônias externas. Com o fim de refutar tal estultícia, ele contrasta tais coisas com as genuínas práticas da piedade e do viver cristão, e, para imprimir-lhes mais profundamente em suas mentes, ele descreve os deveres que pertencem às diferentes vocações. Ele diz a Tito que inculcasse tais deveres criteriosa e incansavelmente, e ao mesmo tempo diz aos demais que não se cansassem de fazer o bem, e que demonstrassem que este é o propósito da redenção e salvação que se alcançam através de Cristo. Se porventura algumas pessoas contenciosas se lhe opusessem ou se recusassem a ser-lhe submissas, a ordem de Paulo a Tito foi que ele as pusesse de lado. Agora percebemos que o único objetivo de Paulo era apoiar a causa de Tito e estender-lhe mão amiga com o fim de ajudá-lo a levar avante a obra do Senhor.

---

1 "Pour estre ministres et pasteurs de l'Eglise." — "Ser ministros e pastores da Igreja."

Capítulo 1

1. Paulo, servo de Deus e apóstolo de Jesus Cristo, segundo a fé dos eleitos de Deus e o conhecimento da verdade que é segundo a piedade,
2. na esperança da vida eterna, a qual Deus, que não pode mentir, prometeu antes dos tempos eternos;
3. mas que a seu próprio tempo manifestou sua palavra na pregação que me foi confiada segundo os mandamentos de Deus nosso Salvador;
4. a Tito, meu verdadeiro filho segundo a fé comum: graça e paz, da parte de Deus o Pai e de Cristo Jesus nosso Salvador.

1. Paulus servus Dei apostolus autem Iesu Christi secundum fidem electorum Dei et agnitionem veritatis quae secundum pietatem est,
2. in spem vitae aeternae quam promisit qui non mentitur Deus ante tempora saecularia,
3. manifestavit autem temporibus suis verbum suum in praedicatione quae credita est mihi secundum praeceptum salvatoris nostri Dei.
4. Tito dilecto filio secundum communem fidem gratia et pax a Deo Patre et Christo Iesu salvatore nostro.

1. Servo de Deus. Esta longa e detalhada recomendação de seu apostolado revela que Paulo tinha em mente toda a Igreja, e não simplesmente a pessoa de Tito. Pois o seu apostolado não estava sendo impugnado por Tito; e ele tinha por costume proclamar os louvores de sua vocação quando desejava asseverar e manter sua autoridade. Portanto, conforme o conhecimento que ele tem da disposição daqueles a quem está escrevendo, ele haverá de ocupar-se mais ou menos com esses ornamentos. Já que seu propósito aqui é submeter os que estavam comprometidos em rebeliões insolentes, ele enaltece imponentemente seu apostolado. Ele escreve esta carta, não para que Tito a lesse sozinho em seu quarto, mas para que fosse publicada abertamente.

Apóstolo de Jesus Cristo. Em primeiro lugar, ele se denomina de servo de Deus, e então adiciona a designação específica de seu ministério, apóstolo de Jesus Cristo. E assim ele desce do gênero para a espécie. Devemos lembrar que, como já disse em outro lugar, o termo 'servo' não significa apenas sujeição ordinária, no sentido em que todos os crentes podem ser chamados servos de Deus, mas significa um ministro a quem se destina certo ofício definido. Nesse sentido, os antigos profetas foram caracterizados por esse título, e Cristo mesmo é o principal dos profetas. "Eis aqui o meu servo, a quem sustenho, o meu eleito, em quem a minha alma se compraz" [Is 42.1]. E também Davi, diante de sua dignidade real, a si mesmo se denomina – 'servo de Deus'. É provável que Paulo tivesse também seus olhos postos nos judeus que se denominavam de 'servos de Deus', pois formaram o hábito de amesquinhar sua autoridade, lançando-lhe em rosto a lei [de Moisés]. Ele deseja ser tido na conta de apóstolo de Cristo, com o intuito de poder também gloriar-se de ser, dessa forma específica, um 'servo de Deus'. E assim ele mostra que esses dois títulos são não só consistentes entre si, mas também se acham atados um ao outro por vínculo indissolúvel.

Segundo a fé dos eleitos de Deus.[1] No caso de alguém ainda nutrir dúvida acerca de seu apostolado, ele apresenta fortes razões para se crer nele, conectando-o à salvação dos eleitos de Deus, como se

---

1 "Se a fé for o fruto da eleição, a presciência da fé não influencia o ato divino de eleger. Ela é chamada 'a fé dos eleitos de Deus'; 'Paulo, apóstolo de Jesus Cristo, segundo a fé dos eleitos de Deus' [Tt 1.1], isto é, posto neste ofício para conduzir os eleitos de Deus à fé. Se os homens fossem escolhidos por Deus com base na previsão da fé, ou não escolhidos até que tivessem fé, não seriam propriamente eleitos de Deus, e sim Deus seria eleito deles; escolhem Deus pela fé, antes de Deus os escolher pelo amor. Ela não teria sido a fé dos eleitos de Deus, isto é, dos já escolhidos, mas a fé dos que em seguida seriam escolhidos por Deus. A eleição é a causa da fé, e não a fé a causa da eleição. O fogo é a causa do calor, e não o calor a causa do fogo; o sol é a causa do dia, e não o dia a causa do surgimento do sol. Os homens não são escolhidos porque crêem, mas crêem porque são escolhidos. O apóstolo achava um tanto difícil expor isso aos eleitos, os quais não tinham mais interesse pela virtude de sua eleição do que os mais réprobos do mundo. Se a previsão das obras que suas criaturas poderiam fazer fosse o motivo de sua escolha, por que ele não escolheu os demônios para a redenção, que poderiam ter-lhe prestado melhor serviço, pelo vigor de sua natureza, do que toda a massa da posteridade de Adão? Ora, pois, não há via possível de lançar o fundamento original deste ato de eleição e preterição em algo além da soberania absoluta de Deus." – *Charnock*.

quisesse dizer: "há uma relação mútua entre meu apostolado e a fé dos eleitos de Deus, de modo que ninguém poderá rejeitá-lo sem que se torne um réprobo e estranho à fé genuína."

Com o termo 'eleitos' ele indica não só aqueles que ainda estavam vivos naquele tempo, mas a todos quantos foram eleitos desde o princípio do mundo. Sua intenção é que ele não ensina nenhuma doutrina que não esteja em harmonia com a fé de Abraão e de todos os pais. E assim, se alguém hoje desejar ser considerado sucessor de Paulo, o mesmo terá que provar que é ministro da mesma doutrina. Essas palavras, porém, contêm um contraste implícito, para tornar evidente que a incredulidade e a obstinação de muitos de forma alguma trazem prejuízo ao evangelho. Pois naquele tempo, assim como hoje, os fracos na fé eram terrivelmente escandalizados porque grande parte daqueles que alegavam pertencer à Igreja rejeitavam a doutrina integral de Cristo. Por essa razão Paulo mostra que, mesmo que todos, indiscriminadamente, se gloriassem no nome de Deus, há um grande número no seio dessa multidão que, não obstante, são réprobos. Como ele diz em outro lugar: "Nem por serem descendência de Abraão são todos filhos; mas: Em Isaque será chamada a tua descendência" [Rm 9.7].

E o conhecimento da verdade. Considero que a conjunção "e", aqui, tem o efeito de explicar o que vem antes, e então equivale a 'isto é'. Pois ele está explicando a natureza da fé que ele já mencionara, embora essa seja não uma definição completa dela, mas uma descrição adequada ao presente contexto. A fim de apoiar sua alegação de que seu apostolado está livre de toda e qualquer impostura e equívoco, ele declara que sua mensagem nada contém senão aquela notória e averiguada verdade, a qual pode instruir os homens no perfeito culto divino. Visto, porém, que cada palavra tem sua própria importância, nos será de muito proveito examiná-las uma a uma.

Em primeiro lugar, ao chamar a fé de 'conhecimento', ele não está meramente distinguindo-a de opinião, mas daquela fé forjada e implícita inventada pelos papistas. Pois por fé implícita eles querem dizer algo destituído de toda luz da razão. Ao dizer que *conhecer* a verdade pertence à essência da fé, ele claramente demonstra que sem o conhecimento não há certeza na fé.

Com o termo 'verdade' ele explica ainda mais claramente a certeza que a natureza da fé requer; pois a fé não se satisfaz com probabilidades, mas com a plena verdade. Além do mais, ele não está falando aqui, de qualquer gênero de verdade, mas daquela que é contrastada com a vaidade do entendimento humano. Pois como Deus se nos tem revelado através dessa verdade, ela é a única que merece o título de 'a verdade' – título este a ela dado em muitas outras passagens bíblicos. João 16.13: "O Espírito vos guiará a toda a verdade." João 17.17: "Tua palavra é a verdade." Gálatas 3.1: "Quem vos fascinou para não obedecerdes à verdade?" Colossenses 1.5: "Por causa da esperança que vos está reservada nos céus, da qual já antes ouvistes pela palavra da verdade do evangelho." 1 Timóteo 2.4: "Que quer que todos os homens se salvem, e venham ao conhecimento da verdade." 1 Timóteo 3.15: "a igreja do Deus vivo, a coluna e baluarte da verdade." Em suma, a verdade é aquele puro e perfeito conhecimento de Deus, o qual nos livra de todo e qualquer erro e falsidade. Devemos considerar que não há nada mais miserável do que vagar ao longo de toda a nossa vida como ovelhas perdidas.

Que é segundo a piedade. A próxima frase, *que é segundo a piedade*, qualifica a verdade de uma forma específica, da qual ele esteve falando, e ao mesmo tempo recomenda sua doutrina a partir de seu fruto e propósito, visto que seu alvo único é promover o culto divino correto, e manter a religião genuína entre os homens. E assim ele livra sua doutrina de toda e qualquer suspeita de vã curiosidade, como ele fez diante de Félix [At 24.10] e igualmente diante de Agripa [At 26.1]. Visto que todos os questionamentos supérfluos que não se inclinam para a edificação devem ser com toda razão suspeitos e mesmo detestados pelos cristãos piedosos, a única recomendação legítima da doutrina é que ela nos instrui na reverência e no temor de Deus. E assim aprendemos que o homem que mais progride na piedade é também o melhor discípulo de Cristo, e o único homem que deve ser tido na conta de genuíno teólogo é aquele que pode edificar a consciência humana no temor de Deus.

2. Na esperança da vida eterna. Esta adição indubitavelmente indica a causa, pois esse é o significado da preposição grega ἐπί, *sobre*. Portanto, podemos traduzi-la assim: "por causa da esperança", ou "na esperança". A meditação sobre a vida celestial é o princípio tanto da religião genuína quanto do anelo pela piedade. Da mesma forma em Colossenses 1.5; ao enaltecer a fé e o amor dos colossenses, o apóstolo os leva a confiarem na "esperança reservada no céu". Os saduceus, e todos os que confinam nossa esperança a este mundo, seja qual for sua pretensão, só podem produzir desprezo por Deus, ao mesmo tempo em que reduzem os homens ao nível dos brutos. Portanto, o alvo de um bom mestre deve ser sempre converter os homens do mundo para que voltem seu olhar para o céu. De bom grado concordo que a glória de Deus deve estar, para nós, acima de nossa própria salvação, mas não estamos agora preocupados com a questão sobre qual dessas duas vem primeiro em sua ordem de precedência. Tudo o que posso dizer é que os homens nunca buscam genuinamente a Deus até que adquiram confiança para aproximar-se dele, e assim nunca aplicam suas mentes à piedade até que sejam instruídos na esperança da vida celestial.[2]

A qual Deus prometeu antes dos tempos eternos. Agostinho

---

2 "Assim ele mostra que jamais será possível que os homens se dediquem inteiramente ao serviço de Deus, se não pensarem mais em Deus do que em todas as demais coisas. Em suma, não há raiz viva, nenhuma fé e nenhuma religião, até que tenhamos sido levados para o céu, isto é, até que saibamos que Deus não nos criou para manter-nos aqui em uma vida terrena com os animais irracionais, mas que ele nos adotou por sua herança, e nos reputa no número de seus filhos. Se, pois, não olharmos para o céu, é impossível que tenhamos verdadeira devoção em render-nos a Deus, ou que haja alguma fé ou cristandade em nós e essa é a razão por que entre todos os que, na atualidade, são considerados cristãos - e crêem que o são - há bem poucos que possuem esta verdadeira marca, a qual Paulo, aqui, deu a todos os filhos de Deus. É porque todos estão ocupados com a presente vida, e estão tão firmemente presos a ela, que não podem subir mais alto. Ora, percebendo ser este vício tão comum, tanto mais devemos guardar-nos contra ele e quebrar a força daquilo que não podemos destruir totalmente, até que entremos em íntima comunhão com Deus, a qual só será possível quando a esperança da vida eterna for real e sinceramente formada em nossos corações." – *Fr. Ser.*

traduziu as palavras πρὸ χρόνων αἰωνίων, não com o significado de "antes de todos os tempos" mas "tempos eternos", e nos envolve em dificuldades quanto à eternidade do tempo, até que, afinal, ele explica o termo "eternos" como significando o tempo que vai além de toda a antiguidade. Quanto ao significado, ele, Jerônimo e outros comentaristas entendem que, antes da fundação do mundo, Deus determinou conceder a salvação que agora manifestou pela proclamação do evangelho. Por conseguinte, segundo esses comentaristas, Paulo, em sua visão, estaria aqui usando o termo 'prometeu' de forma imprecisa, ao invés de "decretou", visto que antes da criação do homem não havia ninguém a quem ele pudesse fazer alguma promessa.

Por essa razão, ainda que não rejeite esta interpretação, ao examinar toda a questão em seus diversos detalhes, sinto-me impelido a aceitar uma tradução diferente, ou seja, que a vida eterna, ainda que prometida ao homem muito tempo atrás, e não somente aos que viviam naquele tempo, também nos é prometida em nosso próprio tempo; não foi só em benefício de Abraão que Deus fez a promessa: "na tua semente serão abençoadas todas as famílias da terra" [Gn 22.18], senão que ele tinha em vista todos quantos viveriam depois dele. Não há dificuldade no fato de em 2 Timóteo 1.9 ele dizer que a salvação foi oferecida aos homens, "antes dos tempos eternos", num sentido distinto. Pois o significado do termo é o mesmo em ambas as passagens. Pois, visto que, o termo grego αἰών significa a sucessão ininterrupta de tempo, desde o princípio até ao fim do mundo, Paulo, naquela passagem da epístola à Timóteo, está dizendo que a salvação foi outorgada ou ordenada aos eleitos de Deus antes que o tempo começasse sua trajetória. Na presente passagem, porém, onde fala de uma promessa, ele não inclui todas as épocas, procurando guiar-nos de volta para além da criação do mundo, mas diz simplesmente que muitas épocas têm transcorrido desde que a salvação foi prometida pela primeira vez.

Mas se alguém quiser tomar 'tempos eternos' de uma forma concisa para expressar as épocas propriamente ditas, está em seu direito de fazê-lo. Visto, porém, que a salvação foi outorgada pela divina e eterna eleição, antes que a mesma fosse prometida, o ato de outorgar a salvação é posto antes de todos os tempos, como vemos na epístola a Timóteo; e é assim que temos de entender ali o termo 'todos'. Aqui, porém, seu significado é simplesmente que a promessa é mais antiga do que uma longa sucessão de tempos, porque ela começou imediatamente a partir da fundação do mundo. Neste sentido ele mostra em Romanos 1.2 que o evangelho, que só foi proclamado quando Cristo ressuscitou dos mortos, na verdade foi prometido nas Escrituras através dos profetas, pois há grande diferença entre a graça revelada na presente era[3] e a promessa feita antigamente aos pais.

Que não pode mentir. O adjetivo ἀψευδής é adicionado aqui para glorificar a Deus e, ainda mais, para confirmar nossa fé. Sempre que o tema de nossa salvação é tratado, devemos lembrar que ela está fundada na Palavra daquele que não pode iludir ou mentir. Aliás, o único fundamento de toda a religião é a imutável verdade de Deus.[4]

3. A seu próprio tempo manifestou sua palavra. Certamente que houve alguma revelação dela quando Deus antigamente falou através dos profetas; visto, porém, que em seu advento Cristo publicamente manifestou o que eles indistintamente haviam predito, e visto que só

---

[3] "Beaucoup de centeines d'ans." — "Muitas centenas de anos."

[4] "Que estranha sorte de homens são esses que permitirão ser tão expostos, tão escarnecidos, tão tripudiados, como comumente fazem os que portam o nome *cristão*? Qual é a razão disso? Que conta um homem razoável dará, por que ele se expõe assim? Eu lhe direi a razão. 'Porque labutamos e suportamos opróbrio, porque esperamos em Deus, no Deus vivo, e estamos plenamente persuadidos de que no final não seremos perdedores. No fim, não teremos feito uma má barganha.' Quando o apóstolo, ao denominar a si mesmo de "apóstolo e servo de Jesus Cristo', parece admitir que estava condenado a todos os sofrimentos e calamidades com os quais os inimigos da causa cristã podiam sobrecarregá-lo e lançar sobre ele, porquanto havia assumido para si esses nomes, 'apóstolo e servo de Jesus Cristo'. Mas, por que Paulo – esse homem sábio e prudente, esse homem erudito, esse homem de tão considerável reputação entre seus próprios conterrâneos –, por que ele viria ser inscrito entre os apóstolos e servos de Jesus Cristo? Porque, diz ele, é na esperança da vida eterna, a qual Deus, que não pode mentir, prometeu [Tt 1.1, 2]. Eu me confesso um apóstolo e servo de Jesus Cristo sobre este induzimento e por esta razão; e assim pretendo continuar até o fim. É a esperança da vida eterna que Deus, que não pode mentir, me prometeu. Aquele cuja natureza não lhe permite enganar, a quem é impossível mentir, nele espero firmemente e com toda certeza; e, portanto, me disponho prontamente a enfrentar todas as dificuldades e asperezas que o serviço de Jesus Cristo pode abrir para mim." – *Howe*.

então os gentios foram recebidos no pacto, Paulo diz que o que antes fora revelado parcialmente, agora, neste sentido, se manifestou plenamente.

A seu próprio tempo tem o mesmo sentido de 'a plenitude dos tempos', em Gálatas 4.4. Ele nos recorda que o tempo que o Senhor escolheu para fazer isso deve ter sido o tempo mais oportuno, e ele menciona isso para aplacar a temeridade daqueles que ousam indagar por que o mesmo não ocorreu mais depressa, ou por que não ocorre hoje em vez de amanhã. Para restringir uma curiosidade tão imoderada, ele ensina que os tempos estão nas mãos e à disposição de Deus, de modo que devemos crer que tudo é feito na mais perfeita ordem e no tempo predeterminado.

Sua Palavra. Ou por sua palavra; pois não é raro aos escritores gregos adicionarem a preposição *por*. Ou, se quisermos acrescentar alguma coisa para completar a sentença, devemos imaginar Paulo denominando Cristo de a *Palavra*. Eu mesmo ficaria satisfeito com essa explicação se a mesma não fosse um tanto forçada. João não se expressa assim no início de sua epístola: "O que era desde o princípio, o que ouvimos, o que vimos com nossos próprios olhos, o que temos contemplado e as nossas mãos tocaram com respeito à Palavra da vida" [1Jo 1.1]. Eu, porém, prefiro o significado mais simples, a saber, que Deus manifestou a vida através de sua Palavra, ou manifestou a Palavra da vida através da proclamação do evangelho.

A proclamação de que ele fala é o evangelho publicado, e, indubitavelmente, a principal coisa que nele ouvimos é que Cristo nos foi oferecido, e que a vida está nele.

Que me foi confiada. Além do mais, visto que todos os homens, sem distinção, não estão preparados para tão grande ofício, e visto que ninguém deve lançar-se precipitadamente a ele, o apóstolo reitera sua vocação como costuma fazer. Aqui devemos aprender – como já notamos com muita frequência – que não se deve atribuir esta honra a qualquer pessoa, até que seja comprovado que Deus o tenha ordenado. Pois até mesmo os ministros de Satanás se vangloriam ostensivamente de que foram chamados por Deus, ainda que não haja verdade alguma em suas palavras. Mas quando Paulo menciona sua vocação, ela é algo bem notório e bem atestado.

Além do mais, aprendemos desta passagem por que os homens são ordenados apóstolos a fim de publicarem o evangelho; como ele diz em outra parte: "Ai de mim se não pregar o evangelho; esta responsabilidade me foi confiada" [1Co 9.16]. Por conseguinte, aqueles que se portam como fantoches em meio à ociosidade e à luxúria são impudentes demais ao reivindicarem para si a sucessão apostólica.

Deus, nosso Salvador. Ele atribui o mesmo título ao Pai e a Cristo, já que cada um deles é, na verdade, nosso Salvador, mas de uma forma diferenciada. O Pai é nosso Salvador porque nos redimiu mediante a morte de seu Filho, para nos fazer herdeiros da vida eterna. O Filho, porém, é nosso Salvador porque derramou seu sangue como penhor e preço de nossa salvação. E, assim, o Filho nos trouxe salvação da parte do Pai, e o Pai no-la concedeu através do Filho.

4. A Tito, meu verdadeiro filho segundo a fé comum. Daqui se evidencia em que sentido um ministro da Palavra é tido como gerador espiritual daqueles a quem ele conduz à obediência a Cristo, ou seja, da mesma maneira como ele mesmo também foi gerado. Paulo chama a si mesmo pai de Tito no tocante à sua fé; imediatamente, porém, acrescenta que essa fé é comum a ambos, de modo que ambos participam do mesmo Pai celestial. Portanto, Deus de forma alguma tira algo de sua própria prerrogativa ao permitir que aqueles, por cujo ministério ele regenera, sejam também chamados pais espirituais juntamente com ele; porque, por si mesmos nada fazem, senão somente através da eficácia do Espírito. Pode-se encontrar uma explicação do restante deste versículo nos comentários às epístolas anteriores, especialmente em 1 Timóteo.

5. Por essa causa te deixei em Creta, para que pusesses em ordem as coisas que ainda restam, e em cada cidade designasses presbíteros, como já te ordenei:

6. aquele que for irrepreensível, esposo de uma só mulher, que tenha filhos crentes, que não sejam acusados de libertinagem e ins ubmissão.

5. Huius rei gratia reliqui to Cretae ut ea quae desunt corrigas et constituas per civitates presbyteros sicut ego tibi disposui.

6. Si quis sine crimine est unius uxoris vir filios habens fideles non in accusatione luxuriae aut non súbditos.

5. Por essa causa te deixei em Creta. Este ponto de partida prova claramente que Tito era aconselhado pelo apóstolo, não tanto por ele próprio, mas por causa de outros, para que ninguém lhe pusesse obstáculo. Paulo declara que o designara para assumir seu próprio lugar, e por essa razão todos devem reconhecê-lo e recebê-lo com reverência por ser seu representante. Os apóstolos não tinham para si um lugar designado e fixo, já que eram responsáveis pela divulgação do evangelho por todo o mundo; por isso, ao deixarem uma cidade ou distrito, para irem a outro lugar, costumavam escolher homens capazes como seus substituto para que completassem a obra que eles [apóstolos] haviam começado. Daí Paulo dizer que lançara o fundamento da Igreja em Corinto, mas foram outros trabalhadores[5] que edificaram sobre seu fundamento, ou seja, levaram a construção avante.

O mesmo se aplica a todos os pastores, visto que as igrejas terão sempre necessidade de crescer e progredir até à consumação do mundo. Mas, além do ofício ordinário de pastor, Tito tinha sobre si a responsabilidade de organizar as igrejas. Os pastores, normalmente, são postos sobre igrejas já constituídas e com certa ordem; Tito, porém, tinha o encargo adicional de organizar igrejas cujas atividades não eram ainda bem ordenadas, e estabelecer-lhes métodos fixos de governo e disciplina. Quando o fundamento da igreja em Creta estava lançado, Paulo partiu, e então o dever de Tito era o de erguer o edifício acima

---

5 "Mais que les autres estoyent macons ou charpentiers." — "Mas que outros eram pedreiros e carpinteiros."

do solo para que sua estrutura fosse proporcionalmente desenvolvida.

Isso é o que ele quis dizer com *para que pusesses em ordem as coisas que ainda restam.* A edificação de uma igreja não é uma tarefa tão fácil que possa ser realizada duma só vez e com perfeição. É incerto quanto tempo Paulo permaneceu em Creta, mas ele gastou algum tempo ali e dirigiu fielmente seu labor no estabelecimento do reino de Cristo. Ele possuía as mais excelentes habilidades que podem ser encontradas entre os homens. Era infatigável em seu labor, e, no entanto, reconheceu que havia deixado a obra incompleta e sem aprimoramento. À luz desse fato percebemos a dificuldade, e hoje sabemos pela própria experiência que o que se requer não é o labor de um ou dois anos para levantar as igrejas caídas a uma condição mais ou menos funcional. Aqueles que têm alcançado diligente progresso por muitos anos devem ainda preocupar-se em corrigir muitas coisas.[6]

Além do mais, é preciso observar atentamente a modéstia e liberalidade de Paulo em admitir alguém mais para completar o que ele havia começado. E ainda que Tito lhe fosse muitíssimo inferior, ele não recusa tê-lo como ἐπανορθωτήν, "corretor", para dar os toques finais à sua própria obra. Essa deve ser a disposição dos mestres piedosos,

---

[6] "Os que são guiados pela ambição gostariam de ser tidos como pessoas talentosas no primeiro dia; gostariam de desfrutar de tal reputação para que sejam considerados como tendo cumprido seu dever tão fielmente, que nada mais se poderia desejar. Do contrário, quando tivermos trabalhado durante toda nossa vida para edificar a Igreja de Deus, contudo não seremos bem sucedidos na plena extensão. Portanto, saibamos que não devemos presumir tanto sobre nossa indústria e nossas virtudes, que aquele que é dotado com mais abundantes graças de repente pode ter edificado a Igreja de Deus com perfeição; mas devemos assistir uns aos outros. Aquele que tiver progredido mais deve saber que não pode fazer tudo, e deve curvar seus ombros e rogar assistência daqueles a quem Deus designou, e deve ficar bem satisfeito com o fato de outros fazerem progresso, contanto que todos almejem servir a Deus e fazer avançar o reino de nosso Senhor Jesus Cristo. Se olharmos bem para nós mesmos, haverá sempre razão para tristeza, porque estamos muito longe do pleno cumprimento de nosso dever. E os que se fazem crer isto ou aquilo, e dizem: 'Aqui está uma igreja tão bem reformada, que já não carece de nada mais" – estão equivocados; pois se soubessem o que é reforma, se precaveriam de pensar que já não havia lugar para encontrar falha. Seja qual for o trabalho que tivermos em organizar os materiais, e mantê-los em ordem, deveras há muitas coisas que, quando uma vez começadas, seguirá uma série regular de coisas; mas, quanto a alcançar a perfeição, estamos ainda muito longe dela." – *Fr. Ser.*

não que cada um deva egoisticamente esforçar-se por ter tudo feito como lhe agrade, e, sim, para que se auxiliem mutuamente; e quando um deles tiver laborado com grande êxito, que o mesmo seja congratulado pelos demais, e não invejado.

E, todavia, não devemos concluir que Paulo quisesse que Tito corrigisse aquelas coisas que ele havia deixado por terminar, quer por ignorância, quer por esquecimento ou por descuido, e, sim, as coisas que não pôde completar por falta de tempo. Em suma, Paulo ordena a Tito que corrigisse as coisas que ele mesmo teria corrigido caseo houvesse permanecido mais tempo em Creta, não para variar ou mudar alguma coisa, mas para acrescentar o que porventura faltasse, já que a dificuldade da tarefa não permitia que tudo fosse feito de uma vez e num só dia.

E designar presbíteros em cada cidade.[7] Na edificação espiritual da Igreja, há algo que exerce quase a prioridade em relação à doutrina: que os pastores sejam designados para cuidarem do governo da Igreja. Daí Paulo mencioná-lo aqui antes de qualquer outra coisa. Deve-se notar cuidadosamente que as igrejas não podem permanecer em segurança sem o ministério pastoral; de modo que, onde quer que haja um considerável grupo de pessoas, deve-se designar um pastor sobre ele. Ao dizer que cada cidade deve ter um pastor, ele não quer dizer que uma cidade não pode ter mais de um pastor, mas somente que nenhuma cidade viva sem pastores.

Os presbíteros ou anciãos [*seniores*] não eram, como se sabe, assim chamados por causa de sua idade, pois com frequência homens ainda jovens – como é o caso de Timóteo – eram eleitos para o desempenho dessa função. Em todos os idiomas tem sido a prática comum aplicar-se aos governadores o honroso título de presbíteros ou anciãos. Embora deduzamos de 1 Timóteo a existência de dois tipos de presbíteros, aqui o contexto deixa bem claro que os mestres [*doutores*]

---

7 "Κατὰ πόλιν, não 'em cada cidade', e sim 'em cada cidade e povoado' (literalmente, 'cidade por cidade'), de todas as que tinham congregações cristãs. Destas se podem mencionar centenas; ainda que o nome πόλις às vezes fosse dado aos povoados." – *Bloomfield*.

é que devem estar subentendidos, ou seja, aqueles ordenados para o magistério sagrado, pois quase imediatamente ele faz referência às mesmas pessoas como sendo bispos.

Poder-se-á, porém, parecer que ele confere demasiada autoridade a Tito, ao ordenar-lhe que designasse ministros para todas as igrejas. Tal coisa se constituiria em quase poder soberano e privaria as igrejas locais de seu direito de eleger e o colégio de pastores; de seu direito de julgar; e tal coisa seria profanar toda a administração da Igreja. A resposta não é difícil: o apóstolo não está dando a Tito permissão para fazer tudo de forma arbitrária, por iniciativa própria, pondo sobre as igrejas os bispos que lhe agradassem; ao contrário, o apóstolo está ordenando-lhe a presidir as eleições como moderador, como se faz necessário. Essa forma de expressão é muito comum. Da mesma forma diz-se de um cônsul, ou regente, ou ditador, que o mesmo criou cônsules, por haver presidido a assembléia pública para elegê-los. Da mesma forma Lucas diz de Paulo e Barnabé, em Atos 14.23, que ordenaram presbíteros em cada igreja, não significando que sozinhos designassem para as igrejas locais, de uma forma ditatorial, pastores não aprovados nem conhecidos; mas porque ordenaram homens aptos que haviam sido eleitos ou solicitados pelo povo. À luz desta passagem, aprendemos que não havia naquele tempo uma igualdade tal entre os ministros da Igreja que impedisse de um entre eles ter autoridade e deliberação sobre os demais [*unus aliquis auctoritate et consilio praesset*]. Mas isso nada tem a ver com o costume profano de benefícios eclesiásticos, o qual prevalece no papado. O método do apóstolo era muito diferente.

6. Aquele que for irrepreensível. Para que ninguém se sentisse indignado contra Tito por ser demasiadamente rigoroso ou severo em rejeitar certas pessoas, Paulo chama sobre si toda a responsabilidade.[8] Declara que transmitia instruções explícitas para que ninguém

---

8 "Prend sur soy toute l'envie, voulant qu'on luy impute tout ce que Tite fera en cest endroit."
— "Toma sobre si toda a culpa, desejando que lhe fosse imputado tudo o que Tito fizesse nesta questão."

fosse admitido, se porventura não tivesse as qualificações descritas por ele. Portanto, como um pouco antes declarara que foi ele quem autorizou Tito a presidir como moderador na indicação de pastores, para que outros lhe concedessem esse direito, assim agora descreve a ordem expressa que dera, a fim de que Tito não ficasse exposto a falsas acusações de ser severo, por parte de homens perversos, indispostos e ignorantes.

Visto que esta passagem nos apresenta a imagem de um bispo legítimo, é bom que a observemos bem. Mas como já expliquei quase tudo no comentário a 1 Timóteo, será suficiente fazer uma ligeira menção do que for indispensável. Pelo termo ἀνέγκλητος, *irrepreensível*, o apóstolo não tinha em vista alguém que fosse isento de toda e qualquer falha, pois tal pessoa jamais seria encontrada, mas alguém livre de algum estigma que desonrasse sua pessoa e denegrisse sua autoridade – deveria ser um homem de reputação sem qualquer nódoa.[9]

Esposo de uma só mulher. Já explicamos em 1 Timóteo por que ele diz que o presbítero fosse marido de uma só mulher A poligamia se tornara algo tão comum entre os judeus que esse costume depravado se convertera quase que em lei. Se um homem tivesse contraído matrimônio com duas mulheres antes de se tornar cristão, teria sido desumano obrigá-lo a descartar-se da segunda. E assim os apóstolos

---

9 "É verdade que o servo de Deus nunca viverá sem culpa; como ele ainda diz que não pode evitar de andar no meio de desgraça e opróbrio. É verdade que Paulo viveu tão virtuosamente, que nele não se achava nenhuma falha, e que também era assim, mesmo antes de abraçar a fé em Jesus Cristo; de modo que ele viveu sem censura, e era um espelho e jóia de santidade. Aliás, a despeito de antes da conversão ele não ser guiado pelo Espírito de Deus; ele vivia uma vida tão íntegra, que não era passível de qualquer censura. E no entanto ele nos diz que era apontado com o dedo, era ridicularizado, era censurado, era inclusive amaldiçoado entre os crentes, cuja ingratidão era tal que, em sua ausência, era ultrajado e cumulado com muitas calúnias. Assim se dá com os servos de Deus. Mas quando Paulo demanda que fossem destituídos de crime, sua intenção é dizer que devemos inquirir e certificar se a vida de um homem é pura e destituída de culpa, e se ele continua a conduzir-se dessa maneira. Embora não possamos fechar as bocas de todos os difamadores, para que não nos ultrajem, contudo devemos viver sem crime; pois lemos que seremos ultrajados como malfeitores, porém devemos ser puros e inocentes. E de que maneira? Diante de Deus teremos este testemunho: que ele nos aprova, e tudo o que falarem contra nós é mentira." – *Fr. Ser.*

estavam preparados para tolerar algo que era em si mesmo errôneo, já que não tinham como corrigi-lo a curto prazo. Além disso, aqueles que já se haviam envolvido em mais de um casamento, ainda que estivessem dispostos a dar prova de arrependimento, sustentando uma só esposa, já haviam demonstrado sua incontinência, o que poderia ser uma mancha em sua reputação. É como se Paulo lhes estivesse ordenando que elegessem somente aqueles que tivessem uma vida casta no casamento, satisfeitos com uma só esposa, e estivesse excluindo aqueles cuja incontinência tivesse sido demonstrada no fato de possuírem muitas esposas. Ao mesmo tempo, o homem que ficasse viúvo mediante a morte de sua esposa, e casasse novamente, seria considerado esposo de uma só mulher. Portanto, Paulo lhes está dizendo que se elegesse um homem que fosse esposo de uma só mulher, e não um homem que tenha sido assim.

Que tenha filhos crentes. Uma vez que se requer de um pastor tanto prudência quanto seriedade, é conveniente que sua família participe das mesmas qualidades. Pois como pode um homem governar a Igreja, se ele mesmo não pode controlar sua própria casa? Além disso, não só deve o bispo pessoalmente estar acima das reprimendas, mas toda a sua família deve refletir um viver casto, honrado e disciplinado. Portanto, ele transmite a Timóteo, bem detalhadamente, as qualidades que também a esposa do bispo deve possuir.

Aqui, porém, sua primeira exigência é que os filhos sejam crentes, para que se faça notório que são nutridos na sã doutrina da piedade e no temor do Senhor. Em segundo lugar, não devem entregar-se à luxúria, para que se reconheça também que são educados na temperança e frugalidade. Em terceiro lugar, que não sejam desobedientes, porque o bispo que não consegue granjear algum respeito ou submissão da parte de seus filhos, dificilmente poderia controlar seu povo pelo freio de sua disciplina.

7. Porque convém que o bispo seja irrepreensível como despenseiro de Deus; não obstinado, nem irascível, nem dado a muito vinho, nem violento, nem cobiçoso de torpe ganância;

8. mas dado à hospitalidade, devotado à benevolência, moderado, justo, santo, temperante;

9. retendo com firmeza a palavra fiel que é segundo a doutrina, para que seja apto tanto para exortar na sã doutrina como para convencer os que o contradizem.

7. oportet enim episcopum sine crimine esse sicut Dei dispensatorem non superbum non iracundum non vinolentum non percussorem non turpilucri cupidum

8. sed hospitalem benignum sobrium iustum sanctum continentem

9. amplectentem eum qui secundum doctrinam est fidelem sermonem ut potens sit et exhortari in doctrina sana et eos qui contradicunt arguere.

7. Porque convém que o bispo seja irrepreensível como despenseiro de Deus. Paulo uma vez mais reitera que aqueles que aspiram o ofício episcopal devem possuir uma reputação imaculada, e confirma isso afirmando que, já que a Igreja é a casa de Deus, então que cada um que a governe seja, por assim dizer, despenseiro de Deus. Ora, aquele que aceitasse um despenseiro perverso, detentor de má reputação, seria difamado entre os homens; daí ser muito mais indigno e intolerável que homens desse caráter fossem convertidos em líder sobre a família de Deus. O termo latino, *dispensator* (mordomo ou gerente), que Erasmo aqui extraiu da Vulgata, não expressa o pensamento de Paulo. Porque, para que se tomasse mais cuidado nas eleições, o apóstolo atribui ao bispo o honroso título de *despenseiro*, ou seja, aquele que governa a casa de Deus, como ele mesmo diz a Timóteo: "Para que, no caso de eu tardar, saibas como se deve proceder na casa de Deus, a qual é a igreja do Deus vivo, coluna e baluarte da verdade" [1Tm 3.15].

Esta passagem demonstra também, com muita clareza, que não há diferença entre *presbítero* e *bispo*, pois o apóstolo agora aplica livremente o segundo título aos que formalmente qualificou de presbíteros, e ao discutir esse tema ele usa ambos os nomes, indiscriminadamente, com o mesmo significado, como também Jerônimo observou em seu comentário sobre esta passagem, bem como em sua carta a Evágrio [Pôntico]. E daqui se faz evidente quanta diferença existe entre as opiniões humanas, visto que a linguagem usada pelo Espírito Santo tem sido descartada e o costume introduzido pela vontade humana tem prevalecido. Eu, de minha parte, não encontro erro no costume prevalecente desde os primeiros dias da Igreja, de que cada assembléia de bispos eleja um homem como moderador.[10] Mas assumir o título do ofício que Deus delegou a todos, e o transferir a um só homem, privando dele os demais, é algo injusto e absurdo. Além disso, perverter a linguagem do Espírito Santo, a ponto de fazer com que as palavras tenham um significado diferente daquele que ele propôs, é um atrevimento excessivo e profano.[11]

Não obstinado. O apóstolo tem boas razões para condenar tal vício num bispo, já que ele deve não só tratar benigna e espontaneamente a todos os que dele se aproximam, mas também atrair os que se transviam, buscando reconduzir a Cristo todos eles. Ora, αὐθάδεια τῆς ἐρημίας ἐστὶ ξύνοικος, como Platão diz em sua carta a Dião, isto é: "A obstinação, pela qual alguém se preocupa em demasia consigo mesmo, é aliada íntima da solidão". Porque o companheirismo e a amizade não podem ser cultivados quando cada um busca agradar-se a si mesmo e se recusa a ceder ou a acomodar-se aos outros. E de fato todos os αὐθάδης [obstinados], quando se lhes divisa alguma oportunidade, imediatamente se transformam em cismáticos.

8. Dado à hospitalidade, devotado à benevolência. Daqui se faz evidente quão nociva é aquela praga que rasga a Igreja em pedaços por meio das controvérsias. Com tais erros ele contrasta, primeiramente, a docilidade, e então a amabilidade e modéstia para com todos. Pois um bispo jamais deve ensinar se antes não estiver preparado para aprender. Agostinho enaltece sublimemente aquela expressão de Cipriano: "Seja ele tão paciente em aprender quanto for hábil para en-

---

10 "Un gouverneur ou superintendaet." — "Um governador ou superintendente."
11 "Aqueles a quem anteriormente chamavam presbíteros, ele agora chama bispos (que significa supervisores ou superintendentes), e dá este título a todos cujo dever é pregar a Palavra de Deus. E assim, no papado, ele veio a sofrer corrupção e abuso - isto é, a Igreja antiga –, que um indivíduo fosse chamado bispo; pois isso equivalia a mudar a linguagem do Espírito Santo, e devemos falar em concordância com a Escritura. Agora vemos que Satanás labuta incessantemente para desviar-nos da simplicidade da Palavra de Deus." – *Fr. Ser.*

sinar." Além disso, o bispo com frequência necessita de conselhos e advertências; se porventura recusar-se a receber conselho, se porventura rejeitar os conselhos saudáveis, então se precipitará cegamente, tornando-se um grande desastre para a Igreja. O antídoto para esses males está em que seja ele sábio, não, porém, aos seus próprios olhos.

Tenho preferido traduzir φιλάγαθον por "devotado à benevolência", e não como fez Erasmo, "amante das coisas boas". Pois Paulo parece estar conectando esta virtude com hospitalidade e contrastando-a tanto com avareza quanto com mesquinhez. Ele qualifica de *justo* à pessoa que vive entre os homens sem fazer dano a ninguém. A santidade se relaciona com Deus; e até mesmo Platão faz tal distinção entre esses dois termos.

9. Retendo com firmeza a palavra fiel. Este é o principal dom do bispo que é eleito especificamente para o magistério sagrado, porquanto a Igreja não pode ser governada senão pela Palavra. Pelo termo 'fiel' ele quer dizer aquela doutrina pura procedente dos lábios de Deus. O seu desejo é que o bispo a mantenha firme, de modo que seja ele não só bem instruído nela, mas também inabalável em transmiti-la. Pois há certas pessoas levianas que se deixam facilmente levar por diferentes tipos de doutrina, enquanto que outras chegam ao ponto de abandonar a defesa da verdade movidas pelo medo ou influência de que alguma coisa lhes venha acontecer. E assim Paulo estabeleceu que fossem escolhidos somente aqueles que uma vez abraçaram com firmeza a verdade de Deus – com tanta firmeza que jamais se permitiriam ser miseravelmente arrastados por outros ou por si próprios a perdê-la. Aliás, não existe nada mais arriscado do que essa inconstância da qual temos falado, quando um pastor não adere com firmeza a essa doutrina da qual deve ele ser um defensor inabalável. Em suma, não se requer de um pastor apenas cultura, mas também inabalável fidelidade pela sã doutrina, a ponto de jamais apartar-se dela.

Mas, o que ele quis dizer com *que é segundo a doutrina*?[12] Sua

---

12 "Selon instruction ou doctrine."

intenção é que a palavra fiel deve destinar-se à edificação da Igreja. Paulo geralmente não costuma dar o nome de 'doutrina' a qualquer coisa que se pode conhecer ou aprender, a menos que produza algum progresso na piedade. Ao contrário, ele condena como vãs todas as especulações improváveis, por mais engenhosas que elas sejam. Haja visto o que diz em Romanos 12.7: "Se é ensinar, que seja de conformidade com a doutrina" – ou seja, que se esforce por edificar a seus ouvintes. Noutros termos, se o primeiro dever de um pastor é ser instruído no conhecimento da sã doutrina, e o segundo é reter sua confissão com firmeza e inusitada coragem, o terceiro é que adapte o método de seu ensino visando produzir edificação, e não divagação, movido pela ambição, por entre as sutilezas da curiosidade frívola; mas, ao contrário, que busque tão-somente o sólido avanço da Igreja.

Para que seja apto. O pastor necessita de duas vozes: uma para ajuntar as ovelhas e outra para espantar os lobos e ladrões. A Escritura provê os meios de fazer ambas as coisas, e aquele que tem sido corretamente instruído nela será capaz tanto de governar os que são suscetíveis ao aprendizado quanto a refutar os inimigos da verdade. Paulo nota esse duplo uso da Escritura quando diz que o presbítero deve ser capaz tanto para exortar na são doutrina quanto para convencer os contradizentes. Daqui é possível aprender: qual é o conhecimento real que o bispo deve adquirir e que uso deve fazer de tal conhecimento. O bispo é realmente sábio quando retém a fé genuína; e faz um correto uso de seu conhecimento quando o aplica à edificação do povo.

É um notável tributo à Palavra de Deus, quando o apóstolo diz que ela é adequada não só para governar os que se deixam instruir, mas também para quebrantar a oposição obstinada de seus inimigos. O poder da verdade divina é tal que facilmente prevalece contra todas as falsidades. Que os bispos papais saiam agora e se vangloriem de ser sucessores dos apóstolos, pois a maioria deles se encontra tão destituída do conhecimento de toda doutrina, que chegam a crer que sua ignorância é uma pequena parcela de sua dignidade.

10. Porque há muitos insubordinados, palradores fúteis e enganadores, especialmente os da circuncisão,

11. cujas bocas precisam ser fechadas; homens que transtornam casas inteiras, ensinando coisas que não convêm, por torpe ganância.

12. Um de seu meio, seu próprio profeta, disse: Os cretenses são sempre mentirosos, bestas malignas, glutões preguiçosos.

10. sunt enim multi et inoboedientes vaniloqui et seductores maxime qui de circumcisione sunt

11. quos oportet redargui qui universas domos subvertunt docentes quae non oportet turpis lucri gratia

12. dixit quidam ex illis proprius ipsorum propheta Cretenses semper mendaces malae bestiae ventres pigri.

10. Porque há muitos insubordinados.[13] Havendo estabelecido a regra geral, a qual devia ser observada por toda parte, procurando levar Tito a sentir-se mais disposto a abraça-la, ele lhe explica a urgente necessidade que o estimularia à ação mais que qualquer outra coisa. O apóstolo o previne de que estaria lidando com pessoas em extremo obstinadas e de caráter selvagem; que muitas delas eram dominadas pela vaidade, pelo falatório sem utilidade, e muitas eram enganadoras; de sorte que os líderes escolhidos fossem qualificados e bem equipados para fazer-lhes oposição. Porque, se os filhos deste mundo aumentam sua solicitude e vigilância em face do perigo, ser-nos-ia uma desgraça cochilar em falsa segurança, como se tudo repousa-se em plena paz, enquanto Satanás se põe a reunir todas as suas forças contra nós.

Insubordinados [*contumazes*] – a Vulgata traduz este termo por 'desobedientes'; e Erasmo, por 'incorrigíveis'. Significa aqueles que não podem suportar qualquer sujeição à disciplina e enfrentar o jugo da obediência. Pela expressão *palradores fúteis*,[14] ele quer dizer, não os autores de falsas doutrinas, mas aqueles que se devotam à ostentação ambiciosa, que de nada cuidam senão de sutilezas imprestáveis. Ματαιολογία[15] [vã eloquência] é o oposto de doutrina útil e sólida. De

---

13 "Car il y en a plusieurs qui ne se peuvent ranger." — "Pois há muitos deles que não podem submeter-se."
14 "Parlans vanitez." — "Falando vaidades."
15 "Vanite de paroles." — "Vaidade de palavras."

modo que ela inclui todas as especulações superficiais e frívolas, totalmente vazias de conteúdo, porém cheias de sons bombásticos, visto que não contribuem em nada para a bondade e o temor de Deus. Tal é toda a teologia escolástica que é encontrada hoje no papado. Ele igualmente qualifica as mesmas pessoas de *enganadores*. É possível tomar este termo como uma referência a diferentes classes de malfeitores; meu ponto de vista, porém, é que ele tem em mente as mesmas pessoas, pois os mestres de tais futilidades seduzem e fascinam a mente dos homens de tal forma, que não conseguem mais aceitar a sã doutrina.

Especialmente os da circuncisão. Ele diz que tais pessoas seriam encontradas mais facilmente entre os judeus, visto que era de grande importância que tais pragas fossem universalmente reconhecidas. Não devemos dar atenção aos que advogam que a reputação de uns poucos indivíduos deve ser poupada, não importando se ela envolve grande risco para toda a Igreja. E a nação judaica era de todas a mais perigosa, visto que ela reivindicava superioridade sobre todas as demais em virtude de sua sacra descendência. Aqui está a razão por que Paulo reprova os judeus de uma forma mais severa – com o intuito de despojá-los da oportunidade de fazer maiores danos.

11. Cujas bocas precisam ser fechadas. Um bom pastor deve estar sempre alerta para que seu silêncio não propicie a invasão de doutrinas ímpias e danosas, e ainda propicie aos perversos uma irrefreável oportunidade de difundi-las. Surge, porém, uma pergunta: Como é possível que um bispo consiga fazer com que pessoas obstinadas e empedernidas se calem? Porque tais pessoas, mesmo quando são derrotadas com argumentos, não se aquietam; e às vezes sucede que, quanto mais são refutadas e publicamente vencidas, mais insolentes se tornam. Sua malícia é embrutecida e inflamada e se tornam totalmente obstinados. Minha resposta é que, quando são fustigadas pela espada da Palavra de Deus e confundidas pelo poder da verdade, a Igreja pode ordenar-lhes que se calem; e, se persistirem, podem pelo menos ser excluídas da comunhão dos crentes, para que toda e qualquer oportunidade de prejudicar lhes seja bloqueada.[16] Pela expressão "fechar suas bocas", Paulo simplesmente significa refutar sua fútil loquacidade, mesmo quando não parem de fazer gritaria, pois uma pessoa convencida pela Palavra de Deus, por mais ruído que faça, nada tem a dizer.

Homens que transtornam casas inteiras. Se a fé de uma só pessoa está em iminência de ser transtornada; se a alma de uma única pessoa, que foi redimida pelo sangue de Cristo, corre o risco de ser arruinada, o pastor precisa cingir-se imediatamente para resistir; quanto menos tolerável será ver casas inteiras sendo transtornadas!

Ele nos informa como essas casas são transtornadas, ao dizer *ensinando coisas que não convêm*. Daqui podemos perceber o quão arriscado é afastar-se mesmo que seja um fio de cabelo da sã doutrina. Pois o apóstolo não diz que as doutrinas pelas quais a fé estava sendo transtornada eram abertamente ímpias; mas, do que ele diz, podemos deduzir toda sorte de corrupções pelas quais os homens se desviam do ideal que prima pela edificação. Em razão da fragilidade da carne, somos excessivamente inclinados a cair, e o resultado é que Satanás, pela instrumentalidade de seus ministros, pronta e facilmente destrói o que os mestres piedosos constroem com grande e penoso labor.

Em seguida ele indica a fonte do mal – *por torpe ganância* –, e assim nos adverte sobre a terrível praga que jaz nesses mestres. Tão

---

16 "Se observarmos tais pessoas, e lhes apontarmos com o dedo, todo mundo as evitará, e assim serão impedidas de fazer dano. Isto é o que Paulo tinha em vista. Seguindo seu exemplo, quando vemos alguém que nada pode fazer senão inventar medidas para perturbar e arruinar a Igreja e que é totalmente afeito ao mal, é verdade que, se pudermos trazê-lo de volta à vereda certa, com modos gentis, isso é o que devemos fazer. Mas se tais pessoas persistirem, e se percebermos que são obstinadas em sua malícia, não devemos ser mais sábios que o Espírito Santo. Devem ser conhecidos, devem ser expostos, e sua vileza deve ser vista em público, para que sejam tidos em aversão e para que outros se afastem deles, como já vimos anteriormente em outras passagens. Quanto aos que murmuram quando fazemos uso de tal liberdade, claramente mostram que nada almejam senão confusão na Igreja; normalmente eles fazem uma exibição de aparente humanidade. 'E devemos degradar pessoas e mantê-las em escárnio, como se quiséssemos expô-las ao opróbrio?' Eis nossa resposta: Devemos deixar a pobre Igreja entregue ao poder de lobos e ladrões? Deixaremos todo o rebanho ser disperso, o sangue de nosso Senhor Jesus Cristo pisoteado e as almas que ele redimiu a um custo tão elevado caminhar para a perdição, e toda a ordem desfeita, e não obstante manter silêncio e fechar nossos olhos?" – *Fr. Ser.*

logo se põem a perseguir seu nefasto lucro, se vêem obrigados a granjear popularidade e favor, e isso prontamente resulta na adulteração da sã doutrina.

12. Seu próprio profeta. Não tenho dúvida de que esta referência aponta para Epiménides, que era cretense. Pois quando Paulo diz que ele era "um de seu meio" e "seu próprio profeta", indubitavelmente quis dizer que ele era cretense de nascença. Não fica claro por que ele qualificaria esse homem de 'profeta'. Há quem pense que é porque o livro que Paulo aqui cita é intitulado Περὶ Χρησμῶν, "Acerca dos Oráculos"; outros pensam que Paulo está falando ironicamente e dizendo que haviam de fato encontrado um profeta digno de um povo que se recusava ouvir os servos de Deus. Visto, porém, que em grego os poetas são às vezes chamados *profetas*, justamente como são chamados *vates* [*videntes*], em latim, penso que simplesmente significam 'mestres'. Eram assim chamados porque os poetas eram sempre considerados "divinos e movidos por divina inspiração" [γένος θεῖον καὶ ἐνθουσιαστικόν]. Assim Adimatus, no segundo livro da *República* de Platão [Περὶ Πολιτείας] , havendo chamado os poetas de "filhos dos deuses", acrescenta que eles eram também seus profetas. Portanto, parece que Paulo, aqui, está simplesmente se conformando à prática usual. Não tem qualquer importância saber em que ocasião Epiménides chama seus concidadãos de mentirosos, ainda que esteja, de fato, em conexão com seu orgulho que possuam um ventre de Júpiter; visto, porém, que o poeta o extraiu de uma antiga e notória fonte, o apóstolo o cita como um dito proverbial. Se o leitor desejar ter uma tradução do grego desta questão, então ela pode ser assim traduzida: "O cretense é mentiroso, glutão preguiçoso; provará sempre ser mau e bruto."[17]

---

17 No grego, o verso hexâmetro que Paulo cita foi traduzido para o hexâmetro latino pelo próprio Calvino, e para um dístico francês por seu tradutor; e valeria a pena estabelecer a citação nos três idiomas:
Grego. — Κρῆτες ἀεὶ ψεῦσται, κακὰ θηρία, γαστέρες ἀργαί,
Latim. — Mendax, venter iners, semper male bestia Cres est.
Francês. — Tousjours menteuse, et tousiours male-beste,
  Ventre sacs coeur, et fay-neant est Crete. — *Ed.*

Desta passagem podemos inferir que é supersticioso recusar-se fazer qualquer uso de autores seculares. Porque, visto que toda verdade procede de Deus, se algum ímpio disser algo verdadeiro, não devemos rejeitá-lo, porquanto o mesmo procede de Deus. Além disso, visto que todas as coisas procedem de Deus, que mal haveria em empregar, para sua glória, tudo quanto pode ser corretamente usado dessa forma? Sobre este tema, porém, o leitor é remetido ao ensaio de Basílio,[18] πρός τοὺς νέους, ὅπως ἂν ἐξ ἑλλ. κ.τ.λ, onde ele instrui os jovens sobre como poderão aproveitar-se do auxílio oriundo de autores pagãos.

13. Este é um testemunho veraz. Portanto, repreende-os severamente, para que sejam sadios na fé,
14. não dando ouvidos às fábulas judaicas e a mandamentos de homens que se desviaram da verdade.
15. Para os puros, todas as coisas são puras; mas para os contaminados e incrédulos, nada é puro; antes, sua mente e sua consciência estão contaminadas.
16. Professam conhecer a Deus, mas suas obras negam-no; sendo abomináveis e desobedientes, e reprovados para toda boa obra.

13. testimonium hoc verum est quam ob causam increpa illos dure ut sani sint in fide,
14. non intendentes iudaicis fabulis et mandatis hominum aversantium se a veritatem.
15. omnia munda mundis coinquinatis autem et infidelibus nihil mundum sed inquinatae sunt eorum et mens et conscientia.
16. confitentur se nosse Deum factis autem negant cum sunt abominati et incredibles et ad omne opus bonum reprobi.

13. Este é um testemunho veraz.[19] Por mais indigno tenha sido

---

18 "Qu'il lise l'oraison que Basile en a faite, remonstrant aux jeunes gens comment ils se doyvent aider des livres des autheurs profanes." — "Que leia o discurso de Basílio sobre este tema, instruindo jovens como devem avaliar-se pela assistência a ser derivada de autores pagãos."

19 "O caráter geral dos cretenses, notado na Epístola de Paulo a Tito, é confirmado pelo testemunho da antiguidade. O apóstolo, escrevendo a Tito, que fora deixado em Creta para regular as atividades da Igreja Cristã naquela ilha, se queixa de muitos homens desordeiros ali – 'existem muitos insubordinados, palradores, frívolos e enganadores, especialmente os da circuncisão. É preciso fazê-los calar, porque andam pervertendo casas inteiras, ensinando o que não devem, por torpe ganância' [Tt 1.10, 11]; e cita o seguinte verso de 'dentre eles, um seu profeta' [1.12], isto é, Epimenides, que foi um poeta cretense, e cujos escritos foram tidos pelos antigos como χρησμοὶ ou 'oráculos'.

Κρῆτες ἀεὶ ψεῦσται, κακὰ θηρία, γαστέρες ἀργαί

este testemunho,[20] Paulo aceita a verdade por ele expressa,[21] pois não há dúvida de que os cretenses, de quem fala o apóstolo de maneira tão rude, eram pessoas em extremo perversas. O apóstolo, que costumava tratar com suavidade os que mereciam a máxima severidade, não teria tratado os cretenses com tanta aspereza sem uma razão plausível. Pois, que pior reprimenda pode haver que lançar deprimentes acusações contra aqueles que são preguiçosos, feras imprestáveis, glutões ociosos? Tampouco são tais vícios lançados contra uns poucos indivíduos, mas contra toda uma nação condenada.

De fato, maravilhoso é o propósito divino em qualificar um povo tão perverso e tão infame por causa de tais vícios, para ser um dos primeiros a participarem de seu evangelho; e igualmente portentosa é sua benevolência em derramar sua graça celestial sobre os que não eram dignos nem ainda de viver neste mundo. E assim, nesse país corrupto, como se fosse a própria sede do inferno, a Igreja de Cristo manteve sua posição e foi se expandindo, mesmo quando se via infeccionada com os contagiantes maus hábitos que ali prevaleciam. Porque Paulo, aqui, não está apenas reprovando os estranhos, mas também expressamente reprovando os que professavam o nome de Cristo. Visto que esses danosos vícios já haviam lançado raízes e se expandido por todos os lados, o apóstolo não poupa a reputação daquele povo, para que viesse a curar aqueles de seu seio que ainda esperavam ser curados.

O teor geral dessa passagem é que 'os cretenses eram um povo falso e em seu caráter associado à ferocidade das bestas selvagens com a luxúria dos domésticos'. A circunstância da citação de Paulo extraída de Epimenides, 'um profeta', é suficientemente explicada pelo fato das palavras *poeta* e *profeta*, às vezes, serem usadas indiferentemente pelos gregos e romanos – provavelmente porque seus poetas pretendessem ser inspirados, e por algum tempo criam ser assim. O apóstolo adiciona que o testemunho de Epimenides é também verdadeiro, 'este testemunho é verdadeiro'. Quão verdadeira é a primeira parte dele, pois com respeito ao seu engano e mentira, testificam os fatos seguintes. Desde o tempo de Homero, a ilha de Creta foi considerada palco de ficção. Muitos autores afirmam que, como povo, seus habitantes eram infames por sua violação da verdade; e, por fim, sua falsidade se tornou tão notória, que *cretinar* ou imitar os cretenses veio a ser uma expressão proverbial entre os antigos, sinônimo de *mentir*." – Horne's Introduction.

20 "Combien que l'autheur soit profane et de nulle authorite." — "Embora o autor fosse pagão e de destituído de autoridade."
21 "De vivre en ce monde."

Portanto, repreende-os severamente. Uma das partes mais importantes do tato e sabedoria, indispensáveis a um bispo, é a habilidade de adaptar o método de seu ensino ao caráter e hábitos de seu povo. Ele não trata o obstinado e o insubordinado da mesma forma como trata o manso e tratável. Ao último devemos mostrar amabilidade de conformidade com sua docilidade; a obstinação do primeiro, contudo, deve ser corrigida com severidade, porque, como diz o provérbio, usa-se uma cunha resistente para rachar uma madeira dura.²² A razão por que Tito devia ser mais austero e inflexível com os cretenses já foi expressa, ou seja: eram bestas malignas.

Para que sejam sadios na fé. Não fica claro se ele está aqui contrastando essa 'sanidade' com as enfermidades que havia mencionado, ou simplesmente lhes ordena a permanecerem na fé íntegra. Em minha opinião, prefiro o segundo ponto de vista. Visto que já se encontravam saturados de erros e facilmente poderiam tornar-se mais e mais depravados, o apóstolo expressa o desejo de que se mantivessem o mais estrita e exatamente possível dentro dos limites de uma fé saudável.²³

14. Não dando ouvidos às fábulas judaicas. Em seguida ele destaca que essa fé saudável equivale à fé que não sofreu nenhuma corrupção proveniente de fábulas. E para proteger-se contra os perigos, ele prescreve o remédio, ou seja, não dar ouvidos às fábulas, porque Deus quer que nos deixemos absorver por sua Palavra, de tal forma que não haja qualquer chance às trivialidades, mesmo que for-

---

22 "A un mauvais noeud il faut un mauvais coin."
23 "Já observamos que aqui, numa única palavra, Paulo nos declara por quais meios os homens podem defender-se. É conservando a pureza da fé. Se, pois, não nos afastarmos da doutrina simples do evangelho, mas quisermos ser governados segundo a vontade de Deus; se não formos arrebatados por nossas voláteis paixões, e não andarmos segundo nossos aviltantes apetites; em suma, se formos bons alunos de nosso Deus, e termos como suficiente haver recebido a doutrina que ele nos ensina; se esse for o caso, seremos fortalecidos contra todo mal. É verdade que o diabo buscará envenenar o mundo inteiro com sua peçonha, e espalhará imundícia por toda parte, de modo que o mundo ficará saturado de tantas corrupções, que todo lugar ficará infectado por elas. Mas, por mais que isso seja assim, não devemos afastar-nos da simplicidade de nossa fé, e devemos sempre buscar ser instruídos simplesmente por nosso Deus. Quando seguirmos este curso, ainda que o diabo invente tudo o que possa, contudo seremos fortalecidos contra todo mal." – *Fr. Ser.*

cem passagem. Uma vez que a verdade de Deus conquista entrada [em nosso ser], qualquer coisa que se puser contra ela ficará tão destituída de atratividade que não logrará êxito em nossa mente. Se porventura desejarmos conservar a fé em sua integridade, temos de aprender com toda prudência a refrear nossos sentidos para não nos entregarmos a invencionices estranhas. Pois assim que a pessoa passa a dar atenção às fábulas, ela perde também a integridade de sua fé.

O apóstolo qualifica de *fábulas judaicas* a todas as ficções frívolas em forma de fábulas, ou, como diríamos, as 'fofocas religiosas'. Pois contém o mesmo significado o que ele acrescenta logo a seguir: *mandamentos de homens*. E qualifica de inimigos da verdade aos que não viviam satisfeitos com a sã doutrina de Cristo, mas lhe acrescentavam suas próprias futilidades; pois tudo quanto emana da inventividade humana deve ser qualificado como fábula.

E atribui principalmente aos judeus tais disparidades, os quais, sob o pretexto de obediência à lei divina, viviam introduzindo seus ritos supersticiosos. Os gentios, conscientes de haverem sido enganados miseravelmente ao longo de toda a sua vida pregressa, aprenderam mais facilmente a renunciar sua antiga forma de vida; os judeus, porém, que haviam sido educados na religião genuína, obstinadamente defendiam as cerimônias, nas quais haviam sido moldados, e não conseguiam persuadir-se de que a lei já havia perdido sua função. E assim viviam a perturbar todas as igrejas, pois assim que o evangelho era implantado em algum lugar, começavam assiduamente a corromper sua pureza, adicionando-lhe seu próprio fermento. Por isso Paulo não só os proibiu, em termos gerais, a se declinarem da sã doutrina, mas também destaca que o presente mal precisava ser urgentemente remediado, para que ficassem em alerta contra o mesmo.

15. Para os puros, todas as coisas são puras. O apóstolo põe seu dedo num dos tipos dessa doutrina permeada de fábulas; pois as distinções entre alimentos, e as purificações e abluções que Moisés prescrevera, visando ao seu próprio tempo, estavam ainda sendo forçadas como indispensáveis, e quase que toda a santidade passou a consistir de tais observâncias. Já explicamos noutra parte quão danosa tal coisa poderia se constituir para a Igreja. Primeiro, as redes da escravidão eram estendidas às consciências humanas; e, segundo, as pessoas ignorantes que se escravizavam por essas superstições tinham um véu posto sobre seus olhos, de modo a não progredirem no pleno conhecimento de Cristo. Se porventura algum gentio se recusava a submeter-se a esse inusitado jugo, os judeus veementemente terçavam armas contra ele, como se tal prática fosse seu primordial artigo de fé. Por isso Paulo estava coberto de razão em pôr-se contra esses medonhos corruptores do evangelho. Nesta passagem ele não só refuta seu erro, mas engenhosamente ridiculariza sua infantilidade por empenharem-se tanto em algo destituído de utilidade, ou seja, a abstenção de certos tipos de alimentos e coisas afins.

Na primeira cláusula do versículo, ele assevera nossa liberdade cristã, declarando que, para os crentes, nada é impuro; e, ao mesmo tempo, indiretamente, ele ataca os falsos apóstolos, para quem essa pureza interior, que tem valor somente aos olhos de Deus, era destituída de importância. E assim ele reprova sua ignorância em não entender que os cristãos são completamente puros, independentemente dessas cerimônias de cunho legal. Por isso ele castiga sua hipocrisia em negligenciar a retidão do coração e em ocupar-se com práticas destituídas de qualquer valor. Visto que o tema em questão não é a saúde física, e, sim, a paz de consciência, o seu enfoque consiste em que a distinção entre os alimentos, que outrora fora regulada por lei, está agora desfeita. Pela mesma razão, é evidente que aqueles que impõem escrúpulos religiosos às consciências humanas a esse respeito estão errados, pois esta não é uma doutrina destinada apenas a uma época, mas um pronunciamento eterno do Espírito Santo, o qual não pode ser descartado por alguma lei recente sem sérias consequências.

E assim esta passagem pode ser justa e adequadamente citada contra a tirânica lei papal que proíbe comer carne em certas épocas. Estou plenamente familiarizado com as indignas explicações que produzem em sua própria defesa. Dizem que não proíbem carne por ser a mesma impura – porquanto declaram que todos os alimentos são inerentemente limpos e puros –, mas a abstenção de carne é imposta por uma razão bem distinta, ou seja, para que as concupiscências da carne sejam refreadas. Como se o Senhor tivesse, nos tempos antigos, proibido aos homens de comerem a carne dos suínos por julgar que os mesmos eram imundos. Até mesmo os pais sob o regime da lei reconheciam que tudo quanto Deus criara era em si mesmo puro e limpo; mas mantinham certos alimentos como impuros em razão do mandamento divino que proibira seu uso. Por isso o apóstolo qualifica todas as coisas como sendo limpas, somente no sentido em que o uso de todas as coisas é livre no que respeita à consciência. E assim, se alguma lei impõe às consciências alguma necessidade de abstenção, ela impiamente priva os crentes da liberdade que Deus graciosamente lhes concedeu.

Mas para os contaminados e incrédulos, nada é puro. Aqui está a segunda cláusula, onde ele derrama seu escárnio, no tocante às precauções inúteis e tolas desses mestres. Ele diz que nada conseguirão precavendo-se contra a impureza de certos alimentos, visto que são incapazes de tocar em algo que seja limpo. Por quê? Porque eles mesmos são imundos; e quando tocam em algo que por si mesmo era puro, o tornam poluído.

A *contaminados* ele acrescenta *incrédulos*,[24] não como se constituíssem outra classe distinta, mas como um adendo explicativo para realçar sua intenção. Visto que aos olhos de Deus não pode haver pureza à parte da fé, segue-se que os incrédulos são todos imundos. Portanto, não obterão a pureza desejada obedecendo a leis e regulamentações, porque, sendo inerentemente impuros, nada no mundo é capaz de torná-los puros.[25]

---

24 "O apóstolo associa 'impuros' e 'descrentes' para notificar que, sem uma genuína convicção, nada é puro. O entendimento e a consciência são poluídos. Seja o homem, sejam seus feitos, tudo é impuro." – *Hervey*.

25 "É uma terrível condenação pronunciada sobre os homens, quando lemos que nada é puro para eles – que tudo é poluído e corrompido até que Deus os tenha renovado. Tão longe estamos de ser capazes de levar-lhe tudo o que lhe é aceitável, que não podemos comer nem beber, nem

Sua mente e sua consciência estão contaminadas. Ele indica a fonte da qual emana toda a impureza que é propagada através de toda a vida humana. Pois se o coração não estiver bem purificado, ainda que acreditem que as obras resplandecem e exalam um suave aroma diante dos homens, não obstante provocarão náusea em Deus com seu abominável odor e asquerosidade. Porque, "o Senhor, porém, atenta para o coração" [1Sm 16.7]; e, "porventura não atentam os teus olhos para a verdade?" [Jr 5.3]. E assim sucede que, as coisas que os homens têm na conta de excelentes, na verdade não passam de abominação aos olhos de Deus.

Mente, para o apóstolo, significa entendimento, enquanto que *consciência* aponta mais para a disposição do coração. Aqui há duas coisas a serem notadas, a saber: uma pessoa é julgada diante de Deus pela sincera disposição de seu coração, e não pelas obras externas que ela porventura realize; e, em segundo lugar, que a mancha da incredulidade é tão forte que polui não só a pessoa em si, mas também a tudo quanto ela toca. Sobre este tema o leitor pode recorrer a Ageu, capítulo 2 [11-14]. Da mesma forma, Paulo ensina em outra parte que todas as coisas são, em relação a nós, santificadas pela Palavra [1Tm 4.5], porque os homens nada usam com pureza até que o recebam, pela fé, das mãos divinas.

16. Professam conhecer a Deus. O apóstolo trata tais pessoas, aqui, como realmente merecem, ou seja, como hipócritas que insistem nas mínimas observâncias [externas], mas que temerariamente desprezam a parte primordial da vida cristã. O resultado é que dão prova de sua vaidade, revelando seu menosprezo por Deus na prática

---

vestir-nos, nem dar sequer um passo, sem corrupção e, o que é pior, habitando o mundo, infectamos todas as criaturas. E esta é a razão por que no último dia clamarão por vingança contra todos os incrédulos e réprobos. Temos, pois, boa razão de viver insatisfeitos conosco mesmos e nos envergonharmos, quando vemos que se tornam odiosos por nossa causa, e que somos tão poluídos, que poluímos a tudo o que Deus havia designado para nosso uso, e inclusive nada há em nós além de corrupção – nada além de maldição e desonra divinas. Quando somos assim humilhados, conheçamos, por outro lado, a inestimável bênção que Deus nos outorga, quando nos traz de volta a si, e, depois de purificar-nos, nos faz usar todas as suas bênçãos e liberalidades: com pureza de coração e quando somos certificados de que nos é lícito comer e beber, desde que façamos isso com sobriedade e de uma maneira razoável." – *Fr. Ser.*

de crimes públicos. E isso é o que Paulo quer dizer, ou seja: que os que desejam ser vistos praticando a abstenção de algum tipo de alimento se entregam à devassidão como se houvessem sacudido de si o jugo; de modo que seus caminhos são impuros e saturados de perversidade, sem qualquer traço de virtude; e assim é toda a sua vida.

Abomináveis e desobedientes, e reprovados para toda boa obra. Ao qualificá-los de βδελυκτούς,[26] *abomináveis*, o apóstolo parece fazer alusão à pretendida santidade a que os judeus punham toda a sua atenção. Ele declara que não extraem disso lucro algum, visto que não cessam de ser profanos e detestáveis. Ele tem toda razão de acusá-los de desobediência, pois ninguém é tão orgulhoso quanto os hipócritas, os quais se fatigam em demasia na prática de cerimônias com o fim de conseguir impunidade em relação aos principais requisitos da lei. Podemos apropriadamente atribuir ao termo ἀδόκιμοι, *réprobos*, um significado ativo, como se o apóstolo dissesse que aqueles que desejam ser tidos como mestres sábios na prática de futilidades se considerassem destituídos de todo são juízo e discernimento a respeito das boas obras.

---

26 "1. Lemos que são βδελυκτοί, *abomináveis*, ou vergonhosamente habituados a todas as formas de mal. A palavra, no original, denota a hediondez daquelas práticas nas quais se entregam; e deriva-se de uma palavra que significa exalar um odor ofensivo. Pois todos os sentimentos de certo e bom não estão tão totalmente perdidos e obliterados no seio da humanidade, mas que há algumas coisas que até mesmo os pagãos detestariam. 2. Lemos ainda que são ἀπειθείς, *desobedientes*, expressão que denota perseverança e obstinação em um curso mau. De modo algum – por nenhuma oportunidade –, por nenhum argumento –, se deixarão dissuadir das práticas tão injustificáveis e detestáveis em sua própria natureza. Estão resolvidos a correr – não importa o quanto lhes custe –, a continuar no pecado e, concomitantemente, na profissão da religião, o que é o maior absurdo imaginável. 3. Finalmente lemos que são πρὸς πᾶν ἔργον ἀγαθὸν ἀδόκιμοι, *reprováveis para toda boa obra*; significando uma ausência de inclinação para tudo o que é bom, para tudo o que é digno e louvável. A palavra pode ser tomada, como se observa, ou ativamente, ou passivamente, e assim pode significar não só ser desapontado por outrem, mas desaprovar a si mesmos; é nesse último sentido que devemos entender a frase. Desaprovam tudo o que exige sua aprovação e estima; e são desafeiçoados a todo aquele bem que a religião os obriga a praticar. A expressão significa não tanto sua omissão do que é bom, quanto sua indisposição para com ele; mas denota ainda que, se fizerem algo em matéria de religião, é aquilo no quê ou não se deleitam ou não podem suportar. 'Toda boa obra' é uma expressão de tal latitude, que pode compreender todas as obras de piedade, misericórdia e justiça comum. E assim é oportuno a entendermos assim neste passo. Estes homens têm uma mente desafeiçoada a todo o bem. E tal como é descrito aqui, tais pessoas podem ser encontradas, a despeito de sua profissão." – *Howe*.

Capítulo 2

1. Tu, porém, fala o que convém à sã doutrina:

2. que os homens idosos sejam temperantes, sérios, prudentes, sadios na fé, no amor e na paciência;

3. que as mulheres idosas, semelhantemente, sejam reverentes em seu comportamento, não caluniadoras nem escravizadas a muito vinho, mestras naquilo que é bom;

4. para que tenham como ensinar às jovens a amarem a seus maridos e a seus filhos,

5. a serem sóbrias, castas, domésticas operosas e bondosas, vivendo em submissão a seus próprios maridos, a fim de que a palavra de Deus não seja blasfemada.

1. Tu autem loquere quae decet sanam doctrinam

2. senes ut sobrii sint pudici prudentes sani fide dilectione patientia

3. anus similiter in habitu sancto non criminatrices non vino multo servientes bene docentes

4. ut prudentiam doceant adulescentulas ut viros suos ament filios diligant

5. prudentes castas domus curam habentes benignas subditas suis viris ut non blasphemetur verbum Dei

1. Tu, porém, fala o que convém à sã doutrina. O apóstolo apresenta a receita para se descartarem as fábulas, a saber: que Tito se devotasse à edificação. Pois ele qualifica de *sã doutrina* o ensino que produz a edificação dos homens na piedade; porque todas as futilidades se desvanecem diante da doutrina sólida. Ao mandá-lo falar o que convém à sã doutrina, sua intenção era que Tito estivesse continuamente envolvido na doutrinação dos cretenses. Não seria suficiente fazer menção dela apenas uma ou duas vezes. Paulo não fala daquele ensino que é ministrado num só dia, pois enquanto Tito exercesse o ofício de pastor, o apóstolo queria que ele se ocupasse dessa doutrinação.

Ele qualifica essa doutrina de *sã* em virtude de seu efeito, assim como, ao contrário, ele diz que os homens vulgares desperdiçam suas energias em questões que não produzem nada de útil. Sã, portanto, significa íntegra, aquela substância que realmente nutre as almas. E assim, com uma só palavra, a qual tanto é saudável quanto uma solene proclamação, ele expele da Igreja todas as especulações que mais servem para promover ostentação do que o progresso na piedade,[1] como já havia feito em ambas as epístolas a Timóteo.

Ele distingue duas partes na sã doutrina. A primeira é aquela pela qual a graça de Deus, em Cristo, nos é recomendada, de modo que sabemos onde buscar a salvação; a segunda é aquela pela qual nossa vida é treinada no temor de Deus e na pureza. Mas ainda que a primeira, que inclui a fé, seja muito mais excelente e, portanto, deva inculcar-nos muito mais zelo, Paulo, nesta carta a Tito, não se preocupa demasiadamente em observar a devida ordem. Ele está tratando com um homem de experiência, e o teria insultado caso lhe balbuciasse a fé palavra por palavra, como se faz com os aprendizes e principiantes. É verdade que, na pessoa de Tito, ele está instruindo toda a igreja de Creta; mas ele observa as regras do decoro, para que não demonstrasse falta de confiança na sabedoria de Tito. Também não mais persiste em suas exortações, visto que os homens que eram devotados aos

---

1 "Que a doutrina que procede de tua boca seja sã. Pois ele usa expressamente esta palavra por ser ela o meio de educar na verdadeira integridade; que a Palavra de Deus, que nos é pregada, seja nossa pastagem espiritual. Isto à primeira vista não será percebido. E por que não o percebemos? Porque somos por demais sensuais e terrenos. Pois quando estamos em carência de alimento para nosso corpo, ficamos imediatamente terrificados; ficamos alarmados; não sentimos sequer um momento de repouso; pois nos sentimos intimamente tocados. Somos sensíveis quanto a esta vida desvanescente, porém somos insensíveis quanto a tudo o afeta nossas almas; há tal brutal estupidez, que nem temos ciência de nossas carências, ainda que elas nos pressionem profundamente. Entretanto, observe-se que não existe em nós nada além de fraqueza, se não formos alimentados com a doutrina de Deus. E essa é a razão por que ela é chamada 'sã', pois nisto consiste a saúde de nossas almas. Como nossos corpos são mantidos em sua condição própria por nutrição bem regulada, assim nossas almas são sustentadas por aquela doutrina que serve não só de nutrição, mas também de medicina. Pois somos saturados de vícios que são piores que as doenças [físicas]; e por isso nossa alma deve ser purgada, e devemos ser curados delas. O método de fazer isto é que extraiamos proveito da Palavra de Deus. E assim não é sem boa razão que Paulo lhe dá este designativo, isto é, 'sã', ou aquilo que é 'saudável'." – *Fr. Ser.*

questionamentos inúteis necessitam principalmente de ser lembrados de preocupar-se com a vida santa e justa. Não há nada mais apropriado para refrear a curiosidade ociosa dos homens do que a lembrança dos deveres[2] dos quais devemos ocupar-nos.

2. Que os homens idosos sejam temperantes. Ele começa com os deveres particulares com o fim de adaptar melhor suas palavras às necessidades de seus leitores; não só com o fim de acomodar-se à capacidade deles, mas para fazer pressão sobre cada um deles de uma forma mais íntima. O ensino geral é menos eficaz, mas quando ele traz à memória de cada pessoa sua vocação pessoal, mencionando uns poucos exemplos, cada uma se conscientiza de que o Senhor lhe deu um mandamento suficientemente definido quanto ao dever que ela tem a cumprir. Devemos fugir de buscar aqui um esquema rígido, pois o propósito de Paulo era só indicar brevemente os temas com os quais os mestres deveriam discutir, e não entrar numa discussão completa deles.

Primeiramente ele menciona *homens idosos*. Ele quer que sejam temperantes, em razão de o uso excessivo de vinho ser um vício muito comum entre as pessoas dessa idade. A *seriedade* que ele menciona em seguida procede de hábitos bem regulados, pois nada há mais desastroso do que um homem idoso que se entrega às paixões da juventude, e que com sua incontinência leve os jovens a uma vida de despudorada. Na vida de um ancião deve haver σεμνότης, "uma seriedade decente", que constranja os jovens a cultivarem o respeito. Daqui procede adequadamente a *prudência*, a qual passa a examinar.

Sadios na fé. Não sei se há aqui uma alusão indireta às várias enfermidades próprias da velhice, com as quais ele traça um contraste com a saúde da alma. Parece-me ser assim, embora não o possa provar. Ele tem boas razões para resumir a perfeição cristã sob esses três tópicos: *fé, amor e paciência*. Pela *fé* cultuamos a Deus, pois nem a oração nem outro exercício piedoso é de algum valor sem ela. O

---

2 "En quels devotes et bones oeuvres." — "Em que deveres e boas obras."

amor inclui toda a segunda tábua dos dez mandamentos; e a seguir vem a *paciência*, como um aperfeiçoamento dos outros dois. Pois a fé, sem a paciência, não poderia perseverar, e muitas coisas sucedem todos os dias – conduta indigna ou mau caráter – que nos exasperam tanto que nos sentimos completamente desalentados e deveras incapazes de cumprir os deveres do amor, caso a mesma paciência não nos sustentasse.

3. Que as mulheres idosas, semelhantemente. Com muita frequência vemos mulheres de idade avançada, ou continuando a vestir-se com os vestuários leves das jovens, ou a usar algo extravagante em suas vestes; raramente conseguem chegar a um equilíbrio. Paulo desejava precaver-se contra tais disparidades, prescrevendo um curso adequado tanto ao decoro quanto à religião, ou, pondo-o em termos mais simples, para que mostrassem, por meio de seu modo de se vestir, que eram mulheres santas e piedosas.

Ele prossegue corrigindo outros dois vícios, os quais as mulheres idosas facilmente contraem, ao proibi-las de serem *caluniadoras* e *escravizadas a muito vinho*. A maledicência é uma enfermidade que grassa entre as mulheres, a qual se agrava na velhice. A isso se acrescenta que as mulheres nunca ficam satisfeitas com sua conversação, enquanto não se embrenham pela vereda da tagarelice e difamação, atingindo a reputação alheia. O resultado é que a mulheres idosas, com seu calunioso falatório, como a empunhar uma tocha acesa, costumam deixar muitos lares em chamas. Muitas delas costumam entregar-se à bebedeira, de modo que, esquecendo-se da modéstia e da seriedade, passam a ostentar em vivas cores sua depravação indecente.

4. Para que tenham como ensinar as jovens. Para fazê-las mais atentas aos seus deveres, o apóstolo realça que não é bastante que suas vidas sejam pessoalmente decentes, mas que também procurassem educar as mulheres jovens, instruindo-as a viverem vidas honradas e modestas. Portanto lhes diz que deviam, por meio de seu exemplo, ensinar às mais jovens um viver equilibrado, para que, doutra forma, o ardor de sua juventude não venha a desencaminhá-las.

A amar seus maridos e seus filhos. Não concordo com aqueles que pensam que aqui temos uma recapitulação das instruções que as anciãs deviam transmitir às mais jovens. Uma atenção cuidadosa posta no contexto revela claramente que Paulo está continuando sua lista de deveres pertencentes às mulheres, os quais se aplicam também às mulheres mais idosas. Além disso, esta construção seria inapropriada σωφρονίζωσι, σώφρονας εἶναι.[3] Entretanto, ao lembrar as mulheres idosas de seus deveres, o apóstolo, ao mesmo tempo, oferece às mais jovens um exemplo que deviam seguir, e assim ensina a ambas concomitantemente. Em suma, ele quer que as mulheres sejam refreadas pelo amor conjugal e pelo afeto a seus filhos, para que não se entreguem à libertinagem, e saibam governar sua própria casa de uma maneira sóbria e ordeira; as proíbe de perambular pelos lugares públicos; deviam ser castas, modestas e submissas a seus maridos. Pois as mulheres que excedem em outras virtudes costumam fazer disso uma desculpa para a arrogância e desobediência a seus maridos.

Ao acrescentar *a fim de que a palavra de Deus não seja blasfemada*, pensa-se que a referência do apóstolo seja às mulheres que eram casadas com homens incrédulos, os quais poderiam julgar o evangelho pelo mau comportamento de suas esposas; e tal coisa parece ser confirmada pelas palavras de Pedro, em 1 Pedro 3.1. O que fazer, pois, se ele não se refere só aos esposos? É mais provável que exija tal austeridade de vida, para que seus erros não expusessem o evangelho à infâmia generalizada. Portanto, no que tange ao restante do versículo, pode-se reportar ao comentário a 1 Timóteo 5.

---

3 Ἵνα σωφρονίζωσι τὰς νέας. 'Estas palavras apontam para o principal propósito das instruções – isto é, que lhes ensinem a σώφρονες *agir como monitoras e reguladoras de seus costumes*. Essas instruções (transparece do que segue) visavam a tornar os deveres domésticos próprios para as jovens casadas e a cada um na ordem de importância. A primeira é, por assim dizer, sua virtude cardinal; pois Sócrates disse bem que 'a piedade feminina é o amor para com seu marido' (Ap. Stob. P. 488), εὐσέβεια γυναικεία, ὁ πρὸς τὸν ἄνδρα ἔρως. De igual modo é a modéstia, segundo Péricles, em seu Funeral Oration (Thucyd. 2:45), que a chamou 'a virtude do sexo feminino'." – *Bloomfield*.

6. Semelhantemente, exorto os homens mais jovens que sejam moderados;

7. que em todas as coisas dês o exemplo de boas obras; em tua doutrina, mostra incorruptibilidade, seriedade,

8. linguagem sadia, para que não sejas condenado; ao contrário, que o adversário seja envergonhado, não tendo nenhum mal que dizer de nós.

9. Exorto os servos que sejam submissos a seus próprios senhores, e em tudo sejam agradáveis, não contradizendo,

10. não defraudando; revelando, antes, íntegra fidelidade; para que em tudo adornem a doutrina de Deus nosso Salvador.

6. Juvenes similiter hortare ut sobrii sint,

7. In omnibus to ipsum praebe exemplum bonorum operum in doctrina integritatem gravitatem,

8. Sermonem sanum inreprehensibilem ut is qui ex adverso est vereatur nihil habens malum dicere de nobis

9. Servos dominis suis subditos esse in omnibus placentes non contradicentes

10. Non fraudantes, sed in omnibus fidem bonam ostendentes ut doctrinam salutaris nostri Dei ornent in omnibus.

6. Semelhantemente, exorto os homens mais jovens. Seu único requerimento acerca dos jovens é que sejam instruídos na temperança; porque, como preceituou Platão, a temperança corrige toda a mente humana. É como se o apóstolo dissesse: "Que sejam bem equilibrados e obedientes à razão."

7. Que em todas as coisas dês o exemplo de boas obras. A doutrina será de pouca autoridade, a menos que sua força e majestade resplandeçam na vida do bispo[4] como o reflexo de um espelho. Por isso ele diz que o mestre seja um padrão ao qual os discípulos possam seguir.[5]

O que vem a seguir é ambíguo, em virtude da obscuridade do texto original. Primeiramente, ele diz, *em tua doutrina*, e imediatamente

---

4 "En la vie du pasteur." — "Na vida do pastor."
5 "Como se quisesse dizer que o homem que tem o ofício e dever de proclamar a Palavra de Deus deve pregar ao longo de toda sua vida, visto que Deus o escolheu para tal condição; quando for visto como ele governa, quando for perceptível que a doutrina que ele ensina é aprovada pela sua prática, e que ele beneficia e edifica não só por sua boca, mostrando o que se deve fazer, mas igualmente por seu exemplo, quando se conhecer que ele fala com sinceridade, e não com hipocrisia. E Deus quer que isso seja devidamente observado; pois a verdade de Deus deve ser recebida com a maior reverência. Mas, seja como for, não seremos tidos por escusados, visto que Deus deseja fazer uso *de nós* para o ensino de outros, e para dirigirmos nossa vida de tal maneira que, quando nos seguirem espontaneamente, nos esforcemos por honrar a Deus, e não demos ocasião para que não se menospreze a santa Palavra, visto que Deus nos fez instrumentos, e quer que sua doutrina seja recebida de nós, *como se* ele falasse em nossa própria pessoa." – *Fr. Ser.*

acrescenta as palavras, *incorruptibilidade* e *seriedade*, no caso acusativo.[6] Ignorando outras interpretações, simplesmente oferecerei uma que me parece a mais provável. Antes de tudo, conectarei as palavras, "de boas obras em tua doutrina", pois havendo ordenado a Tito que, ao ensinar, inculcasse a prática de boas obras, o apóstolo quer que as boas obras correspondam a esse ensino, a fim de que este seja visto em sua vida pessoal. A preposição 'em' indica a justaposição das boas obras ao ensino. Quanto ao que vem a seguir, não há obscuridade alguma, pois o apóstolo diz a Tito que fosse íntegro e sério, a fim de que seu modo de viver refletisse sua doutrina.

8. Linguagem sadia, para que não sejas condenado.[7] *Linguagem sadia* se refere, em minha opinião, ao viver diário e à conversação coloquial, pois seria absurdo tomá-la no sentido de instrução pública, visto que sua preocupação, aqui, consiste em que Tito, em suas palavras e seus atos, vivesse aquela vida que se harmoniza com sua doutrina. Por isso o apóstolo lhe diz que suas palavras deviam ser puras e isentas de toda e qualquer corrupção.

Para que não sejas condenado pode aplicar-se, ou a Tito ou à sua linguagem. Prefiro a primeira hipótese, para que os outros substantivos, no acusativo, venham a depender dela, como uma boa sintaxe grega o permite. O significado, então, seria o seguinte: "para que possas apresentar-te irrepreensível em seriedade, integridade e linguagem sadia."

Ao contrário, que o adversário seja envergonhado. Ainda que o cristão tenha outros propósitos em vista, todavia não deve negligenciar a ação de fechar a boca dos ímpios, uma vez que somos frequentemente admoestados a não dar-lhes oportunidade alguma de caluniar-nos. Tudo quanto de ruim conseguem extrair de nossa vida, eles torcem maliciosamente contra Cristo e sua doutrina. O resultado é que, através de nossos erros, o nome sagrado de Deus é exposto a

---

6 "Em ἐν τῇ διδασκαλίᾳ ἀδιαφθορίαν repetir παρεχόμενος no sentido de ἐνδεικνύμενος."
— *Bloomfield*.

7 "Irreprehensible, ou qu'on ne puisse condemner." — "Irrepreensível, ou que não pode ser condenado."

insultos injuriosos. Portanto, quanto mais percebemos que somos rigorosamente observados por nossos inimigos, mais atentos devemos ficar para evitar suas calúnias, e assim faremos que sua perversidade corrobore em nós o desejo de fazer o bem.

9. Exorta os servos. Já ficou dito que Paulo, aqui, está simplesmente tocando em certos temas à guisa de exemplo, e que não está a tratar deles de forma exaustiva, como ele faria numa tese mais ampla. E assim, ao dizer que os servos *sejam em tudo agradáveis a seus senhores*, esse desejo de agradar deve limitar-se às coisas que são direitas, como podemos deduzir de passagens semelhantes, nas quais essa exceção é explicitamente expressa, para que façam somente o que está em harmonia com a vontade de Deus.

Observe-se que o apóstolo insiste principalmente em que aqueles que se encontram debaixo da autoridade de outrem sejam obedientes e submissos, e ele tem boas razões para agir assim. Pois não há nada mais contrário à natural disposição humana do que a submissão, e havia um grande risco de que os servos fizessem do evangelho um pretexto para rebelarem-se, afirmando que o mesmo não se adequa à submissão ao domínio de pessoas ímpias. Os pastores devem demonstrar a máxima prudência e atenção em apaziguar e abafar esse espírito de rebelião.

10. Não defraudando; revelando, antes, íntegra fidelidade. Ele censura dois erros comuns entre os servos: respostas petulantes e propensão para roubo.[8] As comédias clássicas estão cheias de exemplos da excessiva tagarelice dos servos, que zombavam de seus senhores; e havia razões de sobra para tal comportamento, já que nos

---

8 "Aqui vemos quão estritamente Paulo observava aqueles a quem ele estava falando. Pois os escravos daquela época eram dados à pilhagem, e, além disso, eram contraditórios, como se não temessem os azorragues com que eram castigados. Mas, Descobrimos que às vezes eles se tornavam empedernidos, porque seus senhores não os usavam com brandura, porém os ameaçavam como se fossem bestas brutas, os feriam, os provocavam, os submetiam a tortura e amiúde os açoitavam, quando estavam absolutamente nus, de modo que o sangue fluía de todos os lados. Sendo assim endurecidos para o mal, não devemos sentir-nos atônitos se a corrupção neles se sobressaía de tal modo que se vingavam de seus senhores quando se lhes divisava uma oportunidade. Mas, agora Paulo não deixa de exortá-los a que agradassem seus senhores, isto é, em tudo o que fosse bom e direito." – *Fr. Ser.*

tempos antigos, 'escravo' e 'ladrão' eram termos intercambiáveis. A prudência, pois, aconselha que adequemos nossas instruções ao estado existencial de cada pessoa.

Com o termo *fidelidade* o apóstolo quer dizer lealdade e sinceridade para com seus senhores; portanto, *demonstrar íntegra fidelidade* significa agir de forma transparente, sem qualquer fraude ou prejuízo no exercício dos negócios de seus senhores.

Para que em tudo possam adornar a doutrina de Deus nosso Salvador. Esta exortação nos estimula profundamente, quando somos informados que, por meio de uma conduta honrada, adornamos a doutrina de Deus, a qual é o reflexo de sua glória. E é o que vemos suceder com frequência, precisamente como, em contrapartida, nosso viver ímpio nos traz ignomínia, visto que ela [a doutrina] é geralmente julgada à luz de nossas obras. Mas ainda temos que observar o seguinte: que Deus se digna receber um adorno por parte dos escravos, cuja condição era tão humilde e miserável que quase nem eram reconhecidos como seres humanos. Porquanto o apóstolo não tencionava referir-se a empregados domésticos, como os temos hoje, mas escravos[9] presos com cadeias, os quais eram comprados com dinheiro e tidos como propriedades, à semelhança de gado e cavalos. Se a vida de pessoas nesse estado pode ser um ornamento para o nome de cristão, muito mais cuidado devem ter aqueles que se encontram em postos de honra, para que não maculem o nome de Cristo com suas perversões.

11. Porque a graça de Deus tem se manifestado, trazendo salvação a todos os homens,

12. nos instruindo, no sentido em que, renunciando a impiedade e as paixões mundanas, vivamos sóbria, justa e piedosamente neste presente mundo;

13. aguardando a bem-aventurada esperança e a manifestação da glória de nosso grande Deus e Salvador Jesus Cristo;

11. Apparuit enim gratia Dei salutaris omnibus hominibus

12. erudiens nos ut abnegantes impietatem et saecularia desideria sobrie et iuste et pie vivamus in hoc saeculo

13. expectantes beatam spem et adventum gloriae magni Dei et salvatoris nostri Iesu Christi

---

9 "Des esclaves ou serfs." — "Escravos ou servos."

14. o qual a si mesmo se deu por nós, para nos redimir de toda iniquidade e purificar para si um povo para ser sua possessão peculiar, zeloso de boas obras.

15. Fala essas coisas e exorta e reprova com toda autoridade. Que ninguém te despreze.

14. qui dedit semet ipsum pro nobis ut nos redimeret ab omni iniquitate et mundaret sibi populum acceptabilem sectatorem bonorum operum

15. haec loquere et exhortare et argue cum omni imperio nemo to contemnat.

11. Porque a graça de Deus[10] **tem se manifestado**. Paulo baseia seu argumento no propósito divino para a redenção, o qual, segundo ele, consiste no desejo de se viver uma vida piedosa e justa. Daqui segue-se que o dever de um bom mestre consiste em exortar os homens para que vivam uma vida santa, e para que não se ocupem de especulações sem valor real. Como Zacarias declara em seu cântico: "De conceder-nos que, libertados da mão de nossos inimigos, o serviríamos sem temor, em santidade e justiça perante ele, todos os dias de nossa vida" [Lc 1.74-75]. E Paulo diz no mesmo estilo: "a graça de Deus tem se manifestado... nos instruindo." Ele quer dizer que a própria graça de Deus nos instruiria a ordenar nossas vidas corretamente. Alguns estão prontos a converter a pregação do evangelho da misericórdia de Deus em pretexto para um viver licencioso, enquanto que a displicência impede a outros de ponderarem sobre a renovação de sua vida. Mas a revelação da graça de Deus, inevitavelmente, traz consigo exortações para um viver piedoso.

Trazendo salvação a todos os homens.[11] O apóstolo expressa-

---

10 "Já vimos que devemos pregar diariamente aquela graça que foi declarada na vinda de nosso Senhor Jesus Cristo. Este é um maravilhoso mistério: que *Deus se manifestou na carne*, e que, ao mesmo tempo, nos exibiu sua glória celestial, para que nos unisse a ela. É desta maneira que todos os pastores devem empregar-se; pois quando ilustrarem incessantemente aquela sabedoria que Deus nos declarou na pessoa de seu Filho, é indubitável que o tempo não será perdido. E isto é o que Paulo diz em outra passagem [Ef 3.18]: 'a fim de poderdes compreender, com todos os santos, qual é a largura, e o comprimento, e a altura, e a profundidade e conhecer o amor de Cristo, que excede todo o entendimento.' Quando tivermos estendido nossa vista a explorar o quanto possível – quando descermos às profundezas a perscrutar tudo o que se acha oculto de nós – quando formos além comprimento e da largura do oceano, então teremos sabedoria (diz ele) quanto à altura e a profundidade, quanto à extensão e amplidão disto; quando conhecermos o infinito amor de Deus que nos exibiu na pessoa de seu Filho unigênito." – *Fr. Ser.*

11 "Agora vemos por que Paulo fala de todos os homens, e assim podemos julgar a tolice de alguns que pretendem expor as Santas Escrituras, e não entendem seu estilo, quando dizem: 'E

mente declara que a salvação vem ao encontro de *todos* os homens, tendo em mente especialmente os escravos de quem estivera precisamente falando. Ele não está se referindo a pessoas individualmente, mas, antes, a todas as classes de pessoas com suas diversas formas de vida; e põe forte ênfase sobre o fato de que a graça de Deus se condescendeu até mesmo dos escravos. Visto que Deus não despreza nem mesmo a mais humilde e a mais degradada classe de pessoas, seria extremamente irracional se porventura nos fizéssemos negligentes em abraçar sua generosidade.

12. Renunciando. Ele agora estabelece a regra pela qual podemos ordenar bem nossas vidas, e nos informa que devemos começar pela renúncia de nossa forma anterior de vida, da qual ele menciona duas características, *impiedade e paixões mundanas*. Na *impiedade* incluo não só as superstições nas quais haviam se desviado, mas também a negligência religiosa em relação a Deus, o que prevalece entre os homens até que hajam sido iluminados no conhecimento da verdade. Pois ainda que professem alguma sorte de religião, nunca temem a Deus e o reverenciem sincera e verdadeiramente; senão que, ao contrário, têm suas consciências adormecidas, de modo que nada está mais distante

---

Deus deseja que toda pessoa seja salva; a graça de Deus se manifestou para a salvação de toda pessoa; segue-se, pois, que há livre-arbítrio, que não há eleição, que ninguém foi predestinado para a salvação.' Se aqueles que dizem tais coisas tivessem um pouco mais de cautela, perceberiam que Paulo, nesta passagem, ou em 1 Timóteo 2.6, não está falando nada mais que os grandes são chamados por Deus, ainda que sejam indignos desse chamado; que os homens de condição humilde, ainda que sejam menosprezados, não obstante são adotados por Deus, que lhes estende sua mão para recebê-los. Naquele tempo, porque os reis e magistrados eram inimigos mortais do evangelho, pode-se concluir que Deus os havia rejeitado, e que eles não poderiam obter a salvação. Paulo, porém, diz que a porta não deve fechar-se contra eles, e que, eventualmente, Deus pode escolher alguns desta classe, ainda que seu caso pareça ser sem esperança. Assim, nesta passagem, após falar dos pobres escravos que não eram reconhecidos como pertencentes à condição humana, ele diz que Deus não falhou, por essa conta, de mostrar-se compassivo para com eles, e que deseja que o evangelho seja pregado àqueles aos quais os homens não se dignam pronunciar sequer uma palavra. Eis um pobre homem, o qual será rejeitado por nós, dificilmente diríamos que Deus o abençoe! E Deus se dirige a ele de uma maneira especial, e declara ser seu Pai, e não diz meramente uma palavra fugaz, mas se detém a dizer: 'Tu pertences ao meu rebanho, seja minha palavra tua pastagem, seja o alimento espiritual de tua alma.' Assim vemos que esta palavra é profundamente significativa, quando lemos que a graça de Deus se manifestou plenamente a todos os homens." – *Fr. Ser.*

de seus pensamentos do que seu dever de servir a Deus.¹²

Por *paixões mundanas*¹³ ele quer dizer todas as afeições da carne, visto que nossa única consideração está voltada para o mundo até que o Senhor nos atraia para si. A meditação sobre a vida celestial começa depois de nossa regeneração; antes disso, nossos desejos estão direcionados para o mundo e aderidos a ele.

Sóbria, justa e piedosamente. Ele já mencionara esses três elementos, apresentando um sumário abrangente da vida cristã, e agora uma vez mais ele faz a mesma indicação. *Piedade* é a religião em relação a Deus, enquanto que *justiça* é um exercício em relação aos homens. A pessoa dotada de ambas não carece de nada no âmbito da perfeita virtude, pois na lei de Deus há plena perfeição, à qual nada se pode acrescentar. Mas, como os exercícios da piedade dependem da primeira tábua da lei, assim a temperança, a qual ele menciona também nesta passagem, não tem outro propósito senão o de cumprir a lei, e, como eu disse antes acerca da paciência, é acrescentada como uma espécie de aperfeiçoamento das outras duas. Não há inconsistência em se mencionar às vezes a paciência e às vezes a temperança como o amalgama de uma vida santa; elas não são qualidades distintas, visto que σωφροσύνη (traduzida como *prudência*) inclui paciência.

---

12 "Isto vem a ser para nós um motivo ainda mais forte para a obediência. 'A graça de Deus nos ensina a negar a impiedade.' Quais correntes prendem mais forte e mais apertado do que o amor? Eis o amor para nossa natureza na encarnação de Cristo, amor para conosco, ainda que inimigos, em sua morte e paixão; encorajamento à obediência pelo oferecimento de perdão para as rebeliões anteriores. Pela desobediência do homem, Deus introduz sua graça redentora, e engaja sua criatura no retorno mais magnífico e excelente do que seu estado de inocência poderia realizá-lo. Em seu estado criado, ele tinha bondade a movê-lo; e, como uma criatura restaurada, agora, além da bondade anterior que o obrigava, ele tem um amor e misericórdia maiores a obrigá-lo; e o terror da justiça é retirado, o qual poderia envenenar seu coração como criminoso. Em seu estado de revolta ele tinha a miséria a desencorajá-lo; em seu estado redimido, ele tem o amor a atraí-lo. Sem tal caminho, negro desespero se assenhoreou da criatura exposta a uma miséria sem remédio, e Deus não teria tido o retorno do amor da melhor de suas obras terrenas; mas se restou algumas fagulhas de ingenuidade, serão reacendidas pela eficácia deste argumento." – *Charnock*.

13 "Sobre a expressão τὰς κοσμικὰς ἐπιθυμίας, o melhor comentário é 1 João 2.16. Σωφρόνως denota virtude em relação a nós mesmos; δικαίως, em relação às criaturas nossas semelhantes; e εὐσεβῶς, com respeito a Deus. Divisões similares são encontradas em passagens dos escritores clássicos, citadas pelos comentaristas." – *Bloomfield*.

Ele acrescenta *neste presente mundo*,[14] visto que Deus designou a vida presente para a comprovação de nossa fé. Embora os frutos das boas obras ainda não se manifestam, não obstante a esperança deve ser suficiente para incitar-nos à prática do bem; e isso é o que ele se prontifica a afirmar.

13. Aguardando a bem-aventurada esperança. Ele encontra na futura esperança na imortalidade base para sua exortação; indubitavelmente, se essa esperança é profundamente firmada em nossa mente, ela não pode senão levar-nos a devotar-nos integralmente a Deus. Em contrapartida, aqueles que não cessam de viver para o mundo e para a carne não têm a menor noção da importância da promessa da vida eterna. Pois o Senhor, ao chamar-nos para o céu, nos retira da terra.

Esperança, aqui, é expressa para as coisas esperadas; do contrário, ela seria uma forma equivocada de expressão. Ele atribui o título de esperança à vida bem-aventurada que está preparada para nós no céu. Ao mesmo tempo ele declara quando a desfrutaremos e o que devemos contemplar quando desejarmos e meditarmos sobre nossa salvação.

E a manifestação da glória de nosso grande Deus e Salvador Jesus Cristo. Tomo *glória de Deus* no sentido não só de *a glória* que ele possui inerentemente, mas também aquela glória que ele, então, difundirá por todo o universo, de modo que os eleitos recebam a bênção de participarem dela. Ele qualifica Deus de *grande*, visto que sua grandeza, a qual os homens têm obscurecido com o fútil esplendor deste mundo, às vezes debilitando-a e às vezes aniquilando-a tanto quanto podem, se manifestará plenamente no último dia. O brilho do mundo, enquanto que ofusca nossos olhos, os cega tanto que a glória de Deus permanece oculta, por assim dizer, em trevas. Com seu advento, porém, Cristo dispersa todas as vãs ostentações do mundo, de modo que nada mais poderá obscurecer o resplendor de sua glória

---

14 "En ce present monde." — "Neste presente mundo."

nem nada subtrair à sua grandeza. É realmente verdade que o Senhor demonstra sua majestade todos os dias através de suas obras. Mas, como a cegueira impede os homens de contemplá-la, pode-se, não obstante, dizer que ela se oculta em sombras. Paulo quer que os crentes meditem, pela fé, sobre a glória que se revelará no último dia, a fim de que Deus seja magnificado, ainda quando o mundo ou o despreze ou, no mínimo, não o estime segundo sua real excelência.

Não fica claro se devemos tomar as próximas palavras em estreita conexão – "a glória de Cristo, o grande Deus e Salvador" – ou separadamente, como o Pai e o Filho – "a glória do grande Deus e de nosso Salvador Jesus Cristo".[15] Os arianos se aferraram a esta última interpretação e tentaram provar daí que o Filho é menor que o Pai, sustentando que Paulo denomina o Pai "o grande Deus" a fim de distingui-lo do Filho. Com o fim de refutar essa falsa alegação, os mestres ortodoxos da Igreja têm mantido veementemente que ambos os títulos se aplicam a Cristo. Os arianos, porém, podem ser refutados de uma forma mais breve e mais segura, porque Paulo, depois de ter falado da revelação da glória do grande Deus, imediatamente acrescenta Cristo

---

15 "Destas palavras, o sentido mais natural, e a requerida pela 'proprietas linguae', é, além de toda dúvida, aquela assinalada por quase todos os antigos, de Clemente de Alexandria para baixo, e pelos primeiros expositores modernos, como Erasmo, Grotius e Beza, e também por alguns expositores e teólogos eminentes dos tempos mais recentes, como os bispos Pearson e Bull, Wolff, Matthaei e o bispo Middleton, a saber: 'Buscando (ou, melhor, olhando para; cf. Jó 2.9; e veja-se Grotius) a bendita esperança, sim, o glorioso aparecimento de nosso grande Deus e Salvador Jesus Cristo.' A causa da ambiguidade em nossa versão comum é habilmente realçada, e a versão supra estabelecida sobre bases mais seguras, pelo bispo Middleton e o Professor Scholefield. Mas, além do argumento encontrado na 'propriedade de linguagem', a de Beza, que insiste que ἐπιφάνεια em parte alguma é usada para Deus, e sim Cristo, é incontestável. Assim, numa hábil crítica sobre as obras do Dr. Channing, no British Critic, o revisor com razão mantém que 'Cristo seria o Deus aqui mencionado, porque lemos que é seu 'glorioso aparecimento' que os cristãos aqui esperam, mas de Deus o Pai somos informados expressamente que 'nenhum homem jamais viu nem pode ver'. Outros argumentos convincentes para a construção aqui estabelecida podem ser vistos em Reliquiae Sacrae do Dr. Routh, vol. 2, p. 26. O leitor é também particularmente remetido a Clemente de Alexandria, Colhort. Ad Gentes, sub init., onde os versículos 11-14 são citados por aquele pai, e é adotado o ponto de vista Σωτῆρος, aqui mantido. A totalidade do contexto ali é merecedora de grande atenção, como contendo uma atestação tão clara e reiterada da divindade de Jesus Cristo como raramente se pode achar. A própria passagem pode ser vista em Def Fid. Nic., p. 87, do bispo Bull." – *Bloomfield*.

para provar que a revelação está em sua pessoa. É como se dissesse que quando Cristo se manifestar, a grandeza da glória de Deus também se nos revelará.

Daqui aprendemos, primeiramente, que o nosso maior incentivo à crescente atividade e disposição em fazer o bem é a esperança de uma ressurreição futura; em segundo lugar, que os crentes devem ter sempre seus olhos fixos nela, para que não se sintam exaustos em prosseguir em seu curso certo; porque, a menos que dependamos inteiramente dela, seremos continuamente arrebatados pelas ilusões do mundo. Mas no caso de o pensamento do advento do Senhor para o juízo final nos encher de terror, Cristo se nos apresenta como o *Salvador* que também será nosso futuro *Juiz*.

14. O qual a si mesmo se deu por nós. Eis aqui outra fonte de exortação, baseada no propósito ou efeito da morte de Cristo. Ele se ofereceu em nosso lugar para que fôssemos redimidos da escravidão do pecado, e adquiriu-nos para si mesmo a fim de sermos sua possessão. Sua graça, inevitavelmente, traz consigo novidade de vida, pois aqueles que continuam servindo ao pecado tornam nula a bênção da redenção. Mas agora fomos resgatados da escravidão do pecado para podermos servir à justiça de Deus.

Deste fato ele passa imediatamente ao segundo ponto, a saber: *e purificar para si um povo para ser sua possessão peculiar, zeloso e de boas*, querendo dizer com isso que o fruto da redenção está perdido, caso ainda sejamos dominados pelos desejos pecaminosos do mundo. Para expressar mais claramente o fato de que fomos consagrados para a prática de boas obras mediante a morte de Cristo, ele usa o termo *purificar*, pois seria vergonhoso que nos permitíssemos macular com as imundícias das quais a morte do Filho de Deus nos purgou.[16]

---

[16] "Cristo expiou o pecado, não o estimulou; ele morreu para criar nossa paz, porém morreu para fazer-nos santos; 'a fim de purificar para si um povo' [Tt 2.14]. Os fins da morte de Cristo não podem ser separados. Ele não é expiador, onde não é purificador. É tão certo como qualquer palavra que Deus tem falado, que 'para o perverso não há paz' [Is 48.22]. Uma consciência culpada, e uma impura, manterão amizade com Satanás e inimizade com Deus. Aquele que se permite pecar se priva do benefício da reconciliação. Esta reconciliação deve ser mútua; como Deus acende sua

15. Fala essas coisas e exorta e reprova. Esta última sentença é equivalente a uma ordem endereçada a Tito, para que ele perseverasse, sem cessar, nessa edificante doutrinação, e que jamais se cansasse dela, posto que ela jamais poderá ser exaustivamente inculcada. Também lhe diz que acrescentasse à doutrina estímulos, exortações e reprovações, porquanto nem sempre os homens são suficientemente lembrados de seus deveres, a menos que sejam também veementemente impulsionados a desempenhá-los. A pessoa que compreende tudo o que tem deixado expresso, e que o mantém sempre em seus lábios, terá boas razões não só para ensinar, mas também para corrigir.

Com toda autoridade. Não concordo com Erasmo que traduz ἐπιταγή como *diligência em comandar outros*. O ponto de vista de Crisóstomo é mais provável, pois ele o toma no sentido de severidade contra os pecados mais atrozes; eu, porém, não creio que mesmo ele tenha apresentado o significado corretamente. Sua afirmação é que Tito devia reivindicar para si autoridade e respeito ao ensinar essas coisas. Pois os homens dados a indagações curiosas, que vibram com as futilidades, sentem aversão pelos mandamentos que nos direcionam a um viver piedoso e santo, como sendo os mesmos comuns e vulgares. Para que Tito pudesse refrear tal desdém, ele é intimado a acrescentar à sua doutrina o peso de sua autoridade.

Que ninguém te despreze. Há quem acredite que o apóstolo dirige a Tito uma admoestação para chamar a atenção e o respeito dos homens para a integridade de sua vida, e é plenamente procedente que uma conduta santa e irrepreensível gere autoridade para a doutrina. O alvo de Paulo, porém, é diferente, porque aqui ele está se dirigindo mais a outras pessoas do que a Tito mesmo. Porque, naquele tempo, muitos tinham ouvidos tão delicados, que desprezavam a simplicidade do evangelho; pois sentiam uma ansiedade tão profunda por

---

ira contra nós, assim devemos lançar fora nossas armas contra ele. Como houve uma dupla inimizade, uma radicada na natureza e a outra declarada pelas obras ímpias, ou, melhor, uma inimizade em sua raiz, e a outra em seu exercício [Cl 1.21], assim deve haver uma alteração de estado e uma alteração de atos." – *Charnack*.

novidade, que dificilmente deixavam algum espaço à edificação; ele, pois, golpeia o orgulho deles e lhes ordena estritamente que cessem, de uma vez para sempre, de tratar com desdém a doutrina que é sã e proveitosa. Isso confirma o que eu disse no princípio, a saber, que esta carta foi escrita, acima de tudo, aos habitantes de Creta, e não unicamente a um indivíduo.

Capítulo 3

1. Inculca na mente deles, que sejam submissos aos governantes e às autoridades, que lhes sejam obedientes e estejam preparados para toda boa obra,

2. que não falem mal de ninguém, não sejam contenciosos, mas sejam gentis, mostrando toda mansidão para com todos os homens.

3. Porque noutro tempo nós também éramos insensatos, desobedientes, extraviados, servindo a diversas concupiscências e deleites, vivendo em malícia e inveja, sendo odiosos e odiando-nos uns aos outros.

1. Admone illos principibus et potestatibus subditos esse dicto oboedire ad omne opus bonum paratos esse,

2. neminem blasphemare non litigiosos esse modestos mnem ostendentes mansuetudinem ad omnes homines

3. eramus enim et nos aliquando insipientes increduli errantes servientes desideriis et voluptatibus variis in malitia et invidia agentes odibiles odientes invicem.

1. Inculca na mente deles. É evidente, à luz de muitas passagens, que os apóstolos tinham muita dificuldade em manter o povo comum em sujeição à autoridade dos magistrados e príncipes. Por natureza, todos nós somos desejosos de poder, de sorte que ninguém tem disposição para submeter-se a outrem. Além disso, visto que naquele tempo praticamente todos os poderes mundanos[1] eram opostos a Cristo, a conclusão lógica é que eram indignos de qualquer honra. Especialmente os judeus, sendo um povo indomável, estavam constantemente rebelando-se e amotinando-se. Portanto, havendo mencionado os deveres particulares, Paulo agora se volta para eles e os admoesta em termos gerais no sentido em que tranquilamente respeitassem a ordem do governo civil, obedecessem às leis e se submetessem aos magistra-

---

1 "Toutes des principautes et puissances du monde."

dos. Pois a sujeição aos príncipes e a obediência aos magistrados que o apóstolo requer se estende também aos éditos e leis, bem como a outros deveres cívicos.

O que ele imediatamente acrescenta sobre *estar preparados para toda boa obra* pode aplicar-se ao mesmo tema, como se quisesse dizer: "Todo aquele que não se recusa a viver uma vida boa e honesta voluntariamente tributará obediência aos magistrados." Pois já que eles foram designados para a preservação da vida humana, aquele que deseja sua remoção ou lança fora seu jugo é inimigo da equidade e da justiça, e, portanto, destituído de toda humanidade. Se porventura alguém preferir interpretar esta frase sem referência ao contexto imediato, não faço objeção alguma. Não há dúvida de que nesta sentença ele está nos recomendando benevolência para com nosso próximo ao longo de toda a nossa vida.

2. Que não falem mal de ninguém. Ele agora estabelece o método pelo qual poderão promover a paz e a amizade para com todos. Pois sabemos que não há nada mais apropriado à natureza humana do que pensar menos do próximo do que de si próprio. O resultado é que muitos se enchem de orgulho e desejo de possuir os dons divinos, e por isso desprezam seus irmãos; e, desprezando-os, logo partem para os impropérios. Por isso o apóstolo diz aos cristãos para não se vangloriarem sobre os demais ou a reprová-los, por mais superiores que sejam sobre os demais. Não que ele queira que ignorem os erros dos ímpios; ele está simplesmente condenando a propensão humana para a difamação.

Não sejam contenciosos. Ao recomendar-lhes que não sejam *contenciosos*, ele de fato lhes está dizendo como evitar rixas e polêmicas. A Vulgata traduziu bem essa cláusula, a saber, "não sejam briguentos", pois há outras formas de lutar além do uso da espada ou dos punhos. É evidente, à luz do que se segue, que é essa a sua intenção, pois o antídoto que ele prescreve para esse mal é que *sejam gentis, mostrando mansidão*. A bondade é contrastada com o máximo rigor da lei; e a gentileza, com a amargura. Se porventura desejarmos evitar os muitos matizes de rixa e controvérsia, devemos então aprender antes de tudo a tratar os outros com muita gentileza e a ignorar muita coisa. Pois aqueles que são imoderadamente severos e mal-humorados levam consigo aquele fogo maligno que inflama as controvérsias.

O apóstolo acrescenta, *para com todos os homens*, visando mostrar que devemos suportar mesmo as pessoas mais pobres e humildes. Os crentes tinham as pessoas ímpias na conta de seres desprezíveis e não merecedoras de qualquer tolerância. Paulo, porém, queria corrigir tal severidade, porquanto ela tem o orgulho por sua única fonte.

3. Porque noutro tempo nós também[2] **éramos insensatos.** Nada é mais próprio para subjugar nosso orgulho e moderar nossa severidade do que a demonstração de que tudo o que fizermos contra os outros poderá cair sobre nossas próprias cabeças. A pessoa que se vê obrigada a buscar o perdão de outros para si própria, achará fácil perdoar os outros; e a única razão por que nos sentimos tão indispostos a perdoar nossos irmãos reside em nossa ignorância de nossos próprios erros. Aqueles que são zelosos para com Deus são deveras severos para com os faltosos; visto, porém, que eles começam consigo mesmos, sua severidade está sempre mesclada de compaixão. Portanto, a fim de que os crentes não escarneçam de forma severa e desumana daqueles que são mantidos ainda na ignorância e cegueira, Paulo lembra-lhes que espécie de pessoas haviam sido; querendo dizer: "Se aqueles sobre quem Deus ainda não derramou a luz da fé devem ser

---

2 "Nós mesmos, que tínhamos os oráculos de Deus e maiores privilégios que outros, fomos arrastados por um ímpeto naturalmente muito forte, até que a graça deteve esse curso, e, depois de detê-lo, o tornou contra a natureza. Quando a mente foi assim de antemão possuída, e a vontade fez, na concupiscência da carne, sua obra e suas trocas, não houve qualquer semelhança de cooperação com Deus, na satisfação dos desejos dEle, até que a inclinação do coração fosse transformada em seus princípios carnais. Antes da graça, o coração é pedra. Nenhuma pedra pode cooperar para que se transforme em carne, visto não ter em si nenhuma semente, causas ou quaisquer princípios de natureza vivificante. Visto que somos esmagados pelo lixo de nosso estado corrompido, não podemos cooperar para a remoção dele; tanto quanto um homem sepultado sob as ruínas de uma casa derrubada não pode contribuir para a remoção daquele grande peso que jaz sobre si. Assim, um homem em tal estado não cooperaria com tal obra, porque suas concupiscências lhe são prazeres; ele serve às concupiscências, as quais são, ao mesmo tempo, desejos e concupiscências, e, por isso, ele as serve com deleite ." – *Charnock*.

tratados com tanta severidade, tu, igualmente, deverias, pela mesma razão, ser afligido sem misericórdia. Certamente que não gostarias que alguém fosse tão descaridoso para contigo, portanto deves agora revelar a mesma moderação para com os outros."

Há duas implicações nas palavras de Paulo, aqui, que exigem observação. A primeira é que aqueles que ora foram iluminados pelo Senhor devem manter-se humildes ante a lembrança de sua própria ignorância anterior, e, portanto, que não se exaltem arrogantemente acima dos demais, nem os tratem com mais severidade e austeridade do que gostariam que fossem tratados quando ainda viviam em condição semelhante. A segunda é que, o que sucedeu a eles próprios deveria impulsioná-los a pensar que aqueles que hoje estão fora da Igreja poderão, amanhã, ser enxertados nela, e com seus erros corrigidos poderão vir a participar dos dons divinos que atualmente não possuem. É possível vermos claramente acontecendo tantas coisas nos crentes, visto que "anteriormente viviam nas trevas, mas um dia começaram a receber a luz do Senhor" [Ef 5.8]. A lembrança de sua anterior condição deve incliná-los à συμπάθειαν, à simpatia mútua, e a atual graça de Deus neles é prova de que outros também podem ser conduzidos à salvação.

E dessa forma percebemos que é nosso dever humilharmo-nos na presença de Deus, a fim de aprendermos a ser gentis em relação a nossos irmãos. O orgulho é sempre cruel e desdenhoso para com os demais homens. Em outra passagem [Gl 6.1], onde somos exortados à prática da gentileza, ele convida a cada um de nós a recordar de sua própria debilidade. Aqui ele vai além, visto que quer nos lembrar daqueles erros dos quais já fomos libertados, para que não persigamos com crueldade os que vivem ainda em outros vícios.

Além do mais, à luz da descrição que Paulo faz aqui da natureza humana antes que a mesma seja transformada pelo Espírito de Cristo, é possível vermos quão miseráveis somos quando separados de Cristo. Em primeiro lugar, ele qualifica os incrédulos de insensatos, pois toda a sabedoria humana é vaidade enquanto o homem não conhece a Deus; em segundo lugar, ele os qualifica de desobedientes, porquanto só a fé pode obedecer verdadeiramente a Deus, e a incredulidade é sempre obstinada e rebelde, ainda que aqui seja possível traduzir ἀπειθεῖς por 'incrédulos', como a descrever o gênero de insensatez. Em terceiro lugar, ele diz que os incrédulos são desgarrados, porquanto Cristo é o único Caminho e Luz do mundo [Jo 8.12; 14.6]. De modo que todos aqueles que estão longe de Deus terão que perambular sem rumo em toda a extensão de sua vida.

Até aqui, o apóstolo esteve descrevendo a natureza da incredulidade; agora, porém, ele acrescenta os resultados que emanam dela, ou seja, *servindo a diversas concupiscências e deleites, vivendo em malícia e inveja, sendo odiosos e odiando uns aos outros*. É verdade que cada indivíduo não experimenta em igual medida todos esses vícios; visto, porém, que todos se encontram escravizados aos desejos perversos, embora sejam diferentes nas diferentes pessoas, Paulo cobre de uma forma geral[3] todos os frutos que a incredulidade pode produzir em diferentes pessoas. Esta matéria está explicada no final de Romanos 1.

Visto que Paulo distingue dos incrédulos os filhos de Deus, através dessas marcas, se porventura quisermos ser considerados crentes, temos que ter o coração expurgado de toda e qualquer inveja e isento de toda e qualquer malícia, e temos que amar e ser amados. É inconcebível que sejamos dominados pelos desejos que ele aqui descreve como 'diversos', porque, em minha visão, os desejos que agitam o homem

---

3 "O apóstolo fala o que todos nós naturalmente éramos. Esta, pois, é a principal influência misericordiosa que é produzida na obra regeneradora. É como se Deus dissesse: Eu vejo aquelas pobres criaturas a perecerem, não só caminhando para o inferno, mas levando consigo seu próprio inferno rumo ao inferno, 'o inferno sendo por fim lançado no inferno' (em conformidade com a expressão no Apocalipse). É um precipitar do inferno no inferno, quando um homem perverso chega no inferno; pois antes ele era seu próprio inferno. Deus, contemplando este lastimável caso de criaturas miseráveis, diz: Eu tenho ou de renová-las ou de perdê-las; tenho ou de transformá-las ou deixá-las perecer; já se encontram no fogo do inferno. Isso é justamente o que éramos, mas, movido de compaixão, ele nos salvou pela lavagem da regeneração e renovação pelo Espírito Santo. Oh! compassiva influência que neste caso é derramada sobre a alma! Oh! balsâmico orvalho que desce do céu sobre uma alma inquieta, que apaga as chamas da luxúria, e que implanta e revigora (depois de sua implantação) um princípio divino, criando uma nova vida que conduz a Deus e a Cristo, e por fim o caminho da santidade e do céu." – *Howe*.

carnal são como ondas impetuosas que se chocam umas contra as outras, arremessando o homem de um lado para outro, de modo tal que ele muda e vacila a todo instante. Todos quantos se entregam aos desejos carnais experimentam tal desassossego, porque não existe estabilidade senão no temor de Deus.

4. Mas quando se manifestou a benevolência de Deus nosso Salvador, e seu amor para com o homem,	4. Cum autem benignitas et humanitas apparuit salvatoris nostri Dei,
5. não pelas obras de justiça que porventura houvéramos praticado, mas segundo a sua misericórdia ele nos salvou através da lavagem de regeneração e renovação do Espírito Santo,	5. non ex operibus iustitiae quae fecimus nos sed secundum suam misericordiam salvos nos fecit per lavacrum regenerationis et renovationis Spiritus Sancti,
6. que ele derramou sobre nós ricamente, através de Jesus Cristo nosso Salvador,	6. quem effudit in nos abunde per Iesum Christum salvatorem nostrum,
7. para que, sendo justificados por sua graça, pudéssemos ser feitos herdeiros segundo a esperança da vida eterna.	7. ut iustificati gratia ipsius heredes simus secundum spem vitae aeternae.

Esta construção, ou a cláusula principal consiste em que Deus nos salvou por sua misericórdia, ou ela está incompleta. Nesse caso, será melhor entender que os homens foram transformados para melhor, e se tornaram homens novos como resultado da misericórdia divina sobre eles; como se dissesse: "Começastes a ser diferentes dos demais desde o momento em que Deus vos regenerou pela ação do Espírito Santo." Visto, porém, que as palavras de Paulo, como estão redigidas, têm um sentido completo, realmente não há necessidade de se fazer qualquer adição. Ele se inclui entre os demais para que sua exortação se tornasse mais eficaz.

4. Mas quando se manifestou a benevolência e o amor. Antes de tudo pode-se perguntar se a benevolência divina começou a ser conhecida no mundo somente ao tempo em que Cristo se manifestou na carne; pois, por certo, desde o princípio os pais conheceram e experimentaram pessoalmente a benevolência, a misericórdia e o favor divinos; e, por conseguinte, esta não é a primeira manifestação de sua benevolência e de seu paternal amor para conosco.

A resposta é simples, a saber: que os pais, sob o regime da lei, degustaram a benevolência divina só de olhar para Cristo, à distância, em cujo advento toda a sua fé repousava. E assim pode-se dizer que a benevolência divina manifestou-se quando Deus revelou uma garantia dela, e deu uma real demonstração de que não havia falsamente prometido a salvação aos homens. "Deus amou o mundo de tal maneira que deu seu Filho unigênito" [Jo 3.16]; ou, como Paulo diz em outro lugar: "Mas Deus prova seu amor para conosco pelo fato de ter Cristo morrido por nós, sendo nós ainda pecadores" [Rm 5.8]. É comum nas Escrituras a expressão de que o mundo foi reconciliado com Deus por meio da morte de Cristo, embora saibamos que ele sempre fora um bom Pai, em todas as épocas. Visto, porém, que não encontramos motivo para Deus nos amar e nenhum fundamento para nossa salvação, senão em Cristo, há boas razões para dizer-se que Deus o Pai nos manifestou sua benevolência em Cristo.

Há, porém, uma razão distinta para tal fato nesta passagem, onde Paulo fala, não da manifestação de Cristo, em sua vinda a este mundo como homem, mas de sua manifestação no evangelho, quando ele se oferece e se revela de uma forma especial, aos eleitos. Na primeira vinda de Cristo, Paulo não fora renovado, porque, embora Cristo fora ressurreto em glória, e a salvação em seu nome resplandecera sobre muitos, não só na Judéia, mas também nas terras adjacentes, Paulo, ainda cego pela incredulidade, se esforçava ainda por erradicar essa graça, fazendo uso de todos os meios que lhe eram disponíveis. O que ele tinha em mente, pois, é que a graça divina manifestou-se a ele e aos demais quando foram iluminados no conhecimento do evangelho. Nenhuma outra aplicação desta passagem seria adequada, pois ele não está falando indiscriminadamente das pessoas de seu próprio tempo, mas se dirige especificamente aos que haviam se separado do restante, como se quisesse dizer que anteriormente se assemelhavam aos incrédulos que viviam submersos em densas trevas, mas que agora são diferentes deles, não como resultado de seus próprios méritos, mas da graça de Deus. Em 1 Coríntios [4.7], ele usa o mesmo argumento para rebater toda a arrogância carnal: "Pois, quem te faz diferente?" Ou: "Quem te faz mais honrado que os demais?"

Benevolência e amor. Ele está certo em mencionar primeiro a benevolência que impele Deus a nos amar. Deus jamais encontrará em nós algo digno de seu amor, mas ele nos ama porque é bondoso e misericordioso. Além disso, ainda que ele testifique de sua própria benevolência e amor a todos os homens, nós só conhecemos tais atributos pela fé, quando em Cristo ele se declara nosso Pai. Paulo desfrutava de inumeráveis dons divinos antes que fosse chamado para a fé em Cristo, e os mesmos poderiam ter-lhe dado prova da paternal benevolência de Deus, e ele fora desde a infância educado na doutrina da lei; e não obstante jazia em trevas, de modo que não tinha nenhum senso da benevolência divina, até que o Espírito iluminasse sua mente e Cristo se lhe manifestasse como testemunha e penhor da graça de Deus o Pai, da qual, sem ele, eram todos estranhos. Portanto, ele quer dizer que a amorável benevolência [*humanitas*] de Deus só é revelada pela luz da fé.

5. Não pelas obras.[4] Devemos lembrar que Paulo, aqui, está se dirigindo a crentes, e está descrevendo a forma pela qual temos entrada no reino de Deus. Ele declara que não foi com base em suas obras

---

4 "Quem sabe o leitor me deixará adicionar uma breve preleção expositiva sobre as partes mais distintivas deste tão importante parágrafo. 1. Temos a causa de nossa redenção; não obras de justiça que porventura tenhamos feito, mas a bondade, o amor, a misericórdia de Deus nosso Salvador. A estes, e a estes somente, cada filho de homem deve atribuir tanto seu uso no presente, quanto sua expectativa de bem-aventurança futura. 2. Os efeitos, que são (a) *justificação*, sendo justificados, tendo nossos pecados perdoados e nossas pessoas aceitas através da justiça de Cristo a nós imputada; tudo isso sem a mínima qualidade merecedora em nós, tão-somente por sua graça e bondade totalmente imerecida. (b) *Santificação* expressa pela lavagem regeneradora – aquela lavagem no sangue do Redentor que purifica a alma da culpa, como a lavagem de água limpa o corpo de sujeira; tal lavagem nos reconcilia com Deus, proporciona paz de consciência, e assim lança do fundamento de uma mudança espiritual universal – a renovação do Espírito Santo, cujas influências, testificando de Cristo, e aplicando seu mérito, introduz um melhoramento em todas as faculdades da mente, algo como aquela renovação anual e sorriso geral que o regresso da primavera difunde sobre a face da natureza. 3. O fim e consumação de tudo – de que seríamos feitos herdeiros do reino celestial, e viveríamos na esperança mais certa, depois no pleno desfruto da ditosa eternidade." – *Hervey*.

que os eleitos haviam merecido participar da salvação, ou que seriam reconciliados com Deus através da fé, mas que obtiveram esta bênção única e exclusivamente pela misericórdia de Deus. Podemos deduzir de suas palavras que nada levamos a Deus, mas ele vem a nós pela iniciativa de sua graça completa, sem qualquer apreço pelas obras. Pois ao dizer: "não pelas obras *que porventura houvéramos praticado*", Paulo quer dizer que, enquanto não formos regenerados por Deus, nada podemos fazer senão pecar. Essa afirmação de caráter negativo depende de sua afirmação anterior, ou seja, que aqueles que ainda não foram transformados em Cristo são insensatos e desobedientes, transviados por diversas paixões, e que boa obra poderia proceder de tal massa de corrupção?

É loucura, pois, imaginar que alguém possa aproximar-se de Deus mediante suas 'preparações', como eles mesmos o chamam. Ao longo de toda a sua vida, os homens se afastam cada vez mais de Deus, até ele, com sua própria mão os traga de volta ao caminho da qual se desviaram. Em suma, Paulo atribui inteiramente à misericórdia divina o fato de nós, e não outros, termos sido escolhidos a participar de Cristo, uma vez que não havia em nós nenhuma obra de justiça. Este argumento não seria válido, a menos que fosse admitido que tudo quanto tentamos fazer antes de crermos seja injusto e odioso aos olhos de Deus.

Que porventura houvéramos praticado. Certas pessoas insensatas, porém, usam o fato de que o verbo, aqui, está no pretérito – que porventura *houvéramos praticado* –, como uma justificativa do argumento de que Deus leva em conta os méritos futuros de uma pessoa, quando ele a chama. Argumentam que a negação de Paulo de que Deus seja movido por nossos méritos, para a concessão de sua graça sobre nós, aplica-se somente ao passado. Portanto, se o que é excluído é somente a justiça que antecede ao seu chamado, então a justiça futura pode ser levada em conta. Tal argumento, porém, pressupõe um princípio que Paulo em outro lugar rejeita, a saber, ao dizer que a eleição com base na graça soberana é o fundamento das boas obras. Se devemos inteiramente à graça divina o fato de agora podermos viver bem, que obras futuras, propriamente nossas, merecerão a consideração divina? Se antes de Deus nos chamar a iniquidade exercia sobre nós um domínio tal que não cessava de progredir até atingir o seu máximo, como poderia Deus ser induzido a chamar-nos com base em nossa justiça futura? Longe de nós tais trivialidades! Paulo menciona as obras passadas com o único objetivo de excluir todo mérito [humano]. Seu pensamento pode ser assim expresso: "Se porventura nos gloriarmos de algum mérito, que sorte de obras praticamos?" O que esta máxima propõe é o seguinte: que o ser humano não será melhor, no futuro, do que o foi no passado, a menos que Deus o corrija através de seu chamamento.

Ele nos salvou. O apóstolo fala da fé, e ensina que já recebemos a salvação. No entanto, ainda que estejamos emaranhados no pecado e carreguemos um corpo de morte, todavia temos certeza de nossa salvação, contanto que estejamos, pela fé, enxertados em Cristo. É o teor de João 5.24: "Quem ouve a minha palavra e crê naquele que me enviou tem a vida eterna; não entrará em condenação, mas passou da morte para a vida." Não obstante, um pouco mais adiante, ao introduzir a palavra *fé*, ele demonstrará que ainda não entramos em plena posse do que Cristo conquistou para nós através de sua morte. Daí segue-se que, no que tange a Deus, nossa salvação está consumada; mas nosso pleno desfrutar dela está prorrogado para quando nossa guerra terminar. O apóstolo elabora a mesma tese em Romanos 8.24, ao dizer que "na esperança fomos salvos".

Através da lavagem da regeneração. Não tenho dúvida de que aqui há pelo menos uma alusão ao batismo; e não faço objeção se toda a passagem deve ser explicada em termos de batismo. Não que a salvação seja obtida no símbolo externo da água, mas porque o batismo nos sela a salvação conquistada por Cristo. Paulo está tratando da manifestação da graça de Deus que, já dissemos, consiste da fé. Visto, pois, que o batismo é parte dessa revelação, até onde ela se destina a confirmar a fé, Paulo está certo em mencioná-lo aqui. Além disso, visto que o batismo é nosso ingresso na Igreja e o símbolo de nosso enxerto em Cristo, é oportuno que Paulo o introduza aqui, ao pretender demonstrar como a graça divina se nos manifestou. Eis o fio do pensamento desta passagem: "Deus nos salva mediante sua misericórdia, e ele nos deu, no batismo, um símbolo e penhor dessa salvação, admitindo-nos em sua Igreja e enxertando-nos no Corpo de seu Filho."

Os apóstolos geralmente baseiam um argumento nos sacramentos quando pretendem provar o que está implícito neles, já que deve ser aceito como princípio estabelecido entre os piedosos que Deus não joga conosco usando figuras destituídas de conteúdo, senão que interiormente efetua, por seu próprio poder, aquilo que ele pretende nos mostrar por meio de um sinal externo. Por isso se expressa adequada e genuinamente que o batismo é a "lavagem da regeneração". O poder e o uso dos sacramentos são corretamente subentendidos quando conectamos o sinal com a coisa significada, ou aquilo que está implícito nele, de tal forma que o sinal não é algo vazio e ineficaz, e quando, querendo enaltecer o sinal, não despojamos o Espírito Santo do que lhe pertence. Ainda que os incrédulos não sejam lavados nem renovados pelo batismo, este, todavia, retém sua eficácia no que concerne a Deus, pois ainda que rejeitem a graça de Deus, ela ainda lhes é oferecida. Aqui, porém, Paulo está se dirigindo aos crentes, em quem o batismo é sempre eficaz, e que, portanto, está corretamente expresso em conexão com sua eficácia e efeito. Com essa forma de expressar-se, somos lembrados de que, se porventura não fizermos nem quisermos fazer do santo batismo um ato nulo e vazio, devemos provar sua eficácia através da novidade de vida [Rm 6.4].

E renovação do Espírito Santo.[5] Ainda que ele mencione o sinal

---

5 "Resta declararmos qual é o ofício do Espírito, ou seja, o que, como Espírito Santo, ele representa para nós; pois embora o Espírito de Deus seja de essência infinita e santidade original, como Deus, e assim em si mesmo pode ser chamado Santo; e embora outros espíritos que foram criados sejam ou realmente agora impuros, ou no princípio de santidade defectiva, e assim tendo o nome de espírito comum a eles, ele deve ser intitulado *santo*, para que seja distinguido deles; contudo, concebo ser ele antes chamado *Espírito Santo*, pelo Espírito de Santidade [Rm 1.4], por causa das três Pessoas da bendita Trindade, seu ofício particular é santificar ou fazer-nos santos.

com o intuito de exibir-nos claramente a graça de Deus, todavia nos proíbe de fixarmos nele toda a nossa atenção; por isso imediatamente põe diante de nós o Espírito, para que saibamos que não somos lavados pela água, e, sim, pelo poder do Espírito, como o expressa o profeta Ezequiel: "Então aspergirei água pura sobre vós, e ficareis purificados... Ainda porei dentro de vós o meu Espírito" [Ez 36.25, 27]. As palavras de Paulo, aqui, concordam tão plenamente com aquelas do profeta que na verdade estão falando a mesma coisa. Essa é a razão por que eu disse no início que, embora Paulo esteja tratando especificamente do Espírito Santo, ele faz alusão também ao batismo. É o Espírito de Deus quem nos regenera e nos transforma em novas criaturas; visto, porém, que sua graça é invisível e oculta, no batismo nos é dado um símbolo visível dela. Alguns tomam a palavra "renovação" no acusativo, com o que não discordo; não obstante, em minha opinião a outra redação se adequa melhor.

6. Que ele derramou sobre nós. Em grego, o pronome relativo "que" concorda tanto com "lavagem" quanto com "Espírito", sendo neutros ambos os substantivos (λουτρόν e Πνεῦμα); o significado, porém, não sofre muita modificação. A metáfora será mais elegante se o pronome relativo for conectado com "lavagem". Nem é incompatível com isso o fato de que todos são batizados, indiscriminadamente, pois quando ele fala da lavagem que é derramada sobre nós, sua referência é menos ao sinal do que à coisa significada, a qual contém a realidade do sinal.

Ao dizer *ricamente* o que ele tem em mente é que quanto mais cada um de nós excede nos dons mais excelentes, mais fica em dívi-

---

Assim, da mesma maneira que o que nosso Salvador fez e sofreu por nós pertencia àquele ofício de um Redentor que tomou sobre si, assim, tudo o que Espírito Santo opera visando à mesma salvação, consideramos como pertencente ao seu ofício. E porque sem santidade é impossível agradar a Deus, porque todos nós somos impuros e imundos, e a pureza e santidade que são requeridas em nós para comparecermos na presença de Deus, cujos olhos são puros, devem ser operadas em nós pelo Espírito de Deus, que é chamado Santo, porque é a causa desta santidade em nós; por isso reconhecemos que o ofício do Espírito de Deus consiste em santificar os servos de Deus, e a declaração deste ofício, acrescida à descrição de sua natureza, é uma explicação suficiente do objeto da fé contido neste artigo – 'Eu creio no Espírito Santo'." – *Bp. Pearson on the Creed.*

da para com a misericórdia de Deus, que é o único veículo de nossas riquezas, pois em nós mesmos somos completamente pobres e destituídos de todas as coisas excelentes. Se porventura alguém objetar, dizendo que nem todos os filhos de Deus participam dessas grandes riquezas, senão que, ao contrário, a misericórdia divina escassamente repousa sobre alguns deles, a resposta é que ninguém recebe tão pouco dessa riqueza que não possa com razão qualificar-se de rico, pois uma gota do Espírito, por assim dizer, por menor que seja, é como uma fonte a fluir tão abundantemente que jamais secará. Podemos falar corretamente de rica abundância, visto que, por menor que seja a porção que nos foi concedida, ela jamais se exaure.

Através de Jesus Cristo.[6] Nossa adoção se encontra exclusivamente nele; e assim é através dele que nos tornamos partícipes do Espírito, o qual é o penhor e testemunha de nossa adoção. Com esta frase Paulo ensina que o Espírito de regeneração é dado somente aos que são membros de Cristo.

7. Sendo justificados por sua graça. Se porventura entendermos regeneração no sentido estrito e normal, pode-se concluir que o apóstolo fala de "justificados" no mesmo sentido que "regenerados", e esse às vezes é seu significado, porém muito raramente. Aqui, porém, não há necessidade de nos apartarmos de seu significa próprio e mais natural. O propósito de Paulo é atribuir à graça de Deus tudo o que temos e somos, a fim de não nos exaltarmos soberbamente sobre os demais. Aqui, portanto, ele está recomendando a misericórdia divina e atribuindo nossa salvação inteiramente a ela. Visto que estivera falando dos vícios dos incrédulos, ele se viu obrigado a mencionar a graça da regeneração que é a única medicina que pode curá-los.

Mas isso não o impede de voltar-se imediatamente ao seu louvor

---

6 "Quando desejamos certificar-nos do método de nossa salvação, devemos começar com o Filho de Deus. Pois é ele nosso Advogado, e através de quem agora achamos graça – é ele que conquistou para nós a adoção pela qual somos feitos filhos e herdeiros de Deus. Observemos cuidadosamente que devemos buscar em Jesus Cristo todas as partes de nossa salvação, pois não acharemos sequer uma gota dela em qualquer outra parte." – *Fr. Ser.*

tributado à misericórdia, e então combina ambas as bênçãos ao dizer que nossos pecados foram graciosamente perdoados, e que fomos renovados para a obediência a Deus. É óbvio que Paulo está mantendo que a justificação é o dom gratuito de Deus; e o único problema é quanto ao que quer dizer com "sendo justificados". O contexto parece exigir que a cláusula deva ter um sentido mais amplo do que a imputação da justiça, mas esse uso do termo é, como já disse, muito raro em Paulo, e nada impede que o mesmo se restrinja ao perdão dos pecados.

Ao dizer *por sua graça*, isso pode ser tomado tanto em referência a Cristo quanto em referência ao Pai, e não devemos contender por ambas as interpretações, visto que é sempre verdade que temos recebido a justiça mediante a graça de Deus através de Cristo.

Herdeiros segundo a esperança da vida eterna. Esta cláusula é acrescentada à guisa de explicação. Ele disse que fomos salvos pela misericórdia de Deus,[7] mas que nossa salvação continua oculta; agora diz que somos herdeiros da vida, não porque já tenhamos tomado posse dela, mas porque a esperança nos traz plena e perfeita certeza dela. O significado pode ser sumariado assim: "Quando estávamos mortos, fomos restaurados à vida através da graça de Cristo, quando Deus o Pai nos outorgou seu Espírito, por cujo poder somos purificados e renovados; e essa é a nossa salvação. Visto, porém, que permanecemos no mundo, ainda não desfrutamos da vida eterna, mas somente a obtemos mediante a esperança."

8. Fiel é a palavra; e concernente a essas coisas, quero que afirmes confiadamente, para que os que crêem em Deus sejam solícitos em praticar as boas obras. Essas coisas são boas e proveitosas aos homens.

9. Mas não te envolvas em questionamentos insensatos, em genealogias e contendas, e em debates acerca da lei; porque são inúteis e fúteis.

8. fidelis sermo est et de his volo to confirmare ut curent bonis operibus praeesse qui credunt Deo haec sunt bona et utilia hominibus.

9. Stultas autem quaestiones et genealogias et contentiones et pugnas legis devita sunt enim inutiles et vanae.

---

7 "Par la grace et misericorde de Dieu." — "Pela graça e mercê de Deus."

8. Fiel é a palavra. Esse é seu modo de falar quando deseja fazer uma afirmação solene, como temos visto em ambas as epístolas a Timóteo [1Tm 1.15; 3.1; 2Tm 2.11]. Por isso imediatamente ele acrescenta:

Concernente a essas coisas, quero que afirmes confiadamente.[8] Διαβεβαιοῦσθαι, com flexão passiva, mas com sentido ativo, significa afirmar algo com veemência. Tito é aqui informado de que deve desconsiderar tudo mais e ensinar as coisas que são definidas e destituídas de dúvidas, inculcá-las e permanecer nelas, enquanto os demais continuam falando ociosamente de coisas de pouca importância. Daqui concluímos que o bispo não deve ser precipitado em suas afirmações, mas deve ficar só naquilo que leva a garantia de ser verdadeiro. "Essas coisas", diz ele, "quero que afirmes confiadamente, porque são genuínas e merecem ser cridas." Somos assim lembrados de que é também o dever do bispo asseverar com intrepidez e manter com ousadia as coisas que são imutavelmente estabelecidas e que edificam na piedade.

Para que os que crêem em Deus sejam solícitos em praticar as boas obras. Ele inclui todas as instruções que havia ministrado acerca dos deveres que pertencem a cada indivíduo e a prudência em viver uma vida saudável e piedosa; contrastando o temor de Deus e uma boa conduta com especulações ociosas. Ele deseja que o povo seja instruído de tal forma que aqueles que crêem em Deus façam das boas obras sua principal preocupação.

O verbo προΐστασθαι é usado em diferentes sentidos, em grego,

---

8 "Significando, 'e deves insistir constantemente sobre estas verdades; de modo que os que têm crido em Deus mantenham as boas obras'. A causa da obscuridade e consequente diversidade de interpretação provém do fato de o apóstolo, aqui, não ter mostrado *como* seria que a doutrina da salvação pela graça produziria santidade de vida. Mas ele fez isso em outra passagem semelhante, a saber, Efésios 2.9, 10, onde, depois de haver tratado com mais amplitude sobre o tema da salvação pela graça (como aqui), adicionando que ela não provém das obras, para que ninguém se vanglorie, anexa αὐτοῦ γὰρ ἐσμεν, κ.τ.λ., onde o termo γὰρ refere-se à uma cláusula omitida, (Contudo se deve fazer obras) etc. Daí, pareceria que aqui καλῶν ἔργων deve ter o mesmo sentido que ἔργοις ἀγαθοῖς ali; e, consequentemente, ela não deve ser limitada, como fazem muitos eminentes comentaristas, às obras de benevolência, ainda menos à transação de nossa salvação, mas se estende às boas obras de todo gênero." – *Bloomfield*.

de modo que esta passagem admite diversas interpretações. Crisóstomo a explica no sentido em que deviam preocupar-se em socorrer seu próximo com esmolas. Προΐστασθαι às vezes, também significa prestar socorro, mas no presente caso a construção pressupõe que as boas obras é que devem ser socorridas, e isso se torna difícil. A palavra francesa *avancer* [avançar] se adequa melhor. Ou é possível dizer: "Que se esforcem como aqueles que têm a preeminência", porque esse é o único significado da palavra. Ou, provavelmente, alguns preferirão: "Que se preocupem em dar às boas obras um lugar de preeminência", o que seria perfeitamente apropriado, pois Paulo ordena que essas coisas prevaleçam nas vidas dos crentes, visto que em geral são desrespeitadas por eles.

Mas, embora a expressão seja ambígua, a intenção de Paulo é perfeitamente clara, destacando que o propósito do ensino cristão é para que os crentes se exercitem nas boas obras.[9] Seu desejo é que prestem muita atenção, e quando usa φροντίζωσι, parece estar fazendo uma elegante alusão às contemplações fúteis daqueles que se entregam às especulações filosóficas sem qualquer progresso ou aplicação à vida.

Não obstante, o apóstolo não está tão preocupado com as boas obras que esqueça, enquanto reúne os frutos, de que a raiz delas é a fé. Ele avalia ambas as partes e atribui à fé sua justa prioridade. É aos que crêem em Deus que se recomenda que sejam cuidadosos pelas boas obras, e com isso ele quer dizer que a fé deve vir primeiro, de tal modo que as boas obras inevitavelmente venham em seguida.

Essas coisas são boas e proveitosas aos homens. Considero essa cláusula como uma referência mais ao ensino do que às obras, neste sentido: "É excelente e visa ao seu próprio proveito que os homens sejam assim instruídos." E assim, aquelas coisas que anteriormente ele incentivou Tito a observar com zelo e firmeza são as mesmas que

---

9 "A palavra original προΐστασθαι tem uma beleza e energia que, creio eu, é impossível para nosso idioma preservar por qualquer tradução literal. Implica que um crente deve ser não só exercitado *em*, mas eminente *para* todas as boas obras; deve mostrar a outros o caminho e a superá-los na corrida honrosa; ser tanto um padrão quanto um patrono de piedade universal." – *Hervey*.

aqui ele chama de "boas e proveitosas aos homens". Τὰ καλά pode ser traduzida ou por 'boa' ou 'bela' ou 'honrada', ainda que, em minha opinião, 'excelente' seja a melhor tradução. Ele indica que qualquer coisa que for ensinada além disso é de pouco valor, porque não produz fruto perene e é de pouca utilidade; enquanto que, ao contrário, aquilo que contribui para a salvação é digno de louvor.

9. Mas não te envolvas em questionamentos insensatos. Não há necessidade de se discutir exaustivamente o significado desta passagem. Ele contrasta questionamentos com doutrina sólida e definida, pois embora seja preciso buscar a fim de encontrar, não obstante a busca tem um limite, para que se retenha o que é proveitoso saber e se possa aderir inabalavelmente à verdade uma vez seja ela conhecida. Aqueles que indagam curiosamente acerca de tudo, e que jamais ficam satisfeitos, podem com justiça ser chamados 'questionadores' [*questionarii*]. Em suma, as coisas mantidas em elevada estima pelos eruditos da Sorbonne são aqui condenadas pelo apóstolo. Porquanto toda a teologia dos papistas nada é senão um labirinto de questões [*quaestiones*]. Ele as qualifica de *insensatas*, não porque à primeira vista aparentem ser assim – elas às vezes nos enganam pela ilusória aparência de sabedoria –, mas porque não contribuem em nada para a verdadeira piedade.

Ao acrescentar *genealogias*, ele faz menção de uma classe de questões fúteis à guisa de exemplo, pois os homens esquecem de colher os frutos das histórias sagradas e se entretêm com as linhagens das raças e futilidades desse gênero, com as quais se fatigam sem qualquer propósito. Já falamos dessas estultícias no início do comentário à primeira epístola a Timóteo.

Ele sabiamente introduz *contendas*, visto que nos questionamentos o motivo dominante é a ambição; e o resultado inevitável consiste em que prontamente se acendem em contendas e polêmicas, porquanto cada um luta para ser o vencedor. Isso vai acompanhado daquele atrevimento em afirmar coisas que são duvidosas, e isso inevitavelmente provoca conflitos.

Debates acerca da lei. Essa é uma desdenhosa descrição que ele faz dos debates provocados pelos judeus em prol da lei, à guisa de pretexto. Não que a lei em si mesma lhes desse origem, mas porque tais homens, pretendendo defender a lei, viviam perturbando a paz da Igreja com suas absurdas controvérsias acerca da observância de cerimônias, acerca de leis dietéticas e coisas afins.

Porque são inúteis e fúteis. Ao ensinarmos, temos de levar sempre em consideração a utilidade [do que ensinamos], de modo que tudo o que não contribua para o crescimento na piedade, deve ser excluído. Não há dúvida de que os sofistas, ao argumentarem em torno de coisas de nenhum valor, orgulhavam-se delas tão ruidosamente como se realmente fossem de algum valor e valessem a pena saber; Paulo, porém, nada reconhece como útil senão aquilo que contribua para a edificação da fé e de uma vida santa.

10. Ao homem herege, depois da primeira e segunda admoestações, rejeita-o;

11. sabendo que o mesmo está pervertido e peca, estando por si mesmo condenado.

12. Quando te enviar Artemas, ou Tíquico, procura com diligência vir ter comigo em Nicópolis, porque determinei passar o inverno ali.

13. Acompanha diligentemente a Zenas, o intérprete, e a Apolo em sua viagem, para que nada lhes venha faltar.

14. E que o nosso povo também aprenda a manter as boas obras, nas coisas necessárias, para que não sejam infrutíferos.

15. Todos os que estão comigo te saúdam. Saúda aqueles que nos amam na fé. A graça seja com todos vós.

Escrita a Tito, o primeiro bispo ordenado da Igreja dos Cretenses, de Nicopolis, Macedônia.

10. Hereticum hominem post unam et secundam correptionem devita and second admonition reject;

11. Sciens quia subversus est qui eiusmodi est et delinquit proprio iudicio condemnatus.

12. Cum misero ad to Arteman aut Tychicum festina ad me venire Nicopolim ibi enim statui hiemare.

13. Zenan legis peritum et Apollo sollicite praemitte ut nihil illis desit.

14. Discant autem et nostri bonis operibus praeesse ad usus necessarios ut non sint infructuosi.

15. Salutant to qui mecum sunt omnes saluta qui nos amant in fide gratia Dei cum omnibus vobis amen.

Ad Titum, qui primus Cretensium Ecclesiae ordinatus fuit Episcopus, scripsit ex Nicopoli Macedoniae.

10. Ao homem herege. Ele tinha boas razões para adicionar essa cláusula, pois não haverá fim para as rixas e altercações, se porventura desejarmos vencer os obstinados com argumentação; porque jamais lhes faltarão recursos de palavras, e de sua perversidade derivarão novo ânimo, de modo que jamais se sentirão exaustos de pelejar. Portanto, depois de determinar a Tito qual a forma de doutrina que deveria ensinar, o apóstolo agora lhe diz que não perdesse tempo em rebater os hereges, já que uma batalha levará sempre à outra, e uma controvérsia dará origem a uma segunda. Essa é a trama de Satanás, a saber: que, mediante a perversa loquacidade de tais homens, ele enreda os bons e fiéis pastores com o fim de distraí-los de sua preocupação pela doutrina. Daí a necessidade de nos precavermos e não permitirmos qualquer envolvimento em argumentos polêmicos; porque, do contrário, jamais nos veremos livres para direcionar nosso labor em prol do rebanho do Senhor, nem os homens amantes de polêmicas nos deixarão de perturbar.

Ao dizer que Tito *evitasse* tais pessoas, é como se ele quisesse dizer-lhe que não despendesse de muito esforço em contentá-las, porque não há nada melhor que negar-lhes a chance de lutarem pelo que ambicionam. Tal advertência é muitíssimo indispensável, visto que mesmo aqueles que voluntariamente evitariam tomar parte nas batalhas verbais são às vezes atraídos pelas controvérsias, porquanto acreditam que seria vergonhosa covardia recuar-se diante delas. Além disso, não há natureza por demais pacífica que suporte ver-se provocada pelas furiosas ofensas dos inimigos, visto que, aparentemente, é algo intolerável ver a verdade vilipendiada sem a devida réplica, como costuma-se fazer. Tampouco há carência de homens que sejam irascíveis ou de temperamento por demais impulsivo, prontos a pelejar. Paulo, porém, não quer que os servos de Cristo se preocupem em demasia ou que percam tempo demais com os hereges.

É mister que vejamos agora o que o apóstolo pretendia com o termo *herege*. Há distinção familiar e notória entre herege e cismático. Em minha opinião, Paulo, aqui, ignora tal distinção. Pois herege, para ele, são não apenas aqueles que abraçam e defendem erros notórios ou alguma doutrina perniciosa, mas, em geral, também aqueles que não consentem justamente com a sã doutrina que ele lutava por estabelecer. E assim ele inclui nesta definição todas as pessoas ambiciosas, subversivas e contenciosas, as quais se deixam extraviar por paixões pecaminosas e perturbam a paz da Igreja; em suma, todo aquele que, com seu presunçoso orgulho, quebra a unidade da Igreja, é por Paulo qualificado de herege.

Temos, porém, de exercer moderação a fim de não transformar imediatamente em herege a alguém que não consegue concordar com nossas opiniões, porquanto há certas matérias sobre as quais os cristãos têm liberdade de discordar entre si sem se dividirem em seitas. Paulo mesmo enfatiza essa questão, quando ordena aos filipenses que evitassem quebrar a harmonia, e que esperassem pela revelação de Deus [Fp 3.15]. Mas sempre que a obstinação de uma pessoa, impulsionada por motivos egoísticos, chega ao ponto de separar-se do corpo, ou de desviar alguns do rebanho, ou a bloquear o avanço da sã doutrina, devemos resisti-la com toda energia.

Em suma, a heresia ou seita é completamente oposta à unidade da Igreja. Visto que tal fato é em extremo precioso para Deus, e que deve ter um alto valor para nós, devemos tratar a heresia com a máxima repugnância. Daí o título de *seita* ou *heresia*, embora tido em honra pelos filósofos e estadistas, é corretamente tido como algo infame entre os cristãos. Agora é possível entender a intenção de Paulo quando nos manda que fujamos e evitemos os hereges.

Mas é preciso que prestemos muita atenção no que vem imediatamente em seguida – *depois da primeira e segunda admoestações* –, porque não temos direito de decidir se uma pessoa é herege, nem temos o direito de rejeitá-la, sem que primeiro tentemos trazê-la de volta ao bom senso.[10] Além do mais, o apóstolo não quer dizer qualquer gênero de 'admoestação', ou ministrada por qualquer pessoa, mas aquela admoestação ministrada por um ministro com a autoridade pú-

---

10 "Au droit chemin." — "Para a estrada reta."

blica da Igreja. Suas palavras equivalem dizer que os hereges devem ser repreendidos com uma censura solene e severa.

Os que inferem desta passagem que os originadores de doutrinas perniciosas devem ser refreados só pela excomunhão, e que à parte desta não se deve tomar nenhuma outra medida mais rigorosa contra eles, os tais não argumentam conclusivamente. Há diferença entre o dever de um bispo e o de um magistrado. Ao escrever a Tito, Paulo não trata daquilo que é inerente ao ofício do magistrado, senão que trata exclusivamente dos deveres do bispo.[11] Não obstante, a moderação é sempre a melhor, e em vez de refreá-los pela força e com violência, devem ser corrigidos pela disciplina da Igreja, se porventura podem ainda ser curados.

11. Sabendo que o mesmo está pervertido. Ele diz que tal pessoa está "pervertida" [*arruinada*] quando não há mais esperança de arrependimento para a mesma; porque, se mediante nosso muito esforço alguém pode ser restaurado, não devemos, naturalmente, atrapalhá-lo. A metáfora é extraída de um edifício que está não simplesmente e parcialmente destruído, mas completamente demolido, de modo que não existe qualquer chance de ser reerguido.

A seguir ele realça a causa de tal ruína, ou seja: uma má consciência, quando afirma que, os que não cedem às admoestações, estão por si mesmos condenados. Já que obstinadamente rejeitam a verdade, é indubitável que seu pecado seja voluntário e deliberado, e, portanto, seria inútil admoestá-los.

Ao mesmo tempo, deduzimos das palavras de Paulo que não devemos precipitadamente, e sem qualquer deliberação, declarar alguém como herege, porquanto ele diz: *sabendo* que ele está arruinado. Que o bispo se cuide para não dar vazão ao seu próprio temperamento, vindo a tratar alguém como herege de forma excessiva e cruel, caso não tenha consciência se o que faz está certo.

13. Zenas, o intérprete. Não sabemos com certeza se o apóstolo

---

11 "Ce qu'il convient au Pasteur de faire." — "Que pertence ao pastor fazer."

está a indicar um jurista da lei civil ou da lei de Moisés; visto, porém, que das palavras de Paulo podemos inferir que Zenas era um homem pobre, carente de auxílio externo, a probabilidade é que ele pertencesse à mesma categoria de Apolo, que era um intérprete da lei de Deus entre os judeus. Tais pessoas eram às vezes mais carentes do que aquelas que levavam casos judiciais aos tribunais. Eu disse que a pobreza de Zenas pode ser deduzida das palavras de Paulo, visto que a expressão *acompanha diligentemente*, aqui, significa supri-lo com provisões para sua viagem, como se faz evidente à luz do contexto.

14. E que o nosso povo também aprenda a manter as boas obras.[12] Para que os cretenses, sobre quem o apóstolo põe esta responsabilidade, não se queixassem de ser sobrecarregados de despesas, ele lembra-lhes que não fossem infrutíferos, e que fossem, portanto, exortados a ser zelosos praticantes de boas obras. Quanto a essa forma de expressão, já discutimos acima. Se, pois, ele lhes ordena que se sobressaíssem na prática de boas obras, ou lhes destina uma posição mais excelente, de qualquer forma sua intenção é que lhes seria bom ter a chance de pôr em prática o espírito de liberalidade, a fim de que não fossem infrutíferos sob o pretexto de que não há oportunidade, nem a necessidade o requer. O restante está explicado nas outras epístolas.

---

12 "Como ele disse previamente, que apliquem suas mentes ao que é bom. Ele contrasta isto com a tola presunção, tão comum entre os que pensavam que eram homens inteligentes, depois de haver especulado sobre este e outros temas. Tu tens especulações excelentes, diz ele, mesmo assim considera qual é a verdadeira excelência dos filhos de Deus: é mostrar que extraem bom proveito em fazer o bem, e que este é o assunto ao qual eles têm aplicado seu estudo. E então diz: *que aprendam*; como se quisesse dizer: Até aqui tendes empregado vosso tempo muito mal, pois nada havia senão tola ambição, e dedicastes tanto tempo em vossa vã fantasia. Agora deveis seguir um curso diferente. Doravante, deveis suplantar na prática do bem, e não em conversa desconexa. Em vez de vos deixardes guiar por curiosidade e ambição, que cada se empregue em fazer o bem aos seus semelhantes. Que cada um considere qual é sua habilidade; e segundo o poder que Deus nos tem dado, assim sirvamos uns aos outros. Assim mostraremos que não é em vão que já recebemos o evangelho." – *Fr. Ser.*

Filemon

Capítulo 1

1. Paulo, prisioneiro de Cristo Jesus, e Timóteo, nosso irmão, a Filemom, nosso amado e cooperador,

2. e à nossa irmã Áfia, e a Arquipo, nosso companheiro de luta, e à igreja que está em tua casa:

3. graça a vós e paz da parte de Deus nosso Pai e do Senhor Jesus Cristo.

4. Dou sempre graças ao meu Deus, fazendo menção de ti em minhas orações,

5. ouvindo de teu amor e da fé que tens para com o Senhor Jesus e para com todos os santos;

6. para que a comunhão de tua fé venha a ser eficaz no conhecimento de todo o bem que há em vós para com Cristo Jesus.

7. Tive muita alegria e conforto em teu amor, visto que através de ti, ó irmão, os corações dos santos têm sido refrigerados.

1. Paulus vinctus Christi Iesu et Timotheus frater Philemoni amico et cooperario nostro,

2. Et Apphiae dilectae, et Archippo commilitoni nostro, et Ecclesiae, quae domi tuae est.

3. Gratia vobis et pax a Deo Patre nostro et Domino Iesu Christo.

4. Gratias ago Deo meo, semper memoriam tui faciens in precibus meis,

5. Audiens tuam dilectionem et fidem, quam habes erga Dominum Iesum et erga omnes sanctos,

6. Ut communicatio fidei tuae efficax sit cognitione omnis boni, quod in vobis est erga Christum Iesum.

7. Gratiam enim habemus multam et consolationem super dilectione tua, quia víscera sanctorum per to refocillata sunt, frater.

O sublime caráter do espírito de Paulo, ainda que melhor percebido em seus escritos mais importantes, desponta também nesta epístola, na qual, enquanto se ocupa de um assunto de natureza humilde e sem importância, em seu modo costumeiro se volta para Deus. Ele toma um escravo e ladrão fugitivo e o envia de volta ao seu senhor, com a solicitação que o mesmo fosse perdoado. Ao advogar sua causa, o apóstolo discute a tolerância cristã[1] com uma habilidade tal que

---

1 "De la douceur, moderation, et humanite." — "De mansidão, moderação, bondade."

parece estar pensando no interesse de toda a Igreja, e não apenas nos assuntos de um indivíduo. Em favor de um homem da mais baixa condição, ele se condescende com uma modéstia e humildade tais, que em nenhuma outra parte se descreve em cores tão vivas a docilidade de seu caráter.

1. Prisioneiro de Cristo Jesus. No mesmo sentido em que em outro lugar se qualifica de apóstolo ou ministro de Cristo, ele agora se qualifica de seu *prisioneiro*, visto que as cadeias com que se encontrava acorrentado por causa do evangelho eram os ornamentos ou emblemas da comissão que desempenhava por amor a Cristo. Ele as menciona aqui, não porque sua autoridade necessitasse de corroboração, ou porque temesse ser desprezado – porquanto Filemom indubitavelmente sentia grande estima e reverência para com ele, e, portanto, não precisava valer-se de nenhum título –, mas porque precisava advogar a causa de um escravo fugitivo, e a parte primordial dela era a súplica por perdão.

A Filemom, nosso amado e cooperador. É provável que esse Filemom pertencesse à ordem dos pastores, pois Paulo o qualifica de *cooperador*, e esse não é um título que geralmente ele costumava aplicar a um indivíduo em particular.

2. E a Arquipo, nosso companheiro de luta. Também se dirige a *Arquipo*, que provavelmente era também ministro da Igreja; pelo menos pode ser a mesma pessoa mencionada no final da epístola aos Colossenses [4.17], o que não é de todo improvável, pois o apóstolo se dirige a ele como um *companheiro de lutas*, designação esta que se aplica particularmente aos ministros. Pois embora todos os cristãos sejam partícipes nesta guerra, os mestres são, por assim dizer, os porta-estandartes, e como tais devem estar mais dispostos a lutar do que os demais; e Satanás geralmente lhes oprime com mais violência. É provável que Arquipo fosse colega de Paulo e participasse com ele de algumas lutas nas quais estava envolvido, pois essa é a palavra que Paulo usa sempre que faz menção de perseguições.

E à igreja que está em tua casa. Ele confere o mais elevado enaltecimento à família de Filemom ao dizer à igreja que está em tua casa, e, com certeza, não é um enaltecimento de pouca importância o fato de que o cabeça de uma casa que tenha sua família tão bem ordenada que seja a mesma vista como uma igreja, e quando ele desempenha seu ofício de pastor em sua própria casa. E não devemos jamais esquecer que esse homem tinha uma esposa que se assemelhava a ele, porque Paulo teve boas razões para apresentá-la no mesmo tom.

4. Dou sempre graças ao meu Deus. Deve-se notar que ele ora pelas mesmas pessoas por quem rende graças. Mesmo o mais perfeito dos homens, que mereça o mais extremado enaltecimento, necessita de intercessão em seu favor, enquanto viver neste mundo, a fim de que Deus lhe conceda não só a perseverança final, mas também o progresso diário.

5. Ouvindo do teu amor e da fé que tens. O enaltecimento que ele tributa a Filemom inclui resumidamente toda a perfeição de um homem cristão. Ele consiste de duas partes: fé para com Cristo e amor para com o próximo; pois todos os deveres de nossa vida se relacionam com esses dois elementos. Diz-se que a fé é *para com* Cristo, pois é a ele que ela especialmente contempla. É só através dele que Deus o Pai pode ser conhecido, e somente nele podem ser encontradas todas as bênçãos que a fé busca.

E para com todos os santos. O apóstolo, porém, não limita o amor aos santos, como se negasse que ele deva ser também demonstrado a outros. O ensino do amor consiste em que não devemos desprezar nossa própria carne, mas devemos tratar com honra a imagem divina gravada em nossa natureza humana, e assim o amor tem de incluir toda a raça humana. Visto, porém, que aqueles que fazem parte da família da fé estão necessariamente ligados a nós por um laço muito mais estreito, e visto que Deus os recomenda especialmente a nós, é justo que ocupem o primeiro lugar em nosso coração.

A redação desta passagem é um tanto confusa, porém não falta clareza em seu significado, salvo por conta de algumas dúvidas, como, por exemplo, se o advérbio *sempre* [v. 4], pertence à primeira ou à segunda cláusula. O significado pode ser indicado da seguinte maneira: sempre que o apóstolo orava por Filemom, ele incluía ações de graças por ele na oração, visto que sua piedade era motivo de tal regozijo, pois às vezes oramos por alguém que outra coisa não nos causa senão tristeza e lágrimas. Não obstante, geralmente se considera preferível tomar 'sempre' como correspondente à segunda cláusula – que Paulo rende graças por Filemom e sempre o menciona em suas orações.

No restante do versículo há uma inversão da ordem natural; porque, depois de falar de amor e fé, ele adiciona *para com Cristo e para com os santos*, enquanto que o significado deve, ao contrário, requerer que Cristo seja mencionado imediatamente depois de fé, visto que é para ele que nossa fé olha.[2]

6. Para que a comunhão de tua fé venha a ser eficaz. Esta cláusula é um tanto obscura, mas tentarei elucidá-la de uma maneira tal que meus leitores venham a apreender a intenção de Paulo. Primeiramente devemos descobrir que o apóstolo não está dando prosseguimento ao seu enaltecimento à pessoa de Filemom, mas está explicando o que pedira para ele, ao fazer menção dele em suas orações [v. 4]. Então, o que ele pediu? Que sua fé, convertendo-se em boas obras, por si só provasse ser genuína e frutífera. Ele a qualifica como "a comunhão de tua fé", visto que a fé não permanece inativa e escondida, mas se manifesta aos homens através de seus frutos. Pois ainda que a fé tenha sua residência secreta nos recessos do coração, ela se comunica com os homens através das boas obras. É como se ele quisesse dizer: "Tua fé, ao comunicar-se, pode comprovar sua eficácia em todas as coisas saudáveis."

No conhecimento de todo o bem significa experiência. Ele deseja que a fé de Filemom se comprovasse eficaz por seus efeitos, e isso su-

---

2 Algumas vezes me tem ocorrido que a complexidade desta passagem pode ser removida: primeiro, pela transposição sugerida por Calvino; e, segundo, pela transposição do versículo 5, colocando-o antes do versículo 4. "Ouvindo de teu amor para com todos os santos, e de tua fé que tens para com o Senhor Jesus, dou graças ao meu Deus, fazendo sempre menção de ti em minhas orações. Para que a comunicação de tua fé seja eficaz, mediante o conhecimento de cada boa coisa que está em ti para com Cristo Jesus." – *Ed.*

cede quando as pessoas entre as quais vivemos conhecem nossa vida piedosa e santa. Daí ele falar de *todo o bem que há em vós*, porque tudo o que existe de bom em nós revela nossa fé.

Para com Cristo Jesus. A frase, εἰς Χριστόν, pode ser traduzida *por Cristo*, mas, se eu pudesse, preferiria traduzi-la no sentido de ἐν Χριστῷ, *em Cristo*. Pois os dons de Deus nos são ministrados só quando somos membros de Cristo; visto, porém, que *em vós* vem imediatamente a seguir, receio que a forma abrupta da expressão venha a ser inaceitável. Por isso não me aventurei a fazer qualquer mudança nas palavras, mas quis fazer tal menção aos meus leitores, para que possam ponderar bem e então decidir sua própria preferência.

7. Tive muita alegria e conforto. Ainda que os gregos prefiram a tradução 'graça', entendo que faríamos melhor traduzindo-a por *alegria*. Pois há pouca diferença entre χάριν e χαράν, e seria muito fácil mudar uma só letra equivocadamente. Além disso, esta não é a única passagem nos escritos de Paulo em que χάριν significa alegria, pelo menos se seguirmos Crisóstomo nesta matéria. Pois, afinal, que conexão haveria entre graça e conforto?

Em teu amor. Seja como for, é bastante claro o que Paulo quer dizer, ou seja, que ele encontra grande alegria e conforto no fato de que Filemom tenha providenciado alívio para as necessidades dos santos. É um amor acima do comum aquele que leva alguém a encontrar alegria no bem praticado em favor de outrem. Além disso, o apóstolo não está expressando apenas sua alegria pessoal, mas diz que muitos se têm regozijado diante da bondade e benevolência de Filemom, provendo socorro para os santos.

Visto que através de ti, ó irmão, os corações dos santos têm sido refrigerados. Refrigerar o coração é uma expressão usada por Paulo no sentido de prover alívio nas aflições ou socorrer aquele que jaz em miséria, de forma que, tendo as mentes apaziguadas e livres de toda e qualquer ansiedade e tristeza, possam encontrar repouso. Porque, pelo termo *coração*, o apóstolo quer dizer os *sentimentos*; e com ἀνάπαυσις, ele quer dizer *tranquilidade*. Daí estarem equivocados os que fazem esta passagem referir-se ao estômago e sua nutrição, com base no fato de que a palavra grega significa, literalmente, *entranhas*.

8. Por isso, ainda que eu tenha toda a ousadia em Cristo para ordenar-te o que te convém,

9. não obstante peço-te antes em nome do amor, sendo eu tal como sou, Paulo, o velho, e agora também prisioneiro de Cristo Jesus.

10. Rogo-te por meu filho, Onésimo, a quem gerei em minhas cadeias;

11. o qual noutro tempo te foi inútil, mas agora é útil a mim e a ti;

12. a quem envio de volta a ti, pessoalmente, ou seja, meu próprio coração;

13. a quem eu bem quisera conservar comigo, para que em teu interesse ele pudesse me servir nas cadeias do evangelho;

14. sem o teu consentimento, porém, nada faria; para que a tua bondade não fosse como por necessidade, e, sim, de boa vontade.

8. Quapropter multam in Christo fiduciam habens imperandi tibi quod decet.

9. Propter caritatem magis rogo, quum talis sim, nempe Paulus senex; nunc vero etiam vinctus Iesu Christi.

10. Rogo autem to pro filio meo, quem genui in vinculis meis, Onesimo,

11. Qui aliquando tibi inutilis fuit, nunc autem et mihi et tibi utilis.

12. Quem remisi; tu vero illum, hoc est, meã viscera, suscipe.

13. Quem ego volebam apud me ipsum retinere, ut pro to mihi ministraret in vinculis evangelii.

14. Sed absque tua sententia nihil volui facere, ut non quasi secundum necessitatem esset bonum tuum, sed voluntarium.

8. Ainda que eu tenha toda a ousadia em Cristo, ou seja, ainda que eu tenha a autoridade de ordenar-te, em lugar disso o teu amor me leva a pedir-te.

9. Sendo eu tal como sou. Ele reivindica o direito de ordenar sobre duas bases, a saber: primeiro, porque ele é *um ancião* [*o velho*]; segundo, porque ele é *um prisioneiro de Cristo*. Ele declara que, por causa do amor de Filemom, prefere expressar na forma de solicitação, porque exercemos autoridade e emitimos ordens quando queremos tirar das pessoas as coisas que não nos querem dar voluntariamente. Mas já que aqueles que se prontificam, e têm boa vontade em cumprir seu dever, ouvem com calma a explicação do que é exigido, mais voluntariamente do que quando se usa autoridade, Paulo tem boas razões em solicitar quando está tratando com alguém obediente. Através de seu exemplo ele ensina aos pastores a tentarem orientar suas ovelhas mansamente, em vez de usar a força, pois quando condescende em solicitar e em ignorar seu direito de ordenar, ele tem maior força em obter o que deseja. Além do mais, ele nada reivindica para si senão somente *em* Cristo, ou seja, por conta do ofício que Cristo lhe conferiu; pois de forma alguma pressupõe com isso que falte autoridade àqueles a quem Cristo constituiu apóstolos.

O que convém. Ao acrescentar isso, sua intenção é que os mestres não têm poder de ordenar o que bem desejam; sua autoridade está confinada dentro dos limites da conveniência, e, em outros aspectos, que seja também consistente com o dever de cada pessoa. E assim, como disse antes, os pastores são lembrados de que, sempre que este método é eficiente para produzir efeito positivo, o coração de seu povo deve ser conquistado com amabilidade, mas de tal maneira que os que são guiados em mansidão saibam que lhes está sendo exigido menos do que realmente devem.

A palavra *ancião*, aqui, não se refere à idade, e, sim, ao *ofício*. Aqui ele não se denomina de *apóstolo*, porque está tratando com um colega no ministério da Palavra, e por isso se lhe dirige de maneira familiar.

10. Rogo-te por meu filho. Já que, geralmente, se dá menos importância às solicitações que não contam com o apoio de explicações persuasivas, Paulo, ao interceder por Onésimo, mostra que está cumprindo um dever compulsório. Por conseguinte, é de muita importância observar os passos de sua condescendência, ao denominar alguém que é escravo, fugitivo e ladrão como sendo seu próprio filho.

Ao afirmar que Onésimo fora *gerado* por ele, a intenção do apóstolo não era afirmar que tal coisa era produto de seu próprio poder, senão que fora o instrumento [divino]; pois não é através de alguma obra do homem que a alma humana é reformada e renovada na imagem de Deus, e é desse ato de regeneração espiritual que o apóstolo está tratando. Visto, porém, que a regeneração de uma alma se dá pela fé, e visto que a fé vem pelo ouvir [Rm 10.17], aquele que ministra a doutrina desempenha o papel de pai. Além do mais, visto que a Palavra de Deus proclamada pela instrumentalidade do homem é a semente de vida eterna, não é de estranhar que aquele de cujos lábios recebemos essa bendita semente seja chamado nosso pai. Ao mesmo tempo, é bom não esquecermos que, ainda que o ministério de um homem seja eficaz na regeneração de uma alma, estritamente falando é Deus quem a regenera pelo poder de seu Espírito. Essa forma de se expressar de maneira alguma implica alguma oposição entre Deus e o homem, senão que apenas mostra como Deus age através dos homens. Sua declaração, dizendo que gerou Onésimo *em suas cadeias*, adiciona peso à sua recomendação.

12. Ou seja, meu próprio coração. Ele não poderia ter dito algo mais eficaz para abrandar a indignação de Filemom. Porque, se ele porventura recusasse a perdoar Onésimo, estaria tratando o próprio coração de Paulo com crueldade. A benevolência de Paulo é grandiosa, não hesitando entregar seu coração para acolher um escravo comum que, além de tudo, era também um ladrão e fugitivo, a fim de protegê-lo da ira de seu senhor. Ora, se a conversão de um homem a Deus foi considerada de forma tão séria, nós, também, devemos da mesma forma acolher aqueles que demonstram estar sincera e genuinamente arrependidos.

13. A quem eu bem quisera conservar comigo. Eis outra forma de abrandar Filemom, ou seja, que Paulo estaria enviando-lhe de volta o escravo de cujos serviços ele mesmo tinha a mais premente necessidade. Pois teria sido uma dolorosa descortesia [da parte de Filemom] rejeitar uma atenção [*studium*] tão especial da parte de Paulo. O apóstolo insinua que ser Onésimo enviado de volta a Filemom deveria resultar como uma dádiva bem-vinda, em lugar de ser ele maltratado em casa.

Para que em teu interesse ele pudesse me servir nas cadeias do evangelho. A seguir, o apóstolo adiciona mais considerações, ou seja: primeiramente, que Onésimo ocupasse o lugar de seu senhor em prestar esse serviço [ao apóstolo]; em segundo lugar, que, movido de humildade, ele não quis privar Filemom de seus direitos; e, em terceiro lugar, que Filemom mereceria maior elogio se, depois de ter recebido de volta o seu escravo, voluntariamente e de bom grado o enviasse de volta [a Paulo]. Deste último ponto devemos inferir que, quando os mártires de Cristo estão em campo pelo testemunho do evangelho, devemos ajudá-los de todas as formas que pudermos. Pois se o exílio, o encarceramento, os açoites, os insultos e a violenta confiscação de propriedade, são coisas pertencentes ao evangelho, conforme Paulo o diz aqui, aquele que se recuse a participar dessas coisas afasta-se do próprio Senhor Jesus Cristo. É indubitável que a defesa do evangelho é uma responsabilidade comum a todos nós. Portanto, aquele que sofre perseguição por causa do evangelho não deve ser considerado como um indivíduo isolado, mas como alguém que publicamente representa toda a Igreja. Cuidar do evangelho é um dever comum a todos os crentes, de modo que eles não devem, como frequentemente é o caso, deixar tal responsabilidade sobre apenas uma pessoa.

14. Para que a tua bondade não fosse como por necessidade. Aqui temos o exemplo da regra geral de que os únicos sacrifícios que agradam a Deus são aqueles oferecidos espontaneamente. Paulo diz a mesma coisa em 2 Coríntios 9.7, sobre as ofertas. Τὸ ἀγαθόν significa um ato de bondade, e a coação é o oposto de uma ação voluntária, pois sob o constrangimento não há oportunidade de se mostrar a vontade generosa de se fazer o que se requer, e o fato de que um dever voluntariamente desempenhado é o único título do genuíno louvor. É digno de nota que ainda que Paulo reconhecesse a culpa anterior de Onésimo, ele declara que este está agora transformado; e no caso de Filemom alimentar alguma dúvida sobre se seu escravo voltaria para ele com uma nova disposição e conduta diferente, o apóstolo diz que comprovou pessoalmente que Onésimo realmente estava arrependido.

15. Porque, bem pode ser que ele se tenha apartado de ti por algum tempo, para que o recobrasses para sempre;

16. não mais como um servo, e, sim, muito mais que um servo, um irmão amado, especialmente para mim, e quanto mais para ti, tanto na carne como no Senhor.

15. Forte' enim ideo separatus fuit ad tempus, ut perpetuo eum retineres;

16. Non jam ut servum, sed super servum fratrem dilectum maxime mihi, quanto magis tibi et in carne et in Domino?

17. Se, pois, me consideras um companheiro, recebe-o como a mim mesmo.
18. Mas se ele te fez algum dano, ou te deve alguma coisa, lança-o na minha conta;
19. eu, Paulo, de meu próprio punho o escrevo, o pagarei, para não te dizer que me deves até mesmo a ti próprio.

17. Si igitur me habes consortem, suscipe eum tanquam me.
18. Si vero qua in re to laesit, vel aliquid debet, id mihi imputa
19. Ego Paulus scripsi mea manu, ego solvam, ut ne dicam tibi, quod et to ipsum mihi debes.

15. Porque, bem pode ser que ele se tenha apartado de ti por algum tempo. Caso fiquemos irados ante as ofensas praticadas pelos homens, nossa ira deve amenizar-se ao vermos que as coisas feitas maliciosamente foram praticadas para servir a diferentes fins segundo os desígnios divinos. Um ditoso resultado pode ser considerado como o remédio para muitos males, o qual é ministrado pela a mão divina, com o fim de dissipar as ofensas. Assim foi com José [Gn 45.5], ao considerar como a portentosa providência divina realizou quando, apesar de ser vendido como escravo, não obstante foi elevado a uma posição tal que daí pôde sustentar a seu pai e a seus irmãos, e ainda pôde esquecer a traição e crueldade de seus irmãos, dizendo-lhes que fora enviado para ali por causa deles.

Semelhantemente, Paulo lembra a Filemom que não se sentisse por demais ofendido pela fuga de seu escravo, porque ela produziu algo positivo, sobre o quê não deve lastimar. Pois sendo Onésimo essencialmente um fugitivo, mesmo que Filemom o retivesse em casa, na realidade não haveria desfrutado de sua propriedade. Sendo ele perverso e desleal, não era de nenhuma valia ao seu senhor. O apóstolo diz que Onésimo fora vagabundo por algum tempo, para que, mudando de lugar, fosse ele mesmo mudado, convertendo-se em novo homem.

O apóstolo sabiamente ameniza toda a situação, denominando a fuga de Onésimo *uma partida*, e acrescentando que ela fora apenas *temporária*, e finalmente ele contrasta a durabilidade da utilidade com a breve duração da perda.

16. Muito mais que um servo, um irmão amado. Ele prossegue, fazendo menção de outro resultado positivo da fuga de Onésimo – ele não só foi corrigido por ela, de modo a transformar-se num escravo *útil*, mas ainda se converteu em *irmão* de seu senhor.

Especialmente para mim. Mas no caso de Filemom ainda sentir-se abalado com uma ofensa ainda tão recente, e sentir-se indeciso se aceitaria ou não a Onésimo como seu irmão, o apóstolo de antemão o reconhece como seu próprio irmão. Desse fato ele infere que Filemom está em relação muito mais estreita com ele; porque, embora Onésimo tivesse, no Senhor, segundo o Espírito, a mesma importância para ambos – Paulo e Filemom –, não obstante, segundo a carne, ele pertencia à família de Filemom. Aqui, uma vez mais, percebemos a inusitada humildade de Paulo ao honrar a um escravo indigno com o título *irmão*; ainda mais, chamando-o *meu mui querido irmão*. Na verdade seria uma demonstração de gritante soberba, caso ele se envergonhasse em ter na conta de seus irmãos aqueles a quem Deus inclui no número de seus filhos.

Ao dizer *e quanto mais para ti*, o apóstolo não está insinuando que Filemom tivesse uma posição mais elevada segundo o Espírito; ao contrário, sua intenção é esta: "Visto que ele é um irmão especialmente para mim, então deve ser irmão muito mais para ti, porque tu e ele estais vinculados um ao outro por uma dupla relação."

Devemos assumir como um fato indiscutível que Paulo não recomenda precipitada e futilmente, como tantos o fazem, a alguém para ele insuficientemente conhecido, nem enaltece sua fé antes mesmo de fazer um teste completo ou uma avaliação racional dela. Temos, portanto, em Onésimo um notável exemplo de arrependimento. É bastante notório o mau caráter que tinham os escravos, de modo que raramente um em cem tinha algum valor real. Podemos supor, à luz de sua fuga, que Onésimo se tornara por demais empedernido na iniquidade, ao longo de uma lenta e constante formação de costumes e hábitos. É, portanto, uma rara e maravilhosa excelência que tenha ele abandonado os vícios com os quais tanto corrompera sua natureza, a tal ponto que Paulo viesse a declarar com todas as veras de sua alma que agora ele é um outro homem.

À luz desse caso podemos também deduzir a proveitosa doutrina de que os eleitos de Deus são às vezes conduzidos à salvação de formas incríveis, contra todas as expectativas gerais, por inúmeros meios e através de infindáveis labirintos. Onésimo vivia no seio de uma família piedosa e santa, e, todavia, banido dela em virtude de suas próprias más ações, deliberadamente se afastara ainda mais de Deus e da vida eterna. Deus, porém, mediante sua secreta providência, prodigiosamente dirigiu sua desastrosa fuga, pondo-o em contato com Paulo.

17. Se, pois, me consideras um companheiro. Aqui ele se humilha ainda mais, transferindo seus próprios direitos e dignidade para um fugitivo, colocando-o em seu próprio lugar, justamente como logo depois se oferecerá como seu fiador. Era da maior importância que o senhor de Onésimo se portasse bondosa e amavelmente para com ele, para que uma imoderada severidade [por parte de Filemom] não o levasse imediatamente ao desespero. Esse é o objetivo que laboriosamente Paulo tenta alcançar. Diante de seu exemplo somos lembrados com que afeição devemos estender a mão a um pecador que procura provar que realmente está arrependido. Pois se é nosso dever interceder juntamente com outros pelo perdão do penitente, quanto mais devemos nós tratá-lo com benevolência e simpatia.

18. Mas se ele te fez algum dano. À luz desta cláusula podemos inferir que Onésimo havia furtado algo de seu senhor, segundo o hábito dos escravos fugitivos; o apóstolo, porém, ameniza a gravidade do ato, acrescentando *ou te deve alguma coisa*. Não só havia uma obrigação entre ambos reconhecida pela lei civil, mas o escravo se fizera devedor de seu senhor pelo mal que lhe causara. Tão grande era, pois, a benevolência de Paulo, que estava até mesmo disposto a dar uma satisfação por esse crime.

19. Para não te dizer que me deves até mesmo a ti próprio. Ao dizer isso, sua intenção era deixar em evidência quão seguro estava de que sua solicitação seria atendida; era como se dissesse: "Tu não poderias negar-me nada, mesmo que eu pedisse tua própria vida." O restante da matéria, acerca da hospitalidade, etc., tem o mesmo propósito, como veremos logo a seguir.

Paira uma pergunta: como é possível que Paulo prometa pagar em dinheiro, quando, afora o auxílio que as igrejas lhe davam, ele não tinha recursos nem mesmo para viver de forma parca e frugal? Diante das circunstâncias de necessidade e pobreza, sua promessa realmente parece ridícula; no entanto, não é difícil de perceber que, ao expressar-se dessa forma, Paulo está solicitando que Filemom não exigisse de seu escravo nenhum reembolso. Pois ainda que não haja qualquer sinal de ironia em suas palavras, mesmo assim, mediante uma expressão indireta, ele solicita a Filemom que apague e cancele essa conta. Eis sua intenção: "Não quero que suscites esse problema contra teu escravo, a menos que queiras considerar-me o devedor no lugar de Onésimo." Porque imediatamente acrescenta que Filemom lhe pertence inteiramente, e aquele que alegue ser uma pessoa, em sua totalidade, sua propriedade, não precisa ficar preocupado em ressarcir em moeda corrente.

20. Sim, irmão, eu me regozijo em ti no Senhor; refrigera meu coração em Cristo.

21. Escrevo-te confiado em tua obediência, sabendo que farás ainda mais do que te peço.

22. E, ao mesmo tempo, prepara-me também pousada; pois espero que, em resposta às vossas orações, vos hei de ser concedido.

23. Epafras, meu companheiro de prisão em Cristo Jesus, te saúda;

24. bem como Marcos, Aristarco, Demas e Lucas, meus cooperadores.

25. A graça de nosso Senhor Jesus Cristo seja com o vosso espírito. Amém.

Escrita de Roma a Filemon, sobre Onésimo, um servo.

20. Certe frater, ego to fruar in Domino: refocilla mea viscera in Domino.

21. Persuasus de tua obedientia scripsi tibi, sciens etiam, quod supra id, quod scribo, facturus sis.

22. Simul vero praepara mihi hospitium; spero enim quod etiam per vestras precationes donabor vobis.

23. Salutant to Epaphras concaptivus meus in Christo Iesu:

24. Marcus, Aristarchus, Demas, Lucas, cooperarii mei.

25. Gratia Domini nostri Iesu Christi cum spiritu vestro. Amen.

Ad Philemonem missa fuit e Roma per Onesimum servum.

20. Sim, irmão. Ele se expressa dessa forma para fazer seu apelo ainda mais convincente, como se dissesse: "Ficará claramente provado que entre ti e mim não há divergência alguma; ao contrário, tu estás sinceramente ligado a mim, e tudo quanto possuis está à minha disposição, caso tu perdoes as ofensas passadas e recebas em teu favor àquele que está tão intimamente ligado a mim."

Refrigera meu coração em Cristo. Uma vez mais, o apóstolo reitera a expressão que usara antes. À luz desse fato inferimos que a fé evangélica não subverte a ordem civil nem cancela os direitos dos senhores sobre seus escravos, pois ainda que Filemom não fosse um dentre o povo comum, mas um colaborador do apóstolo no atendimento à vinha de Cristo, no entanto seu direito como senhor de escravos, o qual a lei lhe concedera, não podia ser-lhe usurpado. O que o apóstolo faz é apenas solicitar que o receba bondosamente, concedendo-lhe seu perdão; na verdade Paulo humildemente roga que Filemom restaurasse Onésimo à sua posição de origem.

Além do mais, a humilde solicitação de Paulo nos lembra quão longe do genuíno arrependimento estão aqueles que obstinadamente justificam seus vícios e confessam que não sentem por eles vergonha alguma, e nem dão sinal do menor resquício de humildade, de modo que deixam a entender que jamais pecaram real e irremediavelmente. Sem a menor sombra de dúvida, quando Onésimo viu esse extraordinário apóstolo de Cristo advogando sua causa de maneira tão exaustiva, com toda certeza deve ter-se humilhado ainda mais, procurando induzir seu senhor a estender-lhe sua clemência. Paulo, pela mesma razão, se justifica por haver escrito com tanta ousadia, visto que tinha certeza de que Filemom iria fazer mais do que ele pedia.

22. Prepara-me também pousada. Essa demonstração de confiança provavelmente injetou em Filemom um vigoroso estímulo; e manifesta ainda a esperança ser gratificado com a chegada de Paulo. Embora não saibamos se Paulo foi ou não libertado da prisão, esta declaração não contém nenhum absurdo, mesmo que sua esperança na benevolência temporária de Deus não se tenha cumprido. Sua confiança em seu livramento só tinha por base a condição: se era a vontade de Deus; pois ele estava sempre em prontidão, até que a vontade de Deus fosse revelada mediante seu resultado.

Pois espero que, em resposta às vossas orações, vos hei de ser concedido. É digno de nota o fato de ele dizer que tudo quanto os crentes pedem em suas orações lhes é 'concedido'. À luz desse fato inferimos que sempre que nossas orações obtêm êxito, elas não prevalecem por serem meritórias, porquanto o que nos é concedido, mediante nossas orações, provém da graça soberana [de Deus].

24. Demas. Esta é a mesma pessoa que mais tarde abandonou o apóstolo, como ele mesmo diz com tristeza em 2 Timóteo 4.10. E se um dos assistentes do apóstolo se cansou e perdeu o entusiasmo, e mais tarde foi arrebatado pelas vaidades do mundo, que nenhum de nós, pois, ponha em si demasiada confiança por haver sido fiel durante um ano; senão que, recordando a extensão da jornada que ainda lhe resta a percorrer, supliquemos a Deus que nos conceda aquela firmeza de que carecemos.

Esta obra foi composta em CheltenhamStd Book 9,9, e impressa
na Promove Artes Gráficas sobre o papel Polen 70g/m2,
para Editora Fiel, em Março de 2023